The Last EMBASSY

最后的使团

1795年荷兰访华使团及被遗忘的中西相遇史

THE DUTCH MISSION OF 1795 AND THE FORGOTTEN HISTORY OF WESTERN ENCOUNTERS WITH CHINA

TONIO ANDRADE

[美] 欧阳泰 • 著　　张孝铎 • 译

中信出版集团 | 北京

图书在版编目（CIP）数据

最后的使团：1795年荷兰访华使团及被遗忘的中西相遇史 /（美）欧阳泰著；张孝铎译. -- 北京：中信出版社，2025. 9. -- ISBN 978-7-5217-7735-2

Ⅰ. K249.03

中国国家版本馆 CIP 数据核字第 2025K6M626 号

最后的使团：1795年荷兰访华使团及被遗忘的中西相遇史
著者：　[美] 欧阳泰
译者：　张孝铎
出版发行：中信出版集团股份有限公司
（北京市朝阳区东三环北路 27 号嘉铭中心　邮编　100020）
承印者：　河北鹏润印刷有限公司

开本：880mm×1230mm 1/32　印张：14.75　字数：304 千字
版次：2025 年 9 月第 1 版　印次：2025 年 9 月第 1 次印刷
京权图字：01–2025–2867　书号：ISBN 978–7–5217–7735–2
定价：88.00 元

服务热线：400–600–8099
投稿邮箱：author@citicpub.com

献给约瑟芬，

她的热情点亮了我们的生活

目　录

阅读说明

本书旨在为读者提供一部沉浸式的叙事作品，也讨论一种历史观点。如果你想看故事，大可跳过序言从第 1 章开始；如果你想了解本书的论点，想认识点历史学，那么就从序言入手；如果你拿不定主意，从第 1 章开始，之后再回到序言，也是可以的。

序言

文化冲突？

1794年，乾隆皇帝准备举行登基六十年庆典。六十是一个吉利的数字，在中国的纪年法中，六十年为一甲子，是一个完整的轮回；他也是一位备受尊崇的统治者，领导这个国家迈入了文治武功的盛世。臣子奏请大办新春盛典：摆筵席，放烟火，办诗会，唱大戏。王公大臣将来颂贺；价值连城的礼物将进献至全世界最辉煌的宫殿和最宏伟的园林；满洲贵族、蒙古王公、回部首领、西藏喇嘛，以及朝鲜燕行使等也将远道而来。皇帝享受这普天同庆之乐。他自视为天下之君，他的朝廷便是当今世上各民族、各宗教、各色人等的中心。

尽管坚称不想铺张，但他觉得庆典还是要办。因此，听闻西洋国家荷兰希望遣使来贺，他龙心大悦。对当时的清朝人来说，欧洲人是世上最奇异的番族：卷曲的头发，形似内衣的紧身裤，还有怪异的举止。使团的正使、学者德胜（Isaac Titsingh）和副使、精明的商人范罢览（Andreas Everardus van Braam）致信请求觐见。皇帝给了他们肯定的答复："自应准其来京瞻觐，遂其向慕之忱。"[1]

乾隆皇帝由此开启了前现代史上东西方关系中最有趣的插曲之一。1795 年访华的荷兰使团鲜为人知，却是最后一个按照传统中国朝廷觐见礼仪受到接待的欧洲外交使团。直到 1839 年[2]至 1842 年的鸦片战争，清廷被迫签署一系列臭名昭著的不平等条约之时，中国才再次迎接同等级别的外交使团。

然而，奇怪的是，这个荷兰使团仿佛已被人遗忘。任何语言中都找不到篇幅足以成书的研究，关于它的文章也屈指可数。[3]教科书中见不到它，甚至一些清史研究者似乎都对它闻所未闻。[4]我攻读中国明清史学出身，也是荷兰史专家，就荷兰在东亚的外交活动写过专门的文章，但直到我开始为写作本书做研究，我对此几乎一无所知。[5]

当我发现这个使团在当时何等不同凡响，又是如何在荷兰语、法语、西班牙语、汉语和朝鲜语资料中留下宝贵的记载时，可想而知，我有多么惊讶。我开始探索这些丰富的记录，发现这个戏剧性的故事里充满了性格鲜明的人物、曲折惊险的航行和人与人的钩心斗角，而这一切都发生在迷人的背景之下：在中国，起义即将爆发；在欧洲，法国军队正向阿姆斯特丹进军。我当下意识到，这段故事将成为一部引人入胜的叙事史。

但这本书要讲的不只是一个精彩的故事。1795 年的荷兰使团为看待 18 世纪的中国和中西方关系提供了新的视角，帮助我们果决地突破"文化冲突"叙事，这种叙事至今仍渗透在我们对中国和西方的理解之中。这是因为，与当时的其他使团相比，荷兰使团是成功的。乾隆皇帝龙颜大悦，施与它的恩惠和权利是其他欧洲使节都不曾享有的。[6] 正使德胜和他的上司都感到他们取得了胜利，特别是与两年前访华的英国使者乔治 · 马戛尔尼（George Macartney）的遭遇相比。

荷兰使团有多么默默无闻，马戛尔尼勋爵的访华使团就有多么家喻户晓——它此行的结果却与前者大相径庭。马戛尔尼使团的失败，正是历史学家将中西方外交史视为文化冲突的原因之一。

马戛尔尼于 1793 年抵达中国，携带着昂贵的礼物，率领着一众画家、科学家和音乐家，更怀揣着一系列大胆的提议。他以为这些提议有助于英国与中国建立起互利关系：两个大国强强联手。然而，皇帝和他的朝廷不信任马戛尔尼：此人不但拒行跪拜之礼，还提出了非分的要求（妄有渎请）。他们之所以担忧，是因为英国人侵略、好斗的名声在外，在西洋一带发动攻击、四处劫掠，很可能已经逼近清朝的陆上边界。[7] 因此，他们决定尽早打发他，让他越快离开中国越好。勋爵返回英国，除了转呈乾隆致英王的几封盛气凌人的回信，几乎一无所获。

虽然马戛尔尼表面若无其事，但他和使团成员都感到受了羞辱。欧洲的批评令他们如芒在背，他们于是越发将自己的失败归咎于清廷，称清廷自大、顽固、对英国的厉害视而不见。[8] 这样的观点得到了英国其他思想家和政治家的呼应；在后续的外交努力失败后，许多英国人开始认为，必须通过展示实力来反制中国的傲慢无礼。他们讲述关于中国如何冥顽不灵的故事，马戛尔尼使团成了必讲的一部分：因为中国不允许英国在国家间天然平等的基础上进行外交，所以使用武力就是顺理成章的。[9]

对中国的这种负面看法不仅影响了英国的公众和决策者，也影响了一代又一代的历史学家，促使他们将中西方交流的历史看作一场文化的冲突。根据这种观点，中国的"天下秩序"或者说"朝贡体系"与西方独立国家之间的外交制度是无法相容的。故事演进下去，结局就是冲突。因无法与中国在平等基础上互动而倍感受挫的欧洲人断言，必须把中国纳入西方国际体系，且必要时可以动用武力。在他们眼中，西方国际体系才是国家间互动的自然模式。这样的相互关系导致中欧之间在 19 世纪爆发激烈的冲突：鸦片战争、第二次鸦片战争、中法战争和八国联军之役等等。[10] 中西方学者都提出，清朝的僵化是 19 世纪中国动乱杀戮频仍的主要原因之一。

近年来，历史学家开始质疑这种提法，并指出清朝统治者比人们此前以为的更务实，思维也更国际化；他们与西洋人的关系遵循现实政治；西方的外交也远非人们普遍形容的那样"现代"，那样遵循"威斯特伐利亚体系"，而是深受欧洲以外外交实践的影响。[11]

然而，文化冲突论在教科书和学术作品中仍根深蒂固，一个主要原因是：英国与中国的相遇终归是一场冲突，英国人的所历所感在关于中欧关系的文献中占据着压倒性的篇幅。[12] 学者对英国之外的欧洲在华外交活动，特别是 18 世纪末至 19 世纪初英国出使失败同期的这类活动，关注甚少。

1795年访华的荷兰使团是这一时期与英国外交对比最鲜明的反例之一，有助于我们加深对中西方关系的理解；然而，他们此行不只遭到忽视，更遭到了误解。探讨此事的作者往往将其描述为一场失败，甚至比马戛尔尼使团还要丢脸。比如，他们说它是“灾难性的”；称荷兰人遭到“冷漠、轻蔑和傲慢的对待”，被“当成了怪物”；还说使团成员“在鞭子的威胁下”被迫一次又一次匍匐跪拜，或是“在大庭广众之下被拖行和鞭打”。[13]

这一切，正如一位荷兰历史学家所说，都是“无稽之谈”。[14]多方资料显示，荷兰人毫无疑问受到了热情款待。大使德胜自认为取得了巨大成功，他的上司也是这样认为的，并且明确指出德胜圆满地完成了指派的任务。使团确实没有宏伟的目标，也没有达成任何条约或协定：其主要目的就是来祝贺乾隆皇帝登基六十年，从而加强荷兰与清朝之间的友好关系。但诡异的是，众多学者坚持认为这是一次令人难堪的失败，而事实显然不是。

那么，荷兰使团为什么被抹黑了？主要原因在于，它不符合文化冲突的叙事模式。这种负面的描述始于为乔治·马戛尔尼总管贡物的吧龙（John Barrow）。吧龙在其畅销书《中国行记》（*Travels in China*）中，花费16页的篇幅攻击荷兰使团。[15]他的主要观点是，尽管荷兰人在被要求叩头行礼时悉数照做，但顺从没有用处，他们还是被一心要凌驾于欧洲人之上的中国宫廷故意羞辱了。他认为，荷兰人的顺从实际上只会助长中国人的傲慢。“低声下气，”他写道，“乖乖服从于这个自大的朝廷提出的有辱尊严之要求，只会令它更加自负，强化其自以为至高无上的荒唐念头。”[16] 马戛尔尼或许未能实现他的目标，但至少他坚定的态度迫使中国人意识到英国人比他们优越——哪怕他们永远都不会承认这一点。[17]

吧龙对荷兰使团的解读被广泛接受，现代学者也不断重复这一论调。比如，关于马戛尔尼使团的作品中，流传最广的一部就曾提到：“英国与荷兰的使团行动都以失败而告终，但前者保存了尊严，后者颜面尽失。”[18]

吧龙无法接触到现代学者所见的资料，我们也不能期望每个人都有能力阅读中文或荷兰语文献；然而，有能力这样做从而知晓荷兰使团受到亲切接见的学者们，却依然认为这是一次失败，这着实令人惊讶。他们将荷兰人描绘成受害者，认为荷兰人并不知道自己在这场以中国为中心的把戏里扮演着“贡使”的角色。[19] 他们还提出，荷兰人本该拒绝叩头而坚决要求平等，从而帮助教化中国人不要再自视高人一等。[20]

但荷兰大使很清楚他在清廷的角色，也理解东亚外交的理念和做法。德胜是研究日本的学者，曾两度率团前往江户，在幕府将军面前叩头。他明白东亚的外交不在于提要求或谈“生意”，更注重的是相互关系中的礼法规矩。

在这一点上，他和他的同胞并没有什么不同。荷兰人已经深深地融入了东亚世界，并且通常都是按照这里的规矩行事。之前，情况并非如此。17 世纪初，荷兰东印度公司才成立不久，就直闯中国海，炮火齐发，要求贸易特权。当公司的领导者不能遂其所愿，便兵戎相向。明朝官兵反击，在中国海岸及周边的多场交战中力克该公司。[21]得到教训的荷兰人懂得了恭顺，也得到了中国贸易的回报，中国货物流向了他们在亚洲的前哨。[22]明朝被清朝取代之后，荷兰人又派出了第一个被清廷接见的西方使团，荷兰使者没有反对叩头行礼。[23]1700 年之前，又有两个荷兰使团受到朝廷接见，每个使团都按照标准的礼节行事。荷兰东印度公司在同中国的贸易中大发其财。

当公司在日本与强大的德川幕府相遇时，荷兰人也顺服了。公司起初曾在日本做出咄咄逼人的举动，之后同样被迫接受了扮演一个温顺的角色，每年派出使团，如同日本各地的藩主一样到幕府叩头。[24]就像在中国一样，良好的行为得到了报偿。荷兰人是唯一获准在日本从事贸易的西方人，而日本是一个利润丰厚的市场。

与此同时，荷兰人在其殖民地首府巴达维亚（即今印度尼西亚雅加达）也设立了自己的亚洲"朝廷"（吧城荷印当局）。他们接待来自亚洲各地乃至非洲的代表，采纳东南亚和东亚外交场上的仪注和做派，比如华盖和大象仪仗队。正如历史学家包乐史（Leonard Blussé）所指出的："巴达维亚政府在亚洲的统治者中间取得了一席之地，学会了遵守当时亚洲通行的外交礼仪和规则。荷兰殖民者也确实迫于需要发明了'东方式'礼仪，从而符合既有的外交互动规则。"[25]

就这样，荷兰人逐渐理解并基本上接受了包乐史所说的"东方式外交"（Oriental Diplomacy）。[26]他们领悟到，东亚的国际关系由截然不同的典型思想支配着：关系有明确的尊卑之分；遣使多是为了庆贺而非谈判；互动交往通常以礼仪为依归，其中很多礼仪都以中国古代传统为基础。

荷兰不是唯一进行自我调整以适应非威斯特伐利亚外交体系的国家。新外交史学（New Diplomatic History）的研究者已经指出，18 世纪末和 19 世纪初的欧洲外交远比人们长期以来所认为的更具临时性、更缺乏系统性，欧洲人经常参与多种类型的外交实践[27]，甚至连英国人都掌握了基本的东亚外交礼节。[28]

总之，德胜和随行者接受了清朝的礼仪；并且事实证明，他们既娴于宫廷的交流方式，也精于记录见闻。他们详细的叙述与其他丰富的材料相结合，提供了看待 18 世纪中国的独特视角。事实上，这些资料如此生动，令我在写作时感到身临其境。因此，我采用了微观史的叙事方法。一般来说，微观史（Microhistory）通常聚焦于历史记载中常被忽略的小事件或“小人物”。本书的主要人物是拥有财富和特权的人——洋人、汉人、满人，使团可不是什么无关紧要的小插曲；但是，我被大故事中小小的人性戏剧迷住了：恐惧、忧虑、沮丧、幽默，还有狭隘的龃龉。也许，在中西方关系史上，当使团中的年轻成员在北京北海滑冰时，他们喜欢欧式冰鞋胜过满人的冰鞋这件事无关紧要；他们通过没有护栏的桥梁时战战兢兢也不足为奇；但是，这些微小的细节描绘出了一幅栩栩如生的画面，帮助我们去想象在 18 世纪的中国生活和旅行的情景。

我在写作时使用了现在时态，因为它提供了一种临场感和亲密感，奇怪的是，它也带来了一种距离感。[29] 过去时态显得更有权威性：事情就是这样发生的；现在时态则更明显地体现了历史学家的想象——如何从史料中像变戏法似的捧出一个过去的世界。不过，我并没有让想象力驾驭现实，而是努力为每个细节提供证明和出处。戏法的机关就在于让材料来占据我的想象力，从中找出可以让场景活起来的细节，而现在时态似乎更容易实现这一点。

任何一个好故事的核心都是迷人的角色。我的导师史景迁（Jonathan D. Spence）曾说，最有趣的人物就是那些痴迷于某种事物的人。这本书里就充满这样的人物。

使团的正使德胜痴迷于日本。他收藏真人大小的日本人偶，就算只是凝视平户岛的地图也能让他纾解心中的郁闷。他能读日语，也会写；和访华的其他西方使节不同，他以前还学过汉语。使华之后，他余生都在撰写细说日本的著作，并且亲自写了法语、荷兰语和英语版；但他太执着于把每件事都做到尽善尽美，以致作品直到他死后才得以部分出版。德胜自己也成了别人痴迷的对象，特别是荷兰学者弗兰克·勒坎（Frank Lequin）。勒坎的整个学术生涯都在追踪这位荷兰正使的每封来往信件、每张便条和只言片语。勒坎甚至还清扫了巴黎拉雪兹神父公墓里已久无人打理的德胜墓，为它拂去表面的泥土和树根。[30]

副使范罢览同样有他痴迷的东西，只不过在他这里，钟情的对象是中国。作为一个自诩天才、作风浮夸并通过可疑的方式获得巨额财富的人，他为收藏巨量的中国艺术品和工艺品而落得倾家荡产，还将这些藏品放置在他名为“静居中国”的豪宅中展示。

使团的翻译小德经（Chrétien-Louis-Joseph de Guignes）痴迷

于地位，一直因为没受到厚待而恼火。他甚至拒绝自称为译员，认为翻译一职有损他的尊严，尽管这就是他的正式职务。对历史学家来说，他可是一个好伙伴：他的观察敏锐、尖刻、有趣。[31]

清朝一边，最重要的人物是乾隆皇帝，没有他，这个使团就不会存在。与小德经一样，他沉迷于自己的身份，也是一个好伙伴。他挑剔而自负，博学又多思，酷爱诗歌，是一个和善慷慨的东道主——至少对荷兰人是这样的。

在他的朝廷里，其他人也扮演了重要的角色，比如他的心腹、足部痛风的大臣和珅。和珅贪赃枉法（后获罪被赐自尽），但也聪敏过人，颇具魅力。他亲切地接待来访使臣，安排他们参观其他欧洲代表从未得见的地方。在遥远的南方，爱唠叨的两广总督觉罗长麟（后文简称“长麟”）正是为了迎合皇帝庆祝登基六十周年的愿望，才策划了这一系列活动。他也很友好，帮助修缮表文并采购合适的礼品。[32]

这些位高权重的人物主导了这个故事，正如他们掌控着当时的社会。但是，相关记载和资料也为我们讲述了很多其他人的事情：运送沉重贡品的脚夫，举着火把帮忙、在竹林深处窥探或坐在水牛背上看热闹的农民，坐在大车上投来好奇目光的优雅女客，每天大清早就把使团成员喊起来的北京杂役，将他们写进诗中还赠送他们高丽药的朝鲜使臣，爬到屋顶上捡球却呆立许久俯视淑女的法国年轻人阿吉（Agie）先生。这些记录中充满各种令人烦恼、愤怒、困惑、感动和好笑的遭遇，每一段都让我们得以一瞥生活在过去的人们；他们早已逝去，但他们的感受及体验和我们今天一样真实。

不过，写作这本书时，最令我痴迷的还是中国本身。使团的旅行者渐渐熟悉了18世纪的中国，当我一小时又一小时、一天接一天地追随他们的行迹，沿着珠江、梅关古道、章江和凶险的十八滩一路北上，为蹩脚的法语和荷兰语音译名（它们本身还是从18世纪的粤语和官话口语来的）寻找中文原文时，我也熟悉了那个时代的中国。多亏了绘制精美、细节丰富的清代地图，我才能勾画出他们的行程，并逐渐欣赏起清朝的交通和邮驿系统——它们与欧洲的系统截然不同。

荷兰旅行者走了一条非常规路线。[33] 大多数旅客都是走水路，穿过长江下游地区，然后安逸地沿着天然河流和运河北上，几乎可以一直航行到北京。但德胜和同伴们则几乎径直向北，且主要走陆路。这样走更快——皇帝希望他们在新春庆典之际准时抵京，但路途艰险。他们在隆冬时节跋涉于全国最贫穷的一些地区，遭遇飞雪、冰暴、寒风和湿滑的山崖。

在中国，马匹和其他役畜比欧洲稀少得多，德胜和范罢览途中大部分时间坐轿。这种交通工具很舒适，但需要轿夫来抬。货物也需要挑夫搬运，但报酬太过低微时他们往往就不干了，把货物留在雪地里。使团里级别较低的成员，比如小德经，经常被要求坐大车。他们痛恨这种车子，感觉它们比乡下运草料的车好不了多少：坚硬的车轮连在坚硬的车轴上，一走起来就剧烈颠簸。小德经和同伴们于是经常要求骑马，但又抱怨坐骑骨瘦如柴、不听使唤。小德经更是将自己比作骑在“驽骍难得”背上的堂吉诃德。[34]

此外，由于这不是官商要人通常所走的路线，所以沿途食宿条件艰苦，使团浩浩荡荡的队伍（搬运行李、炊具和进贡的礼品需要一千多名脚夫）也变得七零八落：驮着寝具和内衣的车落在后面，礼物打碎了，马匹累死了，脚夫也冻死了。

不过，即便是寒冬，树木光秃秃，北风从冰冻的平原上呼啸而过，依然有一些景致吸引了旅行者的注意：奇异的坟墓、神秘的高塔、开阔的湖泊，还有隐秘的山谷里令人惊喜的胜景。今人很容易忘记，在那个前进一英里（约 1.6 千米）需要耗费二三十分钟，还要涉水或摆渡过河的时代，旅行会带给人多么鲜活的体验。从一县到另一县，从一府到另一府，从一省到另一省，在田间或门口围观使团的人们，其穿着和语言都各不相同；从广东亚热带山区到尘土飞扬的华北平原，沿路的景观也不断变化。

当然，彼时的景观与中国如今的面貌大不相同，这不仅仅是因为 20 世纪和 21 世纪森林减少和城市化。黄河本身也发生了变迁，在 19 世纪 50 年代中期改道，引发多次洪灾，导致一百多万人死亡。这改变了中国北方的地理环境。当使团成员横渡黄河时，其渡河点远在现今河道以南。

因此，这本书不只关于一个使团，还关于一段段相遇。在最具体的层面上，它描述了这些异国旅客与人的相遇，与中国的制度、习俗、技术和风景的相遇。但是，它也探索了观点的相遇：他们从欧洲万卷书中得来的看法与他们在中国万里路上所见现实之相遇。比如，他们随身携带了约翰 · 尼霍夫（Johan Nieuhoff）的一部名作。尼霍夫曾在一个半世纪以前随荷兰使团访问北京。

他的作品之所以闻名，不仅因为文笔生动，更因为收录了丰富的插图。[35]使团成员们便将自己的印象与该书的内容对比，做出更新、纠正，并画下新的速写。

更重要的是，他们将亲身经历与在京传教士的记载做了比较。传教士们长达数千页的记录结集成书并大量出版，在欧洲被广泛阅读，对哲学家、部长大臣和王公贵族都产生了影响。[36]这些纪闻整体上趋于正面，描述了中国睿智的道德哲学、开明的政府、选贤任能的官制、欣欣向荣的农业、繁华的都市，还有开阔的道路和运河。尽管传教士的见闻录征服了很多哲学家——比如伏尔泰就曾说中国是“宇宙中最具智慧和最有秩序的民族”[37]，但它们也引起了批评。小德经的父亲、杰出的汉学家德经（Joseph de Guignes）相信，这些传教士夸大了中国的古老程度，他相信中国的文字源自埃及的象形文字，德胜本人一度也持这种观点——他们两人的确保持着通信，这也是德胜让老德经的儿子加入使团的原因之一。

使团一行人意识到，他们处于一个前所未有的位置，可以评估传教士的观点，特别是取道内陆的路线为他们展现了一个鲜有外国人看过的中国。他们渐渐感到，尽管传教士传递的那种极尽颂扬的视角是错误的，但至少没有像吧龙等人那样写下尖酸的评语。比如，吧龙曾写道：“中国人的表里不一和无赖狡诈，渗透了政府的每个部门，也自然而然地传染给人民……从皇帝本人往下，逐级传递至最底层的官吏。”[38]

小德经质疑这种观点：“一个人不应该以本国的风俗习惯去评

判他国的风俗习惯。每个民族都有自己的习俗，旅行者应当入乡随俗。”[39] 这倒不是说他热爱中国——他也很能挑刺儿——而是说他感到，中国人对待自己人的行事标准与他们和客人打交道时是一样的。如果说清朝官员有时将最好的船只或马匹占为己用，那么当别人这样做时，他们最起码不会有怨言。“对于待人同待己的人，我们又能指责什么呢？”[40] 一个人应该接受中国本来的样子，而不是把它当成心目中希望的样子。“我并不倾慕中国人，”他写道，“但我不偏不倚，我们不应该根据自己的想法对他们评头论足。”[41] 小德经并非一向如他自称的这般公正，但这几句话很有道理。可惜的是，它们几乎都被人遗忘了，吧龙的观点却传播开来；对中国的消极看法和轻视态度在 19 世纪的英语世界内外几乎变得无处不在。[42]

小德经的文字没有引起读者的注意，影响力也不及英国人的记述，一个原因在于，荷兰共和国本身已不复存在。范罢览与乾隆皇帝一起喝茶的时候，法国军队正进入阿姆斯特丹。尼德兰联省共和国（United Provinces of the Netherlands）的接替者巴达维亚共和国，是法兰西的傀儡国。这意味着，荷兰此时成了英国的交战国。英国占领了荷兰的船只和领地，导致在华荷兰人连购买日常必需品的经费都没有了。很快，荷兰东印度公司也办不下去了。与此同时，中国深受起义之扰，曾盛情款待荷兰使者的老皇帝将皇位传给儿子，而这位继任者在戡乱时显然遇到了重重困难。中国恢复太平之际，和平也几乎同时重返欧洲。然而，这时世界已经发生无可逆转的变化。使团在华期间建立的前途无量的关系从此不再为世人所追求。

因此，小德经讲述荷兰使团之行的作品影响力远不及英国人的著述；英国人的多个语言版本都成了畅销书，小德经的书却从未被译成英语。[43] 范罢览也为此行写了一本书，高度赞扬了中国和中国人。尽管这本书的销量比小德经的作品好些，也被译成了英语、德语、丹麦语和荷兰语（原书为法语），但这些译本都是残缺不全的盗版，只着重摘取了旅行中最艰难、不快的部分，而忽略了其他很多积极的内容。至于德胜条理分明、细节丰富的记述，在弗兰克 · 勒坎的努力之下，有了一个制作精良、注释详尽的版本，在 2005 年终得出版。[44] 遗憾的是，目前只有懂荷兰语的人能读。相比之下，英国人的著述早已经过出版、再版、翻译、摘编，成为教材指定阅读书目，甚至在中国都有了多种译本。至今还没有一部有关荷兰使团之行的著述被译成中文。[45]

回到欧洲，几乎没有出版商对这种题材感兴趣：一个由已经消失的公司派出、代表已不存在的国家的外交使团。因此荷兰使团成员的作品，以及他们相对不具偏见的观点、对王朝官员友好交流的描述、在北京所受的接见、参加的筵宴、寺庙之行，以及参观内廷的经历，全部被遗忘了。相反，他们的使团被描绘成“文化冲突”的一部分：这是一场长达数百年的外交优先权争夺之战，中国最终学会了谦逊，并被强行纳入了现代外交秩序。

这种文化冲突的叙述模式应当由其他叙事加以平衡。这次的故事始于 1794 年 3 月的紫禁城，一位老皇帝正在为将来而担忧。

第1章

中　心

北京，1794年初

皇帝是万物转动的枢轴。今天，他在紫禁城上朝。不过，要进紫禁城，你首先要穿过道道城门。你走近京城时，这些城门在平原上已隐约可见。好几层高的门楼，飞檐翘起，黑洞洞的箭窗成排。获准通过大而深的门洞，你就来到了外城（外国人也叫它“汉人城”）。接下来沿着开阔的大街向前走——当心不要被挤到一边，街上人满为患，一旦被挤开，便只能站在道旁，直到看准一个空当，再钻进人潮之中。不过，慢慢挪动的人群至少为你缓解了寒风砭骨之苦，这风将尘土卷得到处都是，店家只得扯起油布盖住挂起来的鸭子。单峰驼很幸运，它们能将鼻孔紧紧闭上。不过，可能你还想张开鼻孔，闻闻饺子的香味和庙里焚香的气味。

一个小时后——或许已经享用了一两个饺子——你就要通过同样高大的下几道城门了。若所携文书无误，你就可以进入内城。内城也叫“满城”，是分配给旗人居住的。道路铺得更平坦，但同样尘土飞扬，交通繁忙。不时有抬着重要人物的华美轿子经过，人们得让出路来，让它们先行通过。

不过，兴许你就是这些重要人物中的一员——贵族妇女、名流显贵、高官大员；兴许你的轿子里还有一个小暖炉——就像皇帝的暖舆一样，这样你就可以盖着狐皮毯子舒舒服服地坐着。有仆役开路，你的轿子走得很快，不多久又通过几重城门，进入皇城。

皇城不那么拥挤，店铺也少了些。砖砌城墙上开了一个巨大的门洞。门打开时，你也许能瞥见孩子们在元旦（当时将“春节”称为“元旦”）就挂起的灯笼下追逐打闹。很快，你就获准通过下一道城门，进入御苑。寒风呼啸，掠过结冰的湖泊——北海、中海、南海。你想掀开帘子看看名胜，比如五龙亭或白塔，这座球茎状的佛塔在琼华岛顶峰巍峨耸立。也许你会让轿夫在玉蝀桥上停留片刻，看满洲勇士滑冰，他们飞舞旋转的身影倒映在清亮的冰面上，好似空中飞翔的凤凰。[1]

紧接着，你便来到宫城（紫禁城）的高墙之下，城外是一条宽阔的护城河。现在，即便是你也必须下轿了，踏上冰冷的青砖路，因为从此处往前，只有皇帝和特蒙恩典的宠臣才能坐轿。如果你的文书完备，便有人护送你经过长长的门洞，进入紫禁城。

紫禁城是坐落在中轴线中心的大片院落。其中最大的院落里建有大殿——皇帝举行筵宴、召见群臣、主持仪式的殿堂。参加典礼和祭祀是皇帝的重要工作之一，因为天子是上天与俗世之间最重要的纽带。如果你有幸被他召见，你能看到他的龙椅坐北朝南，就像恒久不变的北极星一样。你自南面走近，双膝下跪，在地上碰头三次，然后站起来重复一次，再重复一次，一共是三跪九叩。

每年有千百万人这样向他叩头，其中大多数发生在北京城之外：在各省、府、县的市镇上，百姓在地方衙门上叩头，衙门都悬挂着他的金字匾额。但是，幸运的人可以在这里的某座大殿内向他本人叩首。这些幸运儿基本上是管部大臣、官员、王爷，以及从全国各地而来的贵族，有汉人、蒙人、藏人和回部。但是，每年也有从境外远道而来的客人。自从古代的君主接受四夷来朝，蕃夷就开始参加这种统一的典礼了。这是天朝大国的秩序。

现在坐在龙椅上的人，已经履职五十九年了。皇权之重已显露出来：这个八十三岁的老人眼窝布满皱纹，只有抬起头来才能从下垂的眼睑下看到东西。他肩膀疼痛，弯不下腰，能走路，但上台阶时要人搀扶；他睡不着觉，听不清声，记不住事。[2]

他是在位时间最长、执政期间国家最繁荣的统治者之一。然而最近，他一直忧心忡忡：叛乱流言不绝，有人奏报称奇怪的教士在传播危险思想，贪官污吏欺凌百姓致怨声四起，还有盗匪横行和海盗出没的消息。但最让他发愁的是自去年以来，京城一直没有下过雨雪。[3]

这可能是天罚的迹象，除了他，还能怪罪谁呢？正如他常说的，他勤政为民不曾懈怠，举行典礼、祈福和祭祀，批阅奏折，发布政令，惩恶劝善。但或许是他行为有过，该当责备？

或许，他想，他错就错在安排了一场庆典。明年新正即是他登基六十年，王公大臣、满朝文武无不恳求他举办一场全国性的庆祝活动。当然，每年新春都有为期两周的节庆，办宴会，放烟火，还有杂技、戏曲、摔跤和冰嬉表演。但臣子们说，明年的庆典理当更加隆重。毕竟，一位帝王能统治整整一甲子是罕事，更是喜事。他的统治时间超越了几千年来的历代君王，显然是天赐之福。

他喜欢庆典，特别是这些活动庆贺的是他和他的伟业之时。因此，他起初批准了这些奏请。毕竟，怎能拒绝臣民的一片孝心？但是现在，他开始思考这样大肆庆祝是否显得太过傲慢自得。尤其令他不安的是，明年正月初一将发生日食。自古以来，日食就被视为上天对帝王的警告。而这一次，在日食发生两周之后，月食之期又恰逢新春第二重要的节日——上元节。

他知道，日月之运行及由此而生的交食属于数千年来早有定数之事；他也想起了古代圣人孟子的话："天之高也，星辰之远也，苟求其故，千岁之日至，可坐而致也。"[4]然而，在正月里就发生两次交食仍然是极不寻常的。

皇帝决定谨慎行事。他声称这是"上天垂象示儆之意"[5]，宣布不必举行盛大庆典：

> 京师自上年冬初得雪，迄今未霈祥霙。朕盼泽焦劳，虔诚祈祷，尚未得邀渥泽。推求其故，或即此欲准举行庆典之一念，已近于满假，以致不能感召休和。而明正朔望，实有日月亏食之事，不可不弥怀寅畏，亟思修省。所有乙卯年庆典，著毋庸举行。[6]

他命令内外大臣不要再奏请举行登基六十周年庆典，这样一来，或许“可冀天心协应，鸿贶克臻，俾闾阎咸登乐利。是则朕所期望而不敢必者也”。[7]他再三向臣民保证，这个决定不会妨碍未来兴办庆祝活动；他还提议，来年他按计划归政并让儿子继位之后，再为这一稀奇美妙之事举行盛典。

这道圣旨的结尾说：“将此通谕知之。”然而，清朝幅员辽阔，从今土库曼斯坦一带遥远的西域绿洲到黄海，从蒙古北部的冻原到海南岛的热带海滩，从西藏的最高峰到长江下游的河港，人口众多而多元，怎样才能保证举国上下都领会皇帝的旨意？

答案是，这个国家不仅由军队、官府和律法维持，更通过仪典来维系。在朝廷六部中，礼部占据着核心地位。仪制规定了君主与臣民之间的全部等级关系，甚至约束着来自外藩的臣民。正如一位历史学家在其最近的著作中所写，它们是“清朝政治制度的基础”[8]。

礼部负责颁行圣旨，通过一系列仪式将皇帝的谕令传至全国最偏远的地方。这个过程从紫禁城开始。诏书安放在太和殿的黄案上，百官叩头行礼，然后大学士奉诏，将之授给另一位官员，即奉诏官，通常由礼部堂官担任。奉诏官双手举过头顶跪接，从月台走下三层汉白玉基座，来到宽阔的广场上，将诏书置在案上，叩头行礼，再次捧起诏书，起身，将诏书放于云盘之内。在銮仪卫的黄盖下，奉诏官捧着云盘向南穿过紫禁城，由奏乐、御仗前引行至午门。接着，诏书放入龙亭内，接受三跪九叩。龙亭在飘荡的香烟中被抬行经过长长的通道，继续向南到达皇城与内城之间的主要出入口——天安门。

诏书被奉至城楼上宣读。底下，在横跨金水河的五座汉白玉石桥南侧，文武百官跪听，然后叩头，脑袋碰在青砖地上。[9]之后，诏书从城楼降下来，仍设于龙亭内，抬过金水桥正中的那座御路桥，由奏乐和熏香前引，护送至礼部。[10]到了礼部，诏书仍奉于案上，接受三跪九叩之礼。并非所有圣旨都照此规格颁布，但皇帝布告天下的诏书都要遵循这样一番仪式。

礼部官员负责刊刻圣旨并颁行各省。各省备鼓乐相迎，设诏案接诏，三跪九叩，然后高声宣读。正是通过这样的方式，即使远在天涯海角，臣民也能感受到皇帝神圣的天威。[11]

然而，谕令要传达下去总归需要时间。圣旨要精心地雕刻在木质印版上，再印刷出来，一份份发往各地，从一个驿站传到下一个驿站，从运河闸口航至河港。直到四月初，也就是紫禁城上宣诏一个月后，这道诏书似乎还没有传抵南方重镇广州。正因如此，荷兰人范罢览才得到了去京城的机会。

第 2 章

中国迷

广州，1794 年 4 月

范罢览是一个中国迷，这个称呼名副其实：他热爱并收集所有中国事物。他与这个天朝大国的缘分可以追溯到几十年前他少年时，也就是 1758 年他的首次远东航行之时。中国让他发了财；十五年后他回到欧洲，已经是个富豪了。可惜他并不精明。正如与他疏远的哥哥所说："他天资聪慧，但不可原谅的固执让他落入了困窘的境地"。[1] 范罢览豪掷千金，在荷兰买下一所昂贵的房子，把它卖掉，买了一家乳品加工厂；又卖掉厂子，去美国买了一座种植园；再把种植园卖掉，跑回欧洲，最终在债主（包括他哥哥在内）的追讨下，决定重返中国，东山再起。

这次，他成了荷兰东印度公司驻广州商馆的大班。广州是中国唯一允许西洋人从事贸易的港口。他和同事住在河边气派的会馆里，河里总是挤满了船。他们的会馆在这排建筑里算是第二好的——它过去是最好的，但现在英国人的地方更好。英国主导着贸易，因为昔日在亚洲盛极一时的海上力量荷兰东印度公司如今日薄西山。它的衰落有一部分就是英国人造成的：英国人在十年前的一场全球性战争中击败了荷兰共和国。

范罢览 1790 年回到广州时，惊讶地发现这里能赚到的钱比从前少多了。他因微薄的佣金大发牢骚，说早知道情况这么糟，根本就不会放弃他在美国的种植园。[2] 但他还是神通广大。通过与中国人和美国人拉关系，他在很短的时间内就找到门路，赚了不少，以至于上司怀疑他偷拿回扣。他激动地否认这些指控，对诋毁他名誉和品格的"暗箭中伤"感到愤怒。[3] 就算他将一些交易和决策记录藏在暗屉里，而没有将它们誊进标准的记账簿和常规报告，那也是为了保护商馆里争吵不休的其他成员的声誉。他自己没有什么可隐瞒的："至少在这个国家允许的范围内，我的行为，以及我在这里的生活方式，都是无可指摘的。"[4]

他为这个国家着迷，花费了大量财富来建立和丰富他的收藏。这种收藏就好像一个模拟中国，这样一来，他在重返西方时，就可以向人们展示这个伟大文明的财富。他相信，这个文明可以教给世界很多东西。他收藏的核心是不断增加的地图和绘画。这些都是他委托中国画家创作的，因为他们可以去他所不能去的地方。这些地图和绘画不仅描绘了中国的风景名胜，还刻画了中国的船只、桥梁、建筑、丝绸织造技艺，以及他能想到的、家乡人可能会感兴趣的一切事物。能带回奇珍异宝的人自然而然会得到名望和认可。

要是他能到广阔天地里亲眼看看该多好啊。但中国的律法将洋人拒之门外。除了极其罕见的情况，他甚至不得进入广州城的大门。他常常爬到城后的山上，在一座塔旁的树下野餐。目光掠过城墙，俯瞰寺庙和衙门，或者眺望远处的乡村。乡下的河里满是小船，河水微微闪光。晴朗的日子里，还能望见几十里外西洋船只停靠的港口——黄埔岛（Whampoa Island）[5]上的青山。可是现在，甚至连这一点小小的乐趣也被剥夺了。[6]

唯一获准留在中国内地的西洋人是传教士，他们已经在北京等地安家。他们寄回老家的书信大量出版，在欧洲各国及属地广泛流传，也吸引了伏尔泰、莱布尼茨、沃尔夫、富兰克林和杰斐逊等众多伟大的启蒙思想家。然而，传教士们通常会放弃重返祖国的权利。

传教士之外，西洋人在中国旅行只有一个合法途径：陪同外交使团去京城。可是，自荷兰舰船首次驶入远东以来，两个多世纪里，只有三个荷兰使团在京城受过接见，最近的一次都是一百多年前的事了。葡萄牙人派过四个“使团”，俄罗斯人也曾遣来六个“使团”——不过它们是否称得上“使团”取决于你对这个词的理解。英国人最近派来的那个惨不忍睹。参加这些使团的人后来都出名了，他们的书已经被译成多种语言。

范罢览一直在鼓动上司们遣使赴京。他的理由是，英国试图主导中国对外贸易之心日炽，荷兰理应与皇帝建立联系，并提醒皇帝两国之间的友谊源远流长。[7]上司们拒绝了，对他发出的关于英国人狡猾贪婪的警告不予理睬。

但是今天，机会上门了。一群中国客人出现在商馆。他看得出来，这不是一次寻常的拜访：来客当中有一位正是南海县知县，此人并不常到西人的商馆来。[8] 一般来说，洋人与清朝官员接触，需要通过所谓的“行商”，他们是唯一获准与洋人进行外贸交易的中国人。[9] 洋人必须有一个行商为其做担保，如果他们行为不轨，又或者该行商无法缴纳必须交的税费，那么他可能锒铛入狱，祸及全家。今天，陪同县令一行的是行商蔡世文（文官）。[10] 范罢览对他很熟悉。据说他一度企图自杀，原因是过度举债，一方面欠着洋人的钱，另一方面又欠着内地茶商的钱，更不用说必须付给官员的贿赂了。[11] 最近，范罢览才说服他承担了另一位破产行商的债务，这让可怜的蔡世文越发债台高筑。[12]

县令告诉范罢览，他是代表本地区最高长官——两广总督长麟而来的。长麟管辖的区域比大部分欧洲国家的面积还要大，人口是整个英格兰的两倍。[13] 总督想知道的是，荷兰是否愿意派人赴京，对次年皇帝登基六十周年表示祝贺。蔡世文和县令将此事的重要性说得很明白，这是千载难逢的盛事。

他们告诉范罢览，英国人和澳门的葡萄牙人都愿意各遣一人出使，而荷兰是清朝最早承认的西方国家之一，如果商馆也能派一名代表，长麟会非常满意。他们还说，其实只要范罢览有上级提供的相应文书，他本人就可以充任使节。[14]

范罢览很高兴，称他将马上给吧城的总管们写信，促成此事。

“那么，多长时间能收到答复？”县令问道。

“需要五个月。”范罢览回答。

县令敦促范罢览速速写信，信要写得令人信服才行。范罢览承诺照办。

客人们又喝了点南非葡萄酒就离开了，起身前再次催促范罢览立即给上司写信。[15]

他确实抓紧时间写了信，很下了一番功夫来说服上级。

“尊敬的和权威的先生们，东印度群岛事务管理局的总管们，等等，等等，等等，”他写道，“本月 2 日，我接待了意想不到的来访者。”[16]他描述了这次谈话，解释说明年就是乾隆皇帝在位的第六十个年头，“朝廷上下都将去叩贺”。[17]他说，这将是一个“光辉盛大的节日”，两广总督希望荷兰人也能到场。[18]

他指出，这是与朝廷建立牢固关系的良机。他还说，总督已经明确表示他本人认为“荷兰一直是中国人交情最久的朋友”。[19]

他知道公司资金短缺，便承诺这次出使花费不多；他还提醒上司们，中国人通常会为使节支付其长途旅行的差旅费用。至于献给皇帝的礼物，不需要价值连城，只要符合这个国家的口味就好：印花布、纺织品、大镜子、怀表、钟表、珍珠、琥珀都可以。[20]大部分东西在广州或附近的澳门就能买到。

范罢览说，如果总管们想更省钱，那么大可以选他充当使节，无须再向他支付额外的特殊薪资。他说，他提出这个请求并不是出于虚荣或骄傲，而是“为了证明我一直被巨大的热情激励着，为公司争取利益”。[21]当然，他需要一个更高的头衔：“这样我的出使在中国人和其他国家的人眼中才更有分量。”[22]

范罢览是一个优秀的推销员，他用了一个经典招数为这次推销收尾：制造紧迫感。他告诉主管们，如果错过这个机会，荷兰人就要被甩在后面，因为英国人、西班牙人和葡萄牙人都计划派人出使。他说，英国人已经从其商馆派出两名大班——级别与范罢览本人大致相当；葡萄牙人正要从澳门派遣一名官员或法官；西班牙人则很可能会派出其商馆大班阿戈特（Manuel de Agote）。他写道，事实上，公司做出遣使的决议是“势在必行的……因为其他三个国家已经采纳了这项提议，并且其中两个国家在对华贸易上远不及我们公司，而在这样的公开场合，公司的声望和荣誉不能落在其他国家之后”。[23]

这种说法看上去的确有理有据，不幸的是，它并不属实。其他欧洲人并没有派遣使节的计划。蔡世文和县令确曾表示要英国商馆大班波朗（Henry Browne）先生派人前往，但波朗故意不置可否。波朗称，倘若这果真是两广总督的愿望，那么派一名英国特使参加皇帝登基六十周年庆典当然未尝不可。[24]但是，在与英国人谈话时，必须理解他们的言外之意。正如波朗后来所写：“（我）关于英国商馆的承诺最终只是一项承诺，这取决于总督未来的安排……因此，在收到第二次请求之前，我没有采取任何措施，也不打算采取任何措施。”[25]范罢览在写信给吧城荷印当局之前，并没有再费心与波朗先生核实，这也许是因为最近英国人的“无礼”让他受了打击。[26]

至于他坚称西班牙人和葡萄牙人会遣使的说辞，看来完全是捏造的。他当然知道西班牙人没有任何明确的计划，因为本该是由他去请西班牙的大班阿戈特派遣一名使节的。范罢览确实立即给身在澳门的阿戈特发了一封信，但他没等到对方的回复，就把自己的信寄往巴达维亚了。[27]后来，他收到了回信，那是一个否定的答复。

无论如何，当范罢览将这封信寄往巴达维亚时，他都并不确定西班牙人、英国人和葡萄牙人是否会派出使节，但他的说法让人以为，其他欧洲国家都承诺遣使参加乾隆皇帝登基六十周年的盛典。他甚至凭空添上不少细节：英国人要派大班，葡萄牙人要派法官，西班牙人也要派商馆大班。

这种添油加醋，这种对真相的“扩充”，是范罢览的惯用手法。此时此刻，就像他生活中常见的情形一样，他的伎俩起作用了。然而，只是部分起了作用。

他的上司们确实决定派遣使团访华，但他们并不信任范罢览，只任命他为副使，没有任何花哨的头衔，也没有加薪。那么，总管们选谁做了正使？德胜——一个与范罢览截然不同的人。

第 3 章

谋事在人，成事在天

爪哇岛巴达维亚，1794 年 6 月

在这世上，万事万物自有其位置和等级。像德胜这样的绅士，身为荷印评议会议员，自当拥有仪仗队和大马车，以及对他唯命是从的属下——军官、仆人和奴隶。在国家和民族的层面，道理也是一样。在爪哇，有一个叫作红毛猩猩的物种，它们会端着杯子喝啤酒；在它们之上，是孟加拉人和爪哇人，在德胜看来，这些人自然就该由更优越的人统治。[1] 大多数欧洲人自认为处于最高等的文明，但德胜不这么看。他认为，日本"这个国家的文明程度绝不亚于欧洲最先进的国家"。[2]

德胜痴迷于日本，渴望拿出时间写点什么，向几乎对这个国家一无所知的欧洲同胞介绍它。他的迷恋始于十年前，当时他在长崎管理荷兰商馆。他也承认这份痴狂几乎荒唐：

> 当我触摸一页日本纸或其他来自日本的东西时，我就会心生敬畏。当我在这些艰难的日子里，处理着行政事务，被

眼前的各种麻烦折磨得心力交瘁时，我只需从我的收藏中拿出一件来看看，愁绪便一扫而光，这对我的疗愈远胜过一间样样齐备的药房对病人的治疗。[3]

他也想过重返日本，但这是不可能的——除非他愿意同荷兰东印度公司续签工作合同，而他并不想续约。他在这个公司干得太久，从1766年他二十一岁大学毕业、自荷兰出海以来，已经将近三十年。不是说公司亏待了他，恰恰相反，他得到了赏识，也收获了财富；他拥有一座宫殿般的豪宅，有仆人为他摇扇、布菜，还有女孩子为他填烟卷，满足他其他世俗的欲望。[4]但想当年公司更加风光。它曾是亚洲海面上最富有、最强大的力量，如今日渐衰落。它的总部——有着“东方女王”之称的巴达维亚，人口减少，乌烟瘴气。他自己也染上了巴达维亚的“陆地病”。他有些发热，推掉了充斥着昂贵进口烈酒和漫长宴席的聚会，拿着烟斗，在书房里东翻西找，凝视着日本的地图和绘画，思念那里的朋友。[5]许多人已经离世或丧失了他们原来的地位。昔日年轻貌美的日本情妇兴岭（Okimine），现在也沦为怨怒和堕落的酒鬼。[6]

罢了，是时候辞掉工作，把收藏带回欧洲，去完成手稿和翻译了。他写信给阿姆斯特丹的兄弟姐妹，说他即将结束工作，打算回国并与只在信中认识的侄子、侄女、外甥、外甥女见面。他说，他知道自己可以更上层楼，甚至升任总督，但他宁愿“为了自己内心的幸福而牺牲整个荷印地区的富强，平静地度过所剩无多的几年时光”。[7]

可惜，总督不想放他走："人都走了，公司怎么办？"[8]总督还说，至少在欧洲派来重振公司的新人到任之前，无法做出任何决定。况且这些特派员来了，也需要得力的人员多加协助，因此，他劝德胜再好好考虑一下。

但德胜随心所欲惯了。他写信给兄弟，托兄弟为他在阿姆斯特丹最好的地段——绅士运河（Herengracht）或国王运河（Keizersgracht）周边的大街上觅一所房子，并配上最好的装潢。[9]他还致信通知在英国的财务代理人，称自己计划迁居伦敦（在革命者将国王斩首的年月，多几个选择没坏处）。他将自己的大部分财富套现，然后换成英国债券。虽然其他地方的利率更高，但英国债券稳妥安全。他的部分财产很难变现，比如他刚到巴达维亚就傻乎乎买下的豪宅。他做了决定，愿意将房子折价脱手，连同马车、马匹和奴隶一起卖掉。他按1万皮阿斯特银币的价格卖掉了所有，仅是当初买入价的一半，但他觉得已经很走运了。他只想回家。

更幸运的是，他还躲过了其他纠葛，比如同事打算撮合他和寡妇凯泽（Keiser）一事。他在给朋友的信中说："有人给我送花，但我把它们扔进尿壶，这个意思就很清楚了。"[10]这倒不是说他不爱软玉温香在侧，他只是更喜欢无拘无束。"女人对权力的欲望，"他曾写道，"自古而来就搅得这个世界不得平静。"[11]像很多派驻殖民地的单身汉一样，他公开包养情妇，半开玩笑地称她们为"后宫"。目前为止，他还是最喜欢日本女孩。有时，他会抽着从前的情妇兴岭送他的烟斗，追忆他们在出岛[12]一起喝清酒的时光。[13]

猎艳也曾给他带来一个“小麻烦”。他的孟加拉“小魔女”之一，给他生了一个儿子——威廉。威廉此时还在蹒跚学步，于是德胜安排了一份法律协议取得监护权。不过，有儿子的事情，他连自己的哥哥扬（Jan）都没有告诉。他写给扬的信从来都是坦诚而亲密的，有时，兄弟俩甚至用暗语来指代他们嘲笑的对象。然而，德胜却一直羞于提起威廉。[14] 是时候说出真相了。他将情况告诉扬，请求哥哥的谅解和帮助。他想把儿子带回荷兰，万一公司不准许他离职，那么他希望扬能管管孩子的教育。不过，他确信事情不会走到这一步：“尽管我可以肯定总管们会全力挽留，但我已经下定决心，谁也不能阻拦我回来。”[15]

然而，正如德胜所说，“谋事在人，成事在天”。[16] 新任官员抵达巴达维亚后不久，范罢览的信就到了。总管们决定向中国派出一个使团，但不想让范罢览担任大使。

德胜是不二之选，所以他们竭力说服他。没错，他们知道他想回国，但这不正是他会感兴趣的机会吗？德胜甚至一直在学汉语，这是真正掌握日语所必需的。

诚然，与他通信的日本朋友对中国和中国人的评价并不积极，正如其中一人用不太通顺的荷兰语所写（德胜改正了文字并寄回）：“尽管我对荷兰人充满敬意，但我鄙视和憎恨中国人，因为中国人总是满口谎言，讲述毫无根据的鬼神之事。他们迷信，即使他们知道所述是不实之言，也能毫不惭愧地宣之于口。”[17]

尤其令德胜的这位朋友恼火的是，中国人恃其历史而表现出的傲慢。比如，他们声称一位日本君主其实是一个从中国土地上逃跑的士兵，后来才成为天皇。“我希望你能从这个故事中看到他们的谎言，”他写道，“他们谎话连篇，人们已经见怪不怪了。这就是他们的惯常做法，是其本性的一部分。”[18]

出乎上司的意料，德胜并不急于争取这个去中国的机会。长官塞巴斯蒂安·科尼利厄斯·尼德伯格（Sebastian Cornelius Nederburgh）认为，是时候和他谈谈了。谈话是在晚间进行的。巴达维亚的精英此时正沉迷于一位英国客人口中的“怠惰的习惯和感官享受”，豪饮价格不菲的各式进口酒精饮料——马德拉白葡萄酒、干红葡萄酒、杜松子酒、荷兰啤酒和英国波特啤酒。奴隶们捧着盛满玫瑰水的银制洗手碗、擦手毛巾和锃亮的铜痰盂在旁侍奉。[19]

一番闲谈过后，尼德伯格切入正题。他说，没人比德胜更有资格率队前往中国。他指出，这是一个颇为重要的职位，也将为德胜带来更大的威望。最重要的是，尼德伯格说，这次出使关系着公司的未来。

德胜明白他的意思。去年，英国派遣了一个庞大的使团出访中国。德胜见过使团的正使乔治·马戛尔尼勋爵，这位勋爵在前往北京的途中曾于巴达维亚停留。马戛尔尼大使向德胜炫耀了他漂亮的船队，船上由士兵、学者和艺术家组成的随行队伍光彩熠熠，更不消说要献给皇帝的厚礼：时钟、望远镜、做工精细的枪支，甚至还有一辆配有新式减震器、可调节座椅、升降窗帘和百叶窗的最先进的驿站马车。[20]德胜当时生着病，但因为他英语讲得好，还是被选来陪同英国大使一行。他没有什么机会与马戛尔尼深交，马戛尔尼找个托词就回旗舰乘凉去了。不过，德胜确实招待了其他英国绅士，向他们展示自己的地图和手稿、日本绘画和他收藏的古代亚洲钱币。他甚至给了使团副使的儿子小斯当东（George Staunton）[21] 一个日本文具盒。[22] 年少的小斯当东和其同胞感谢德胜的殷勤款待，但对其他事物并没有留下多少印象。他们在日志里写到，巴达维亚是一座衰落之城，这里的荷兰统治者骄奢淫逸，懒散成性。

马戛尔尼的访华之行并不顺利。皇帝觉得这些英国人傲慢、专横又粗鲁。马戛尔尼和他的随员被匆忙赶出京城，除了几封信和免除旗舰通行费，他们几乎没有得到任何拿得出手的东西。

尼德伯格认为，马戛尔尼勋爵铩羽之处也正是德胜腾飞之地。他告诉德胜，总管们非常希望他出使，甚至为他准备了一大笔款子。

德胜谨慎地讨价还价。他说他会续签合同，但合同仅签至出访结束，一俟工作完成就立即返回欧洲，不再回巴达维亚。尼德伯格应允了。德胜执意要求准许他搭乘他想搭乘的任何船只返欧，甚至是英国船，他不想乘坐荷兰船只回国。这违背公司政策，但尼德伯格还是同意了。德胜还要求获得一大笔丰厚的报酬，这一点也实现了。

就这样，德胜没有回家，而是开始为北京之行做准备。他亏本卖掉了房产、马车、马匹和大部分奴隶。[23] 他把书打包装箱，写了很多信，将各项事务安排停当，交代如果他去世，他的财产应该如何分配。

与此同时，一支由四艘船组成的船队正在进行修缮、维护和检查。[24] 德胜亲自检查，确保船只装备精良，以便对付法国“海盗”，船上还专门加装了作战的火箭式武器。[25]（荷兰共和国当时正与法国交战。）他挨过了仿佛永无休止的告别聚会，暗想自己还能保持健康简直是个奇迹。

终于，1794 年 8 月 15 日，他在隆重的送行仪式下启程离开巴达维亚——毕竟，中国人并不是唯一擅长举办仪式的民族。荷兰人喜欢政治仪式，经常举行阅兵和列队游行仪式，向外国政要、高级官员和总督致敬。

德胜喜欢把自己形容为一个简单的人，更关心学术而非财富或权力，但他喜欢为他举办的庆祝活动，这次就是一个很好的例子。[26] 荷印评议会的成员来到他的住所，列队陪同他穿过街道，抵达巴达维亚城堡前的大广场，然后穿过吊桥，进入城堡大门。广场上，士兵在他面前列队行进，鼓手和风笛手奏乐，海军上尉举着吧城的白色旗帜。

总督和荷印评议会的其他成员陪他走进富丽堂皇的会议厅，会议厅里装饰着吊灯、油画和豪华的椅子。他们在此将任命书、官方指令和递交中国皇帝的表文交给德胜，表文有荷兰语和中文两个版本。[27] 众人为他的健康干杯，祝福他旅途平安顺利。然后，他们陪着他来到城堡的水门前，德胜登上了气派的交通船。

交通船划过之时，旁边的舰船鸣放礼炮致意；登上旗舰时，国旗和三角旗在主桅上升起。看着这一切，德胜心满意足。上了甲板，又是一轮讲话和告别，以及隆隆不绝的炮声：十八响礼炮，十七响回礼，再十七响，再放，再响……正如他在给兄弟的信中所说，“离开巴达维亚重返荷兰，没有比这更荣耀的方式了”。[28]

这是一个很好的开始。巴达维亚消失在身后，德胜如释重负。[29]他又怎么会想到，几个月之后，他将在严寒的山中跋涉，饥肠辘辘，睡眠不足，希望自己从来都没答应过当这个大使。

第 4 章

三角洲

旅行者必须有耐心，航海时代的旅行者尤其要如此。才驶出巴达维亚城区区 15 英里（约 24 千米），船队就停下了，在闷热的天气里耗了两天，等待补给。航行至苏门答腊海岸以北不远，由于要修理桅杆，又等待了更长时间。此后，他们的行程进度正常，仅两周之后就抵达中国海岸，但随即又因为没有风不能航行，在澳门葡萄牙定居点以南的万山群岛停泊了两天。等到他们在澳门附近抛锚时，很多船员都生着病。德胜上岸心切：澳门总督已经承诺为他举行欢迎仪式，规格与去年迎接马戛尔尼勋爵的相当。但人们劝他不要下船，继续航行，因为此时正值台风季节，天气变化莫测。

尤其令他难过的是，儿子得上岸了。三岁大的孩子将被送到澳门一处豪华的府邸，由公司驻华办事处高级官员多载的妻子代为照看。小威廉不认识多载夫人（Mrs. Dozy），哭闹说母亲已经不要他了，他不想又要离开父亲。“泪水涌上我的双眼，”德胜写道，“我差点就把他留在身边，但考虑到他在这里能得到最好的照顾，我只能狠下心，答应他我很快就会回来。”[1]他将儿子送上交通艇，向孩子承诺，进京前会来澳门看他。德胜没能信守承诺，之后将近一年，威廉都没有再见到他的父亲。

然后，就没有然后了。与儿子告别并婉拒登岸邀请后，德胜只能呆坐在澳门跟前，因为清朝官员以船上有中国乘客未登记为由，拒绝签发文书批准他们前往广州。德胜的船队确实搭载了不少中国人，但大部分荷兰船只都这么做。中国乘客从巴达维亚搭船可是花了大价钱的。[2]通常他们可以顺利通关，可是最近中国沿岸有海盗大肆活动，官员们担心外侨中有他们的同党。

此时，狂风骤起，电闪雷鸣。德胜顿时觉得他的旗舰是“全公司在役船只中最笨重、最难驾驶的”，到了半夜，它被海浪掀得颠簸不已。[3]主锚索断裂。船在黑暗中猛烈地晃动。这是一片珊瑚礁和岛屿遍布、海盗猖獗的海域。这是一个可怕的夜晚。[4]所幸，黎明时分，风暴渐渐平息。

官员们很快批准船只离开了，他们清楚，正使如遇不测，他们都难脱干系。[5]就这样，在中国引水员的指引下，德胜船队继续向北航行。

下一站是虎门，广州的门户。两座堡垒相对而立，垒墙上枝蔓缠绕，爬满树叶。德胜的船队下锚时，天已经黑了，来不及换取通行许可了。

谢天谢地，这一晚没有雷雨，但清晨的宁静被“暹罗号”（*Siam*）轰隆隆的礼炮声打破了。来的是范罢览的船。很明显，他登上甲板时情绪不高。[6]他说，他不是因德胜被任命为正使而不快，让他愤怒的是授命德胜全权指挥在华办事机构。他解释道，吧城荷印当局的领导层被他的敌人——广州的一个三人阴谋小团体误导了，他们诋毁他，中伤他。他坚称，他们说他行为不检没有任何证据，而他暗屉中的日志就能证明他们是在说谎。[7]他还发誓要揭露一切，洗清不白之冤。[8]

德胜进退两难。一方面，他知道自己需要范罢览的支持，不仅是在广州，后面漫长的进京之路上都需要；另一方面，上级已经命他监察范罢览的领导之权。[9]为何在范罢览手中，茶叶、丝绸和大黄的进价比过去高出许多？为何他斥巨资进口波尔多葡萄酒和马德拉酒，还为商馆购置瓷器？为何差旅费用大幅上涨？为何范罢览要与个别行商单独交易，而不似从前将他们作为一个整体？为何范罢览不依常规财务要求，以致会议记录和决议文件上某些广州商会成员的签名不合规程？公司领导怀疑和沮丧之余，命令德胜展开调查。他们指明德胜必须接替范罢览的职务，这点毫无疑问："阁下抵达广州时，须当即解除现任大班范罢览在公司的全部权力及行动，并于逗留期间负责管理。"[10]

但范罢览太有魅力了。就连亲哥哥都不敢对"他的自信和口才"掉以轻心，"他就是利用这些驾驭思虑不周之人"。[11]也许是德胜不了解范罢览之前的业务往来，不清楚他留下了什么烂摊子；也许是德胜起了贪心。总之，德胜告诉范罢览，他带着一大笔钱来，希望在华投资。[12]

范罢览回答，他很愿意通过最有利、最安全的方式协助德胜投资。正如德胜后来所写，范罢览的“举止和仪表，以及他自然的亲切感”，让德胜“完全相信了他”。[13] 两人达成协议。范罢览接管德胜的本金，承诺以高达 20% 的利率放贷给中国商人。[14]

范罢览提醒德胜切勿将两人之间的安排透露给他人，说这是为了德胜的利益考虑：中国人轻商，正使本人参与贸易之事一旦泄露，会有损他的威信，波及使团。[15] 范罢览解释道：“一名高官绝不能屈尊亲自参与商业活动。”[16] 德胜说他理解。日本也是如此。

既然如此，范罢览说，那么德胜也要谅解，完全接替他在华商馆的职责是行不通的，因为这会导致德胜“在总督和其他大臣面前失身份，在他们眼中降到远低于我的位置”。[17] 德胜同意了，答应他会将事情安排好，让范罢览像从前一样负责商务。[18]

范罢览告辞时，心情已经好多了。他说他将先行前往广州，筹备一场像样的欢迎会，打点好一切，让德胜可以舒适愉快地住下。他甚至愿意将拥挤的商馆里他自己的套房让给德胜。[19]

然后，“暹罗号”掠过青山，驶入珠江三角洲。这里复杂交错的运河和水道、变化莫测的险滩，对深龙骨的船只而言都是危险的。欧洲人不时尝试勘测并绘制这片水域的地图，但遭到清朝官员的全力阻挠；洋人只得一直依赖要价不菲的本地引水员。

随着他们向上游航行，沿途水域渐渐挤满了各式船只：有德胜旗舰这样的西洋船只，有越南或泰国（清朝称暹罗）来的大型远洋帆船，还有大量载着渔民、捕蟹人、小贩、清洁工和娼妓的舢板。一些人不得上岸，就住在船上。但是，陆地和水域之间并没有清晰的分界。稻田看上去就像从江里长出来似的，运河从稻田中穿过，船只仿佛漂浮在田野之上。

这里风景秀丽，苍山翠岭，宝塔点缀其间。偶尔经过堡垒，大多数船只都要停下出示文书，但德胜的船不需要。作为朝廷外宾，他通行顺利。即便如此，从虎门到黄埔的泊地还是走了整整三天。

黄埔岛（Huangpu Island），据其粤语发音在英文中也写作“Whampoa”，是大多数欧洲人旅行的终点，他们只能留在这个“全世界最凄惨的处所”，检修锁具、排舱底水、更换腐烂的桅杆。[20] 只有级别更高的文书、簿记员、押运员，当然还有使臣，才能前往广州，在那里气派的会馆住下。

黄埔看上去并不凄惨。山顶的高塔古色古香，俯视着绿荫掩映的寺庙。但是走近之后，你就会看见挤在水边的破烂小棚屋，稻田里弯腰耕种的农民，还有骨瘦如柴、赤身裸体的儿童。

天气闷热难当，水手们迫不及待想要上岸。有些人必须留在船上，驱赶老鼠和蟑螂才能入睡，其他人则可以睡在岸上竹子建造的仓库里，这种仓库被称为“栈房”。这些建筑原本用来储存索具、渔具、柏油、油漆和桅杆用的木料等物资，不过也备有吊床和帆布床，更重要的是有卖酒的地方。酒虽难以入口，但只要喝得够多，即便是夜里打更人的锣声也叫不醒。还有一些人，将在附近岛屿安葬洋人的墓地永远沉睡下去：军官和文官葬在法兰西岛（French Island，即深井岛）；普通士兵和海员葬在丹麦人岛（Dane's Island，长洲岛）。[21]“暹罗号”的船员中开始有人死亡。[22]

虽有悲苦，但黄埔毕竟是个繁忙的泊地。[23]最壮观的是雄伟的欧洲船只，它们必须在此停靠，因为清政府不希望船员到广州寻欢作乐，而且洋船吃水太深，很难通过越来越浅的河道。在洋船之间，还穿梭着大量小船：巡逻缉拿非法交易者的粤海关官船，以及鳗鱼贩子、螃蟹贩子、渔民、其他小贩和洗衣妇的舢板。洗衣妇收取费用后，“就将航行途中积攒的脏衣服泡进河水，沾湿的衣物颜色变得更深”。[24]有时还能看到赶鸭船，船主白天放鸭子去水上觅食，晚上再吹哨招呼它们回来。[25]最令人不适的是粪船。粪船将大粪运到田里，加水混合搅拌，用作肥料。还有些船是买办的，他们为欧洲人提供补给。不过，一定要仔细检查，稍不留神就会收到腐烂的水果或变质的肉类。如果最终还是收到一头腐烂变质的猪，将它扔出船外之前记得拴上重物，不然烂肉很可能被别人捞起吃掉——这片水域充满了走投无路的人。

清朝官员尽力控制混乱的局面。每有洋船抵达，两艘海关官船就会靠过来，用链条各拴在洋船两侧，确保核验前没有货物从船上卸下。最大的船上载着粤海关的监督大人，监督由皇帝亲自简点派充，通常由皇亲国戚或亲信担任。监督测量船体长宽，据此决定船只的通行税。这项费用仅仅是这里要收取的众多税费、贿赂和勒索中的一笔而已。举例来说，如果监督在船上看上了钟表、怀表或首饰等心仪之物，他可能会明确做出感兴趣的样子，陪同他的行商就得买下来，再以远低于成本价的价格“卖”给他。近些年，这类贿赂的行情水涨船高，这也是众多行商破产的原因之一。英国人对苛捐杂税和敲诈勒索多有怨言，但也只能硬着头

粤海关监督的船经过黄埔岛。原图底部文字为“船过广州黄埔”（Bateau du Hopou à Quanton）。图中为粤海关监督的船，粤海关监督负责向洋船收取通关费。

资料来源：Chrétien-Louis-Joseph de Guignes, *Voyage à Péking, Manille et l'Ile de France: faits dans l'intervalle des années 1784 à 1801*, Vol. 4 (Atlas) (Paris: Treuttel & Würtz, 1808), plate 24. Public domain.

皮打点。因此，无论监督何时到关查察，他们都会派船迎接，陪同登船，再备好水果、点心和美酒款待。[26]

通常来说，监督会等到六七艘船抵达后才去查验一次，但德胜会接受一次专门的拜访。范罢览和一些行商已经提前上船，帮助德胜为会见做准备。他们在德胜客舱的镜子前摆一把高高的椅子，铺上一块绣着金龙的红缎子。他们说，这是呈放圣旨的地方，所有人都要向圣旨叩头，包括德胜和范罢览在内。行商们做了示范：双膝跪地，头部触地三次。[27]

他们想确保德胜和范罢览会依礼而行。每次人们要马戛尔尼勋爵叩头时，他都抗拒不从。关于他的粗野，官员们对皇帝隐而不报。但随着马戛尔尼离京城越来越近，他执意拒绝行礼的消息也传开了，这令皇帝“深为不惬”。所幸，皇帝是个和蔼大度的人，也见惯了不同的文化和习俗。他放宽了礼节上的要求，马戛尔尼这才得以按觐见其本国王室的规矩向乾隆行单腿跪地礼。然而，皇帝并没有忘记他礼数不周。

德胜和范罢览已经对马戛尔尼使团及其所犯错误做了研究，通过多个信息源了解情况。提供消息者一致认为，马戛尔尼拒不叩头行礼是其失败的一个原因。一位中国商人告诉范罢览，皇帝看到马戛尔尼拒行三跪九叩之礼时，转头对首辅大臣说：“如果这些外夷不能适应我国的习俗，他们来此做甚？朕没有邀请他们，也不需要他们的贡物。”[28]其他中国商人、译员，甚至连英国人自己都讲过类似的故事，最重要的是，京城来的欧洲传教士也这么说。

这当中影响力最大的传教士或许就是已在中国生活三十五年的梁栋材（Jean-Baptiste-Joseph de Grammont）了。很多人都细读过他对马戛尔尼失败的评析，其中也包括范罢览和德胜。[29]梁栋材写道：“从没有一个使团取得过更大的成功……然而，令人诧异的是，也从来没有一个使团成功得如此难看。”[30]梁栋材认为，一个重要原因就是马戛尔尼拒绝叩头：

> 因为正使（马戛尔尼）不愿按照中国人的习俗行礼，皇

帝怫然不悦，以致下诏责令（马戛尔尼）带着贺礼原路返回。最终，皇帝（回心转意）决定在接见（正使）时采纳一种既非中式也非欧式的礼节。[31]

但木已成舟。皇帝当即拒绝了马戛尔尼提出的全部要求，因为“大使拒行中式礼节，皇帝认为他存心不良”。[32] 他还遣令马戛尔尼即刻动身，甚至取消了常规的临行前的召见。

其实，这些礼仪问题并不是马戛尔尼被草草打发走的主要原因。[33] 更令清朝官员困扰的是马戛尔尼“妄有渎请”，其中就包括在中国口岸通商的要求。[34] 皇帝自然不准，又担心英国人不能坦然面对这种拒绝：“英吉利在西洋诸国中较为强悍，且闻其向在海洋有劫掠西洋各国商船之事。”[35] 同时，他也怀疑他们与当地“奸民”勾结，因此命令大臣尽快将马戛尔尼赶出中国。马戛尔尼从京城被赶往广州，为“催令按程前进”，朝廷不许他登岸贸易游览、商串来往[36]。[37] 皇帝也确实命令大臣对英国人以礼相待，甚至优加赏赐，还称他很抱歉贡使不得不在新春之际赶路。[38] 不过，显而易见的是，与其说马戛尔尼被奉为上宾，倒不如说他此行被当成潜在的敌人，一路上都受到管束。

德胜和范罢览津津有味地听闻马戛尔尼返回广州途中所受的慢待，比如没有饭食供应，不许参加宴会和庆祝。马戛尔尼回到广州时，消瘦憔悴，仿佛老了十岁。[39] 正如范罢览在其官方日志中所写：“在被迫仓促离京之后，勋爵在大员护送下行进，并非显示尊重，而是为了看管他。一路上，他都不能逗留歇息，直到随从将他护送上船，看着船驶出虎门为止。”[40]

范罢览总结道，这一切之所以发生，不仅仅是因为英国人拒绝叩头，还因为他们索要太多：

如果同意这个要求（英国在中国设立前哨），中国将迎来什么样虎视眈眈的“邻居”，皇帝必然是再清楚不过的。英国人在印度、孟加拉怎样强取豪夺，那些权盛一时的君主又如何没落，这些事在中国的首都广为人知，人们对此的了解程度不亚于我们欧洲人。因此，（英国）使团在第一次表现出其民族的傲慢姿态之后，落得如此突然、难看而可耻的下场，其实并不奇怪。[41]

如果他们的目标更合理一些——或许最重要的是，如果愿意叩头行礼，他们说不定会有更大的收获：

对于英国使团的到来，老皇帝的反应本是非常热情的，他为迎接使团大肆铺张，做了许多准备。但是，拒绝按照常规礼节行礼导致局势全面改变，惹恼了这位君主，正是这一点造成了之后所有的麻烦。任何对中国略有所知的人都确信，这就是这个光荣的使团彻底失败的主要原因。[42]

范罢览立刻意识到，英国人的失败为荷兰送来了机会。就在马戛尔尼即将离开广州时，范罢览致信上司，敦促他们派遣使团来华（这件事发生在长麟要求他写信之前）：

> 一个姿态更加谦卑的荷兰使团，带着不那么贵重（但对中国人来说用处更大）的礼物，必能实现所盼望的成功，因为我国人不论到哪里，都会了解、熟悉我们接触的所有土地和民族的风俗习惯。正如从前派出的使团，我们从不拒绝按应有的礼节向皇帝表达敬意。[43]

现在，既然长麟提出了遣使恭贺皇帝登基六十周年的要求，又经过范罢览一番卖力的说服建议，荷兰人得到了觐见皇帝的机会。他们决心在英国人失败之处取胜。他们仔细研究了马戛尔尼使团。德胜甚至亲自抄录使团的文件档案，而这项工作他通常会交给抄写员。[44]一个关键的教训就是，不要因为中国的礼节而小题大做。正如德胜所说："身在异国，我必须入乡随俗。"[45]他的上司们也认可这一点，命令他"按照该国的习俗，遵循必要的礼仪"。[46]

因此，当今天行商询问德胜是否愿意学习正确的叩头礼仪，以便之后在皇帝面前行礼时，他表示愿意，并一丝不苟地观看他们示范。[47]首先，双膝跪地；然后，头部触地三次；之后，站起身来。重复这套动作三次。他和范罢览练习起来。行商们表示满意，然后赶去迎接监督。德胜则继续练习。[48]

十点钟了，天气越来越热。监督的大船终于来了，船上挂着黄龙旗。他和众多随从登上"暹罗号"时，人们着实忙乱了一阵。

接着，范罢览陪同他来到德胜的船舱，德胜在门口恭迎。和皇帝一样，苏楞额监督也是满人。他的官职由皇帝亲自点派，因为作为粤海关监督，他收到的税饷是皇家的重要财政来源。德胜为他摆了一把金色的椅子，又为一众随从安排了座位。

苏楞额说德胜的到来让他很高兴，德胜却觉得他很紧张。苏楞额抛出一个个尖锐的问题：这个使团的动机是什么？它的意图真的只是向皇帝叩祝万寿，还是其大使意图提出不满或另有所图？

他这样问，可能是唯恐去年马戛尔尼使团入觐时的情形重演，让皇帝不快；但德胜怀疑苏楞额更关心的还是他自己的利益。就在几天前，广州传来消息说苏楞额将奉召回京，他很可能担心外国使团投诉他的行为。[49] 粤海关监督素以索贿勒索恶名远播，与洋人多有摩擦。范罢览与苏楞额的前任就有过矛盾，闹得很难看；苏楞额本人也没好到哪里去。[50]

德胜知道说话要当心，因为粤海关总督可以直接奏报龙庭。他告诉苏楞额，他无意向朝廷提出要求或投诉，他被派至此地只有一个目的：恭贺皇帝登基六十周年。[51]

监督仍然十分警惕，警告德胜：如果他企图在朝廷上讨论任何事项，此时就要提出来。德胜说他并无提请讨论之事："自从荷兰人来此贸易，我国所有交易都谨守诚信和体面。如果在做出如此明确的声明，宣称我不会向朝廷投诉或提要求之后又出尔反尔，那么我将令国家蒙羞，这种行径理所应当招来蔑视和其他后果。"[52] 苏楞额要德胜和范罢览起誓，保证他们此行的唯一目标就是向皇帝道贺。他们照做了。监督大人露出微笑，其他官员看上去也松了口气。

后世的研究者责备德胜做出了这个承诺，说这是一个“鲁莽”的错误，出使行动还没开始就在这里失败了。[53] 他们甚至说德胜是一个“受害者”，稀里糊涂就被中国人装腔作势的礼节唬住了，对使团的“真正性质”一无所知。[54] 但这种说法有失公允。

德胜知道自己在做什么。他明白这里的外交活动是根据不同的标准展开的，更注重维护关系，而不是讨论具体事务。他曾率团访问日本幕府，当时他的主要职责就是向统治者叩头行礼，并不抱有谈判的期望。德胜的上司也理解东亚外交，他们清楚地告诉德胜，此次派往中国的就是一个“礼节性使团”，主要目的是恭贺乾隆皇帝。[55] 这样的目标似乎与中西方文化冲突的现代叙事相悖，但是对德胜和东印度公司其他大部分员工来说，这没有什么可奇怪的。[56] 可以肯定的是，上级一定交代过他，如果有合适的机会，那么就进一步谈谈广州的情况；但他们的指令非常明确：只有在不损害使团主要目标的情况下才能这样做，而使团的主要目标就是为皇帝献贺。[57] 德胜并没有犯下轻率的错误，他在依命相机行事。

他老练的手腕果然奏效了。监督很满意，开始处理下一个问题：德胜将要呈递乾隆皇帝的信（即表文）。监督读了信，大摇其头，坐立不安。信中行文毫无规矩，表达更是怪异[58]，长度也只有荷兰语版本的四分之一。

德胜连忙道歉，解释说他和同胞都不知道致皇帝的信的正确格式，巴达维亚能找到的华人也不通文墨，无法将信翻译成谦雅的汉语。主要译员是一位来自东南地区泉州港的人，几乎没受过什么教育。

不要紧，监督说道，将这封信用得体的汉语重写便是。

苏楞额转到下个话题：进献给皇帝的礼物。他要求查看“贡物”清单。德胜只好再次致歉。由于法国人一直在攻打荷兰舰船，从荷兰驶出的船只都困在好望角，以至于除了一些贵重的纺织品，巴达维亚近来接收的物品皆不足以作为进献皇帝的礼物，因此德胜说，他们希望贵大人和总督协助在广州购办合宜的礼品，以备进献之用。这个答复听起来也很令人满意——苏楞额说他很乐意帮忙。他们一起饮了些甜酒，监督起身告辞。

意外的是，没有人要求德胜叩头。“我突然领悟到，他们提出这种要求不过是为了搞清楚我是否会像马戛尔尼一样找麻烦。倘若如此，他们大概就不会接待了。”[59]

总之，监督看上去心情不错。他甚至主动提出派一艘官船过来，大摆排场将德胜送到广州。德胜拒绝了，他不想耽搁时间等船——天气已经热得无法忍受。两人就此告别。监督将写给皇帝的信一并带走，许诺会帮忙润色。

德胜登上“暹罗号”放下的交通船，向大城市广州驶去。

第 5 章

广　州

广州沿珠江延伸开来，直至入海口。那里有成千上万的船屋，狭窄的水道纵横交错，就连小船也只能勉强通过。[1] 德胜的交通艇转舵向“羊城西关”的商馆区驶去。洋行在宽阔的江岸边一字排开，岸边是精美的石码头。欧式门柱和推拉玻璃窗装点着荷兰商馆的建筑，使其看上去格外宏伟。鉴于荷兰与中国的渊源，这种气派也是相称的。[2]

范罢览和欢迎人群站在码头的台阶上恭候，台阶一直通入江中。众人迎接德胜登岸，陪同他穿过花园来到商馆。商馆内部很大，这倒是令人意外，纵深超过 150 码（约 135 米），从宴会厅一直延伸到十三行街市。宴会厅连着宽阔的游廊，从游廊上可以俯瞰花园。商馆中有会议厅、卧室、厨房、仓库，甚至还有配着两座英式壁炉保温的藏酒室。范罢览亲自参与设计翻新，成本之高引起了上级的担忧。[3]

此时，他陪同德胜来到会议厅，奉入首座，这个位子过去是范罢览坐的。其余诸位绅士按职级依次落座。但德胜太疲惫了，无力处理公事。之后有的是时间来举行第一次正式会议，到时他会将贸易管理权交还范罢览。他请范罢览先带他回房。

范罢览喜好精致，这也已经是商馆最好的套房，但德胜还是大失所望。他过惯了奢华的生活，一直希望受邀住进马戛尔尼从京城返回后短暂居住的那套大宅：房子宽敞舒适，设施齐全，还有漂亮的中式花园。他觉得商馆的套房狭小局促，虽然“布置得还算宜人”。[4] 其他人更得退而求其次。范罢览搬到三把手多载先生的房间，多载再搬进下级的房间，以此类推。最好的房间都在一楼，士兵和他们的长官住在楼上，用人和贴身男仆挤在屋顶倾斜的阁楼上。

德胜开始按自己的喜好布置房间，将藏书和文件从箱子里取出，整理床铺，打发了懒惰的管事。他想从旁边的商馆再租一间厢房，把墙推掉扩大空间，但正如他所写：“由于今年预计将有大量船只到港，所有馆舍的房间都已订出，我只能将就着住了。”[5] 他召开会议，研究广州商馆的记录，与官员和中国商人开启对话，并安排与其他外国人会面。

他尤其迫切地想见英国人。住在孟加拉时，他与博学多识的英格兰人和苏格兰人结下了长久的友谊，他在大宅款待他们，豪爽地为他们斟上杜松子酒。英国人欣赏他的热情和酒量。“这点儿酒不算什么，”他曾用带着荷兰口音的英语对惊讶的英国酒友说，“就跟喝水一样。来啊，上校，再干一杯。”[6] 他和英国朋友一起骑大象，猎老虎，射杀野水牛，还在马背上用长矛刺杀野猪和羚羊。[7]

然而，尽管广州的欧洲人社交频繁，晚宴、拜访如走马灯一般，但英国人连一张请柬都没送给德胜。这看来是故意为之的怠慢。[8]更糟的是，他们似乎在散布谣言，说德胜不是合法的大使，因为他不是由其君主任命的——马戛尔尼勋爵可是由英王乔治三世任命为大使的；他们还说德胜没有获准进京。[9]

德胜甚至担心英国人在暗中作梗。他等待与总督和其他高级官员正式会晤已经很久了。官员们一直找理由推脱，说抚院早就去邻近县里处置洪灾了，[10]总督也去主持乡试了。[11]空口无凭，他怀疑都是借口。所有人都注意到他们已等了很久。[12]英国人挑拨清朝官员与他对立的诡计是不是得逞了？

当德胜接待总督长麟派来的四名官吏时，疑虑更盛。对方就外交文书提出了尖锐的问题。为什么中文译本篇幅这么短？到底为什么会存在这么一份东西？[13]德胜复述了他告诉苏楞额的话：准备中文译本只是为了提供对荷兰语原文所作的概要，译员是居住在巴达维亚的泉州（一说漳州）百姓，因为当地很难找到通晓文墨的学人。这就是文中语言欠佳还夹杂泉州方言特异表达的原因。他对此表示歉意，并请求中方协助准备一份更好的译本。来者又问，为什么荷兰语版的表文上没盖荷兰君主的印玺而只有吧城荷印当局四位总管的签字。德胜解释说，因为乾隆皇帝登基六十周年庆典的消息最近才传到巴达维亚，来不及从遥远的荷兰寄出得体的文书了。在这种情况下，吧城荷印当局得到了授权颁发外交国书。

那么，官员再问，为何表文只盖了东印度公司的一枚印章，为什么吧城的四名绅士总管没有用他们各自的印信？德胜介绍了荷兰的书信惯例，又耐心地回答了他们提出的其他很多问题。

面对这种局面，感到不快是很自然的，但德胜明白他们为什么担心——以前来过莽撞而无信的使节。他记录道，总督“希望全面了解情况，这样他就不会在朝堂上措手不及，毕竟可能有人当场煽风点火”。[14] 德胜沉稳谨慎的语气奏效了。饮茶喝酒之后，官员们满意地离开了。

看起来，总督也对他们的汇报很满意，因为长麟开始积极协助了。头一件事，他要帮助准备一份像样的表文译本。将文件翻译成中文公文可不容易，更何况这份表文要呈给皇帝本人，而他又以眼光挑剔闻名。此外，荷兰语的内容也引发了问题。英国人说得没错：德胜不是国王派来的，而是巴达维亚总督派来的。怎么才能巧妙地处理这个问题？“总督”二字到底该如何翻译？又该怎样面对总督本身不代表国王而代表奥兰治亲王威廉（William of Orange）这个事实呢？

译文几经修改。他们先是按常规译出一份草稿：范罢览和一众念过书的中国行商坐在他房内，范将荷兰语原文口头翻译成葡萄牙语和英语，四位行商再据此译出中文。他们逐句翻译，用了一小时又一小时。[15] 这个译本引发的问题简直和解决的问题一样多。于是，他们又尝试了不同的办法。范罢览将荷兰语原文译成法语，并全力营造一种正式而高贵的语言风格。然后，他将法语译本交给总督的下属——一个外文名叫卡洛斯的中国人。卡洛斯曾在罗马和巴黎留学二十年，他将法文版译成中文后呈给总督。

总督长麟博闻强识，身边更有大批文人。即便如此，他还是拿着表文译本向其他学者求教。为了找到更贴切的措辞，这些饱学之士与卡洛斯会面讨论，其中不乏广州地区的高官。[16]

德胜被这个过程迷住了，见识了中文的高深。他向上司建言，今后要更加小心仔细："从这一切中就能看出，要充分理解这种文雅的语言，以得体的文风恰如其分地表达自己的意思是多么困难。如果未来还有这样的机会，从巴达维亚发来的中文翻译件千万要严谨。"[17]

与此同时，范罢览负责将荷兰语原件装饰得更加精致。马戛尔尼带来的王室文书写在羊皮纸上，荷兰人的公文写在普通纸张上。于是，范罢览买了一大卷羊皮纸，委托画家在纸张边缘绘制花朵和狮子作为边饰，然后将荷兰语文书原件小心翼翼地贴上去。[18]表文原本用黄绸小袋封装，范罢览觉得这太简陋了。他另行准备了一块白色缎子，上面是以中式风格精细刺绣的金龙。盛放这套函件的是一个装饰着金质压花的银漆木盒。[19]

在进行翻译和包装工作的同时，德胜和范罢览还去置办进献的礼品。总督和粤海关监督帮他们草拟了一份礼单，监督还亲自陪同他们前往苏格兰人、高级钟表专家丹尼尔·比尔（Daniel Beale）的商行选购。[20]比尔行有各式精巧的金银机械制品，这些装置可以演奏音乐，表现各种场景，比如渔夫抛竿、情侣起舞、鸟儿歌唱和抄书员写字等。它们在中国上层阶级中很受欢迎，要价不菲。曾有一任粤海关监督索要一台价值 7 万两白银的时钟，这价钱足够买下一座大庄园了。[21]甚至手表都卖到数万两白银，而这里还有成对购买的习俗。监督和一众官吏帮忙挑选了两座机关最复杂的大钟（万年如意八音乐钟一对）。这是最主要的大礼，不过德胜和范罢览也购买了其他东西——两面大镜子（大玻璃镜一对）、做工精良的手枪（风枪）、望远镜（千里镜）、手表（时刻报喜各式金表）等，并尽力将花费控制在巴达维亚所拨预算之内。

所购礼品都很合意，德胜对座钟尤为满意。他写道："我以前从来没见过这样的精品。这些杰作充满美感和艺术性，令我百看不厌。"[22]

不过说老实话，这些东西与英国人之前带来的礼物相比显得逊色。英国人花了大量心血和金钱张罗了一整套礼物，用以展示英国的工业水准。（但据不满的荷兰观察者抱怨，号称英格兰制造的星象仪实际是德意志产品。）[23]

礼品备齐，表文修妥，总督长麟认为正式接见的时机成熟了。一位中国文人曾在诗中纪念此事：

> 荷兰贡舶虎门收，蚝镜声嚣水上楼。
> 琛献先传金叶表，翎开还整翠云裘。[24]

会晤仪式的目的是验看并正式接收国书，之后送报朝廷，举行仪式的场所理当庄严神圣。因此，总督将地点选在了海幢寺。寺庙坐落在优美的园林之中，此时更经一番修饰，以对远道而来的客人表示盛情欢迎。正如诗人王文诰所写：

“献给皇帝的机械钟”（“La pièce mechanique, un des presents pour l’empereur”，即万年如意八音乐钟）。这幅图可能是中国画师在广州所绘，描画了德胜和范罢览买来进献乾隆皇帝的两座机械钟之一。德胜写道：“我以前从来没见过这样的精品。这些杰作充满美感和艺术性，令我百看不厌。”

资料来源：Album of Chinese drawings and documents, BR 350, No. 45, Biblioteca Nazionale Centrale, Florence, Italy. Reproduced by permission of the Ministero per i beni e le attività culturali e per il turismo / Biblioteca Nazionale Centrale, Firenze. Reproduction prohibited.

龙象花宫涌海幢，桫椤贝树荫清江。

慈容遥仰天威在，一日光荣遍海邦。

万斛琉璃挂彩门，氍毹匝地映红幡。

今朝节府承明诏，乐奏钧天语带温。[25]

他们派去接德胜的大船也相当气派，漆成红色，雕龙绕柱，龙旗招展。[26]清晨，当它停靠在荷兰商馆跟前时，德胜被打动了；但当他发现总督根本没派高级官员迎迓，而只让行商潘有度前来时，他的心情起了变化。[27]“按理说，我本该等来几位官员一路护送，但现实经验已经使我确信，欧洲人之前对中国人礼貌客气之道的看法是错误的。”[28]

尽管如此，他还是与范罢览和一支德意志兵组成的仪仗队一起上了船。船驶过繁忙的河道，龙旗飘扬。海幢寺宏伟的大门（海山门）立在高大的庭荫树下，两侧是长廊，可以买到茶水和小吃。一棵树从右侧长廊的廊顶直钻出来。[29]

码头已铺上红地毯，身着袍服的官员迎接他们登岸，同他们一道穿过大门，走过长长的庭院，院子里还站着两列披挂讲究的士兵。在进入大殿之前，还要经过两道门，屋顶覆盖着绿色琉璃瓦，同样有雕龙装饰。地毯上九把椅子围成半弧，用于遮阴的巨型帷帐也搭好了。总督和六位高级官员正在此处迎候。

德胜一行人的注意力被后面一张桌子吸引了。这是一张黄案，上面敬立着一块金字木牌。牌前是一件香炉，陈设得就像一个牌位。

海幢寺仪式，1794 年。图中描绘了海幢寺仪式的细节：左侧为德胜和范罢览，右侧坐着清朝官员。总督长麟坐在上首，后面按官阶依次落座。下跪者可能是译员。
资料来源：Engraving from André Everard van Braam Houckgeest, *Voyage de l'ambassade de la Compagnie des Indes Orientales Hollandaises, vers l'empereur de la Chine, dans les années 1794 & 1795*, Vol. 1 (Philadelphia: M.L.E. Moreau de Saint-Méry, 1797), p. 16. Public domain.

因为它本就是牌位。龙牌，是皇帝的象征。皇帝从来没有御驾亲临这个远在京城 1 500 英里（约 2 400 千米）的省份，但官员和使节都要叩头行礼，仿佛他在场一样。这种仪节是支撑清朝政治体系的庞大礼制的一部分。[30]

下人将两个红垫子摆在龙牌前的地毯上，每个人都密切地注视着荷兰人的举动。去年，就是在这个大殿上，在大致相同的这群人面前，马戛尔尼拒绝叩头，只是朝着龙牌行单膝跪地礼。[31]

德胜要叩头，还要叩得标准。一名官吏在旁“像军官操练部队”一样指挥节奏，他和范罢览跪下叩头三次，之后再重复两遍，共三跪九叩。[32] 德胜对结果很满意："在巴达维亚时曾多次观看中国人在他们的庙宇前这样行礼，我可以模仿得惟妙惟肖，毫不困难。"[33]

官员们也很满意，请他们入座。总督长麟坐在距离他们最近的上首。长麟"修髯伟貌，言语隽雅"，魅力非凡，德胜立刻就喜欢上他。[34] 所有官员都戴着官帽，于是德胜又把帽子戴上了。很久以前，满人在举行这样的仪式时会摘掉帽子，不过如今已经按汉人的样子始终戴着帽子。[35]

叙话过后，德胜站起来将表文交与长麟，长麟起身接过。他验看了中译本——他当然已经对内容烂熟于心，毕竟是他帮忙改定的。然后，他问德胜能否即刻动身，以防皇帝希望在元旦前在京城召见他。

德胜不太情愿。他计划三月动身前往京城，那时春暖花开，他也有时间从容准备。他认为皇帝果真希望在大年初一前见他的可能性极小。现在已经是 10 月 13 日了，今年的农历新年是 1 月 21 日。想一想他的贡表送到京城就需要多少时间！再想想上呈御览、回应，还要加上皇帝的批复寄回广州的时间。德胜认为这一切根本不可能及时办妥，于是他回答：可以，他已准备好听从皇帝的诏令进京。译员跪在地上将德胜的话传达给总督时，总督看上去非常高兴。

茶和小盅燕窝汤端了上来。趁大家啜饮的工夫，侍者在龙牌前按同心半圆形摆放好更多垫子。很快，众人起身再次行叩头礼，总督和高级官员在前，荷兰人在后。德胜仔细观察，一板一眼地模仿总督的动作。

接着就是花园中的筵宴。荷兰人、汉人和满人等一众宾客已恭候多时。范罢览和德胜的厨师帮着备了一桌“正宗”番菜。饭罢，众人游览花园。花园本为洋人称为 Locqua 的行商（源泉行陈文扩之子陈钧华，又有说法称其名为陈远来）所有，他破产后，这处园子就被没收了。[36] 无人照料的花园里草木疯长，但德胜觉得这里很“浪漫”，期待着从京城回来后能在此居住。

宴席、戏曲和表演让人应接不暇，年轻杂技演员的把戏更是令德胜惊叹不已：“欧洲从来见不到这样的东西。”活动一直持续到晚上，德胜和范罢览直到夜里十一点才回到商馆，疲累但“在被冷落了这么长时间后，度过这样愉快的一天，令人心满意足”。[37]

次日，英国人终于造访荷兰商馆。德胜写道：“看起来他们之前确信我不会被承认为大使，现在尘埃落定，他们才姗姗而来。不过我还是接受他们的示好，毕竟这更多是因为国家间的竞争，而不是个人间的偏见。”[38] 他对英国大班波朗尤其殷勤，希望修复范罢览掌权时受损的英荷商馆关系。德胜对波朗印象很好。

与此同时，长麟上了一道奏折。他必须字字斟酌：因为英国人说得没错，大使应当由其君主派遣。如果长麟遣冒牌大使上京，皇帝可能会将他革职抄家。因此长麟提醒皇帝，中荷路途遥远，亦无快速通信途径，德胜的君主威廉 · 奥兰治亲王已授权吧城荷印当局代表他派遣大使。长麟启奏：

本年呢德波等探知，明年系大皇帝六十年普天大庆，若俟回国修表备贡，叭打末地方相距本国来往十几万里，势必迟误。是以一面启知国王，一面遵奉国王命代缮表文，恭备贡物，遣大头目即贡使得胜由叭打末地方起身来粤，吁求臣等代奏，恳恩准其进京叩祝等情。[39]

这是一个巧妙的递进推理：既谨慎地不对威廉亲王的权威地位提出怀疑，又明确表示亲王的代表具有合法性；同时，还奉承了皇帝。虽然朝廷或许已经没有举行登基六十周年盛大庆典的打算了，但洋人并不知道。意义非凡的六十周年盛典，已经在遥远的西洋让人们心驰神往。

长麟也必须向皇帝保证，在叩头行礼的问题上，不会有任何令圣上不快之处。他描述接见时的场面为荷兰人担保："臣等当即会令贡使得胜进见。据该贡使先向北望阙行三跪九叩头礼。"[40]他还说"察其（荷兰使臣）词色亦甚恭顺"。不待说，这与英国人的举止形成了鲜明的对比。

长麟请旨：是否令荷兰使团随同各国外藩进京叩祝？如果进京，是否应赶在本年十二月到京？还是让其在广州暂住过冬，待到夏天动身，在来年农历八月十三日（9月25日）万寿之前，再行到京？若皇帝根本不想接待荷兰人，那么是否将其表文和贡物由官员代进？[41]虽然长麟说得很含蓄，但毫无疑问表达了他对荷兰使团的大力支持。

得知长麟的奏折对荷兰人"多有溢美之词"并且很可能"在

朝廷引起轰动”，德胜感到很欣慰。[42]但听说长麟可能真的希望他能在元旦前到京，他并不高兴。德胜写道，这个消息令他“相当不快……在接见的当天，并没有想到会发生这种情况”。[43]

德胜决定加快工作速度，但要做的事情实在太多。他受命调查荷兰商馆的情况，探察范罢览及其同僚是否拿回扣或违规赚差价。他审查账目，研究市场价格，还进行了面谈。他甚至向其他欧洲人询问定价，试图摸清行情，但他们并不愿意吐露谈判的机密。

范罢览和同事坚称，他们通过投资贸易活动（通常是与贸易增长迅速的美国人交易）合法获取收益。他们说，这些投资之所以有高回报，部分原因在于它们也有高风险。多载称，去年他投资的一艘船被法国人截获，他损失了三万西班牙银圆。他向德胜发誓，他现在还是像1792年初到广州、债务缠身时一样贫穷。[44]

范罢览也一口咬定自己债台高筑，特别是在欧洲欠着不少钱；但每个人都很清楚，他到中国不久就赚得盆满钵满。[45]他是靠卑劣的手段获利，还是靠技巧和运气？德胜无法确定，但他确知三年前，范罢览趁市价低迷买入一批鸦片，此后一直在鸦片生产淡季价格上涨时卖出。此外，他每年都投资一两艘美国货船，并且是唯一的投资人。

德胜忍不住感叹：

> 最令人称奇的是，由于他与中国商人关系极好，他轻而易举就能实现这一切。他几乎足不出商馆，却能迅速将外面

的件件生意都料理得井井有条，以至于不了解的人定会当作不实之词。[46]

也许德胜本人也可以从范罢览的专长中获利，这也是他将本金托付给后者打理的原因。

德胜还调查了困扰他的另一个问题：为什么这里没有其他欧洲国家的使臣？范罢览之前向吧城荷印当局报告，英国人、葡萄牙人和西班牙人都计划派使团来华；当德胜发现他是唯一来华的大使时，他感到“颜面扫地”。[47] 德胜质问范罢览，范罢览坚称他只是照实传达了中国人四月对他讲的话。他必须赶快写信，信件发出后他才有时间再同英国人联系。英国人告诉他不会遣使，西班牙人和葡萄牙人则说他们要首先与分处马尼拉和果阿的上级确认。[48]

这套说辞不能打消德胜的疑虑。他向其他人求证。西班牙商馆大班阿戈特起初只是说，他的上级没有授权他派出任何使团。德胜于是正式致信，追问阿戈特：总督长麟是否果真如范罢览所言，曾要求他派遣使节？西班牙人否定了这一说法，但他说早在四月范罢览本人就告诉他，自己受总督所托请阿戈特遣使。阿戈特为德胜提供了范罢览写给他的信件副本；范罢览在信中暗示，阿戈特不妨亲自担任西班牙正使。[49] 私底下，阿戈特在日记中透露，“为了不伤及第三方”，他才不得已这样答复德胜。[50] 这说明他可能是在为范罢览打掩护。

德胜又问了英国人，英国人证实：总督确曾提出要他们派出使团。大班波朗将原委告诉德胜：总督希望落实马戛尔尼自京城回广州后许下的承诺，即英国很快会再派一位使节来访。他早早将此事禀奏皇帝，皇帝似乎很是满意，表示许可。但是，当英国无法兑现诺言时，他只得找个办法安抚圣意：

> 总督恐怕是操之过急了，这就使得“不应让皇帝大失所望”成了一件顶要紧的事；考虑到牵扯的时间之久和路途之远，即便不列颠政府怀着最大的好意安排，令皇帝失望的事很可能还是会发生。总督想知道的是，在这种情况下，英国商馆可否派出一名绅士，以弥补此事；这样的举措足以挽救他对皇帝的信用，而我方就此做出的保证也让他放心。因此，我毫不犹豫地说，倘或确实出现了令人失望的情况，那么我们会顺从他的意愿，这不成问题。[51]

波朗还说，为了取悦皇帝，总督希望从广州的其他欧洲国家代表那里获得类似的承诺，尤其是在找不到货真价实的英国正使的情况下。波朗写道，即便英国的计划被夸大了——事实上根本就没有具体计划——那也绝不是范罢览的过错。波朗最后还做了一番令人难忘的恭维：“必须承认，范罢览先生是出于对国家荣誉的热爱才积极奔走，争取到一位像阁下这样可敬的代表。这份热情值得称道。”[52]

德胜满意了。他在一份报告中写道，范罢览被总督误导了，同时劝慰上司们不要因为感觉上了当而太过生气，毕竟他的使团正在中国创造亲善关系。[53]总督和广东的其他官员也在想尽办法对荷兰人表示支持和尊重。

对德胜来说，也不是全无好处：其他欧洲人都对他“持续地加以关注”。[54]每逢周四，德胜就为英国人和其他客人举办盛宴，就像他在孟加拉时一样。不过，他对食物有些失望。他早就听说广州是“美食天堂”，可是这里只有肉类还算可口，面包差劲，蔬菜乏善可陈，鱼类也普普通通（除了鲜美的鳜鱼）。[55]食品价格昂贵，因为他只能通过买办购买；而买办抬高价格，是因为要孝敬官吏。“他们越富有，被讹索的就越多。”德胜这样写道。[56]他仔细记录支出情况，以便日后申请报销。他盼望托付给范罢览的本金能带来可观的进账，这个愿望给了他些许安慰。

虽然食物不甚可口，但这里的乐趣还算多。从商馆向外望去，景色动人。德胜在写给哥哥的信中说：“河面上有数千艘舢板，停靠的舢板会给其他船只留出足够的空间通行，仿佛形成了纵横交错的水上街道。小船穿梭往来，多不胜数。喧嚣拥挤没完没了，超乎一切想象。”[57]

他多么希望自己也能去享受别样的乐趣。“上游距离我们商馆不远的地方，就有大型‘花船’，”他接着写道，“听说船上的青楼女子花样繁多。这些船一字排开，如同组成了水上‘花街柳巷’。大部分中国人夜晚会上船寻欢作乐，毕竟花船比他们自己的房子好得多、大得多。”[58]扫兴的是，他和其他洋人不得登船娱乐，这与日本的情形大为不同。在出岛，找人做伴很容易，只要他给女孩及其家人适当的礼物和报酬，女孩就可以陪他。[59]但在中国，这种安排是不被允许的，更确切地说，是必须小心行事。正如他在信中对哥哥所说：“既然这是我们的禁果，此刻我也不便再谈论它了。凡事自有其时机。”[60]

总而言之，一切顺利。广州令人愉快。他势必能赚到钱。他还是无法想象真的要仓促赶往京城了。官僚体系运转缓慢，再说路途也很远。

但在这件事上，这个体系反应迅速。乾隆皇帝很快就收到长麟的奏表，决定在过年前接见德胜。

第6章

前路茫茫

奏本源源不断地呈送皇帝，远远超出了他可能读完的数量；因此大部分都由相关衙门过滤掉了。但长麟是高官，他的急报立即上呈御览。皇帝朱批后，将折子交发军机处调查。洋人的文书合乎体制吗？这种奇特的文字真是荷兰人所写吗？大使应由朝廷接风吗？

军机处相当于皇帝处理政务的机要委员会，负责承旨书谕。军机值房设于清宫隆宗门内，方便皇帝每天早上叫起，以及之后的召见和“晚面”。[1] 军机处大臣向朝廷最重要的西洋专家之一索德超（Joseph-Bernard d'Almeida）展示了荷兰国表，索德超称该表确系由荷兰语书写，但遗憾的是他看不懂。[2] 于是大臣又请来其他传教士，让他们逐一阅览，还提出了一连串问题。“荷兰国坐落何处？”“离法兰西远不远？”“是否正在打仗？”“荷兰人如何穿衣装扮？”“他们吃什么？”“荷兰可比英吉利大？”[3]

结果，在京各堂及这些传教士中并无一人识荷兰语，但军机大臣们认为这并非大碍："将来该国使臣到京，如系西洋官话，我等尚能通晓。"[4] 所谓"西洋官话"，即拉丁语。

军机处将朱批奏折交王公大臣等阅看，获得了一致支持：

> 我皇上德备福隆，海隅憬化。荷兰国僻处外洋十余万里，兹特遣使探知明年大皇帝六十年国庆，恭备表贡进京叩祝。其表文内词意极形恭顺，实为吉祥善事。至苏凌阿等奏霜降安澜，本年雨水稍多，河流盛涨；仰蒙圣主洪福，均得保护平安，工程稳固。此皆由我皇上敬勤行健，祇承昊眷，是以梯航来集，海晏河清，上瑞毕臻，史册罕见。[5]

这样的奏片，年迈的皇帝看了自然满意。他指示军机处拟旨邀请荷兰人共贺新年。[6]

他们该如何评价荷兰使臣的合法性问题呢？鉴于德胜事实上并非由其君主直接派遣，他们承认荷兰的表文"与体制稍有不符"。不过，上谕说既然他们已经"复加盘诘"，也就不必深究了："自应准其来京瞻觐，遂其向慕之忱。"[7]

乾隆皇帝已经做了决定：希望德胜出席新年庆典。他明确要求德胜及早进京："须于十二月二十日封印前一二日到京，俾得与蒙古王公及外藩诸国使臣一体同邀宴赉。"[8] 为方便他们畅快通行，圣旨同时令沿途经过省份的督、抚派员照料。

很快，谕旨就经过传抄密封，由驿务系统中最快的"六百里加急"寄发广州。顾名思义，六百里加急，指的是一昼夜要走六百里（300 千米）。这种邮寄方式其实并没有那么快，但速度依旧惊人：仅用了 12 天，圣旨就经过 1 500 英里（约 2 400 千米）飞递广州，几乎创造了纪录。[9]

这就是为什么德胜得知皇帝积极答复的时间比他希望的早得多。他说，这条消息让他“方寸大乱”。[10] 他用并不完美的英语给他的英国财务代理人写信：“在如此寒冷的季节赶路，我感到前路茫茫。”[11]

他需要在不到两周的时间内准备停当。他告诉大人们：这无论如何是办不到的。但这毕竟是圣谕要求，范罢览恳请他重新考虑，还说如果他们不能按照预定时间 1794 年 11 月 22 日从广州启程，使团便无法在元旦前如期到京。[12] 如此一来，这两位正副使节也将错过皇帝的登基周年庆典。范罢览说他将尽全力效劳；他还告诉德胜不必在（给吧城当局的）官方函件上这么精益求精——德胜为写公文常常熬夜。范罢览指出，他大可以提交简短或不完整的报告，毕竟还有比赶路更好的理由吗？

德胜同意，但要办的事情太多了，怎么看都不可能如期动身。当务之急是找到一个好译员。德胜素以其对东亚语言的专研闻名，但正如西班牙商馆大班阿戈特在日记中所说，这一点帮助相当有限：

> 此前，德胜先生在一两次赴日之旅中认识了汉字。汉字写法与日本、东京和交趾支那[13]所用汉字没有任何差异，唯一的区别是发音不同……但是，尽管德胜先生理解这些文字

的含义，他也无法使用中国官话来表达，更不消说辽阔的中华帝国多不胜数的方言，他一种都不会说。[14]

其实，西班牙人高估了德胜的语言能力。德胜对自己的汉语水平是很谦虚的，因为他从亲身经历中体会到了这门语言是何等艰深。他学会了日语假名，起初以为学习汉字也不会多困难。他曾致信日本友人："为了更好地阅读日语书籍，我开始学习汉字。当然，它很难学，但我希望凭借热情和勤奋取得成功。万事开头难，但可以一天天进步；我不会虚度时光，希望几年之内就可以用汉字给你写信。"[15] 调任孟加拉时，他还从巴达维亚雇了一名华人教他汉语，同时兼作翻译。[16] 此人的汉字发音与日语截然不同，双方的合作就此告终。[17] 德胜后来又尝试雇一个去过荷兰、通晓荷兰语的华人。德胜开出一年一千卢比的高薪，可惜还是被拒绝了——那人做买办赚得更多。"这是个沉重的打击。"德胜写道。[18]

他还是坚持不懈地学了下去，从欧洲订购字典、语法书和《论语》译本，还向身在亚洲的欧洲学者借书。大名鼎鼎的威廉·琼斯（William Jones）将傅尔蒙的汉语语法书借给他。更令他激动的是，琼斯还借给他一套奇特而古老的两卷本中文字典，德胜亲笔将字典抄写了一套[19]：

这是一部杰作。书很旧了，甚至书页都被虫蛀了。拉丁文写得太密，还有许多缩写，我经常为了理解一个字的意思琢磨半个小时。我一头扎进去钻研了好几个月，每天清早就开始用功。真是一项艰巨的任务。不过，再有一个月，我就能完成了。从此我就拥有了一部其他任何地方都不可能找到的作品。[20]

他勤学苦练，汉语进步却极其缓慢。正如他终于实现诺言用汉字给日本朋友写信时所说："我发现学（汉语）要趁早，这个年纪学就很吃力了。即使如此，我也应该学习，总好过在庸常琐碎的追求上虚掷光阴。一个人无论走到哪里，所学总会伴随着他。"[21]

他对汉语的了解远胜过马戛尔尼及其随员，可是有一个例外：年仅十二岁的小斯当东。小斯当东在来华的船上跟随马戛尔尼的译员学习汉语。（小斯当东就是当年获赠德胜的日本文具盒的那个男孩。）德胜对这门语言的了解足以令他意识到自己面对着语言和文化的鸿沟。京城的法国传教士梁栋材认为，马戛尔尼及其随员对这道鸿沟缺乏应有的认识："就像所有通过书本认识中国的外国人一样，他们不理解宫廷的行为、规矩和礼数；更不走运的是，他们带来的华人翻译对这些情况的了解甚至还不如他们。"[22]

德胜很重视梁栋材的分析，打定主意要找到得力的译员。他心中的首选是一个法国人——欧洲著名东方学家德经之子小德经。德胜与德经长期通信，德经写了有关匈奴和突厥起源的开创性论文，提出了汉语言起源自埃及的理论，甚至推动发表了德胜给他的一封信。这件事令德胜大为不快，一来他没有同意授权出版，二来他失去了按他苛刻的标准修改信件的机会。（不知怎的，出版商还将德胜的名字 Titsingh 错写成了 Britzing。）总之，老学者为儿子的事写了一封信给德胜："我儿子现在中国，是海军部派去的。他的精力都放在学问上，甚至在离开（法国）前就已经翻译了一些汉语材料。现在，这门语言他讲得更地道了……如果他能与您建立联系，那么我会非常高兴。"[23] 这是多年前的事，据说小德经现在的汉语已经相当纯熟了。

至于小德经，他迫切需要这份工作。一开始，他作为法国王室派驻的领事，在中国干得有声有色。他先是做翻译，之后又成为王室代表，主要任务是在广东寻求扩大法国的利益。这是一个体面的职位，还有捞好处的机会，但 1789 年法国大革命之后，就越来越没保障了。一年半前，传来了法国国王被砍头、大不列颠对法宣战的消息。自那时起，小德经就再也没有收到欧洲来的资费。他的衣服都穿旧磨破了。[24]

德胜请求总督长麟准许他聘小德经为秘书，长麟坚决不同意。总督指出，或许是小德经与朝廷的法国传教士有联系的缘故，京城许多官员对他早有耳闻。一个法国人出现在荷兰使团里恐怕会引起怀疑，特别是可能引发对德胜大使资格的"关心"。[25] 德胜提出抗议，但无济于事。就连广州行商看起来都反对起用小德经，显然是害怕一旦被人发现他是法国人，朝廷的官员会向他们讹索钱财。[26]

但最新的圣谕改变了小德经的命运。由于京里没人能说荷兰语，也没人认识荷兰文，皇帝专门要求长麟酌派一两名"认识荷兰国字体兼通汉语"的西洋人随同来京。长麟起先打算用中国人，命属下在澳门挑选译员。[27] 但这需要时间，而且皇帝有旨意，明确要求用洋人。

德胜抓住这个机会，询问小德经是否愿意接受译员的职位，不做秘书。这次轮到小德经拒绝了。他说，他是穷了一点，但绝不能自贬身价屈就为小小的译员，更何况这个职业在中国不太受尊重。[28] 德胜则说，给他的头衔是译员，但正式级别上还是秘书。这就足以说服小德经签约受雇了。不过，范罢览一直称他为译员，这或许是小德经厌恶这个肥胖的荷兰人的原因之一。德胜还给小德经的一名室友——年轻的法国人阿吉提供了一个职位，他也同意了。

德胜将两个法国人的情况呈报总督，之后他们就被召到粤海关监督衙门，由总督亲自考察。[29] 小德经虽然来华多年，但几乎没有机会深入广州城，迫不及待要好好逛逛。参观过后，他对这座城市印象平平："没有一家商铺展示任何贵重的商品，也没有一样东西能引起我丝毫兴趣。"他对粤海关监督衙门也不以为然：虽然院子很大，站满了士兵、仆役和随从，但"欠缺雄伟的气势"。[30]

总督和另一位大人坐在厅堂尽头的高台上，粤海关监督在旁边的椅子上落座。其他官员始终站着。总督要阿吉和小德经代德胜讲解荷兰国书。尽管说不清这两个法国人是不是真的懂荷兰语，不过看上去倒也很像回事，总督批准了对他们的任命。

会见照例以喝茶结束。让小德经很得意的是，他和阿吉获邀坐在离总督不远处品茶，这就使两人比在场的其他大部分洋人都高了一头，因为其他人都被当作商人，而商人在大人面前是不许坐的。[31]

德胜很高兴保住了小德经的职位，但要为法国人准备全部出行物资又让他颇有怨言。要置办的主要是旅行便服和全新的礼服，这样他们才能得体地入朝觐见。总的来说，衣物是一项计划外支出。使团冬季就要启程，无法拖到春天动身。小德经、阿吉、德胜的德意志护卫和仆人，包括德胜本人在内，上上下下都需要保暖衣物和昂贵的皮毛大衣，因为他们现有的服装只适合在亚热带气候的广州穿着。这笔钱德胜不得不花。他的中国裁缝雇来 32 个帮手赶工。[32] 这边他们还在量体、剪裁、缝制衣物，那边德胜又在检查其他任务了，比如，给皇帝准备的贡物必须定下来，拣点打包，装上官员特派的船只——起航的良辰吉日都选好了。打包装箱是最难的工作，因为他们前往北京的大部分行程要走陆路。旅行者通常会取道长江中下游，借助河流和运河交通网，基本可以舒适地一路坐船抵达京城。可是，由于皇帝希望他们在新年前到京，他们只能走更快的路线：径直北上，大部分时间走陆路，而这条路要坎坷艰辛得多。行李和贡物将由脚夫搬运，因此必须用板条箱小心封装，易碎的座钟和大镜子更要当心。他们为此设计了特殊装置，保证箱子始终正面朝上。[33]

除了公事，还有私事要办。如果德胜中途身亡，该怎么办？德胜写信详细指示了一旦他亡故应如何安排后事，为了确保信件稳妥寄达，他还考虑了需要通过多少艘船，发出多少份副本。[34]

他还要做出多项人事任命，每一项都要斟酌再三。范罢览的

侄子雅各布 · 安德列斯 · 范罢览（Jacob Andries van Braam）渴望成为德胜的秘书，但德胜很警惕。让一个范氏家族的人如此密切参与他的业务，是好事吗？德胜拒绝了。范罢览坚决要求此行让侄子陪同，德胜只好同意将他作为一名独立绅士纳入使团。[35]

至于秘书，德胜属意一位姓齐曼（Zeeman）的年轻雇员。齐曼踏实可靠，做事一丝不苟，可这时正在追求多载的女儿，不想离开广州地区。[36]结果，他白白拒绝了这份工作。婚约破裂，多载小姐启程去了好望角。齐曼和朋友迁怒于多载，甚至威胁到"和睦的家庭和真诚的管理者所必需的团结和友好"。[37]

德胜最后选了多载的儿子当他的秘书，后者是荷兰商馆工作最努力、资质最好的年轻人之一。事实上，小多载觉得自己大材小用了。若不是父亲遭对手诽谤，他现在早该坐镇广州商馆的商务理事会（即所谓的中国委员会）。尽管如此，小多载还是接受了任命。这又引起了其他人不满，巴格曼先生和布莱特曼先生（Mr. Bagman and Mr. Bletterman）都颇有微词，认为应当由他们当中的一个荣任此职。德胜说他们之前有充裕的时间申请，但现在才提出，已经来不及了。[38]太多这样的决定等着他来做，每个决定都可能伤害他人的感情或激起嫉妒之心。商馆的人开始不太喜欢他了。

为远行做准备的同时，他甚至还要进行调查、撰写报告、对员工的收入征收逾期税款；除此之外，他还要关注进货、打包和装船往欧洲发货的各项事宜。[39]每天都有开不完的会。晚上，他会坐在书桌前写写画画到十一点，然后独自坐在门廊上，抽睡前的最后一斗烟。[40]

他为信写得太短向家人和朋友道歉，还抱怨这次旅行。他在给一位朋友的信中说："这次旅途我怀着恐惧；在严冬远行，前途暗淡。在仓促准备中，我正想办法购买抵御酷寒的皮毛衣物，据说这里比欧洲更冷，可我担心很难买到。"[41] 他写信给哥哥："一想起这件事，我就很害怕。"[42] 德胜尤其发愁的是要和儿子分离，他还记得上次把孩子留在澳门时，小男孩是多么难过。如果德胜能照原计划 3 月出发，他是有机会回澳门和儿子道别的。"事到如今，我只能把他丢在身后，像一个没人要的孩子。"德胜写道。[43]

圣意不可违。1794 年 11 月 20 日早晨，一艘小船停靠在商馆前的石码头，德胜上京的第一段路应该就要靠它了。但德胜讨厌它：透风，而且看上去太普通了。除非他们换一条更好的船来，否则他不上船。

官员解释道，非用小船不可是因为今年水太浅。德胜又说，他介意的不是大小，而是这艘船丑陋又肮脏。[44] 来人央求他上船，称这船只是今天接他去饯行宴会的，启程时会换一艘更好的船来。德胜和随员这才钻进船舱，渡到对岸，再次来到海幢寺。

使团赴京的消息早传开了，这会儿院子里站满了士兵和争先恐后想亲眼看看荷兰人的围观者。这次的布置更加华丽，这是使团深得皇帝青睐的标志。德胜和范罢览坐在离总督和其他官员不远的位子上。

侍从奉茶、端上汤羹的工夫，总督讲话了。他说，使团在这样寒冷的季节启程，将面对重重困难，他对此表示歉意和同情。

但他也强调，皇帝已经令沿途省份官员全力照料；他唯一惦记的就是德胜一行人是否有充足的厚衣服御寒。[45] 德胜和范罢览向总督致谢，说他们在祖国习惯了寒冷，荷兰的冬天像北京一样冷。

长麟提到正副使节将在京城参加的筵宴和庆典；还说虽然去程匆忙，但回程就悠闲多了，还有机会游览名胜。他希望并相信他们会安然无恙地回到广州，届时他将为大家接风洗尘。总督询问正使是否已准备好出发，德胜说都已就绪。总督又关心地问了几个问题，德胜也诚恳作答。汤羹鲜美。

海幢寺入口处的锣响了。镲声清亮，号角齐鸣。众人起身，陆续走进庭院。洋人站在一侧，官员站在另一侧。士兵列队通过大门，身后是二十名身着皇家御用色——黄色衣衫的男人，之后是八名同样身穿黄衣的挑夫，他们抬着诏案，案上摆着卷轴，内里就是诏黄。紧随其后的挑夫抬着香案，案上是一炉香。众人齐齐下跪。诏书被奉入殿内，郑重地放在供桌上的龙牌旁边。

德胜和范罢览跪在正对供桌的垫子上，大人们依次跪在旁边。一名官员走上前，站在正副使面前，另一人小心翼翼地从案上拿下黄色卷轴，向前举过头顶，双手呈给总督。总督展开卷面，交回给站在一旁的官员。这位官员双手举过头顶承接，朗声宣读。德胜被这抑扬顿挫的诵读声迷住了。跪在一旁的译员为他翻译。圣意是如何翻译的无据可考，但诏书原文如下：

> 长麟等奏荷兰国遣使赍表纳贡，恳求进京叩祝一折，此系好事。披阅长麟等译出原表，该国王因明年系朕六十年普

天同庆，专差贡使赍表到京叩贺，情词极为恭顺。长麟等因其表文系公班大臣呢德波等代伊国王出名，与体制稍有不符，复加盘诘，何必如此深论？自应准其来京瞻觐，遂其向慕之忱。[46]

宣读毕，用德胜的话说，正副使节与诸位官员“磕头三次乘三次”。[47]

此时，宣诏仪式结束，欢宴开始。总督等人祝贺德胜和范罢览得到了皇帝明确的恩准，然后领他们来到另一间厅堂。桌上已经摆好几十道菜：有葡萄等水果，有甜点，还有好几瓶酒，中式风格的摆盘精美绝伦。但这桌酒席只是样子，真正的宴会开在隔壁的花园，席间还有戏曲表演。

官员们纷纷告辞，荷兰人被请至花园，商馆的同胞已经在那里等候。这是一顿丰盛的宴席。[48] 小德经没有获邀参加仪式和之后的宴请，抱怨总督甚至没有和他们一起用餐，但德胜并不介意。[49] 他只记录了友好而亲切的道别和豪华的筵宴，感到十分满意。[50] 他一直玩乐到六点钟，一名官吏陪同他们踏着红毡回到船上。

第二天都用来收拾行李，德胜试图做足准备，以备不测。想必皇帝和官员会提供食宿，他们也承诺荷兰人将得到最好的照料；但英国商馆大班波朗先生还是将马戛尔尼勋爵在中国旅行时的糟糕经历告诉了德胜。据马戛尔尼出行前见过他的人说，勋爵从北京回来时看上去老了十岁。波朗先生说他完全是靠着马戛尔尼胸前巨大的金质星形巴斯勋章才认出勋爵的。[51] 德胜知道，他的旅程很可能会因为走陆路而更加艰险。

因此，他和范罢览极用心地打点行装。他们自带了床铺和寝具、食用油和黄油、炊具、帽子和大衣、鞋子和手套。假发和扑粉不再流行，但他们还是带上了，他们知道中国人喜欢看梳着传统发式的西洋人。最重要的或许是，他们携带了充足的酒水，这样就不用被迫喝中国果酒和烧酒了。在大部分行程中，这些沉重的大木箱都由脚夫搬运，因为在中国大部分地区，人力比畜力更常用于运输。

当晚，临时接任商馆大班的多载先生为使团举行告别晚宴，还请了英国人和其他外国人。第二天，也就是 1794 年 11 月 22 日一早，最后一批行李也装上了船。[52]

德胜发现，与前一天的舢板相比，新船只是略有改善而已。不过，他也被告知，过几天会换一艘更好的船来。[53] 范罢览也分到一条船，但他侄子需要与随团医生约翰内斯 · 亨德里克 · 布莱特曼（Johannes Hendrik Bletterman）共乘一艘船。小德经很生气，因为他必须同最年轻的两位绅士——小多载和阿吉同住。小德经过去可是法国国王派来的领事，如今却和地位显然在他之下的人挤在一条船上。[54] 他继而迁怒于启程仪式本身："我们出发时，码头上根本不像马戛尔尼勋爵抵达时那样站满了列队的士兵，我们也没有听到音乐或爆竹声。" [55]

德胜不仅听到了鞭炮声，更高兴码头上聚集着为他送行的人群：有商人也有官员，有中国人也有洋人。[56] 很多人登船，陪他航行了第一段水路。

喜气洋洋的船队在中午 1 时左右出发，景象可谓壮观：官船队共三十艘船，十二艘载的是德胜及其随员、仆役和士兵，其余为随行的清朝官员及扈从。他们在高耸的桅杆上升起金色的龙旗。官船和其他所有船只起先并没有走远，在距离商馆仅仅 3 英里（约 4.8 千米）处就停下了，众人要去“游花地”。游客可在花地付费游览鲜花遍地、林木满园的大小花园。[57] 当然，使团不需要付费。德胜等人在摆放于低矮平台的一排排花盆间漫步。“花卉的数量和种类，”德胜写道，“以及中国人在林木修剪和造型上的造诣都令人赞叹。”[58] 听说马戛尔尼没有获准在此停留，他更加高兴。

但他们在花地停留的时间太短了，眨眼间就要和商馆的同事们道别，再次登船。他们必须迅速前进，这样才能在元旦前赶到北京。

第 7 章

穿越御路：船行南方

德胜在随身携带的书中追溯前人的远行路线，其中最著名的是约翰·尼霍夫的《荷使初访中国记》(*Embassy to the Grand Tartar*，原名《荷兰东印度公司遣使谒见鞑靼大汗即中国皇帝》)。尼霍夫随首个欧洲外交使团——荷兰使团于 1655 年访问中国。[1]书中附带一张巨大的地图折页，上面用细小的文字标注了使团经停的每一站。由于字太小，四十九岁的德胜很可能要戴老花镜才能看清楚。尼霍夫几乎一路坐船，标记的大部分停靠站点都在水路。他先是沿珠江纵横的水路北上，经过一段极短的陆路行程，顺流直下到达南昌的大型河港。然后他从南昌出发，进入长江，再从长江驶入大运河。沿着大运河，尼霍夫几乎一路航行到北京。大多数旅客都会走相似的路线，缓缓穿行景色优美、人口密集的长江中下游地区。这是一条宜人的路线，但由于要转而向东，较为迂回。

对皇帝来说，这条路太慢了。他希望德胜在六周之内抵京，所以大使将走一条更加笔直的线路。德胜走的第一段路与尼霍夫的并无不同：沿珠江及其支流而上先到南雄（位于今广东省东北部），然后取短途陆路到南安（大庾，今江西省大余），再从南安换新船沿江前往南昌。过了南昌，他的路线就不同了。尼霍夫和前任使团继续走水路，德胜则要下船，在冰天雪地的冬季，穿过中国北方，从陆路一直跋涉到北京。

这正是德胜渴望避开的“茫茫前路”，但他别无选择——只有试着去享受第一段航程，毕竟这时候天还不算太冷，他又独享一船。船上有一间上等舱房和一间卧室。由于悬挂了龙旗，船只经过岗哨，士兵都要下跪，敲钹鸣枪。起初很威风，但每隔十里（5千米）便设一岗，甚至夜里枪声和钹声也不绝于耳。

更糟糕的是，艄公一路呼号。小德经简直无法忍受：“我们在旅程的第一个夜晚过得很不愉快，因为水手划船时要给自己加油鼓劲，高呼悲伤的号子，我们很长时间都无法入睡。”[2] 德胜为船夫难过：“由于必须逆流而上，船工遇到了极大的阻碍。他们必须彻夜工作，有时候拉纤绳，有时候撑篙，配合着不停歇的叫喊，我们几乎没有休息。”[3] 有时船夫下船拉纤，叫喊声稍微减弱；即便如此，正如小德经所述，“每次我们经过哨岗，睡眠就被打断”。[4]

但他也不得不佩服这些劳力：“他们穷尽力气工作，一路喊叫不停。”[5] 范罢览则认为，中国人拥有独一无二的职业道德：

看着我们的水手夜以继日、不知疲倦地热情工作，看着他们几乎从不休息，甚至还要加速，不由惊叹。二十四小时之内，他们只做过三顿饭，每次吃饭不过一刻钟，几乎没有睡觉。他们工作时充满活力和欢乐，而在世界其他地方，只有快活的聚会才能带来同样的欢乐。世上再没有比中国人更能吃苦耐劳的了。[6]

船工呼着号子、士兵砰砰鸣枪之时，旅客从船上的通风窗向外望去。五颜六色的三角旗将船队装点得赏心悦目，尤其是船帆升起的时候。陆地上尽是绿油油的稻田、色彩缤纷的庙宇、高塔和开满白花的茶山。[7] 最壮丽的是群山：从水中陡然而起，渐渐没入绿色的田野。德胜从没见过这样的风景。[8] 同伴的兴奋同样溢于言表。[9] 甚至连暴躁的小德经也喜欢上这片山脉。

有时，山脉径直向下深入河中，形成狭窄的隘口。从广州出发两天后，船队驶入清远附近一道陡峭的峡谷。德胜写道："悬崖极险，一侧的高山光秃秃，只有一条窄道供船夫通过，又窄又黑，不时还残存几爿破烂茅屋——一切都昏暗阴沉，某种意味上，却又如此怡人。"[10] 范罢览觉得两侧悬崖"奇伟壮丽"，他记录了高耸的崖壁，以及清浅的河流如蛇形蜿蜒曲折。[11] 在航道的中央，飞来寺巍然而立，这座位于高山顶上的神秘高塔，据说是很久以前飞到山顶，在那里落地的。小德经不以为然："看来在中国，人们喜欢奇迹。"[12] 从峡谷出来，但见郁郁葱葱的山丘，山丘之下，透过树木间的缝隙，他们瞥见了一个村庄、一座宝塔和一处营汛。远处，地平线被微微发蓝的高山遮住。江水清冽，旅客一致认为可以饮用；不过，船夫提醒他们，山上有老虎出没。[13]

有几段凶险的航道，船队只好暂时停下，为保安全放弃速度。[14] 他们看到飞来寺那天，就驶入了这样一个峡谷。路并不长，用范罢览的话说，“扔石子都能从这头扔到另一头”，但山势峻拔，“观者的恐惧感陡然而生”。[15]

一些景色让德胜想起了日本。看到中国渔民使用训练过的鱼鹰捕鱼，他就想起见过日本渔民用相同的办法。鱼鹰和鹅一般大，通体黑色，长着弯曲的长喙和脚蹼。它们训练有素，不必用绳拴住，听令便潜入水中，捉起鱼来就回到主人身边。如果它们将猎物吞下，主人就挤压嗉囊让它们吐出来，再喂些小鱼做奖励。[16] 这给中国迷范罢览留下了深刻印象：“这种独具特色的捕鱼模式是中国人勤劳品质的良好证明；得知这种方法是该国下层阶级的发明创造后，这种感觉就更加强烈了。”[17]

遗憾的是，德胜不能尽情享受这片风光，因为他还有报告和信件要写。他只有几天时间来完成这些工作，而他之所以有机会这样做，是因为他的裁缝也雇了一条船随行，正和帮工们废寝忘食地赶制衣物。因此，德胜才能将信件和报告交给裁缝，待裁缝返回广州时一并带回。

德胜在信中深入地思考了即将到来的“黑暗时代”。[18] 最新的报纸和小册子都带来凶信，描写了法国革命者——那些弑君者——在反对他们的强大同盟面前如何毫无惧色。他的祖国荷兰共和国是反法同盟中最小的成员国，也是内忧外患之下最脆弱的一个。普鲁士国王的军队承担了大部分作战任务，为向普鲁士国王支付军费，荷兰政府提高了税赋。荷兰百姓怨声载道，有在荷兰爱国者党领导下发动起义的可能。18 世纪 80 年代，爱国者党就企图在尼德兰建立一个革命国家，现在依然活跃。用德胜的话说，余火未熄的木柴还在灰烬下阴燃，任何事件都可能导致一场新的大火。“愿上帝阻止这一切，”他写道，“因为我们受到严峻考验的祖国可能就此毁灭。”[19] 不料一语成谶——德胜在北京期间，荷兰共和国果真灭亡了。[20] 不过现在，他只想知道自己能去哪里避难。[21] 一旦离开北京，是不是只能回巴达维亚？尽管这正是公司领导层所期望的，但只是这么想就已经令他不快了。他离开巴达维亚前，总督就透露自己很快要退休，没有人比德胜更有能力接替他的位置。[22] “虽然这番恭维我很受用，”德胜在信中告诉哥哥，“但我对东印度群岛再了解不过了，一定要早早定好安全及时的脱身之策。”[23] 可是，脱身去哪里呢？欧洲在打仗。荷兰的亚洲帝国在急遽衰落。

当前人约翰·尼霍夫 140 年前在这条江上航行时，事业蒸蒸日上的荷兰人正忙着扩张。尼霍夫的书就以荷兰东印度公司的辉煌战绩开篇：赢得战争、建立殖民地、战胜并超越英国人。那些岁月里，巴达维亚尚如一阵“清风”，还是一座“闻名遐迩的杰出城市”，“盛产各种牲畜和谷物”。[24] 如今，正如德胜信中所说，随着荷兰东印度公司在竞争中败给英国人，巴达维亚也“处于不可逆转的颓势”。[25]

中国的情形则比尼霍夫书中所述好得多。在尼霍夫的时代，如今这片满是甘蔗种植园和茶树的富饶土地还一片荒芜，城镇尽是焦土废墟。彼时，满人占领北京不久，满目都是战争的残迹。尼霍夫写道："这些无情的鞑靼人，不但糟蹋了大量宏伟的城市、乡镇和村庄（现在成了鸟兽栖息之所），还将当地最出色的人都当成了奴隶。"[26] 他所知甚少的是，大部分破坏是满人的敌人、企图恢复明朝的人造成的。

总而言之，德胜从舷窗望见的中国是太平的，他希望有暇和同僚一起去乡间漫步，参观山间的庙宇，徒步穿过稻田，考察砖窑场，尝尝野生草莓，再看着水牛在溪流中喝水。"它们很危险，"小德经写道，"所幸这些牲畜通常都有放牛人看管。"[27]

一般来说，城墙之内的市镇是他们不得涉足的，但范罢览的魅力起了作用：

> 了解到三水就在离水边不远的山谷，我便独自一人朝它走去。来到城门口，一名哨兵向我比画：不能进城。为了让他理解他不必害怕我，我以极尽礼貌的方式，挽起他的胳膊，示意他可以陪我一路进去。他同意了。[28]

范罢览逛了几条街。街道铺着宽大的石板，但路况很差。房子老旧、低矮而"古怪"。店铺将食物陈列出来，很寒酸。他找到了衙门，但不敢逗留，匆匆一瞥便赶回船上。[29]

使团一行享有极大的自由，比如，一天晚上，他们参观了一间糖寮。范罢览以前见过这样的作坊——巴达维亚周边到处都是，但小德经很感兴趣。两头水牛拉碾盘，人们将甘蔗放入碾盘之间，榨出的蔗汁通过管道流入底部的洞里，然后人们将蔗汁在大桶中熬煮，煮至黏稠再冷却成块。小德经尝了一口，觉得品质上佳。尽管如此，他还是嘲笑糖寮外面、甘蔗地附近供奉乡村守护神的土地庙："看来神仙的法力还不足以阻止我们的船夫钻进甘蔗地来大肆偷食。"[30]

至于西洋人，他们大可不必偷东西吃。他们吃得很丰盛：梨、苹果和紫葡萄，不是新鲜物但芳香可口。德胜无疑已经习惯了漫长而奢华的午餐，很多道菜，然后慢悠悠地抽一斗烟，喝一杯雪利酒。他抱怨有时每天只能吃一餐，用餐时间也太短。[31]尼霍夫旅行时，和同行者在多个港口都停留了好几天，安闲地用餐；有时候城镇早已荒废，他们只好留在城外，比如来到繁盛一时的韶州（今韶关），尼霍夫和同伴就在城外的帐篷里饮食，因为城墙之内"唯余废墟和乱石"。[32]

德胜抵达韶州时，这座城市已恢复往日的繁华，重拾其中转枢纽的地位。韶州坐落在珠江两条支流汇聚处的狭长地带，城楼爬满绿叶，只露出一部分华丽的屋顶。[33]不计其数的船只在这片水域穿梭往来：北来的船只在此停靠，将货物运上南下的大船；南来的则换成更小的船向北而去。当地人也常在水上来来往往，运输亚麻和菜油等货物或接送乘客。去年，英国绅士乔治·斯当东途经此地，见渡船由年轻女子摇橹甚是震惊，这些年轻女性穿戴"秀气"，试图吸引男性船客的注意。出门在外的男人往往孤身一人，远离家眷。他写道，女孩们这样做得到了父母的默许，他们并不在意女儿的贞洁，而对钓金龟婿更有兴趣。[34]如果找不到有钱的夫婿，那么父母也乐于“将她们贡献出去，以期通过另一种方式谋利”。[35] 对在京受挫的斯当东来说（他本来以为自己能留在京城当常驻大使），这只是中国人堕落且不开化的另一个表现而已。

德胜和范罢览受到热情接待。韶州是知府衙门所在地，也是他们一周前自广州出发以来造访的最重要的地方。士兵在河岸上鸣枪放炮，德胜发现礼炮声“不乏动听之处”。[36] 人们都挤上来看稀奇，对官员几乎毫无尊重，这倒是有些出人意料。护卫拦阻围观者，作势要打，德胜这才和其他人在一座接官亭前下船，沿着铺红毡的小路走到宏伟的城门楼下。[37] 城门打开，使团一行由人带领穿过小院，步入一个大房间，座位齐备。他们认出了知府——一周前他也出席了饯行仪式。他亲切地问候，命人上茶。使团众人提出想参观一下府城，但知府拒绝了。他说城里没什么值得看的，街道很窄，建筑也平平无奇。[38]

码头装卸工用极短的时间就将船上的物品搬上了新船。新船船身狭长，更适合前方水位较浅的危险环境。小德经发现他的船更宽敞了，但德胜要求再换一艘。[39] 他如愿以偿，新船虽小，但非常美观。[40]

船队目前的船只数量是之前的两倍。船在破败的城墙下平稳前行，城墙边建着简陋的小屋。船穿过府城的水闸——一道狭窄的拱门，通过铁链控制开闭。[41] 围观的人从高大的税关大楼窗口探出头来，有人站在石码头摇摇欲坠的台阶上看着他们。

事情有点不对劲。似乎是负责照应使团的官员没有支付足够的工资，除了德胜的船，几乎每艘船上的船工都跑了（德胜给小费一向慷慨）。护卫们大喊大叫，打耳光，抡拳头，但收效不大。好不容易凑够船夫再次开船，天已经黑了。午夜降临前，船队只走了一小段距离，就停下来让船工休息。[42]

第二天，船队沿着浑浊的浈水逆流而上。浈水是珠江的支流，也是通向中国北方的主干线。船队在群山翠波中蜿蜒而过，经过渔夫的小屋，屋前的杆子上晒着渔网；又路过片片稻田、倾塌的高塔和农地。农民蹲在地里，用筛网筛花生。当地妇女戴着一种头后部挖空的草帽，头发从中间穿过。小德经注意到这种帽子对脸部的遮挡不足，她们没能保持白皙的肤色。[43]

天凉了。德胜的温度计显示气温只有 52 华氏度（约 11 摄氏度），北风吹进窗户，从他的船上穿堂而过。其他人走进竹影婆娑的村庄，看到士兵和好奇的人群；一路走，身上就热起来。有时，老乡们靠得太近，人又太多，他们怕生出事端，就会匆匆回船，但一般来说他们都感觉很安全。一行人摘下并无香味的堇菜嗅闻，在别致的桥上闲逛，也邂逅了其他旅人，比如一个颤悠悠坐着奇特竹制轿椅的男人。[44]

他们经常走得比船快。在湍急的黄褐色江水和暗藏危机的沙洲之间，船行缓慢。厨子的船上载着沉重的炊具，落在队伍最后。餐食供应开始不规律，分量也少了。伴送官们负责供应，但德胜的下属们抱怨食物比之前少，德胜也注意到他的餐食分量越来越小。这就怪了，因为船只每天停靠补给，所有人都看到大量食物运到船上。他怀疑有相当一部分食物落到了伴送官那里。总管事告诉德胜，中国人说只要他克扣使团餐食，就每天给他两枚洋钱。[45]

在浈水上走了三天，船队抵达南雄。他们要在这里弃船，翻山越岭，前往长江水系和珠江的分水岭。镇上官员在一座不大结实的桥边恭迎他们上岸。他们喝茶时，数百名脚夫将行李、寝具、酒、炉灶、锅碗瓢盆和衣服等物品，以及易碎的座钟和笨重的镜子等献给皇帝的贡物通通扛了起来。光是搬运镜子就需要 80 人。[46] 他们必须一路肩挑背负，将所有东西运到江西与广东两省交界的梅关，然后再下到 20 多英里（三四十千米）外的南安府。

这项工作不仅消耗体力，而且挑战运输水平：如何雇到并协调数以百计的劳力，同时确保物品一件都不会丢失？南雄有很多行头专做这个买卖。通常，人们会前往脚行，将要运送的箱包物件列个单子，然后订合同：运送多少重量至多远距离需铜板多少个。工钱微薄，从一城到另一城，每斤运费才一两个铜板。[47] 行头和脚夫订约，每人给一张条子，列明要搬运的物品。当脚夫抵达梅关另一侧的南安时，再将这张条子交给脚行在当地的分号，领取酬劳。[48]

在南雄和内陆之间运输的货物，如燃油、烟草、茶叶、瓷器和丝绸等，几乎都靠脚夫背运。据说有些脚夫一天能背着 160 磅（约 72 千克）重的货物赶路 25 英里（约 40 千米）。[49] 不少脚夫是妇女。[50] 有些人的扁担还悬着一根杆子，这样当他们停下时，将杆子立在地上，就能使两肩的担子保持平衡，而不必再次吃力地将担子抬起来。小德经画了一幅素描来记录这个场景。

扛扁担的脚夫。这些脚夫有男有女。如此艰难的路况，他们搬运这么重的东西，还能走得这么快，令使团的旅行者叹为观止。他们仔细观察脚夫使用的各式工具，这些工具可以减轻搬运途中的负担，比如，脚夫在短暂停歇时使用支撑杆撑住扁担，这样就不用再次费力将货物举起。

资料来源：Chrétien-Louis-Joseph de Guignes, *Voyage à Péking, Manille et l'Ile de France: faits dans l'intervalle des années 1784 à 1801*, Vol 4 (Atlas) (Paris: Treuttel & Würtz, 1808), detail from image 31. Public domain。

装货按照一套“非常严格的顺序”进行，效率很高。最令范罢览惊讶的是，人们究竟是如何信任这些人的，会将如此贵重的物品交给他们：

> 这些苦力来自中国最贫穷、最困窘的阶层，由于缺乏其他谋生之道，只能依靠这种辛苦的劳动讨生活。尤其让人吃惊的是，他们在没有任何监督的情况下，将最贵重的商品从一个城市运到另一个城市，而且每个人都是本人前去领取要

运送的物品（除非是更重的货物，需要不止一个脚夫）。他们从一处抬走商品，交付到另一处，一丝不苟、精准无误地履行这项职责。在欧洲，没有一个地方的人会把如此贵重的物品交托给自己根本不认识的穷人长途运输！[51]

需要抬运的并非都是货物——德胜和范罢览就钻进了他们从广州带来的轿子。轿夫每四人一组，一组抬轿子时，另一组休息，要么跟着队伍走路，要么坐手推车。[52] 靠了这个办法，他们才能够快速前进。范罢览认为，这个速度在欧洲没有人能跟得上。[53]

德胜的轿子前面是仪仗行列：两名骑马官员，一队士兵，一名执罗伞的男人，德胜自己的仪仗兵，还有手持鞭子驱赶人群的清兵。范罢览的轿子也有武装侍卫护送，小德经就没有这种待遇了。一群人走近他并不结实的轿子，扯下薄薄的轿帘盯着他看。轿夫尽量躲开人群，抬着他走过摇摇欲坠的小桥，沿着一条又长又窄、挤满铺子的路往前走。当他们终于走出巨大的门楼离开城里时，他才松了口气。德胜被请到门楼堂内喝茶，小德经还是没有这种待遇——轿夫抬着他径直走了。

小德经饥肠辘辘，他从前一天起就没吃过东西。他也很气闷。他想要匹马，却被告知他只能坐轿子。可是，他注意到比他地位低的人——远行队伍里的钟表匠和一名译员——就骑在马上。“可见，中国人撒谎却不受责罚，”他写道，“如果一个人想要从中国人那里得到他们应当给予或能够给予的东西，那么在得到之前不要轻易罢休。”[54]

通往山区的路风景宜人。路边的摊位搭着古色古香的茅草顶，供应茶水和点心。德胜和范罢览用了一些——依然没有小德经的。

午后，一行人顺着松柏茂盛的山丘向上爬去。地势较低的区域种着水稻，房屋散落其间。路很宽，还铺了石板[55]，顺着山势蜿蜒盘绕，时上时下，就是没有平坦的地方。就连德胜也下轿步行；他此时很轻松了，书信和报告都写完了，正由裁缝带去广州。

小德经想活动活动暖和一下，也顶着风下来走路，但他太饿了，又钻回轿子。一个半小时后，他终于得到一份“少得可怜的饭菜”。[56]食物都凉了，块又太大。他只能用小折刀切下一根鸡翅，配着馒头（他称之为“生面包”）吃。[57]德胜和范罢览享用了一顿佳肴，也享受了周到的服务。[58]

饭罢继续。路更陡了，在山间曲折而上。有时，一个急弯旁就是陡峭的悬崖。他们走过村庄、岗哨和一座倾斜的亭子，小德经认为它很快就会坍塌。傍晚，他们到达通往江西省的门户、长江的分水岭——梅岭脚下。[59]

小德经一直盼着来看看这座山峰。一名随护的官员告诉他，梅岭之高，“直入云端”。小德经不以为然。在他看来，这座山不过是“一般”高度，还不及巴黎郊外的瓦勒里昂山，这位大人的话“完全是一种亚洲式的”夸大之词。[60]

接近山顶处，有一座孔庙。德胜和范罢览在这里喝了茶和杏仁乳，脚夫们也歇了一会儿，尽管照德胜所说，“爬这座山并不困难”。[61]很快，他们就抵达梅关。这是一条山峰夹峙之下的狭窄走道。一道石门标记了广东省和江西省的边界。

梅岭。《梅岭脚南安》，约 1794 年。这幅版画是根据范罢览在广东委托的一名中国画师的画创作的。梅岭是广东和江西两省的交界，也是珠江水系和长江水系的分水岭。

资料来源：Engraving from André Everard van Braam Houckgeest, *Voyage de l'ambassade de la Compagnie des Indes Orientales Hollandaises, vers l'empereur de la Chine, dans les années 1794 & 1795*, Vol 2 (Philadelphia: M.L.E. Moreau de Saint-Méry, 1798), 443. Public domain.

作者注：这幅版画没有写明画上是梅岭，但它与皮博迪·埃塞克斯博物馆收藏的一幅中国画高度相似，而这些画据信来自范罢览的收藏，由此可以确定这就是梅岭。That image is titled "Meilingjiao Nan'an" (梅嶺腳南安), anonymous Chinese Artist, Guangzhou, China, Watercolor and Ink on Paper, 1790s, in Albums of Paintings Commissioned by Andreas Everardus van Braam Houckgeest, Peabody Essex Museum, Salem, MA. Museum purchase, 1943, AE86344.44, number 178.

另一边的景色动人心魄。[62] 广阔的平原在山下蔓延开来，到处都是农田，坟包随处可见。士兵身着色彩鲜艳的制服，正等着护送他们一路到南安。

这是一条危险的下坡路，峻险曲折，好几处地方紧贴悬崖，范罢览担心自己会掉进“峭石林立、望不见底的深渊”。士兵们护在轿子旁前进，以防脚夫在陡峭的石阶上绊倒。[63]

有时，密林遮挡了视线，他们听到山涧顺着山腰而下。其他时候，他们饱览水田、松柏和山村风景。[64]

他们下到山脚时，日头西沉，但还有好多里路要走。他们经过一排排泥房子或砖砌的破屋。其他房子看起来全都是旅店。偶尔会经过石质建筑，两侧贯通，脚夫会在那里躲避暴风雨。很多地方都有方便旅客“缓解内急”的茅房，小德经据此推断村民缺乏肥料。大约每十里（5 千米）路就有一处岗哨，士兵们双臂交叉，排成一行。迎候显要的大人，他们会鸣枪下跪。至于小德经这样的人，他们只会敲敲铜鼓。[65]

他们抵达南安时，天已经黑了，城门紧闭。他们沿着城墙走，火把在漆黑一片的郊区闪烁。终于，他们走到一处带围墙的小院——供官员在旅途中过夜的公馆。

他们此行常要下榻馆驿，这一处并不算差。公馆临江而建，离税关不远，在范罢览看来，“样子差强人意”。[66] 院子两翼是一排排小屋，尽头是厅堂，左右各有一间厢房。这里住不下所有人，于是士兵和仆役住到了街对面的一处房子。

这是使团第一次离船过夜，过得并不舒心。很多脚夫落在后面，其中就包括运送炊具食材的。因此，就像德胜说的，众人只得“将就吃一顿中餐”。[67] 公馆备了两桌酒席：一桌布置在大房间，给德胜和范罢览；另一桌开在室外，供小德经和其他诸位绅士。小德经写道："这个安排让范罢览先生极为满意，他摆出一副这才是平素规矩的样子。但后来我们把两桌酒席并到一处，就像一直以来那样，所有人一起用餐。"[68]没有刀叉，只有筷子。他们只好用难使的瓷勺和厨师的菜刀凑合。"这顿'壮观'的晚饭过后，我们就去休息了。"小德经写道。[69]

公馆没有配备寝具，他们在传教士的报告中读到过，知道在中国旅行时须自带被褥，不然"只能睡在硬邦邦的垫子上"。[70]他们各自都带了寝具，但搬运寝具的脚夫也没到。下人为德胜铺了张床，范罢览也有床，他还将轿子上的小枕头取了来。小德经和其他人实在没辙，只能扯了椅罩，在搭起来的木板子上挤作一团。寒风从没有窗帘的纸糊窗子灌进来，吹在他们身上。小德经将此归咎于中方伴送官和吏役，并告诫任何企图涉险深入中国内陆的人"做好预备措施，与中国人打交道这是绝对必要的；他们从来不会忘了自己的事，但时常把别人忘在脑后"。[71]

早上，一行人想在南安转转，这是他们在江西看到的第一座城市。但看热闹的人群围着公馆大门，他们只好待在里面。

他们待了整整一天，等着落在后头的脚夫赶上来。好奇的人溜进来，打开他们的房门探头探脑，带进阵阵冷风。直到晚上行李运到，使团众人才得以离开公馆。卫兵护送他们穿过人群来到税关广场，广场上装点了两处色彩艳丽的亭子。不远处泊着要搭乘的新船。

这些船和广东省的不同：长而窄，头尾呈半弧形，高高翘起。船头有一间供船夫使用的小房舱，剩下的空间都留给船客和他们的物品。沿着船舷是一条狭窄的甲板，方便船夫走动去划桨或升帆降帆。船尾一块地方归掌舵的，他头顶上方还搭出一块遮阳挡雨的篷子。船很干净，布置得也周到，范罢览和德胜很满意。小德经觉得他和同船人的那艘太小了；大发牢骚之后，分到一艘更大的。

官员们解释，这里船小是因为江窄水浅；他们还告知使团，必须将部分行李留在原地，回程时再取走，甚至连德胜和范罢览也得这么做。德胜拒绝了，怀疑是官员企图克扣交通资费。官员软下来，命人将行李装船。

一名船夫在船头一侧摇桨，另一名在船尾对侧摇桨，船只以一种奇特的扭动方式划入江中。船身怪异的摆动行进让他们很难在船上写写画画，但至少航行得很快。章江水流湍急，他们又是顺流而下。有时候，船只会碰到浅滩，但它们的结构设计正是为了解决这个问题：船艏有特制孔洞，可以将竹篙伸进去，将船体撑离。[72]

夜里，船队蜿蜒而行，第二天又走了一天，经过甘蔗地、糖房、油坊和巨大的水车。水车把江水引进田里，它们是如此坚固、便宜又实用，被范罢览视为“中国人勤劳和智慧的又一证明”。[73]他自诩中国水泵专家，（据他自己说）曾将广州的设计引进美国，“由于所需人工很少，它们在美国的河流上大有用武之地”。[74]只有一个问题：为了引水，勤劳聪慧的中国人在江中挖渠，船只航行时必须倍加小心。[75]

江水千回百转，流经竹林掩映的砖窑和村庄。坐上新船的第

江西省的船（“Bateau de Kiangsi”）。这幅版画可能是根据小德经的素描原画制版而成的，描绘了江西省的船只。中国各个地区的船艇都有适合当地航行条件的独特风格。

资料来源：Chrétien-Louis-Joseph de Guignes, *Voyage à Péking, Manille et l'Ile de France: faits dans l'intervalle des années 1784 à 1801*, Vol. 4 (Atlas) (Paris: Treuttel & Würtz, 1808), plate 32. Public domain.

三天，他们终于来到章江与贡江的汇合处——风景如画的赣州。繁忙的码头上，士兵站在石阶旁击鼓放炮。使团一行人本要登岸，但上千好奇的百姓蜂拥而至。范罢览记录道：“任谁都会觉得，他们是要来袭击我们的船只。”[76] 他们只好躲在船舱里，物资装船完毕就离开了。

要到达下一个大城镇万安，他们必须先闯过十八滩。[77] 如古语所云，这段危险狭窄的水道，“怪石如精铁，突兀廉隅，错峙波面”。[78] 德胜在尼霍夫的书中也读到，“这些恐怖险峻的峭壁”让赣江“极度凶险”。[79]

船员需要在当地引水员的导航下通过这些“艰难险阻”[80]，于是他们泊在一个大村子附近，以便招募引水员。他们向龙王祈求保佑，龙王庙就在税关附近。[81] 官员、船长、船夫和船上的仆役纷纷去拜龙王，敲锣打鼓，还烧了纸钱。

为确保光线充足，他们一直等到第二天清晨才动身。黎明时分，天气寒冷而晴朗，他们漂离江岸，驶入江中，但见两侧危崖壁立。每个险滩都有名字：茶壶滩、天柱滩、鳖滩、漂神滩、惶恐滩（黄公滩）等等。[82] 有些水域怪石林立，凸出水面，留给船只的水道异常狭窄。

龙王保佑，阳光明媚，风平浪静。现在是旱季，水位低，礁石也容易看见。[83] 船继续行驶，云积聚起来，但龙王一直等到他们从狭窄的水道驶出才施令落雨。在十八滩这一端还有一座龙王庙，船员和官员又烧了纸钱还愿。[84]

从这里开始，船工们划桨撑篙，唱着歌喊着号子，向下游迅速推进。沿途，村民兜售香甜的苹果，撑竹筏的大声呼唤鱼鹰。晴朗的白天适合散步；湿漉漉的夜晚自在漂流，听顶篷滴答的雨声。有时候水面豁然开朗，他们就将船拴在一起聚餐，欣赏富饶的田野和热闹的村庄。

江西省似乎素以风光秀丽著称。“目光所及，四面八方，没有一处景致不令人愉悦，”范罢览写道，“江水两岸，十余处小村庄同时映入眼帘。一切都欣欣向荣，喜气洋洋。”[85]

但繁华终将褪去。在丰城，石码头摇摇欲坠，迎宾乐曲

十八滩。横延滩是赣州附近惊险的十八滩之一。

资料来源：By anonymous Chinese artist, Canton, China. Watercolor and ink on paper, 1790s, in Albums of Paintings Commissioned by Andreas Everardus van Braam Houckgeest. Courtesy of Peabody Essex Museum, Salem, MA. Museum purchase, 1943, AE86344.44, No. 44.

作者注：这幅画的背面写着如下描述："Vue de Wang-in-than, passage de la rivière que la multitude des rochers rendent dangereux, qui est dans le district de la ville de Can-tchioe-fou." 我认为这应该就是横弦滩，只是写法略有不同。"Cant-chioe-fou" 指赣州府。

仿如丧曲哀乐。小德经说那是他这辈子"听过的最刺耳的东西"。[86] 官员们很热心，但一切看上去都凄凄惨惨。梨子也硬邦邦的，只能烤了吃。[87]

离开丰城，风光好了些，但一行人已无暇欣赏。他们忙着打点行李。走过十八滩四天了，今晚他们将抵达南昌，在那里弃船登岸。

他们已经走了400多英里（约640千米）。北京还远在1 000英里（约1 600千米）之外，剩下的行程要走陆路。德胜并没有期待这是一趟轻松的旅程，但他也没想到接下来的路是如此艰辛。

第 8 章

步入寒冬

南昌以瓷器、古塔和一口镇蛟井闻名。相传井中的蛟龙随时能唤出吞没宇宙的洪水。这里是连通中国南方与长江的主要港口，若是不这么匆忙，使团大可停留一段时间，随波而下，坐船去清朝最富庶、最美丽的江南，看看杭州美不胜收的园林，见识扬州的文人雅士和丝绸，领略苏州的美景。但他们却准备在入冬之际北上。

旅行者尽力避开这条线路是有原因的。这是一条折磨人的路线，途经尊贵的客人并不熟悉的贫困地区，上上下下穿过长江、淮河、黄河三条大河的分水岭，还要走过五个省的农村。这本是邮驿路线，用途是快速传递信息，并不是为舒适的旅行设计的。

最辛苦的是脚夫。他们已经聚集在河岸，将物品堆好，打捆，背上背，装上手推车和独轮车。一大群人在旁围观，但他们最感兴趣的还是正副二使。这两人正坐在一处破败的建筑里喝茶，一边礼貌地避开已经腐烂的一道菜，一边听官员指点行程。

官吏告知他们，只能携带必需品，其余箱子将另行运往北京。他们对这个提议早有准备，因为仆人之前提醒过他们，真正的安排是行李就搁在这里，直到队伍从北京回来。德胜说，除了最大件行李和几箱葡萄酒，他什么都不想留下。他认为这将使一行人的旅程更加愉快，但他也许是失算了。要把他和其他人，以及所有物品运送 1 000 英里（约 1 600 千米），穿越中国北方寒冷的腹地，这在运输上将是一个巨大的挑战。他的坚持只会让事情更加复杂。

但他的要求受到了重视。又一批脚夫被找来。这支远行的队伍总计雇用了一千多名脚夫，他们搬运了几乎全部“东西”，包括坐在轿子里的德胜和范罢览。使团中一些成员分到了马匹，包括小德经，以及小多载、阿吉和小范罢览这样的年轻人。这些马“都配着木制马鞍，用绳子做的马笼头套着”，小德经很不满意。[1]

大队人马——小德经称之为“漂亮的骑马队列”[2]——穿过好奇的人群，士兵放炮敬礼，小德经也越来越紧张。他写信给朋友阿戈特，自认并不是个好骑手：“你如果看见我在马背上的样子，一定会大笑。”[3]（阿戈特将这封信抄录在日记中，点评道，他觉得范罢览骑马的样子肯定更滑稽，因为这个荷兰人“本身就肥壮得像马一样”。）[4] 小德经觉得木鞍、嚼子和马笼头都比西方的马具笨重难用，他也担心吵闹声会惊了马。[5]

但他的坐骑表现很好，第一天诸事顺利。就在黄昏之前，他们抵达乐化。可以肯定的是，脚夫在不同时间分批到达，引发了“难以形容的吵闹和混乱”，仆役和船上的用人大声叫嚷，跑来跑去找东西。[6] 晚餐端上桌，人们才平静下来。

可惜，今天只是个例外。他们仅仅走了 10 英里（约 16 千米）。要在皇帝定下的期限内赶到北京，他们就得在之后的 30 天里每天至少行进 30 英里（约 48 千米）。脚夫的标准速度是每小时 3 英里（约 4.8 千米），照此计算，刨去休息和吃饭的时间，他们每天至少要走十个小时；更何况他们肩上还有沉重的负担——成箱的南非葡萄酒，以及范罢览。

艰苦的行程从次日开始。一行人注意到的第一件事是，他们竟然这么早就要起床。天亮前好几个小时，他们就已经在清冷的月光下出发了。他们注意到的第二件事是，他们是何等依赖于驮运他们的人力和动物的配合。

比如，马匹就出了问题。起初，小德经和几位年轻绅士看到仆役试图将不听话的马拉上渡船过江，还觉得十分有趣；可到了对岸，他们就没心情笑了——轮到他们上马了。小德经的马跛了脚，于是他征用了一名跟兵的马。它开始还雄赳赳地小跑，之后就不肯挪动半步。[7] 其他人的马也很倔，有时甚至直接躺倒。最终，小德经和同伴决定步行，倒可以欣赏美景。德胜的仪仗队也在步行，因为脚夫把他们的座椅都放在地上，不愿再抬着他们。

这段路 40 英里（约 64 千米），走了十五个小时。虽然没有一路步行，但到达著名的德安古城时，他们已经筋疲力尽，饥肠辘辘。在这里，他们领教了陆路旅行的另一个方面：运送炊具和食物的脚夫还远远落在后头，也就是说，吃不上可口的晚餐了。雪上加霜的是，馆驿条件很差，没有厨房。

德胜怒不可遏。他向负责将他们安全护送到京城的伴送官王仕基投诉。王仕基是四品道员，没担任正使伴送官时，他在广东省管着一府。[8]对他来说，这是一次千载难逢的机会，他可以直接接触朝廷。伴送官员通常能得到嘉奖或晋升。德胜和同伴目前对王仕基了解不深，还没有开始憎恶他。最终他们会对此人恨之入骨。小德经说，王仕基是他“生平见过的最愚蠢、最虚荣、最无知的人”。[9]

德胜想知道，为什么他的同事得到的都是“马匹中的渣滓”，而官员和他们的仆人都骑着高头大马？为什么他的护卫和随从被草草扔在路上，被迫徒步？为什么都快半夜了，厨子和炊具还没到？为什么行李箱和寝具这么晚才到，且不齐全？为什么馆舍的条件如此恶劣？为什么大人们都分到了不错的客房，荷兰人却被迫留在这个破屋子？[10]

王仕基解释，这种局面应当归咎于懒惰、不服管的脚夫，并承诺严厉整肃。至于糟糕的住宿条件，他说，只能因陋就简了。照料住宿和膳食是地方官的职责，但这些地区没有接待过朝廷贵客，因为他们几乎从来不会走这条路。他还说，住宿条件较差的情况可能还会持续一段日子，但随着他们越来越接近京城，情况也将有所改善。他请求德胜尽量克服，继续赶路。否则，他们根本无法及时到京。[11]

但情况并没有好转。他们上午离开德安的时间比预期的要晚，天在下雨。他们要走 30 英里（约 48 千米）崎岖的山路，这段艰辛的跋涉从一开始就出了差错。小德经和小多载很晚才动身；他们在冰冷的细雨中疾驰，想赶上大队人马。不料他们从一名独轮车车夫旁经过时靠得太近，车夫受惊，转过身来，手臂绞上了小德经的马镫。“我掀倒了两个中国人和一辆独轮车，把东西全打翻了，”小德经写道，“我也摔了，但一眨眼工夫就爬起来了……我摔得很疼，但还是坐回马鞍上。”[12]

他们半天都在爬山，爬到山顶但见一座观音庙。观音菩萨坐在莲座之上，身后伸展出三十条手臂。[13]小德经和阿吉在观音像背后的一个房间里用餐，抱怨木匙难用。

事实证明，勺子根本算不上问题。或许有人认为难走的就是上山这段路，但情况并非如此。当小德经和阿吉从庙里出来时，风雨大作。[14]恰逢一年中白昼最短的时节，他们刚走上通往九江城的下山路，天就黑了。道路陡峭湿滑，火把不断被吹灭。他们只好紧靠在一起，让马匹齐头并进，沿着山路，蹚过山涧，起起伏伏。有时道路收窄，山势越发险峻，他们听见水流落入黑暗深渊的巨大声响。有时他们下马，牵着马走；有时他们不辨方向，任由马儿在前引路。途中小德经看到一些白色的东西，下马查看，才知是一座没有栏杆的桥。想到自己差点儿从桥边掉下去，他心中不住发慌。他和多载摸索着过了桥。

他们来到一处哨所，好心的守卫给他们端茶倒水，还指派一名向导拿了竹火把送他们一程。向导扔下火把就跑了。小德经连忙从马背上跳下，抓住火把摇了摇，生怕它熄灭。借着微弱的光线，他们发现自己正孤单地置身黑暗的田野。他们不知道该走哪条路。这时一个男人走过来。他们的中文还够用，询问男人是否要进城。男人说是要往城里去，于是他们将火把递给他，骑着马小心翼翼紧随在后。雨下得更大了。路上到处是坑，马匹踉踉跄跄。他们爬上一座高桥时，小德经的马绊了一跤，险些将他甩进水里。

就在火把被倾盆大雨浇湿的时候，他们进入了九江城郊。跟随着善良路人的指引，他们穿过漆黑的郊区，来到馆驿。仆役提着灯笼跑出来迎接，将他们领到温暖的火炉边。他们全身湿透，疲累已极，但招待他们的主人很热心，对他们也很好奇，惹得他们不禁大笑。不幸的是，没有做饭的家什，晚饭泡汤了。[15]

小德经和多载至少抵达了馆驿。范罢览还落在路上。他的轿夫精疲力竭，浑身冻僵，将轿子停在一处棚子下，就钻进一间小屋取暖去了。“我就这样被遗弃了，”范罢览写道，“在我的交通工具里躺下来，庆幸于我们的行商倪秉发为大使和我购置了如此便利的轿厢。我睡得很舒服，一夜就这么过去了。”[16]

德胜的旅程更凄惨。“狂风呼啸，激流从峻峭的山峦奔泻而下，淫雨连绵，还有夜晚的黑暗，都令我愁眉不展。”[17]火把不断被吹灭，他和轿夫别无选择，只能等其他人冒雨赶上来。直到凌晨两点，他才到达馆驿。他在炉火旁取暖，但晚餐几乎没动，穿着衣服就睡着了。[18]

他们本该尽快赶路，横渡长江，但德胜根本起不来。最终，他被范罢览的声音吵醒，一跃而起，听范罢览讲他的遭遇。其他人也陆续赶来，怨声载道。体贴的老驿丞给他们端来美餐；显然，这顿饭原本是为王仕基和其他仍下落不明的护卫准备的。德胜不太喜欢中国菜，但正如他所述：“我们好久都没吃到什么好东西了，所以非常珍惜这次款待。”[19]

老驿丞催他动身，但德胜刚钻进轿子，一名译员就告诉他，渡江需要很长时间，对岸也没有像样的地方可住。既然天色已晚，不如留在这里，明天早些出发便是。于是，德胜命令随从准备一顿丰盛的晚餐，吃饱喝足后他们也好早早就寝。

就在厨师费力翻找锅碗瓢盆的空当，除了德胜，其他诸位绅士在九江已闲逛了一圈。九江是座古城，占据宽阔的鄱阳湖和长江交汇的战略要冲。城墙高大，城里却异常空旷。房屋建筑被广阔的农田分隔开，范罢览估计至多只有十分之一的土地盖了房子。即便如此，他和同伴还是遇到了密密麻麻的围观者。要不是有士兵陪送，他们怕是寸步难行。一名士兵用了特别的法子驱赶好奇者：将火把蘸了泥巴，四处挥舞。一行人饶有兴致地看着从门口或窗边向他们张望的妇女和少女。小德经点评道，她们比他一路见过的女性都要漂亮。[20] 范罢览则写道，他“甚至注意到几个颇为美貌的”。[21]

他们回来时，德胜询问可见过店铺。得知有几家店铺售卖皮毛大衣，他便想差人出去买几件，他要送给护卫和仆人。但那个年老的驿丞突然催促他立刻动身，说此时正是顺风，风向随时会变。德胜最终拗不过他。“于是，我们只好带着深深的遗憾离开，”小德经写道，“因为我们把晚餐都留下了。”[22]

傍晚，他们到达长江岸边，矗立在此的回龙塔镇着洪水。[23] 高大的树木遮挡着不远处的寺庙。景色宜人，但最令人难忘的还是长江本身。天色阴沉，江面从他们面前延伸开去，足有 1 英里（约 1.6 千米）宽。几乎看不到对岸。

船很新，宽敞舒适，舱房也大。船在湍急的江水里晃晃悠悠，一行人望着江上的船只，三桅的大船走起来就像海船一样。江水像海水一样摇荡。小德经和一个同伴晕船，登上漆黑、平坦又泥泞的江岸，他们才松了口气。

老驿丞迫不及待送他们过江，对岸却措手不及。轿夫忙着去找灯笼，小德经的轿子在地上停了好几个小时。最后，还是他从越来越瘪的钱包里掏了钱给轿夫，让他们买了几盏。即便如此，再起轿时，也已经九点多钟了。天寒地冻，轿子里伸不开腿，风从轿厢两侧的开口灌进来，刮过他的眼睛和耳朵。一场突如其来的暴雨浇熄了火把，轿夫想讨几根，但当地农民拒不开门。小德经听见喊叫声和摔门声。轿夫带着火光回来了。

他们终于赶到今晚住宿的"恶心的小窝棚"，此时已过了凌晨两点。其他人已经围在小火堆旁，咒骂赶他们离开九江的老驿丞，后悔将饭菜留在那里——午饭过后，他们就没吃过东西。

范罢览尤其生气。他像小德经一样被扔在地上干等，不同之处在于，他的脚夫还在索要工钱。争执了两个小时，脚夫们得遂所愿，但那时已是风雨交加。他经过漫长而艰辛的跋涉到达住处，却发现这里既没有食物也没有睡觉的地方。德胜放弃了一顿丰盛的晚餐却换来这场闹剧，这令范罢览大为不满。[24]

但德胜又在哪里呢？他的遭遇甚至更惨。他的轿夫没有分到火把，只有几盏在风中摇晃的薄纸灯笼。他们不得不走走停停，灯笼点了灭，灭了点。德胜远远落在后面，轿夫在风雨里蹒跚。终于，晚上十一点左右，他们放弃了，将轿子停在路边。轿夫们自顾自去了附近一处岗哨，把他独自留在黑夜中。他等了一个小时，然后被告知哨楼的守兵持有一份文书，命令他留在此地。“这令我不禁胡思乱想起来，”他写道，“多次后悔自己竟被说服来带领这个使团。”[25] 他意识到此时只能听凭随护人员的摆布，便躺在座椅上，尽力让自己入睡。大约三点钟，轿夫再次把他抬起来，但风太大，他们只得退回室内。等轿夫清早再次出现时，德胜才在晨光中看到道路是多么湿滑险峭。这让他对前夜的耽搁充满感激。“当时，待在岗哨在我看来是一种体贴的表示。”[26]

当他终于到达“窝棚”时，已经是早上八点了，他的同伴正在讨论为什么老驿丞谎报路程，害他们走了这么远。小德经提出一个看法，是从此人手下那里听来的：老人是担心要自掏腰包给德胜买他想要的皮衣。每名官吏都应当承担使团在其辖地内的花费，尽地主之谊；[27] 而成色好的皮毛可不便宜。再次出发之前，时间将将够德胜吞几口米饭，喝一杯水。[28]

接下来几天的行程同样非常紧张，但沿途景色秀美。乡村地势更平坦，溪流横贯，西边耸立着云雾笼罩的大别山，它标志着安徽省的西部边界。大别山也是长江流域和淮河流域两个生态区的分水岭，古人观察到，植物区系在山岭另一侧发生了显著变化。虽然与长江的直线距离并不远，但这片地区是贫穷的乡村，与商业发达的富裕地区仿佛两个世界——如果他们一直走水路，现在已经进入商业区了。大别山多奇秀之景，例如两座瀑布上方坐落的一座寺庙；他们穿过城镇和村庄时，居民从家中跑出来围观，男人在前，女人在后，“其中最美者藏得最隐蔽”。[29]路上还要经石桥和竹桥跨过溪水与河流。遇到不太泥泞的路段，小德经就和朋友下轿步行，走过砖窑、松林和牛群。[30]

晚上就在驿站过夜，住宿条件“差得不堪想象”。[31]炊具要么落在队伍后面要么在前头，饭菜只能就地取材。“我们没有叉子，也没有勺子。”范罢览在一篇日记中写道。

> 因为中国人不用叉子，而勺子又是瓷的，配有木柄。我们只能凑合用它们来喝汤，还得以水代酒。如果把我们的“宴会”照实画下来，一定是幅古怪的画面，正如我们此次陆路旅行中经常处于奇特的境地。可以肯定的是，其他使团都没有这种奇遇。[32]

十二月中旬，他们走到了安徽，中国东部乡村气息最重的省份之一。这里的人很少有机会见到洋人，所以当他们走近太湖县的城楼时，看热闹的人蜂拥而至。使团成员吓坏了，爬进轿子躲避，但当地人挡住了他们的去路，推着挤着，扯坏了车舆的布料。轿夫抬着轿子离开道路，蹚进混着沙子的水流，但人群还是跟在后面。小德经写道：“看到这些热切的中国人，被好奇心驱使着，大喊大叫，摔倒在沙滩上，相互推搡，实在有趣。”轿夫躲开了追逐的人群，快速穿过这座矗立着高塔的镇子。“我很少见他们跑得这么快。”小德经写道。[33]

这些欧洲人开始摸到陆路旅行的门道了。应伴送官要求，德胜同意将大量物品另行运往京城。他和其他人在需要随身携带的行李上做了标记——因为脚夫一直想拿最轻的行李，做记号时只得把他们赶走。[34]行李拆分后行进速度似乎加快了，景致也越发秀丽。他们在冷雨中跋涉，上山穿过松林，左侧是大别山，右侧是肥沃的山谷。“这构成了一幅动人的画面，”范罢览写道，“远处是连绵的山脉，层峦叠嶂间，高处的宝塔和其他建筑物映入眼帘。”[35]

他钦佩中国农民，他们修建挡土墙和灌溉系统，将山丘变为梯田。他们还在山顶修建蓄水池，以备干旱时使用。“溪流顺势而下，让干枯的庄稼、青草和菜园恢复生机。”[36]此时是冬天，所以梯田光秃秃的，但他可以想象夏天的风景，“禾苗覆满地面，铺上一层新绿”。[37]他觉得这里有太多值得同胞欣赏的东西了：“任何欧洲人看到中国人的勤劳都会眼前一亮，艰辛困苦对他们不算什么，他们将群山变成肥沃的农田，将倾斜的山坡夷为平整的土地。”[38]

有时候，他们受到热情款待。在桐城，使团一行人获安徽巡抚所赠的茶叶和糖，还有一百只火腿和一百只咸鸭。巡抚因大雨不能亲来拜访，以此聊表歉意。[39]他们住得非常舒适——是走陆路以来最好的。

但也有凄惨的日子，最糟的就是收到一百只火腿的次日。他们必须从桐城赶到舒城，顺着陡峭的山路先上山再下山，路程将近 40 英里（约 64 千米）。天还没亮，范罢览已经在雨里淋了好几个小时，轿子停在泥地里。他分到十二名轿夫，他们本应轮流抬轿，但跑掉了七个人，剩下五个抬不动他。他责备这些“无赖”临阵脱逃，但谁又能责怪他们呢？他那么重，环境又那么恶劣：温度在冰点以下，北风刺骨。更糟的是，昨夜下雨导致道路湿滑，轿夫的草鞋防不住冰冷的泥浆。每踏一步，泥浆都漫过他们的小腿。最后终于调齐人手，但损失了宝贵的时间。[40]

这只是糟糕的开始，这倒霉的一天还要持续二十多个小时。范罢览的轿子开始朝着大别山山口前进，天气更冷反而改善了路况：冻住的泥巴比泥浆好走。在守着山路入口的大关镇，他们找到了新轿夫，范罢览身边也多了一名骑马的侍卫，确保不再有人逃走。[41]

山中景色动人心魄。树木银装素裹，广州来的中国人也没见过。“这些晶莹剔透的小冰球反射着光芒，”范罢览写道，“让人一看便觉得惊奇和欣喜，这是我一辈子都没见过的景象。”[42]快到山顶，他们在一个小村歇脚，村里石头房子的屋顶垂下一条条冰柱。他们吃了一顿中式羊肉宴。大概是因为腹中饥饿，德胜惊喜地发现有几道菜味道不错。[43]

站在山顶，两座山间宽阔的峡谷一览无余。德胜赞叹美景令他“目不暇接……这处山谷若是在欧洲，肯定有很多人不惜跋涉 100 英里（约 160 千米）来欣赏迷人的风景”。[44]

峡谷中奔流而来的十余道小溪流过陡峭的山坡。他们下到山脚时，天也快黑了。此处是梅心驿，倘若他们在此歇息，那么他们不到十二小时就走了 28 英里（约 44.8 千米），这一天漫长的行程也算圆满。

但他们还有10英里（约16千米）的路。寒风突然一阵紧似一阵，仿佛将他们吹进了深冬。但低温还不足以让路面完全冻住，轿夫不时要艰难地蹚过及膝的泥浆，脚下打滑，踉踉跄跄。路很窄，两侧都是深沟。范罢览被迫四次落轿，轿子也快散架了。德胜将每天给轿夫的赏钱加了一倍，还让他们多次停下休息。即便如此，德胜写道："我们还是深陷泥潭。人都要累死了。"[45]要死，但没有死；对倒在路旁的马匹来说，这句话可就不适用了。

在杭埠河，距离他们即将下榻的舒城驿馆还有几英里，只有两条木筏运送所有人员物品。[46]箱子和包裹堆在岸边，脚夫、士兵和马匹挤在一处。小德经登上木筏时，惊恐地发现一摞行李摇摇欲坠，眼看就要随着木筏颠簸塌下来。马匹已经紧张不安，只要一匹马受惊抬起前蹄，就会掀翻筏子，让所有人掉进冰冷的水里。[47]筏子靠岸，他才松了口气。他的脚夫借着火把微弱的光艰难行进，不时停下休息。

德胜是最早一批抵达舒城的，被领到一间"破烂的棚屋"，此处"看上去更像牛棚，而不是人住的地方"。[48]天黑了，阴冷潮湿，没办法生火煮茶，没有独立的房间，也没有床。只有竹榻通铺，他们全都得睡在上面，并且没有铺盖。县令很是抱歉，但表示没有更好的地方了。于是德胜说他就睡在街上，差人备轿，把县令打发走了。[49]另一名官员试图和他讲道理，也被轰走了。仆人从行李里翻出一口锅，想烧点水，但煤是湿的，棚屋里顿时浓烟弥漫。就在此时，有人来报：找到一个更好的住处。就这样，午夜时分，德胜被抬着穿过城门来到一所房子，这里有像样的房间，还有炉子可以煮茶。不幸的是，还是没有东西吃。

范罢览直到凌晨两点才到，离这天出发时已经超过二十个小时。他在小火堆旁坐下，和其他人一起发牢骚。直到他和德胜钻进轿子和衣而卧，使团很多成员还未抵达。[50]

第二天一早，一些人依然不知去向。好容易德胜的马来侍从来了，管家也来了——但管家的鞋子不见了。管家说他和同行者被脚夫扔下，在路上待了一整夜，不许他们入村投宿。他的鞋陷在泥里，最后的 8 英里（约 12.8 千米）路他是穿着袜子走来的。[51]

他还不算最倒霉的，要知道已经死了六名脚夫，有人下落不明，还有人无助地躺在路上。小德经不由心生反感："让这些人走这么高强度的路线实在是太过分了。人们对他们毫无怜悯之心。"他认为随行的大人们难辞其咎："他们像赶牲口似的指挥我们，说不定以为我们跟它们一样。"[52]

官员们声称他们已经上奏朝廷，知县难辞其咎；还说他多半会因安排失当而丢官。但德胜怀疑整件事都是他们预先串通的。他听说知县经济困难，甚至因为害怕承担使团的庞大开销说过上吊自尽的话。德胜推测，他与护送使团的官员达成交易，送了礼，以此换取让使团一行人挤小棚屋，但之后因为德胜大为不满，诡计败露了。[53]

他们在舒城待了两天，这让伴送官员大为惶恐。当地官员也唯恐耽搁了行程。时任安徽巡抚陈用敷上了一道折子向皇帝解释。他说使团行至舒城县遇到雨雪天气，道路泥泞不堪，不但"贡品体质笨重，艰于行走"，其"随从人等衣服亦甚单薄，难以御寒"。

他还称已经采取措施，以免再次出现延误。首先，他建议使团先行到京，其“体质笨重之贡品”随后按站行走也不至于太晚到达[54]；其次，他已指派官员改善后勤。

这些官员中，有一位便是刁至城。使团在店埠停留时，他前来看望，并给他们找了一处小巧的住所。[55]他说使团在寒冷难挨的季节赶路，他很难过，希望多尽些力让他们的旅程舒适一些。[56]他为使团在舒城受到怠慢表示歉意，说舒城知县已经因棚屋事件被贬。他还向使团赠送了二十七件羊皮袍子御寒。德胜收下了，“因为按中国人的习惯，拒绝会让对方没面子”。[57]范罢览将两件袍子改成了暖腿袋，和德胜一人一件，坐轿时为腿部保暖——轿子内的温度则要靠热水罐维持。剩下的皮袍都分给了士兵和仆从。[58]陈用敷在奏折中称，洋人收到这些礼赠，“俱合手同声感谢，欢忻就道”。[59]这句话说来动听，哪怕并不完全属实。但确实就连小德经也被刁至城的善意打动了，这份善意多少弥补了他离开后一行人所受的委屈：尽管正使一再要求确保两箱酒随厨具运输，但他们还是吃了一顿缺少美酒佐餐的冷清晚饭；没有寝具，他们只能又一次睡在轿子里。[60]

他们马不停蹄。平安夜，他们凌晨三点就被叫起来了。队伍在黑暗中吃力地前行，穿过满是土坯房的贫穷村庄，以及伸向远方群山的平坦耕地。小多载穿上冰鞋，走上结冰的水塘。他前几天试了一次，冰面裂开，他掉进水里。最令他震惊的是，周围的中国人袖手旁观，看着他自己爬上来。今天，冰层冻得瓷实，范罢览的侄子雅各布 · 范罢览也加入进来。他穿着英国商馆大班波朗先生所赠的冰鞋，那是波朗从马戛尔尼勋爵留下的物资中找到的。（勋爵访华是在夏天，所以根本没机会用。）看客聚集起来，目瞪口呆。[61]

他们在张桥镇度过了圣诞夜，没有美酒，也没有晚餐，甚至没有换洗的内衣和寝具。可护送他们的官员看上去并没有吃这些苦。范罢览指出：“我们清楚地看到，我们遭受的苦难是缺少秩序和各省官员的疏忽造成的。对这一事实无可辩驳的证据就是，这些大人，也就是我们的领队，完全可以自给自足，什么都不缺。”[62]

圣诞节那天，一行人清晨四点就起来了，浑身冻僵，发现温度只有 21 华氏度（约零下 6 摄氏度），这是他们出行以来遇到的最低温。德胜早就习惯热带气候，轿子虽有羊皮暖腿袋和热水，但还是冷得像冰窖。他索性出来走路，暖和身子。午饭后，脚夫就不走了，因为没人付工钱。

到了定远，范罢览劝德胜：今天索性不再赶路，他们耽搁太久，要深夜才能抵达原定目的地，而这意味着要么空着肚子上床，要么吃完饭很晚才能就寝，这对身体很不好，况且每天都要早起。范罢览问道：吃一顿像样的晚饭，睡个好觉，难道不好吗？[63] 毕竟是圣诞节啊。

德胜同意，但刁至城和其他官员都催促再走三十里（15 千米）。德胜和范罢览拒绝了：官员总是把路程说得很短，而且一再延误皆因他们失误。“如果能定期做好准备，找到充足的脚夫，行程就会顺利得多；现实则是我们每天早上都要等上好几个小时，更不要说每天下午还要等着人去找新脚夫。这样我们就损失了一天中最好的三个小时。”[64] 至于很晚才能到达目的地，偶尔不吃晚饭确实没什么大不了，但不该天天如此。还有行李。使团里很多人都好几天没见到他们的行李了，他们急需干净的内衣及其他必需品。最要命的是，全体人员已经六天没喝到一滴酒，大使和使团已经无法继续忍耐这种匮乏了。[65]

刁至城等一众官员与德胜商量了一个小时，说皇帝一再强调要他们在新正之前觐见。德胜主动提出，次日凌晨三点出发，这样便可赶到临淮。官员们反对，要他们两点就动身。范罢览指出这是在耍花招：他们是想要再多走二三十里地，走过临淮。于是，德胜说他心意已决：只走到临淮，再远哪里也不去。范罢览得意扬扬地写道：“他们意识到我们的反对是有道理的，而且建立在对这个国家地理情况的了解之上，语气就变了，最后告诉我们不会影响我们的休息，早上要出发时大人的仆从会来叫我们。”[66] 年迈的刁至城并没有掩饰他的失望，为此归咎于范罢览。[67]

于是，使团成员轻松地度过了圣诞节这天剩下的时间。小多载和小范罢览又去镇子附近的水塘滑冰了，被“莫名惊讶”的几百人围观。[68] 冰嬉是京中满人酷爱的消遣，看来这里的人并不爱好。

吃了一顿美餐，早早就寝，圣诞节就这样过去了。德胜和范罢览甚至还有铺盖，但小德经和其他人就没这么走运了：

> 我们只能睡在木板或者那种麻绳编的“床”上，铺了稻

草睡。说到这件令人不快的事情，有必要补充一个事实：没有换洗的衣服，除了水没有其他饮品……中国人就是这么对待好心来访的陌生人的。说真的，跟他们打交道必须强硬，有权利要求一样东西时，绝不能让出这份权利。[69]

冷冽多云的天空下，定远以北的道路穿过一片多石的贫瘠乡村。范罢览写道："目前为止，我们还没见过如此荒凉的不毛之地。"[70] 午后，一行人突然发现他们瞰临一片肥沃的平原。原来，他们不知不觉间已经上了山，现在俯览着淮河河谷。

河谷闪闪发光，或许是因为太阳出来了，照亮了溪流和村庄，以及覆盖着白雪的屋顶和树木。这让范罢览想起了家乡乌得勒支的胜景。他写道：

自然在这么狭小的空间内创造了最强烈的反差，让这片风景更显动人。我刚刚走过一片荒漠和多沙的乡村，现在被广阔的平原耕地迷住了。星罗棋布的村庄点缀着一望无垠的土地，越发美不胜收。[71]

他们沿着陡峭的下山路来到地里，随后走上一条宽阔的道路，道旁栽着柳树。走近了再看，农民的房子"寒酸破烂，小得可怜"；虽然有不少水塘——当地人用它们为庄稼蓄水，但土地也比从山上看到的更干燥。[72] 路面的冰融化了，道路泥泞湿滑，压满车辙。他们走得很慢，驴子和驮马不断从身边经过。

他们沿着高高的堤道走近临淮关时，天快黑了。顾名思义，临淮关占据淮河的战略要地，但更加富饶的还是下游河谷。使团一行借着暗淡的天色观察，断定临淮关是个穷地方，不过他们也承认，可能仅仅是因为住宿条件太差才做此判断。[73] 他们又一次饿着肚子上床睡觉，因为厨师到得太晚了。

第二天天亮前他们就动身了，通过五十条木排扎成的浮桥渡过淮河。目光所及，地势平坦，这给当地人制造了麻烦——淮河易发洪水。不过，这会儿是冬天，旱季，宽阔的道路干燥好走，挤满了骡马。天气很好——阳光明媚，也不太冷。

虽然地里现在光秃秃的，但到了春天就会种满大麦、油菜和白菜，这是一片沃土。骑在马背上极目远眺，小德经看见一群鹅，还有成群结队的小山羊和绵羊。他的马“比殉道士还倔”，往澥河走时，它就是不避石头，害得小德经跌下马去，连带其他骑马的同伴也摔了。[74] 他们大笑着翻身上马，经一座摇摇欲坠的长石桥过了河。这座桥格外长，小德经估计足有半英里（约 0.8 千米）；这就怪了，因为河面并不宽。[75] 其实，雨季涨水，河流自然就宽了，现在河面与桥梁宽度的差距显示了雨季和旱季的水量区别。

小德经并不总是能分到坐骑，所以他有时候要“自力更生”。有一天早上，他和小多载溜到一名伴送官的住处，走进院子，解了两匹马。仆役大喊大叫，想要吓住两匹马。无论小德经和小多载怎么拍打，马儿就是一动不动。就在这时，伴送官突然出现在门口。趁着仆人告状的当儿，小多载和小德经溜之大吉。伴送官让手下不要追。[76]

走了一阵，乡村美景依旧，道旁树木成行，两边是结冰的水渠，这让德胜想起了荷兰的圩田。[77]不过，在荷兰是不允许在路中间盖商铺的，它们占了一半的路宽。走着走着，小德经险些被井沿绊倒，这口井就挖在道路中央。他把这事记了下来："一不留神就可能掉进去，马也会摔断腿。"[78]桥也好不到哪里去，全无栏杆遮挡。

他们越往北走，见到的土地越贫瘠，村落越穷困。在宿州，给他们预备的落脚处在小德经和小多载看来只配当猪圈。他们向房屋管事抱怨，管事气得满脸通红。但或许是想起了舒城县令的下场，当地官员忙说这处房子其实只是供使团停放行李之用。小德经嗤之以鼻。椅子都铺盖了，显然是打算让他们住在这里。一名伴送官也赶来支持他们，说其中有诈。他们重新上马，被领着走过一座荒塔，又穿过一道城门。宿州看上去不富裕，街道"乱七八糟"，大片地面空空如也，他们所去的建筑倒很气派。[79]小德经怀疑这栋建筑是王仕基给自己预备的。

过了宿州，一路走过平坦的农田进山，很快就到了江苏省。他们只途经江苏的一小片区域，这让当地官员如释重负。

土地干旱贫瘠，除了几棵松树，什么都没有。他们绕着山边走，然后钻进山谷。寒风呼啸，路况大不如前，马匹在起伏不平的铺路石上艰难行进。到了山顶，他们望见脚下美丽的山谷，柏树荫下立满墓碑，零星点缀着纪念碑和牌楼。对面一座平顶山拔地而起。范罢览道："满目变幻的风光，让人几乎将这一站惨不忍睹的目的地抛在脑后。"[80]他们穿过山谷，沿着一条崎岖小路登上对面的山。顶峰一座方方正正的堡垒鸟瞰群山。

他们登上山顶，景色更加令人赞叹。正如范罢览所述，广阔的山谷，“壮美的河流蜿蜒奔腾，顺流而下想必是一种享受。岸边的房屋和停靠的小船为这处迷人的风景更添魅力”。[81]

他们看到的是黄河。它是中国的骄傲，也是中国之殇，不仅将肥沃的土壤冲向华北平原，也带来了致命的洪水。黄河多次决口改道。过去，它急流向北；未来，它将再次冲出一条新河道，带来灾难性的后果。高墙之后，守望它的是中国的历史名城——徐州。徐州古称彭城，屡见于史书，是不论贤君还是残忍的军阀都垂涎的必争之地。现在，它是交通运输重镇，也是一个大型税关的所在地。

站在山顶的有利位置，他们能看见徐州厚重的城墙和巨大的门楼。前方更近些，七层的奎山塔立于云龙山前。[82]下方是一大片尖顶墓碑、墓塔和巨大的骨灰瓮。它们的存在“非但没有让人扫兴，反而凭借独具特色的造型为这片风景大加增色”。[83]徐州城外，渡过黄河，就是微山湖。微山湖葱郁的小岛上村庄星罗棋布，小德经想把它们好好画下来。但他的画具都在行李里，手边只有一个小本子和铅笔——他们毕竟在赶路。很快，他们就乱哄哄地走过牌楼和结实的房屋，沿着陡峭的斜坡来到徐州宏伟的城墙下。

他们通过南城门，头顶上是他们一路见过的最大最漂亮的门楼，然后来到繁忙的街上。人们从门口探出头，默默地观望。小德经观察到：“我们的奇装异服肯定让他们大吃一惊，因为这一带从没出现过欧洲人，但没有一个人笑——我们在其他地方则经常碰到有人在笑。”[84] 房屋飞檐上装饰着雕刻图案和小石雕，店铺整洁热闹。“倒不能说这里有多富庶，但基本物资还是都能买到的，”小德经写道，“走到现在，我们还没见过这么好的地方，这让我们喜出望外。”[85] 范罢览见到卖小米的，大为兴奋。荷兰也种植这种谷物，但中国南方不常种植。他买了一些做午饭，加了奶和糖同煮，在城另一头宽敞漂亮的会堂吃了饭。

吃过饭，他们行至郊外，来到黄河边。黄河在他们脚下奔流，湍急而浑浊。河域宽广，两岸相距可能有半英里（约 0.8 千米），一座桥也没有。只有一条陡坡通到码头。人群聚集起来，争相一睹轿中正使的真容。“可恶的”马儿害怕，陪从们费了好大功夫才将它们拉上船。[86] 马儿该当紧张：河中激流翻滚，搅动着大块的冰。横渡又长又险，为躲避碎冰，艄公须前后摇晃着船身前进。待到得对岸，众人如释重负。[87]

现在，他们来到了华北平原。这片肥沃广袤的冲积平原是中华文明的摇篮，出产麦子、谷子、高粱、棉花等作物，养活了这里稠密的人口。平原的大部分地区海拔不足 50 码（约 45 米）。使团被告知，之后不再走山路，所以他们将换乘舒适的马车，不必再为马匹你争我夺。

然而，他们看到“马车”时，大吃一惊。这车与欧洲农民运洋葱去集市的马车庶几无二：小不说，还是实心木头车轮，用简易而粗大的木销钉固定在车轴上。车顶有毡篷，但正前方毫无遮挡。车上甚至连条凳都没有，只铺了稻草。在欧洲，马车有舒服的座位，有玻璃窗，还有用于减震的弹簧。小德经和同伴告诉官员，肯定是搞错了，这样的农用货运马车怎么会是给外宾坐的呢？官员们很生气，坚称在中国大官都乘坐这种马车出行。双方不免恶语相向。小德经和同伴险些要“伸张正义”，不过最后还是重新骑上了劣马。[88] 他们认为坐这种车有辱身份。后来他们发现，高官确实是乘这种马车的。[89]

华北平原的地势更平坦，但路上另有挑战，沿途也别有一番风景。就拿帆车来说，他们最早沿微山湖赶路时在铜山东边见过：整支车队在石板路上哐啷作响。在西方人对中国的记载中，它们已经出现了数百年，在荷兰尤其知名。它们启发了荷兰工程学家西蒙·斯蒂文（Simon Stevin）[90] 建造出他的陆上风帆车。[91] 奥兰治亲王本人还会带着来访的权贵名流和外国使臣在海滩驾乘，“从沟渠和堤堰上飞驰而过”。[92] 以它们为灵感，诞生了许多版画和文学作品，其中就有荷兰黄金时代最伟大的作家胡果·格劳秀斯的诗句：

风驱使它前进，全速进发
越过地面的起伏波浪
哦，如果给我此车一架
我将飞过世上所有地方。[93]

此时的奥兰治亲王还收藏着一辆帆车，但好景不长——几周之后，他就要坐渔船逃离法国人的追击。帆车，连同他的众多其他收藏，都将被拍卖。[94]

马车。这幅版画可能是根据小德经的一张速写画制版而成的。他极讨厌乘坐这种车。

资料来源：Chrétien-Louis-Joseph de Guignes, *Voyage à Péking, Manille et l'Ile de France: faits dans l'intervalle des années 1784 à 1801*, Vol. 4 (Atlas) (Paris: Treuttel & Würtz, 1808), plate 37. Public domain.

帆车令范罢览惊叹不已：车前部有可拆卸的桅杆，风帆有3英尺（约0.9米）宽5英尺（约1.5米）高，配有升帆的索具，还可以像中式平底船一样校正方向，顺风扬帆。他写道："看到一辆又一辆扬起风帆的推车摇摆着行进，我乐在其中。"[95] 小德经则觉得它们简直荒唐："在平坦地带，强劲的顺风之下，这些帆或许还有用，但河流转弯造成风向变化，导致这些独轮车难以保持平衡。"他的结论是，"中国人对力学没有多深的认识"。[96]

他们很快就看到了大运河。这项水利工程奇迹连通了北方地区和长江三角洲，借助复杂的水闸和堤堰系统，它跨越了黄河又通往长江。他们在韩庄闸看到大运河时，德胜以为这不过是一条小河；但小德经认出了它。倘若走水路，他们此刻应当正顺水而行，优哉游哉地坐在官船上。可现实是他们只能走木筏搭成的浮桥过河，在马鞍上或轿子里颠簸，慌忙赶路——官员们担心时间来不及了。

他们现在已进入山东省，但京城还在400英里（约640千米）开外，皇帝有些不耐烦了。山东巡抚毕沅奏报：使团已全力加快速度，正使五六天之内就能离开山东省境。军机处不满意。他们“飞速札催”，命令毕沅等务必送使团在封印之前，也就是1月11日（乾隆五十九年十二月二十一日）之前到京，“未便再有迟延”。[97] 封了印，公事暂停，就只等着过年了。可军机处又说，要照料正使及所率使团勿因行程迅速而受劳顿之苦，这才符合圣上怀柔之意。

信息含糊矛盾。如何兼顾正使旅途的舒适和加快行程的需要？军机处在指示结尾处透露了它关心的头等大事：“毋得稍迟干咎。”[98] 荷兰人离开山东后，毕沅才收到廷寄，但是他和其他官员都知道：必须快马加鞭了。

这是1794年最后一天，意味着伴送官必须在十天半之内送正使走完剩下的路程，每天合40英里（约64千米）。德胜和使团成员没有庆祝新年：“吃了一顿没有啤酒和葡萄酒的晚饭，早早就寝，为我们被迫如此悲惨地结束今年而闷闷不乐。”[99]

新年在酷寒冷风中早早地到来了。他们不到凌晨两点就起身，在黑暗中疾行。小德经不得不一手拉着缰绳，一手举着火把。火把总是熄灭，他索性放弃了，一步一步慢慢走，直到太阳从平坦的麦田和小米地上升起。坐轿的人至少还能睡觉。一次，小德经和同伴骑马经过一顶轿子，轿子里的伴送官鼾声大作，引得他们不住回头观看。小德经在日记里写道："他的轿子敞着，我们随心所欲地观察他，高声大笑。他都没醒。"[100]

不过，他很快就得起来了，因为他们到达滕州郊外时，发现人群围住了怒气冲冲的范罢览。打呼噜的官员步出轿子，迷迷糊糊，眨巴着眼睛，听这个荷兰人讲述轿夫如何丢下他跑了，又如何留下他一个人面对这群想要偷他帽子的人。人们笑话洋人，伸手碰他们，小德经还捉到一个企图扒窃他的人。他们又找了轿夫，重新起轿出发，人群仍然边追边喊。小德经的马被水沟里风化的石龟吓了一跳，但他还是控制住了受惊的马，逃出包围。

不幸的是，范罢览的新轿夫并不能胜任工作，一次次地将轿子摔落，终于把它摔坏了。范罢览只能步行到下一站北界河，与正使等人会合。在轿椅修好之前，他无论如何不肯再走了。其他人先行离去。最终，还是当地一名官员将自己的马车贡献出来。范罢览推辞再三，终于还是妥协了。小德经描述了范罢览几个小时后抵达邹城的曲折过程，那时天早就黑了："我们终于看到范罢览先生坐着马车出现，大喊大叫，抱怨他已经被颠散了架，还宣布他再也不会坐这辆破车。"[101]吃着少得可怜的晚餐，范罢览向旅伴讲述了倒霉的一天，他答应坐马车就是个错误；接下来的近五个小时，他都痛苦地在车斗里颠簸摇摆。他说："这种马车对中国人来说或许很方便，但对欧洲人而言则是不折不扣的煎熬。"[102]现在，他的寝具又找不到了。没有床垫、坐垫和毯子，只有一张硬木板，还是供所有人睡的。寒风从巨大的卧室的门口吹进来，他们用以御寒的只有斗篷和短外套。[103]“我在那辆可怕的马车里摇晃了四个半小时，从头痛到脚，”范罢览写道，“我从没如此渴望过一张柔软的床。”[104]

* * *

山东省是古老的齐鲁大地，但使团行程匆忙，无暇观光览胜。范罢览尤其难过，因为他们不能去探访兖州府了——启发了本杰明·富兰克林以及伏尔泰和其他欧洲伟大思想者的孔圣人就出生在此地。范罢览坐在借来的破烂轿子里，被抬着经过兖州城墙，只匆匆瞥见一座高塔。这里看上去贫穷破落，他们途经的其他村镇也同样悲苦破败。次日，他们路过东平，正如德胜的评价：“如果你想去一座穷厄的城镇，很难想象还有比这里更穷的地方了。”[105]在德州以南恩城近郊，他看见铺盖着稻草的破败黏土房，写道：“城市、镇县和村庄的穷困超乎想象。”[106]

更令他们不安的是，山东居民似乎充满敌意。轿夫将轿子停在路上到路边客栈用饭时，冒出来一群人。他们扯开轿帘，嘲笑乘客。德胜抱怨起来，但直到他威胁要扣下每天的赏钱，轿夫才把他接进客栈。小德经财力不济（他生了病又太疲劳，也开始坐轿了），只能听凭轿夫摆布。比如，在恩城，一队新来的轿夫把他扔下就跑了，消失于清朗的早晨。虽然又雇来了一批轿夫，但他们大部分也跑掉了。小德经和一个留下来的轿夫交谈，得知官员们征来八名轿夫，工钱却只够四个人，还企图用暴力强迫他们行路。轿夫说，有一次他被打得太重，摔倒在地弄伤了脸。小德经认为，官吏企图蒙骗轿夫，于是他要求当着他的面向他们支付工钱。但这无济于事，一旦离开官员的视线，轿夫们就借口买东西吃，卷了工钱逃跑。[107]

更令他沮丧的是，他们当天晚些时候到达以出产骏马闻名的德州。小德经眼巴巴地看着其他年轻绅士得到健美的坐骑——这是他目前见过的最好的马。“我真的很想骑马，”他写道，“但因为尚未康复，也没有马鞍，我只能留在轿椅上。”同伴纷纷上马，快步小跑着出发了；他的轿夫则因为工钱太低不愿意干活。他好不容易动身，城里的人们又开始追逐他。“我从没见过比这更粗野的行为。他们侮辱我们，差点毁了我的轿椅，还把我摔到地上。我的轿夫故意停下来，任由他们胡作非为。”[108]

他们在山东快速前进。到了1月5日，已经进入北京的所在地——直隶。[109]这里的居民同样让他们受了惊吓。在阜城，德胜的轿夫将他丢在大喊大叫的人群中逃走了。德胜带着一名译员步行逃脱，向伴护使团的官役求援。伴护官役对阜城知县大为生气，挥拳就打。德胜在带刀兵役的护送下离开该地。[110]

在献县，住宿条件恶劣，食物也是一路以来最差的。晚饭难以下咽，一名伴送官直接将饭菜扣在掌柜脑袋上。[111]献县极度贫困，干旱多沙的土地上到处是残破的房屋。途经的其他县份也一样糟。范罢览写道，河间“与其说是有人居住的地方，倒不如说是一片废墟”。[112]在破败的寺庙里，“佛像打翻在地，饱受时间的侵蚀”。[113]

小德经越发担心被轿夫抛下不管，尤其害怕夜里被扔在路上，遂提出不再坐轿。他们先是拒绝，如他所述："中国人更愿意抬我，不愿意抬其他人，因为我清瘦，体重轻。"但他们最后还是给他提供了大车。其他人也越来越频繁地坐大车。正如小德经所说："我们发现他们在强迫我们'急行军'，就决定不骑马了；更何况我们不知道走到哪一站停脚，他们又从来不让我们换马，所以这些牲畜始终处于筋疲力尽的状态。"[114] 他们只能两个人挤坐一辆大车，腿伸到车外，暴露在冷风中。"车子颠簸，我们不时撞在对方身上，费了好大力气还是难免被鞭子抽到，哪怕我们穿着裘皮斗篷。"[115]

更糟的是，大车挡不住华北平原那无人不晓的尘土。旱季，脚步、车轮和蹄子轻落地面就会扬起细细的黄土，而冬季尤其干燥。尘土侵透了他们披盖的毡子。有时赶上逆风，他们觉得简直要窒息了。

晚上几乎也没时间休息。他们经常凌晨两点就动身赶路，一直到太阳落山。比如 1 月 7 日，他们夜里两点就出发了，直到次日凌晨一点半才到目的地（雄县），走了几乎 24 个小时，行程近 60 英里（185 里，90 多千米）。[116] 他们在一处简陋的小棚屋住下，没吃晚饭就"上床"睡觉。说"床"也是言过其实了。德胜躺在轿子坐垫上，夜不能寐，"因轻率地接受这次出使任务而满心悔恨"。[117]

使团成员一路很少能睡在真正的床上。用德胜的话说，几乎每晚，"都是靠轿厢里的坐垫熬过来的，使团其他人能找到上好的干草就很满足了”。[118] 有时他们出发晚了，赶路的时间就更长。小德经和其他年轻成员采取了极端的方法避免延误。一天早上，还没给使团预备车马，小德经等人就抓住了看马的把式，偷了他的帽子和其他物品，承诺车马备妥就还给他。对方提出抗议，但他们言语威胁，还破坏了几样东西。车把式只好让步，找来了大车。

他们往往没时间吃晚餐，即使用餐，如小德经所说，也不过是“一点简单的饭菜，对坐大车上下颠簸的人来说，很快就消化了”。[119] 一般只能吃到白饭、水煮蛋和半生不熟的小米粥，还常常吃不饱。开始有人生病。小德经坐在大车上发着烧，因高热而呼吸困难，全身发紧。

倒也并非只有不快之事。他们也看到了白沟河上来往的雪橇，沿着车道排成行大步向前的单峰骆驼，有时它们背上还绑着绵羊。[120] 在新城县，一名好心的小吏给他们送来了苹果和葡萄。然而，离北京越近，居民看上去越穷困悲惨。德胜写道：“本以为在距离名城近在咫尺的地方，能瞥见都城的一线光彩，但满眼尽是贫穷的画面。”[121] 路况糟糕，路面布满水蚀坑洞，所以队伍有时要改道穿过田地。小德经惊讶于人们毫不顾及农民的生计：

> 我十分吃惊地发现，在一个如此重视农业、以农为本的国度，这些赶路人对耕地竟然全不在意。遇到路况不好或大路绕远时，为了抄近路，大车、马匹和行人便径直穿行耕地或索性蹚出一条路来，丝毫不顾及发芽或已经长起来的庄稼。[122]

西方人早已长篇累牍地介绍过中国统治者的重农敬农，但小德经很难将他的经历与所学联系起来。

在所有“艰辛困苦”中，唯一令他们略感宽慰的就是旅程即将结束，并且看起来有望按时到京。[123]

1 月 9 日，也就是他们终于亲眼见到北京城的那天，他们凌晨两点就起来了。小德经一夜未眠，德胜兴致高昂：“鉴于我们痛恨的陆路旅行今天就将告一段落，我们振作精神，凌晨三点就上路了。”还在发烧的小德经脱了衣服，渐渐感觉好了些，但景色荒凉，村子和哨楼穷困破败。良乡等各处县站都是“一幅萧索贫穷的景象”。人们沿路捡拾行人和牲畜的粪便装筐，然后带回破落的村子，在寒碜的房子旁堆成巨大的粪堆。[124]

当天下午，他们抵达卢沟桥。马可·波罗在他闻名遐迩的《游记》中称“世界上没有一座桥可与它比肩”。[125] 卢沟桥长而宽阔，石栏杆上雕刻着狮子。卢沟桥是燕京八景之一，诗文中多有记载，当今皇上也做过几首诗。乾隆帝手书“卢沟晓月”就刻在桥东头一块巨大的石碑上。最早写下这句话的其实是金章宗完颜璟（1190—1208 年在位），在他统治期间，卢沟桥修建完工（称芦沟桥）。章宗皇帝不是汉人，是女真人。乾隆皇帝也是女真后人，他在黄顶碑亭下竖碑刻文，彰显他与久远金朝的渊源。如今，卢沟桥聚集着庞大的驼队，这里正在它们从京城返回家乡的路上。

吃力地穿过多沙的谷地，一行人来到雄伟的石城楼下，这里是通往北京的驿路起点。道路好极了，20 英尺（约 6 米）宽，用每块 12 英尺（约 3.6 米）长、1 英尺（约 0.3 米）厚的条石铺成。

幸好路很结实，因为这里的交通流量很大。范罢览称："我们在路上碰到的骆驼、马匹、大车和骡子多得数不清，整个景象给我们内心带来了意料之外的震动。它用最深刻的方式宣告着皇城已经近在咫尺。"[126]

就在日落之前，德胜和范罢览先于小德经等人到达北京外城城门，进了外城（汉人城）。[127]范罢览很吃惊，漂亮的石板路在这里戛然而止，又长又宽的大街（可能是广安门大街）上全是土。他对建筑也印象平平："房屋林立两侧，建筑形式和布局都没规矩，陈设优雅的店铺屈指可数，并且往往就挨着肮脏的破屋子。"[128]他们沿街走了四十五分钟，然后向左转上另一条宽阔的大街，走到宣武门。宣武门箭楼巍峨，三十六扇宏伟的箭窗在黑暗中依稀可辨。他们过了关，进入内城，即满城。

他们急切地盼着到恢宏的宫殿或府邸安顿下来，结果却被搁在又黑又冷的街上，苦等了半个小时。再次起轿，他们又被带着往反方向走：朝着即将关上的城门去了。没人给他们一句解释。轿夫抬着他们顺着来时的路往回走，把他们放在一处车把式才住的大车店，车把式的马就拴在马棚里。

范罢览坚决要求到更体面的馆驿去，却被告知实在无能为力。很快，两名随护官员赶到，先是再三道歉，接着说他们也要在这里忍一宿。于是，正使和副使和衣睡在地上，度过了在京城的第一夜。范罢览写道："就这样，我们来到举世闻名的皇城，却住在一个牲口棚里！谁能料到这番遭遇？"[129]范罢览对德胜说，早知道中国人待他们如此恶劣，他当初根本就不会为请派使团写一个字。德胜写道："从众人的言谈举止来看，我们确实会认为并非处在一个文明的国度，而是置身于原始之地；甚至在这个距离首都咫尺之遥的地方，我们都受到了如此敷衍的对待。"[130]

小德经等人这一天甚至没能进北京城。他们到达外城城楼时，城门已经关了。"蛮横无理的"士兵让他们睡在大车上。他们拒绝了。于是一个小吏领他们来到一间连食物都没有的"破客栈"。仆役外出找吃食，一无所获。所幸小德经兜里还揣着几个馒头，使团五人得以分而食之。"我们就这样，精疲力竭，风尘仆仆，饿得半死，终于到了北京。"[131]

早上，掌柜不放他们走，向他们索要住店钱，译员拒不付钱。小德经饶有兴致地看着二人对峙，他们用脑门抵着对方大叫："打我啊！你敢！"[132] 译员身量更小，终于还是钻上他的大车，"仿佛缩在堡垒里"，冲掌柜大喊大叫。[133] 小德经从大车里钻出来，手持鞭子，走到门口，将大门打开。他命大车依次出门，没人拦他。正如他后来在日记中所说，他的样子肯定很吓人："我们长得像妖怪似的，饿得面黄肌瘦，一脸长胡子，优美的体型藏在大斗篷下。掌柜肯定觉得他接待了一群魔鬼，特别是眼看着我们不付钱就走。他终究还是什么吃的都没给我们。"[134] 译员想让小德经给愤怒的掌柜几鞭子，不过小德经只是挥鞭吓唬了掌柜。

车夫在人群中推来搡去，总算将大车拉到了城门下长长进城队伍的前头。

终于，北京敞开门迎接他们的到来。这是一趟令人身心交瘁的旅程，与马戛尔尼的行程大为不同。马戛尔尼勋爵舒适地乘着旗舰从广州一路航行至华北，在北京附近的海港天津下船。从天津到北京不过 80 英里（约 128 千米），他坐大船走完了大部分路程。而荷兰人走了将近 1 500 英里（约 2 400 千米），大部分是陆路，而且行程极赶：平均每天要走将近 30 英里（约 48 千米）。他们为路上的匮乏慢待大吐苦水，尽管他们明白皇帝本人并非有心失礼，但要他们星夜兼程毕竟是他的旨意。

总算及时赶到。皇帝迫不及待要在一年里最喜庆的时节好好款待他们了。[135]

第 9 章

北 京

1 月 10 日，也就是德胜五十岁生日这天，他在冰冷的马房里醒来。走出马房，步入刺骨寒风，他难以置信地看到一辆色彩斑斓的大车正候着他。车轮是不规整的木头圆盘，车厢直接安在车轴上方，没有弹簧或悬架——欧洲车辆用这些缓冲装置已经几百年了。车厢底部铺了个枕头，但几乎无济于事。“我从没坐过这么难受的车，车子快速碾过石头，颠得我头痛欲裂。”[1]

但北京的外城可大有看头。宽阔的街道铺着巨大的青石板，中间微微鼓起，所以路面不平，车辆颠簸。道边是各种货摊，摆满了家居用品、衣服，以及猪肉、羊肉、兔肉、雉鸡肉和鹧鸪肉等各种肉类。对面是挂着木刻或石刻金字招牌的店铺。德胜写道：“任何地方，都找不到比这里更加花样繁多的店铺和摊位。”[2]

街上挤满了行人、大车、骡马，还有表情恬淡、步态威严、令人心悦神怡的单峰驼。[3]眼前一派车水马龙的景象，倘若从车流人流中出来，要等上一阵才能找到空隙再钻进来。“灰尘在这里可是时髦物件。”小德经调侃道。[4]车轮、鞋跟和畜蹄无不扬起尘土，尽管店家用篷布盖着商品，灰尘仍然无处不在。

走了大约四十五分钟，街道收窄；跨过护城河，上面是宣武门，门内就是内城。他们经旁门而入，穿过宽敞的门洞，再蜿蜒穿过一段甬道，就走上了和先前一样宽阔但更加整洁的大街。役夫在没铺石板的路边洒水，防止扬尘。大街中间搭满了为新春预备的摊位和棚子。范罢览觉得这里看起来就像欧洲市集：“车辆、马匹、骡子和单峰驼的吵闹声；成群结队的行人和动物；新衣裳、新举止和新面孔；简而言之，每一样事物都引起我的好奇，吸引我的注意。”[5]

很多高官都住在内城。当他们的绿呢大轿在衣着光鲜的官兵护送下经过内城时，人们纷纷停车避让。但这群西洋人的车夫不睬，只管沿路边继续往前走。他们向北走了一英里半（约 2.4 千米），经过头发胡同、白庙胡同、舍饭寺胡同[6]、皮库胡同、打磨厂胡同、缨子胡同，以及一位皇子的府邸。王府的高墙之后，藏着宽敞的院子和亭台楼阁。[7]最后，他们向右转，走过一条宽街，来到红墙黄瓦的城楼下。

这就是通往西苑的西安门了。鲜有人获准进入这座皇家大园林，但有人挥手，示意使团一行人进入。他们走上一条宁静的大道，道路尽头是漆成红色的牌楼。另一边是玉蛛桥，以华丽的汉白玉栏杆和雕饰精美的柱子著称。玉蛛桥横跨北海，这条人工挖掘的水道旁栽满了树，透过光秃秃的枝丫，使团众人瞥见了亭台楼阁。左边是琼岛，琼岛之巅就是大名鼎鼎的舍利塔——白塔。

一路目不暇接，但最吸引众人目光的还是两个装束奇特、押着大车从桥上迎面而来的男人。这是两个身穿红袍、头戴尖帽的喇嘛，但使团成员没时间仔细研究了。不一会儿，他们已过了玉蛛桥，穿过又一道红色的门楼，沿着团城围墙行走。再过一道牌楼，他们第一次瞥见了紫禁城巍峨的宫墙和宏伟的角楼。再往远处看，左边是高耸的小山，山顶林木之间坐落着庙宇楼台。这便是景山，是用紫禁城外围挖掘城河时挖出的泥土堆起来的。小德经听说前朝的汉人皇帝就是在景山最高处上吊自尽的，明朝就此灭亡。[8]

他们折而向右，沿着一条宽阔美丽的大街向南走，与紫禁城西墙平行。[9]这里就清净多了，只有不多的几辆大车、稀稀落落的行人和骑马者。建筑更加统一，离街道更远，这里还有一座令人赏心悦目的寺庙。[10]小德经觉得一切都很美。但是赶车人停下来，将他的大车停在街上时，他的情绪一落千丈。

很显然，馆舍还没准备好，一行人只能在外面挨冻，等着仆役打扫。正如范罢览所述："我们对这项安排感到不可思议，只得拿出我们的良方——耐心。"为什么会延误呢？范罢览得知，伴送官之前写信说他们新正之后才能到京，所以馆舍的准备工作推后了。"然而，"范罢览写道，"凡事不要拖延到最后一刻，恐怕是更加谨慎和得体的做法。另一方面也必须承认，两个小时足够将一所中国住宅收拾妥当了。"[11]

德胜坐在车上，感觉自己暴露在众目睽睽之下。"每扇窗户都有人窥视，一拨又一拨，就像在看西洋镜似的。"[12]小德经远远落

《乾隆皇帝骑马过金鳌玉蛛桥》，郎世宁绘。这幅18世纪中期的画作描绘了五十岁上下的乾隆皇帝，比他接见德胜和范罢览早了三十年。他身后是北海、琼岛及琼岛顶峰的白塔。资料来源：Courtesy of the Arthur M. Sackler Gallery, Smithsonian Institution, Washington, DC: Purchase—Smithsonian Collections Acquisition Program and partial gift of Richard G. Pritzlaff, S1991.60.

在后面，没有仪仗队保护。他也不喜欢样貌奇异、身着黑衣的人们带着“强硬冷酷”的态度，用“凶狠的眼神”盯着他。[13]终于，大车又滚滚前行，驶入一条狭窄的小巷，在牌楼前停下，他这才松了口气。

从外面看，他们这处住宅平平无奇；大门之内，却是别有天地。[14]和大多数中国宅院一样，这也是一套四合院，有三进院落。最外面是宽敞的倒座房，士兵和仆人开始将东西搬运进去。越往里走，房屋条件越好，这些便是使团先生们的房间。第二进正房的堂屋用作德胜的主餐厅。侧面是一间较小的耳房，房外有一扇门通往最里面的第三进院，德胜要了正房的两间作办公室和卧室。右手两间是范罢览的。小德经和其他年轻人搬进后罩房的两间屋。这里是院子的最深处，用小德经的话说，这里可以“避免中国人经常胡搅蛮缠的来访”。[15]

这处房子与他们习惯的华丽而舒适的洋房不同。墙壁四白落地，窗户上没装玻璃，而是糊着厚厚的白纸，既透光又看不到房内。阿姆斯特丹富人住宅中装饰的中式和日式漆光陈列柜、书桌和碗橱在这里见不到。家具简单极了，这与他们理解中的亚洲式奢华相去甚远。德胜写道：“完全无法想象，家居装饰中根本没有漂亮的家具和华丽的地毯。几把高高的方形椅子，一张漆成褐色的木桌，几块粗糙的红色和白色垫子，就是我们的全部家具了，还可以加上一对笨重的锡烛台，但它们不过是中间穿着一根铁针（用来插蜡烛）的木头块罢了。”[16]尽管如此，房子建得极好，宅门以雕工精美的棕黄色木材制成。之前的房主是一位富翁，也是一名高官，后来破产，不久离世。

这里已经六个月没有人居住了，到处都是灰。仆人们擦拭洗刷，整理家具，在冰冷的方砖上铺小地毯。与西洋住宅不同，房内没有壁炉，而是使用可加热的台子——“炕”——当作床。炕床高一英尺半（约 0.45 米），由里面的燃煤加热。在最好的房间里，燃料从屋外铲入炉灶，炕洞将热量均匀地传导至炕面。但这会儿炕还没有烧，众人冻僵了手很难干活。他们要求生火，可紫禁城里的柴火也不富余。内务府的档案中就写满了皇家内院严格的物资配给额度。使团成员们的其他要求也很难得到满足。对此，范罢览说：“无论什么东西，都要大费周章。”[17]

不过至少，他们吃上了一顿热乎的饭菜。御膳房备的餐食装在炭火保温的提篮里送了来。[18]“对能适应中餐的人来说，这是一顿佳肴，”德胜写道，“都是用猪肉和油烹制的。至于我们，虽然半饥半饱，但几乎没有喜欢吃的，只用米饭和勉强能入口的菜填饱了肚子。”[19]小德经和其他年轻人没这么挑剔，“像两三天没吃饭似的”狼吞虎咽。他们烧炭暖手、烤馒头，因为这些馒头“总是半生不熟的”。[20]欧洲人喜欢表皮酥脆的面包。

他们还想“洗个澡，精心梳洗打扮一下”。“我们照镜子时，简直吓坏了。”小德经写道。[21]他们已经好几个星期没有好好洗过澡了，脸色灰暗无光，神情憔悴，面带病容。范罢览瘦了。“我可以肯定地说，”他写道，“我的腰围至少缩小了五英寸。”[22]

不过，他们总算平安抵达。范罢览觉得，旅途的艰辛让他们快撑不住了：“再走一个星期，我们很可能就病倒了，至少也会相当难受；因为我们每个人都出现了健康受损的症状。”[23] 他将此归咎于疾行赶路、恶劣的住宿条件、食物不足，以及缺乏早已习惯以至不可或缺的“补养品”（即葡萄酒和啤酒）。[24]

主管伴送的道员王仕基向军机处报告时则提出了截然不同的看法：“经过各处，沿途供应无误，虽行程较速，仍可按程歇息。他们甚是喜欢，亦不致过形劳顿。”[25] 事实上，他说，“一路也甚是安静”。[26] 他承认快到舒城时曾遇到麻烦，但那是因为雨雪泥泞难行，并不严重；他们并未耽搁。他说他个人最关心的就是这些外国使臣，怕“该贡使等过于劳苦”；他还说，如果说行程较赶，那也是因为使团恭谨瞻觐心切，求着快走。这都是皇帝爱听的话。

奏报完毕，王仕基带着另一名陪护官员来使团下榻处看望。小德经感到他们的殷切关心很是可疑，他记述道，他们正竭力装出诚恳友善的样子。他猜测，这是因为他们担心洋人——特别是会说汉语的小德经和阿吉——向朝廷官员抱怨此行的遭遇。“他们自己是蠢货，”小德经写道，“也把我们当成傻瓜了。”他一下子对王仕基憎恨至极：“这个骗子、白痴，最可恶的是，傲慢自大。”[27]

幸好，他们在京期间得到了另一名官员的照顾，此人官帽装的是水晶顶珠。[28] 他为这些洋人的厨师张罗食材，这样德胜就不必再吃油腻的食物，他还承诺换掉稀薄、油腻的“劣质奶”，换成真正的牛奶。

最后，他甚至还为他们提供了取暖用品。天色渐暗，火盆送来了。在一顿寡淡的晚餐过后，使团成员爬上炕休息。这些房间的构造不适宜在屋内直接加热取暖，火盆很快就熏得满屋是烟，小德经等人只得把火盆端出去，挤在一起御寒。小德经用绷带将双手裹起来，以防冻僵。他在日记中写下当天的事，在结尾处抒发了他的感恩之情：终于可以上床睡觉，而“不用担心明天一早像往常一样爬上可怕的马背或钻进大车了”。[29] 范罢览也感恩戴德：“睡一个安稳觉，我们自从结束水路行程，就被剥夺了这种奢侈的享受，已经整整一个月了。”[30] 德胜在当天的日志结尾也表达了类似的情绪：“吃了一顿少得可怜的晚饭，我们早早就寝；12 月 10 日以来，我就很少有这种待遇了。”[31]

第二天，也就是 1 月 11 日，从一条大鱼开始。一名大官和随从将鱼送来时，德胜还没来得及穿戴整齐。这是一条 12 英尺（约 3.6 米）长、重达 200 磅（约 90 千克）的鲟鳇鱼。[32] 送鱼的官员官帽上装饰着显示皇帝恩宠的孔雀翎。来人告诉他们，鲟鳇鱼乃御用贡品，这份赏赐是荣耀的象征。范罢览写道：“（他们）花了很大心思向我们介绍所有细节，还补充说，皇帝陛下赐予我们的礼遇远胜于去年进京的英国人，因为英国人从来没得到如此殊荣。”[33] 这种鲟鳇鱼仅产于黑龙江一带，这片地区是皇帝的满族先人世居之地。鲟鳇鱼有“鱼王”之称；作为贡品，这道珍肴直送入京。老皇帝尤其喜欢鲟鳇鱼，曾在《咏鲟鳇鱼》一诗中描写它武士般的外观，形容它“头似戴兜鍪”。[34] 按规矩，领受皇帝的赏赐时要叩头谢恩，因此德胜和范罢览行了三拜九叩之礼。他们迫不及待要品尝鲟鳇鱼，可是鱼冻得硬邦邦，厨师既没有斧头也没有锯子。

官员们说，使团明天就要觐见皇上。德胜请求推迟会见，因为使团诸位年轻人的行李还没运到，穿着赶路时的脏衣服出现实在难为情。[35] 官员们则表示，正是由于使团经历了如此疲惫的旅程，皇帝才急于见到他们所有人。他们坚持要求使团全体成员凌晨四点就准备好。

清早出发反倒令德胜松了口气。他一直在重读尼霍夫的书，尼霍夫在书中讲述了使臣们如何在户外候了一夜等待皇帝召见，直到早上七点皇帝才匆匆露了一面。“我之前非常担忧发生类似情况，”德胜写道，“所以对目前这些安排非常满意。”[36]

官员们还要求提供吧城正表的法文译本副本，因为朝廷里没人懂荷兰语。这为小德经提供了一个与法国传教士公开联络的机会。他认识其中一些人，还在广州为他们办过各种业务，也有几封信要给他们。他不知道传教士们是否已经得知他在京的消息，京城没有向他们传递信息的直接渠道；所以，他译完表文后，专门在显著位置签上了自己的名字和日期。[37]（后来，范罢览宣称表文的翻译全是他一人的功劳，但事实上小德经才是译者。）表文交给王仕基，经他转交清政府。[38]

这天剩下的时间，太平无事地过去了。这是一个令人欣喜的变化，但晚饭开得晚令范罢览有些不满，也促使他重新衡量自己的“慕华”（Sinophilia）情结：

> 我们今天又过得很有节制，因为几乎得不到什么东西。食物送来得太迟，以至于我们下午很晚才用餐。此外，我们

还发现，我们在京里的餐食与路途中的一样难以下咽。每时每刻，都有新的惊诧和新的理由让我们认识到，我们过去对中国的看法是何等错误。[39]

次日，他们还会收获更加丰富的材料来评价中国。这一天在吵闹声中早早地开始了。

第 10 章

冰 嬉

觐见皇帝那天，也就是 1795 年 1 月 12 日，凌晨三点，尖厉的声音在院子里回荡。这是有人在负责叫他们起床。很快，士兵就穿上最好的制服，使团绅士换上衬衣，仆人送来梳子、卷发器和发粉。假发和发式在欧洲已经过时，但这些洋人听从建议戴起假发，扑上发粉。[1] 长卷发是洋人异域情调的一部分。乾隆皇帝的父亲雍正皇帝甚至让宫廷画师为他绘制了身着洋装、头戴假发的画像。[2]

德胜和范罢览率先出发，走入暗夜。蓝色布篷、两侧开窗的两轮小车在黑暗中等候。他们坐上黑色坐垫，小车沿胡同摇晃着前进，右转上大街。小德经等人步行跟随。

几分钟后，他们来到西华门前。西华门是紫禁城的主要出入口之一，皇帝游幸西苑，便由此门而出。这正是他今日要去的地方。天色太暗，视线模糊，但使团一行看得出面前的广场很热闹。人们来来往往，拉着车跑。天很冷。

乾隆的父亲雍正皇帝像，他在画中扮作欧洲贵族模样。画像作于 18 世纪早期，当时雍正还是雍亲王，爱好请人绘制自己身着各式特色服饰的画像。

资料来源：《雍正帝半身洋装像》，绘于 18 世纪初，现藏于故宫博物院。

一行人被引入一个低矮的房间，房内只有烛台上一根细长的蜡烛照明。[3] 随处摆着简陋的椅子和长凳，还有一张小桌。火盆里生着火。侍从说，寻常人等须在室外候驾，可见他们备受优待。他们被请到烧热的炕前落座，然后观察起其他宾客来。三十名使节将于今日瞻觐，但坐在这里的大部分人看起来是清朝官员。只有一个人像是贵宾：一位潇洒的青年，一只耳朵上戴着耳环。他们被告知，这位是“多罗郡王”。[4]

清晨六点，他们被带往另一区域。漂亮的门楼下，他们看到四名长者挤在遮篷下的火边取暖。四人装束奇特：明朝官服样式，金腰带，高耸的褐色皮毛帽子。这些是朝鲜人，与清朝的关系最为亲密。德胜一行惊讶于朝鲜人就在“公用帐篷”外候驾[5]，朝鲜人则惊讶于他们脏兮兮的绿袍子和邋遢的白衬衣。

可惜，几乎没时间试着交流了。太阳升起，洋人被护送回广场。这时候，他们看清西华门了。华美的砖石建筑，有三座券门。左右两侧是紫禁城高耸绵延的红砖墙，红墙对面建造了长长的廊庑，那里有供下人使用的房间。墙下是一条宽阔的护城河，此时冻了冰。使团众人都糊涂了，以为他们之前已经身在宫中。他们尚未意识到，京城是墙内有墙。

一切都动起来了。高官大员身着缀有锦鸡、孔雀和雁补子的官服，与一众蒙古人、藏人、满人和朝鲜人乱哄哄地走着，仆人和随从推着小车紧随左右。这种混乱让德胜目瞪口呆：“名流显贵和无名小卒，富人和穷人，都混在一起胡乱走着，毫无尊卑贵贱之分。这样乱糟糟的画面让我们大吃一惊。”[6] 他们本期待着见证从前传教士所书写的端庄举止，还有礼部组织的觐见和典礼。

人们开始沿一条垫高的平整的青石板路两侧站好。这条路贯穿广场，直通西华门的中门。它正对御路，皇帝将由此乘舆而来。德胜和范罢览震惊地发现，他们要在这里迎候皇帝。他们本以为将在典雅的正殿呈上金匣所盛的国书，可不是候在天寒地冻的户外。尽管如此，他们还是跟着向导穿过人群找地方等候。但向导似乎不知道该往哪儿去。他们带着洋人一会儿往东一会儿往西，抱着礼服的仆人吃力地跟随。小德经和其他年轻绅士感到十分有趣，尤其是护送者之间意见不同之时。

但人们挤在身边对他们又戳又捅就不那么好玩了。欧洲人是这里最特别的异国贵客，人们都想看一眼，摸一把。朝鲜人是最放肆的——不是那些年长使节，而是其他同行者。他们又抓又摸，不戴手套就把手伸进欧洲人精心造型的头发里。

朝鲜人的日志和报告中记述了这些西洋人的奇装异服：既不将头发编成发辫，也不梳发髻，就用缎带歪歪扭扭地把头发绑在脑后；戴着荷叶状的黑毡帽，上头不伦不类地插着白色羽毛；穿着怪异的礼服，礼服用大颗圆纽扣系紧而不是用腰带或线缝，衣服过短，腿全露在外面；穿着限制行动的紧身衬衣和裤子，以至于四肢不能屈曲。[7]还有那副嘴脸！“深目突鼻，形貌诡怪，所至人皆环立喧笑，作为异观。”[8]

戳碰和嘲笑尚能忍受，又抓又摸可让这些欧洲人忍无可忍。小德经写道：“这些恶心的家伙毫无尊重。”皇家侍卫挥舞鞭子左右驱赶，以遏止朝鲜人“过盛的好奇心”。[9]

他们总算沿着御道找到了一席之地，位置距离西华门相当远，比其他人都要远。大约这个时候，左右都安静下来。

西华门的侧门打开，扈从涌出来，还有几十个骑马的人，马匹普普通通。每个人都“在极度混乱之中”行进。然后，皇帝乘黄小轿自中门而出，八名轿夫身着黄色长袍，帽子上插着羽毛。[10] 多名大臣陪护两侧，前面走着佩剑打黄色旗帜的銮仪卫执事。皇帝在朝鲜人面前停留片刻，说了几句话，但他似乎迫不及待要到洋人面前来。

到德胜祇迎处，住轿。德胜按所学的规矩跪在地上，双手将金匣举过头顶，呈上国书。一名官员将国书呈递皇上，德胜和范罢览免冠九叩头。脱帽是这些西洋人特有的小礼节。在皇帝谕令纂修的《皇清职贡图》中，《荷兰国夷人》就记载他们“遇人则免冠挟之以为礼”。[11] 德胜和范罢览身后，小德经等人也免冠叩头，不过小德经也称：“我们太好奇、太想看看周围发生的一切了，所行之礼并不完全符合要求，只不过也没人注意罢了。”[12]

乾隆皇帝身披黑色皮端罩，面带喜色看着使节。他年事已高，但“气色很好”。[13]

“尔等从何处来？”他问道。译员在旁翻译。[14]

“从荷兰国来。”德胜答。

“国王贵庚？”

“四十六岁。”德胜答道。

“国家可太平？”

德胜说荷兰一派升平，这不是真话——他明知荷兰此时正与法国交战。他不知道的是，就在他说话的当口，法国军队已经向阿姆斯特丹挺进。数日后，荷兰共和国就将不复存在。

“尔身子可康健？”皇帝问道，“路途遥远，一路上可曾受艰辛劳苦？”

德胜答道，他身体很好，一路上深得皇上关心，他和使团同侪感恩不尽。

“尔等不冷？”皇帝又问。与其他大多数来宾不同，这些洋人此刻没有穿皮袍。他们方才已经脱掉了，以便皇帝看到他们华丽的衣装。朝鲜人认为在皇帝面前除去袍服、只着衬衣，着实怪异。[15]

德胜说他感觉还好。

皇帝对德胜和范罢览身为外国人但出色地行了中国礼节表示满意。然后，带着装有国书的金匣，皇帝沿着御路继续前行。[16]

所有人起身跟随。人群如此密集，移动如此之快，令使团绅士颇为惊慌。范罢览写道：“我们每个人都被一位大臣抓着胳膊拖着走，在我们国家，这被视为最粗鲁无礼的举止，在这里却被当作热情和关心的证明。”[17]

皇帝身后争先恐后的奇特人群，紧随其后漫不经心的无序的行进队伍，不同社会阶层令人困惑的混合，使节们跪拜位置的混乱，乃至皇帝步辇之朴素简单，桩桩件件都与他们读过的传教士见闻录大相径庭。范罢览写道：“我承认我大为震惊，既震惊于这一大群好奇的看客，也震惊于他们竟混乱到如此程度，这令人不禁以为自己正身处一个从未有过任何文明观念的野蛮国度。”他想起了读过的礼部介绍，礼部本应仔细掌管宾礼：

> 我想起了大受吹捧的礼部。我不禁问自己，这里没有任何秩序，只有混乱，礼部究竟要在什么场合才会行使其一丝不苟、循规蹈矩的职责？倘若我们没有当场冻僵，这倒是一个值得思考的问题。一个人只有亲眼看见，才会对此产生一点点认识；但就我个人经验来看，我简直无法相信中国君主的宫廷会出现如此混乱的局面。[18]

他和使团其他人没有认识到，这并不是一场正式仪式。皇帝穿着简单的皮袍，正要前往阅视一项体育盛事：一年一度的冰嬉比赛。[19] 冰嬉是冬季京城的亮点。观众喜气洋洋，激动兴奋，这就是德胜等人觉得他们在"令人恐惧的人群中"被推着走的原因。[20]

他们向西疾行，穿西苑门进入西苑。皇帝到达太液池，下轿，登上黄幄冰床，由官员牵拉冰床跑过冰面。众人跟随。[21] 冰面很滑，有些人摔倒了，其中也包括他们的伴送官王仕基。"不过，摔了也没关系，"德胜写道，"因为中国人都穿着厚衣服，伤不到他们。"[22] 倒是他们欧洲人，身着滑稽的服装，更容易摔伤。众官员搀扶着他们。

皇帝的冰床停在一座漂亮的亭子附近，然后他就消失在一道门之后。德胜等人被请到附近的另一处建筑。[23] 这座建筑外观宏伟庄严，内部却又冷又暗，空空荡荡，地上只放着几张小木桌和几个蒲团。他们本要在此盘腿用膳，但实在坐不舒服，便还是站着。去年，英国人就因为下装太紧而获准免行某些礼仪，所以伴送官这次很快就为荷兰人另行安排了一个有高桌长椅的房间。新房间好些，但在范罢览看来，它比一间普通的欧式营房强不了多少：

环顾四周，我们极度震惊。在皇宫之内我们竟然被安排在这种房间，只能说这让我们更充分地意识到，我们没理由抱怨一路上简陋的馆舍了。经过同样一番比较，我们也判断出，我们在北京的行馆确是豪门大宅。这幅画面或许与传教士发往欧洲的精彩的京城见闻不符，也与他们对这座皇宫的讲述不同……但正是我亲眼所见，让我确信这一切都是真的。[24]

他们由一班高个子太监伺候用了饭，太监们声音很高，其中一个看起来与老妪无异。[25]皇帝从自己的桌上赏了一道菜来：内填红色馅料的花形黄油酥。他们叩头谢恩，但还没来得及享用，随护官员就一拥而上，开始抢夺糕点。小德经写道，这些人“在中国人当中完全称得上贪吃了”[26]，却也被内大臣拦着，直到他们欧洲人用完。点心很可口，但赏赐的第二道菜可不好吃。这盘“野鸡腿”在德胜看来就像剩菜，好像有人啃掉了肉，才把骨头“丢在我们面前的桌上”。他叩了头，但拒不享用。这段经历深深刺激了他：

这虽然显然是他在表示恩宠，但还是显示出十足的粗鲁和野蛮。无论欧洲人对此是多么难以置信，我都必须提到这种奇异的做法。根据传教士们多年来试图误导世人的记述，我想象的从来都是一个高度文明开化的民族。这些想法根深蒂固，要将它们清除，非用上某种暴力不可。但事实证明，这次筵宴，加上我们之前的种种遭遇，无异于一剂猛药。[27]

使团其他绅士都没提到啃过的鸡腿。也许，只是德胜这一天过得不顺心。

早餐之后，正如德胜所说，他们又随着“同样乱作一团的人群”被带回冰上。衣着华丽的满人正在冰上徜徉，在小德经看来，滑得不算差劲。众官员催促德胜小试身手，但他拒绝了。他上次滑冰还是三十年前，更何况冰上都是裂缝。这与乾隆皇帝在诗中描写的“形容镜舞鸾”截然不同。[28]

阿吉和小范罢览决定加入，但他们不喜欢满人的冰鞋。这种冰鞋用缠在脚上的皮绳固定，冰刀更薄、更窄，后缘更长，一直延伸到脚后跟。前部凤头也较短，以近乎直角向上然后戛然而止，不像欧洲冰鞋那样有弧度。这让滑冰者很难停下，还容易在倾身时摔倒。下人们急忙赶回洋人住地取来欧式冰鞋。当年轻绅士们绑好冰鞋，滑上冰面时，贵族、大臣、劳工、奴仆，人人都拥上前观看。侍卫们抽打鞭子，驱赶人群后退。

一些王公贝勒穿着暖和的毛皮大衣，坐在冰床上观赏。小范罢览靠近其中最打眼的一位：这位尊贵的先生由其王府的众人陪同，戴孔雀翎的官员为他拉着冰床。他招呼小范罢览，命人将这个外国人抬上冰床。但他们没谈几句话就被打断，因为皇帝已经进完早膳，要下令开始比赛了。

皇上走上冰面，登入冰床。冰床华美宽敞，红色的底部两侧绘有精美的金龙，上部黄幄似伞。乾隆尤爱冰床，为此作过《腊日观冰嬉因咏冰床》一诗：

绳床殊古制，冰上可拖行。
舟水车陆异，济人利物并。
毬争武因习，旗逐赏分平。
家法国恩普，群欣度首正。[29]

他的冰床向前滑去，王公大臣裹紧皮衣，步行跟随。皇帝才在冰冻的湖面停下来，就命人将欧洲人请到近旁，这样他们的视野更好。

德胜等人很为享此盛情而高兴，因为他们对皇帝本人和对冰嬉一样感兴趣。这位老君主端坐着，面目慈祥，下巴留着稀疏的胡子。他望向冰面。湖面另一边，亭台檐顶透过树木显露出来，远处是白塔的塔刹和宝顶。大约半英里（约 0.8 千米）开外，就是第一个竞速项目“抢等”的起跑线。一组选手正在高高的大旗下等待号令。他们身着金色或大红色的制服，穿着冰鞋和护膝。[30]选手皆是从八旗兵丁中选拔出来参赛的。

皇帝发令。一名男子在御用冰床附近鸣响火炮。起跑线上，扬起一缕烟尘。片刻之后，传来报告。选手们竞相起跑，直向御前滑来。[31]

首个抵达终点的人被一名大臣拽住，两人齐齐摔倒。后面的选手也全都摔倒。范罢览认为这样滑冰太草率：“欧洲人全速滑行时能用脚后跟刹住，中国人没有掌握这种刹停技巧，他们无法控制滑行速度。为避免冲撞皇帝，他们一靠近冰床就自己摔在冰上。”[32]但摔在冰上本就是竞赛的一部分，皇帝也会亲自赏赐。冰嬉不只是娱乐和军事训练，也是岁底加恩，以资八旗度岁之计。[33]

下一个项目“抢球”很快开始。抢球类似于冰上橄榄球。参赛者分在冰上两队而立，一队红衣，一队黄衣。“执事”（即裁判）将白皮球踢至场中，球员们争相去抓球上的带子抢球，得球者复掷，其他人复夺之。这让洋人困惑不解。小德经说：“这种比赛意义不大。”[34]队员们不断争相跃起，或坠冰上。比赛时间不长。很快，他们就得到皇帝的赏赐，得球者赏赐最丰。[35]

皇帝的冰床拉往最后一个项目“转龙射球”处。两座竹制旌门相隔一段距离，每座旌门当间有一圆盘，圆盘上悬挂五彩线球，名曰“天球”。距旌门不远处，冰上另置一球，曰“地球”。数百人穿着虎皮马褂，开始滑冰。三人一组，第一人执小旗先导，另两人执弓矢随后。他们在冰上绕大圈盘旋滑行。滑过旌门时，射手回身射击天球、地球。队伍按长幼排序，末尾另有一幼童。[36]整场比赛期间，皇帝都注视着这些洋人，似乎在估量他们是否喜欢眼前的事物。范罢览确实喜欢：“这项运动井然有序，尽管滑行速度极快，但几乎所有人都敏捷地射中目标，展现出欧洲弓箭手一样的优雅身姿。”[37]德胜对此印象平平，觉得这项赛事对技巧要求甚低，而且许多射手没有命中彩球。[38]

皇帝又是一轮赏赐，赛事结束。他乘冰床折返回宫。衣衫单薄的欧洲人也迫切地要回住地。小德经写道："我们的鞋太薄了，长时间站在冰上受不住。"[39]

然而，计划有变。他们非但没有打道回府，反而进了紫禁城。

他们得知，要与领班军机大臣和珅会晤。德胜特别提到，此人"掌控着整个朝廷，因此常被人称作'二皇帝'"。[40]他们被带回西华门广场。小德经现在才搞清楚，这里实际上并不在紫禁城之内，只是宫门外的一座外部广场，进宫者在此下马落轿。除了皇帝和极少数人，其他人在紫禁城里只得步行。他们穿过雄伟的大门时，范罢览数了数，正走了四十二步。门内的场面令他惊奇："从这条甬道出来，我们就置身于一座巨大的广场。广场地面铺砖，周围矗立的建筑毫无秩序和规律可言。"[41]

紫禁城规模惊人，绵延不绝：千百间屋，大多数都有围墙庭院。琉璃龙吻兽自黄瓦上怒目而视。工匠的技艺令人赞叹，细木精心上了漆，样样用毛石砌筑。然而，他们也瞥见了肮脏的巷子、破烂的小屋和成堆的垃圾。[42]"有时候，我们还以为自己身处某个城市破败的后街。"[43]

最后，他们来到一处小门，一群脏兮兮的人聚在他们身边，争相围观。[44]侍卫辟出路，领他们进了值房小院。外层支摘窗撑起，露出里层一小块玻璃窗。窗后浮现出一个男人的脸，盯了他们好一会儿。然后，他们获准进入，走上坡道，进入一间低矮拥挤的房间。人们拥上来，推挤着抢占前面的位置。

冰嬉。转龙射球，是京城一年一度冰嬉盛典的项目之一。选手们按阵图盘旋曲折滑冰，穿过旌门时，射手回身向旌门上方悬挂的天球射击。

资料来源：《合画冰嬉图》，张为邦、姚文翰合绘于18世纪中期。现藏于故宫博物院。

使团众人好不容易被推着穿过这间房，进入另一间小得多的屋子。和中堂坐在窗前，一只脚搁在垫子上。他时年四十五岁，和颜悦色。德胜和范罢览叩头行礼。

“贵国可有冰？”他问道。

他们向他保证欧洲也有冰，回答由年轻的法国人阿吉代为翻译。

他问起来客的健康和衣着，赞赏他们行礼极得体。他们则为自己不谙中国礼节而表示歉意。[45]

会见一结束，正副使便照欧洲人的方式鞠躬告退，穿过宫殿群返回西华门，然后乘马车回到行馆。他们回到行馆时已冻得瑟瑟发抖，重返室内令他们大为满足。[46]

他们取得了之前鲜有洋人实现的成就——进入紫禁城。他们一边暖和身子，一边回想一天的经历。这位和大人体贴友好，他可是清朝一人之下、大权在握的重臣，办公地何至于如此“寒酸”？他们之前听说他在紫禁城外有一座府第，但他的办公室为什么如此狭小呢？范罢览写道：“房间太小了，荷兰一个普通商人的房间都比它更宽敞、更漂亮。”[47]

同样奇怪的是他们全天都处在社会等级混合的场面中。“主子和奴才杂乱无章地站在一起。仆人们为了满足好奇心，想看看我们的样子，就毫无规矩地将大臣挤到一边，自己抢到前头。”[48]使团成员觉得这种混杂奇怪且令人不快，甚至无礼冒犯。正如小德经所写：“我们见（和珅）的那间凄惨的值房，因为主人和家奴混在一起而越发令人无法忍受。”[49]这段经历让他们质疑自己对中国的认识。“亲眼所见的每件事在我们看来都不可思议；毫无疑问，对任何目睹这些事的人来说，都是如此。”[50]令他们惊讶的是，这种不得体、不礼貌的行为不只是对和珅。“中国人似乎对皇帝有失尊重，”小德经写道，“因为就在御苑之内，甚至就在御前，都有人抽鞭子。所有人都挤在周围，大声说话，根本不理会皇帝。”[51]

德胜认为，缺少社会阶层的区分意味着文明的匮乏，而这应归因于满汉融合：

> 今日的会晤令我们感想颇多。我从没见过社会不同等级之间如此混合。最高层与最底层碰在一起，雅士与粗人处处并肩同行。甚至在和大人房内，也能看到穿着脏衣服的平民百姓挤在大臣中间。在皇帝面前，执鞭抽人。接待仪式、房间和家具陈设，事实上几乎所有东西都留下了这样一种深刻的印象：汉人的文明与鞑靼的野蛮（ruwheid）结合在一起，但结合得很糟糕。[52]

德胜还不知道，满人是故意推行这种融合的，这也是他们建立的国家存续如此长久的原因之一。乾隆皇帝的祖宗采用了汉人的政治和礼仪制度，并使之与满人的制度相适应。当今皇上更是制定了精细的政策，确保后代不会丧失满人的传统。他坚持使用满语，资助满语翻译和文学工程，推广发扬满洲传统的冰嬉等活动。这种融合并不限于满汉习俗。清朝也吸收和采纳了其他民族的风俗习惯，特别是藏族和蒙古族。皇帝本人和许多饱学的满人一样，精通四种语言：汉语、满语、蒙语、藏语。清朝是一个大熔炉，皇帝就是它的核心。

早已读过传教士见闻录的德胜等人期待的是优雅、礼仪和庄严，经历的却更像一场乡村赶集。不过，这是因为当天的盛典本就像一场游乐会。冰嬉并不属于闻名遐迩的盛大仪式，那些古老的祀典、庆典都是由礼部精心管理安排的。冰嬉本就是娱乐活动，更多是一场体育赛事，而非仪式。[53]

元旦是一年中最喜庆的节日，皇帝和群臣都渴望与来访的外宾共庆新春。朝贺、游览、戏曲、摔跤、杂技、焰火，当然还有筵宴、筵宴、筵宴。欧洲人会更深入地了解清朝文化的丰富内涵，但这需要通过多次瞻觐、会晤和接触来实现——这些都是耗费精力的事。

第 11 章

备受荣宠的客人

一名年老的太监坐在桌旁，看着德胜和使团其他成员在行馆用膳。[1]他想尝尝德胜的白兰地。通常，德胜晚餐时不喝白兰地，但由于几箱葡萄酒还没运到京城，只能将就。他倒了一杯，老太监很喜欢，又讨了一杯。老太监还要了一个威基伍德[2]餐盘和几块饼干，拿回去给和珅。德胜照办，老太监夸赞荷兰人的礼数"可比英国人强多了"。[3]

太监说乾隆皇帝对荷兰人极为满意，其他很多人也这么说。显示皇恩的赏赐一样接着一样——满洲的果干、袋装的烟草、御膳房的菜品，还有巨大的鲟鳇鱼。他们还得到保证：将受到前所未有的优待，包括让他们见识"外国人从来没有机会亲眼见到的东西"。[4]

然而，他们并不总能感到自己是尊贵的客人。"我们之前一直想象，一到北京，所有麻烦就会消失，"德胜写道，"但到了这里才发现，情况真是好不到哪里去。"柴火量少质劣，就连德胜有时也在挨冻，忍受18华氏度（约零下7.8摄氏度）的严寒。有时，柴火甚至连做晚饭都不够用。[5]

食物一直不多。一到北京，人们就要求他们开一张日常必需品清单。他们确实开了单子，单子也准确地译成了中文，交给负责食宿的老吏（他曾为英国人料理同样的事）。然而，外宾认为并没有尽数得到开列的物品，送来的东西看上去也质量欠佳。他们每天都催促此人改进，但只是枉费口舌。仆人们说这不是他的问题："我们听说，咱们要求的东西确实都送到了，每天一早就送到对面的宅子，但是大人们把最好的都留下了，大部分拿去赚钱，只给我们剩点必需品，还嘲笑我们的抱怨。"[6]

使团成员越发将问题归咎于广州来的陪送官员，认为这些人对他们的福祉漠不关心，中饱私囊。小德经写道："我们发现，陪我们从广州一路进京的一名小吏侵吞沿途每位知府照料我们的用度，竟然从中赚了三千两银子。"[7]绅士们甚至怀疑伴送官为从运输费用中牟利，故意将大量行李箱笼落在后面，导致他们缺少必需品，比如内衣和酒。[8]

最麻烦的是，伴送官没有妥善保管进献皇帝的贡品，其中最重要的就是那对昂贵的座钟。座钟箱子运抵北京时，德胜等人发现这精巧的装置已经散架了。押运的护卫辩称钟表打包不牢，所以责任不在他们；洋人则认为负责运输的广东官吏难辞其咎，特别是"第三伴送官"。他攥着该支付给脚夫的大笔钱款，但"实际上所用很少，大部分都进了他自己的腰包。夜晚寻欢作乐，白天躲在轿子里睡觉，根本不留心贡品"。[9]

使团中一位年轻人说，抵京前几天，他正骑着马在寒风中小跑，突然听见一声巨响。他赶忙策马查看，但见脚夫将一只座钟箱摔落在冰冻的地上。第三伴送官和其他官员都不见踪影。而这仅仅是他们玩忽职守的事例之一。[10]

德胜也将他素来身强体壮的年轻马来仆人之死归咎于伴送官。德胜和使团其他成员疾驰入京时，马来人与一众仆役、兵丁落在后面。之后几天里，他们在严寒中艰苦跋涉，还遭遇了一场风雪。他和其他人后来都说，他们路上缺衣少食，也少有遮风避雨的住处。[11] 这名仆人终于在德胜抵京三天后到达行馆，发着高烧，已经数日饮食不进。[12] 皇帝派了一名御医来看（至少有一份中文资料是这样记载的[13]），但仆人还是死了。“这是伴送官的恶行和贪婪制造的第一名受害者。”[14]

马来仆人死后不久，负责押送行李和贡品的这“第三伴送官”便登门拜访，还带来了部分行李和酒。他并不知道仆人的死令德胜何等悲痛，所以当使团成员问起其他物品的下落时，他竟大笑着说还在两三百里外由一名小吏看管着。

这“嘲弄的笑声”激怒了德胜。他告诉这名官员，他对其所有伎俩都一清二楚，并将采取一切必要手段防止其再耍花招。那人什么都没说就走了。“他没料到会得到这样一番明示，”德胜写道，“夹着尾巴溜走了。”[15]

范罢览担心德胜小题大做：

> 也许他的过失并没有我们所想的重大，因为管理苦力实

在太难了。我们也经历过，对此深有体会。但人的本性就是抱怨，往往想不到那些备受责备的人是否该当其咎，而遭受这种来势汹汹的报复对无辜者而言也是祸事一场。不过，对我们的先生们来说，因为拿不到行李而不得不求借亚麻布，也确实令人不快。[16]

范罢览反倒将责任归在劳力身上。“我反复讲过，没有一位大人能管得住这等人，这群人是中华民族的渣滓。”[17]

但让人苦恼的不只是缺乏食物和待遇恶劣。正如德胜所说，这些欧洲人感觉像“被关在监狱”。[18]行馆大门外有侍卫把守，表面上是为了安全，但据中国仆人说，他们都受了警告，不得为洋人办事，有违者死。官员还说，这些欧洲人不得传送书信，尤其不得向传教士送信。[19]

这着实令人不解，因为皇帝看上去对他们很满意。正如范罢览所述：“我们的待遇非常奇怪。一方面，我们得到了极大关心；另一方面，我们就像一大群囚犯，完全被关在旅社里。”[20]

来京的其他宾客也注意到这种诡异的接待方式。朝鲜使臣记载：“检其去就进退，送甲士卫其馆所，禁人通涉。”[21]朝鲜人过去也受到严密监视，如今只要他们不闯禁区，就可以随意在京活动。但他们偶尔还是企图涉足禁地，比如登上观象台。这可是危险的游戏，哪怕只是爬上高墙窥伺，也可能被处以极刑。[22]朝鲜人不理解为什么洋人被如此严密地监视，他们写道：“未知其意也。”[23]

洋人自以为知道个中原因：是王仕基等从广东起就护送他们

的官员在搞鬼。这些人千方百计防止荷兰人将旅途所受薄待、伴送官致贡品损毁之事向和珅和盘托出。[24]

他们决定让德胜就此事直接致信和珅。[25] 德胜用法文写了信，这样和珅便可请传教士翻译，细数陪送官员一路上强迫赶路、食物分发不足、馆驿安排恶劣、侵吞公款等劣行。他还讲述了伴送官对贡品运输监管不力，装有座钟的箱子又是如何摔落在地。他要求撤掉这批人，派新人来。[26]

可是，当中国仆人跑来向他告状，称官员和护卫虐待他们、盗窃钱财并威胁他们时，德胜改变了主意。仆人们沮丧至极，以至于“毫不遮掩地表达对官老爷的看法”，这让德胜有了机会“问东问西”。令他“惊讶”的是，和珅站在广东官员一边，是两广总督和粤海关监督公开的保护伞。德胜写道：“这让我意识到这封信可能带来的后果，以及返回广东途中可能会遇到什么样的麻烦。”他与范罢览等人商量，他们似乎也有同感：“把信发出去太冒险了。用忍耐武装自己、吃苦受罪也比惹怒他们更明智。”[27]

一位年轻人认为此信该发。范罢览的侄子雅各布 · 安德列斯 · 范罢览写道：“这封信写得很好，肯定会有效果……但大使先生因为他一贯的优柔寡断又变了主意。”[28]

孰对孰错？德胜很可能是对的。他们都不知道，朝鲜使臣已经注意到，对荷兰人的通信限制异常严格的幕后黑手正是和珅：“凡外国贡使，礼部次知也，独于荷兰国使臣，珅主之。”[29] 朝鲜使臣认为，是和珅派卫兵对荷兰人严加看守。朝鲜人不喜欢和珅，将他的得势看作颓败与混乱的标志：“和珅威柄日盛，朝野仄目，贿赂公行，富于帝室……皇帝之寿已及耄耋，廷臣之阿附于珅者愈多。”[30]朝鲜人拒不向和珅“上贡”：“各国使臣之来，无不赂珅，而东使独不，为此故最无情于东事。”[31]鉴于和珅如今一人之下，万人之上，荷兰人不激怒他是明智的。

无论如何，德胜都自感别无选择，唯有躲进厢房，对官员避而不见。他叫人告诉来访者他卧病在床，其实是心低意沮。“我满心希望自己不是待在这里。”[32]当大臣要求他再次入宫、正式进献贡物时，他推说由范罢览代劳。

范罢览求之不得。清晨六点，他入宫，被带到一间“比荷兰门房都不如的小破房”。[33]他由几位头戴孔雀翎官帽的大官陪着，在房内等了将近两个小时。终于，两名大官要求他交呈贡物。他照做，然后啜着茶继续等。直到近九点钟，他才被带到和珅面前。和珅痛风脚疼，正躺着。[34]范罢览再次惊讶于这么一位大人物就待在这么小一间朝房里，床边几乎连六个人都挤不下。

范罢览跪下回话，德胜病势过重，无法觐见。和珅询问行馆可有好大夫。范罢览说他希望德胜今晚有所好转，若还未见好，他将冒昧恳请朝廷派御医诊治。和珅说，听声音范罢览本人似乎也受凉了，想来是因为他衣衫单薄。范罢览说，他是在进京途中感冒的。和珅问他可曾服药。范罢览说希望不必服药便可自愈。又说了几句话，会面就结束了。这份关心让范罢览很是受用，他称和珅彬彬有礼，友好亲切。[35]

他退出房间时，一位蓄着灰白胡子的老传教士挤过人群，一把抓住他的胳膊。[36]

这正是范罢览一直在等待的时机。他和使团其他人到京后无法与传教士取得联系，所以这天早上，小德经写了几张便条，上面用拉丁语写着他和同伴有信要给传教士。[37]范罢览从口袋里拿出一张便条，伸出手，用葡萄牙语说，他和同事很希望与传教士在下榻处见面。那人说："我们很快会再见的。"突然，传教士"被狠狠地拽到一边"。[38]片刻之后，范罢览看到便条攥在一名大臣手里。

范罢览回到行馆，正当他向其他人讲述此事时，两名官员赶来，召唤便条的作者——小德经。小德经跟着他们走了，随行的还有译员、房子的管家和好几个"汉人"。小德经被带进紫禁城，来到一间挤满官员的小房间。众人将便条放在他面前，要求他解释。小德经说，这张条子只是问候传教士，并告知传教士他从广东带来了他们的信件。[39]众人又问这张便条可是误发的。他猜想他们希望他这样认下来，但他斩钉截铁地否认了，还说便条确为他亲笔所写。他们要求看他所带信件。他表示，他打算将信件交给收件者本人。他们问信中都说了什么，小德经说他不知道，因为他无权拆信。

他们用满语将他所述一字不落地记下来，送往邻近的一处房子。片刻后，来了一个男人，小德经叫他"南山大人"（Nan-san-da-yin，或指岳谦），称他为和珅的"心腹"和"大总管"。[40]小德经脱帽致意，译员下跪。不过南山大人让小德经起来说话。小德经很满意自己得到了殷切关心。他认为此人和颜悦色，"非常友好"。[41]

南山大人问小德经，便条上可有其他内容。小德经回说并无其他，还说他陪同副使入宫是出于好奇，也是希望与传教士罗广祥（Nicolas Raux）[42] 先生见面。两人曾同船从欧洲前往东印度群岛，相识已久。他向南山大人保证，使团成员无意向传教士告状。

“我看得出你所言属实。”来人说道，显然对小德经的话很满意。[43] 他奉上礼物，小德经拒绝了；他还向小德经承诺，会有机会见到罗广祥，但现在为时过早。

最后，南山大人询问洋人是否得到了充足的伙食供应。小德经对译员说：“我可以直说没有，但我宁可说有，因为我确信今日之后，大人们会好好照料我们的。”[44]

小德经回到住处，南山大人随后亲自来访，到病榻前探望德胜。德胜很高兴得到他的关心，特别是他命人在院里持续不断地烧炕炉，热气从炕洞传进德胜的屋子。[45]

这位大人又问德胜明日能否入宫觐见。德胜叹道，全因病体未愈，他无法面圣，但答应后日觐见。不过，他在日记中写明：“我的病多是因悲郁伤心而起，并不是真的身体有恙。”[46]

接着，南山大人又来拜访范罢览。范罢览同样对他颇有好感：“他讲话很讨人喜欢，外表也很有魅力。”[47] 范罢览同意次日觐见。

范罢览一大早就出发了，凌晨四点半已在路上。他没有像上次那样从西华门入宫，而是沿着宫墙南行至午门广场。[48] 午门位于京城的中轴线，是入宫觐见的正门。中轴线上分布着大大小小几座门，各门之内都是门庑围成的广场。星光之下，开阔的广场向北延伸，直到范罢览的视线尽头，两侧排列着廊庑。天光渐明，他看到了北面的午门。这是一座宏大的红色建筑，与东西两面城台将他环抱其中。它为彰显威严肃穆而建，也确实起到了这样的作用。范罢览写道："一切都是按照最严格的对称法则而建，整座建筑气势恢宏，非比寻常。"[49]

今天是农历腊月二十九，皇帝将主持祫祭，崇奉祖先。皇帝前往太庙时，包括各国使节在内，王公显贵、高官大员照例迎候。

范罢览等了又等，终于午门正门打开，皇帝乘辇而出，队伍浩浩荡荡。范罢览跪地目送步辇通过，穿过门往东而去。他们想要范罢览在此祗迎回銮，但也希望其间他有人陪伴，于是遣人将他的侄子请了来。事出突然，小范罢览毫无预料，头上顶着卷发棒急冲出门，在皇帝回宫时及时赶到。[50]

圣上在范罢览叔侄面前降辇，询问德胜的健康情况。范罢览奏对，升舆，两人叩头。他们以为当天的任务已经完成，便准备动身返回行馆。意想不到的事情发生了。南山大人请他们一同入宫。皇帝特赐筵宴。

这可是前所未有的优宠。通常，只有本国的宾客方能受邀参加年终宴，并且军机处也不建议邀请荷兰人：

> 查每年十二月二十九日重华宫唯有回子番子进内观剧，其朝鲜等国使臣向俱不预。此次荷兰国使臣应亦无庸令其入内观剧。[51]

但皇帝破了例。于是，范罢览叔侄一路向北入宫而去。

他们穿过午门，进入太和殿前青砖墁地的广场，内金水河从广场蜿蜒而过。他们并没有过内金水桥进入其后层层递进的宫院，而是径直被带往西侧，上石阶经熙和门入内。[52] 进了门，范罢览认出他之前到过的地方：这是西华门内的广场。

叔侄俩又从此处由人带领自两座围墙之间向北而行，穿过雕刻精美的汉白玉断虹桥。[53] 在一个小房间内短暂等待之后，一名官员将他们带到一扇三门洞的大门前。[54] 装腔作势的太监忙着仔细记录人员出入，指示范罢览叔侄来到一处庭院内，那里还有更多太监乱哄哄地忙着“做杂事”。范罢览叔侄相信他们来到了“皇帝居住之处”。[55]

他们没猜错。两人刚刚进入了紫禁城最森严的部分，皇帝及其大家庭所居住的后寝。尽管他的二十五位后妃中如今只有七人在世，十七个皇子中仅剩四人，十个皇女中唯余一人，但朝廷在京时，很多皇室成员也住在宫里。

宫中女性不得与外面的男人接触，但皇帝安排此行似乎就有让后宫女性躲在屏风后观察洋人的目的。范罢览叔侄由人带领，穿过复杂迂回的窄巷。路是漂亮光滑的石砖铺就，处处整洁，精心维护，但没什么风景，因为“道旁除了两堵墙，什么都看不见”。一个年约三十岁的青年上前和他们聊了几句。他们被告知，这位就是皇帝最小的儿子——皇十七子永璘。他们欣赏他的风度和“动人的面容”。[56]

这位皇子颇有魅力。急切探听诸皇子消息的朝鲜使节虽然觉得他“年少俊俏”[57]，但并不确定是否该认可他，因为有令人不安的传言称：“十七子不学无识，悖厉非常，出游市井之间。”[58] 他们还听说他不太可能继位，猜测继承大统的将是十五子永琰。永琰“度量豁达，相貌奇伟，皇上以类己最爱，中外属望焉”。[59]可惜，要见皇十五子困难得多，因为他在宫中深居简出，很少露面。

范罢览叔侄终于来到一处院落，这就是重华宫。[60]重华宫是乾隆皇帝最喜爱的宫廷娱乐之所，以每年的茶宴最为出名。届时，他将设宴与受宠的廷臣联句赋诗。范罢览觉得这里又小又挤。他和侄子就站在戏台与皇帝落座的昏暗宫殿之间一个狭小的空间里。

他们不是今天唯一获邀的使节。在场的还有三名朝鲜人和八名面部特征非常西方化的男人，以至于范罢览将他们认作欧洲传教士。他仔细辨认，希望能找到他的朋友梁栋材，但随后意识到这些人是回部郡王，即来自中国西部的穆斯林。

回部郡王首先被引上台阶向皇帝叩头行礼，然后是朝鲜人，之后才是范罢览叔侄。太监专门将墙边的人群撵开，两人很快明白了其中缘故：窗棂纸上有狭窄的缝隙，从中可以瞥见女人的眼睛。[61]

皇帝盘腿而坐，近在咫尺，他们甚至能看清他脸上的每一道皱纹。和珅及另一名官员跪在皇帝身侧，看起来正向皇帝禀报范罢览叔侄之事。之后，和珅起身，要译员为范罢览二人翻译。他代表皇帝告诉他们：圣上八十五岁，八十五载以来，他们是第一次如此近距离一睹天颜的荷兰人。他们叩头谢恩。皇帝留他们在身边待了许久，这样他和后宫女性都能好好地瞧瞧他们。

并非只有女人渴望观察这两个洋人。朝鲜人也细致地记下了他们的发型和深邃的眼窝，称他们“冠服诡怪，诚一异观”[62]，有诗识之：

冀野星分近斗杓，皇王定鼎自唐尧。
长城万里连沧海，金阙九重抗碧霄。
日下容光皆遍照，寰中寸地毕来朝。
西溟又有荷兰国，六纪重来献璧瑶。[63]

毕竟不是每天都有机会见到从“程道最远”的国家来的人。[64]

与此同时，戏台上一直在唱戏。终于，侍从引诸位使节下台阶，请他们坐在铺了地毯的方砖地上。这让范罢览叔侄大为痛苦，因为他们是坐惯椅子的。[65] 这里也非常拥挤，戏台和大殿之间的窄空几乎容不下他们。

每人面前都摆着一张宴桌，下人穿过拥挤的队伍上前伺候，布置饽饽、果盒。皇帝还赏赐了自己桌上的佳肴，包括一道美味的黄色“果子冻”和一杯“用某种豆子磨制而成的豆奶”。处处安排都是为了向宾客显示最高的礼遇。比如，太监端来皇帝御赐的吃食，不是将它们递给客人，而是呈给一位大官，再由这位大官亲手布菜。

范罢览满足极了：“我有幸受到中华帝国首辅大臣的服侍，他可是常被称为二皇帝的人。”[66] 赏菜时，宾客们叩头谢恩——地方太窄，甚至连叩头的空间都不够。

宴罢，又赏赐小礼物若干：荷包、鼻烟壶、茶叶、青花瓷碗和柑橘等。这些小物件很受欢迎，尤其是小巧的荷包，更是受宠的标志。宴桌已经撤下，这一次他们总算能好好叩头了。

这才是传教士在见闻录中向范罢览许诺的中国。“没有了下等仆役，秩序井然；必须承认，端上来的每样菜都做得极好，而且非常干净。”他感觉他得到了一个前所未有的参观内廷的机会——外使藩臣通常是被摒绝在外的。他的感觉是对的。[67]

范罢览也很享受戏曲表演。这出戏本身并无特别之处。即使对熟谙汉语的朝鲜人而言，戏文也不好懂，一唱起来更是听不明白。一位朝鲜使节（并未参加此次茶宴）曾写过这种尴尬的场面：“有时，观众中爆发出雷鸣般的笑声，而我们听不懂戏文，坐在那里呆若木鸡。”[68]

戏曲只是今天节目的一个部分。范罢览印象最深的还是杂技蹬梯子：一名壮汉仰卧（在凳子上），双足来回转动梯子，一小儿沿梯攀上爬下，左扭右转。展示完蹬梯子的技艺，壮汉又用双足蹬起一口大缸，一圈又一圈地转缸。突然之间，男孩从缸中钻出，向皇帝叩头，接着爬到缸上耍把戏。

好在娱乐表演的时间并不长，范罢览抽筋的腿可以放松一下。四十五分钟过去了，皇帝离座，范罢览叔侄也再次起身，返回住所。两人大肆炫耀了一番，说他们是最早被请入内廷的洋人，还显摆了御赐的绣花荷包。小德经说那不过是“普通又肮脏的钱包”。[69]

随后，皇帝又传颁石榴、柚子和苹果；他们被告知要早点歇息。[70]第二天要起个大早——除夕到了，皇帝要办大宴。

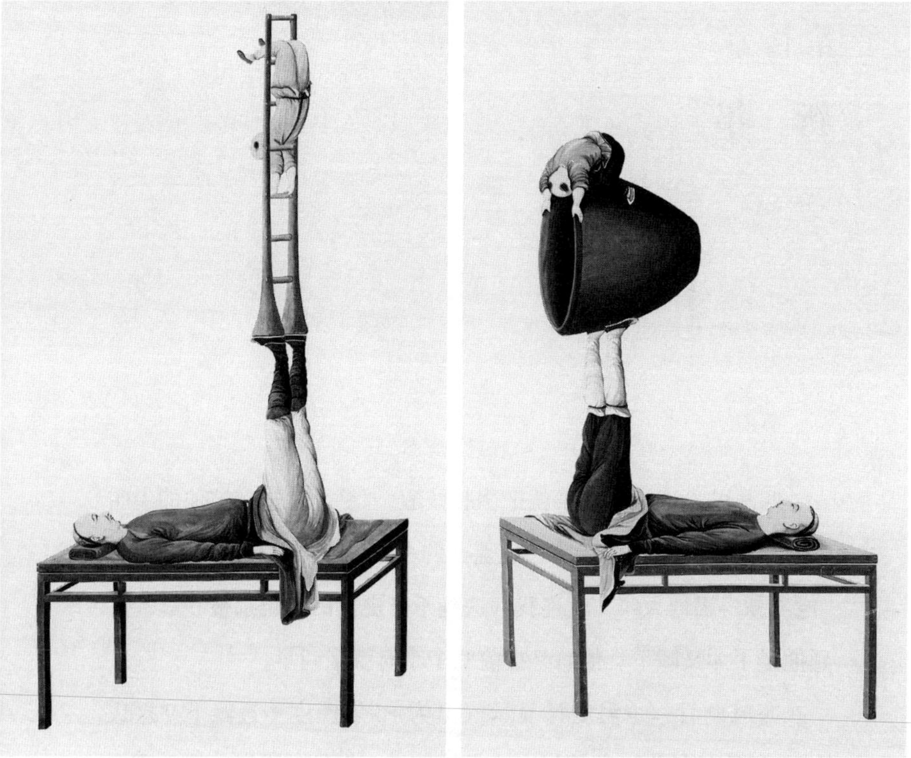

《保持平衡的男孩》(Balance Extraordinaire, 19 janvier)。这两幅画可能由一名中国画师在广东根据范罢览的速写原画创作而成，描绘了在紫禁城表演的杂技演员。

资料来源：Album of Chinese drawings and documents, BR 350, Nos 10 and 11, Biblioteca Nazionale Centrale, Florence, Italy. Reproduced by permission of the Ministero per i beni e le attività culturali e per il turismo / Biblioteca Nazionale Centrale, Firenze. Reproduction prohibited.

第 12 章

新　年

叫早的人凌晨三点半就把德胜喊醒，“整个院子都被他的尖叫吵起来了”。[1] 甚至住在另一进院子的小德经和其他年轻人也抱怨：“他声嘶力竭地大叫，就连我们这些不必进宫的人也都被吵醒，直到他走了才又睡下。他总是提前两个小时就来叫早。”[2]

寒风刺骨——温度计显示气温为 16 华氏度（近零下 9 摄氏度），正副使被送入紫禁城。这次他们经人带领，沿子午线从南向北穿过一座座巨大的院落。第一座是午门以北的太和门，尽管用“门”字称呼如此宏大的殿宇似乎并不贴切。太和门下承汉白玉基座，四围石雕栏，巍峨高耸。

他们拾级穿门而过，自背后台阶而下，便来到一座更宏伟的院落，周边尽是围着汉白玉雕栏的建筑。他们正对的北面矗立着太和殿；金色琉璃顶的檐角站着屋脊兽。他们走上台阶，经过幽深的殿堂，又进入一座广场，这里比之前的院落更雄伟、更私密。

广场中央是一座殿宇，屋面顶部交会于一点，形成金色的攒尖顶。这里是中和殿，皇帝通常在举行大典前在此小憩。不过，今天中和殿殿门紧闭，他们看不到内部的陈设。[3]中和殿后，广场的尽头是保和殿。建筑上有丹红色檐柱，重檐顶，顶上覆黄色琉璃瓦，檐角安放的小兽守望岁岁年年。殿前及两侧陈列一大架编钟、一面大鼓和其他礼器。殿内深处，镀金的地平床上设金漆宝座。

这处院落显然是举行典礼的地方，已经摆满了一排排铺着白

中和殿。“Vue du [sic] salle Pau-au-tien, 20 janvier.” 此图或为一名中国画师在广东所作，描绘了位于太和殿和保和殿之间的中和殿。德胜和范罢览在保和殿出席了正式宴会。

资料来源：Album of Chinese drawings and documents, BR 350, No. 1, Biblioteca Nazionale Centrale, Florence, Italy. Reproduced by permission of the Ministero per i beni e le attività culturali e per il turismo / Biblioteca Nazionale Centrale, Firenze. Reproduction prohibited.

色亚麻布的小桌。一顶黄色的大帐篷搭了起来，还有一座装饰华丽的露天戏台。德胜和范罢览对现场的混乱感到吃惊。各色人等，不分高低贵贱，都挤进来看他们。演员们扮作动物和神怪在人群中缓缓移动，对这两个欧洲人的衣着指指点点。

德胜和范罢览分别被带到两张宴桌前，脚下铺着厚厚的红地毯；他们看着其他宾客盘腿坐在仆人带来的坐垫上，也有样学样。这种坐姿实在痛苦，但他们顾不得了，因为眼前的一切令他们目不暇接。范罢览写道："我们看到的一切，经历的一切，都是前所未见，我们被牢牢吸引住了。"[4]

八点刚过，"悦耳和谐"的乐声（中和韶乐）响起，皇帝升座。[5]所有人起身，下跪，叩头。皇帝面前摆着一张桌子，他进了几口；侍从将盖住宾客餐桌的罩布取下。

德胜和范罢览仔细端详摞在面前的铜质碗碟：底下四层，每层十二品，顶部是两只大碗，共五十品。这桌菜看上去脏兮兮的，用范罢览的话说，摆在最顶上的煮羊腿"足以让一个人这辈子都恶心羊肉"。其他还有糕饼、稀饭、水果、甜点和"面糊"。[6]

就户外用餐来说，这一天太冷了。德胜什么也没吃，只是坐着，"惊愕地"看着其他宾客狼吞虎咽。[7]范罢览惊讶于今日的筵宴与昨天他在皇帝的"私人聚会"茶宴所用相去甚远，只尝了些水果。

下人抬着金色的大酒坛从黄帐子里出来。一杯酒呈给皇帝。他饮罢，小酒杯也分发到每位客人手中，众人低头谢恩。范罢览觉得这酒"十分可口"，喝起来类似马德拉白葡萄酒或好望角的葡萄酒。[8]

过了一会儿，几名官员走到德胜和范罢览身边，扶他们起身，又搀着他们踏着锃亮的金砖走上地台，来到御座跟前。宝座两侧摆放着一瓶瓶鲜花，花香与黄铜火盆中焚烧檀木的香气混合在一起。[9] 皇帝穿一件香色绛丝黑狐膁龙袍[10]，皱巴巴的脸颊耷拉着，眼皮下垂得厉害，泪眼汪汪，要抬起头略向后仰才能看到他们。但他笑得很和蔼，还递给德胜一杯中国葡萄酒，问了几个问题。德胜假饮一口，回话，叩头。

范罢览叩头时，帽子掉了下来，皇帝笑了。一名大臣俯身拾帽子的工夫，皇帝问范罢览可懂汉语。

范罢览回话："扑懂。"发音逗得皇帝开怀大笑。范罢览很得意。他写道：

> 我喝下那杯酒时，（他）看着我，似乎觉得我用他的语言说我不懂这种语言简直是离奇滑稽。然后，我行礼致敬；当我起身退出时，皇帝的目光依然在我身上，他一直带着最仁慈的神情看着我。因此，确实可以说我得到了最高荣宠，甚至有人说，从来没有哪位使节享受过这种待遇。我承认，从早上就开始挨冻给我造成的痛苦记忆被这种亲善优裕的待遇软化了许多。[11]

现在，娱乐表演开始。一张地毯铺开，两名身着白衣的摔跤手迈步向前。胜者叩头，然后下一组选手上场。摔跤之后的节目与集市上的表演类似：一群人踩高跷骑假马，假马、缰绳和头盔均以彩缯装饰（扬烈舞）。[12] 各路演员献唱，有东南亚歌曲，也有藏族和“摩尔人”（回部）的，每组演出者都带着自己的乐师，身着特色服装。

德胜和范罢览冻僵了，在地上坐得浑身酸痛，对节目不以为然。范罢览写道，皇帝的“消遣享受还不及欧洲地位最低的王公的十分之一。他的娱乐活动包括‘百戏’和滑稽表演，连欧洲国家集市上的普通老百姓都吸引不来”。范罢览又推断，尽管如此，但皇帝并不知道自己错过了什么，所以“不能说他受了贫乏之苦”。[13] 德胜认为整场表演表明清人比欧洲人落后。“这次筵宴进一步证实了我对这个备受吹捧的国家的新印象，”德胜写道，“与日本人相比，该国还处于发展初期。”他觉得这些娱乐节目都很业余：“如果这是欧洲普通农民的圣诞节活动，所有这些演员都会被扔石头赶下台。”[14]

但他不懂的是，这些表演并不纯粹是为了娱乐。它们展示了清朝丰富的多样性，是深思熟虑的统治策略的一部分，与使用四种官方语言、采纳藏族宗教制度和蒙古政治结构这些策略异曲同工。除了满族的队舞乐（包括庆隆舞、德胜舞、世德舞），这样的宴飨还会安排蒙古乐、瓦尔喀部乐、回部乐、番子乐（金川乐和班禅乐）、廓尔喀部乐、缅甸国乐、安南国乐、朝鲜国俳舞等民族、部族和藩国乐舞。这些乐舞的编制都有明确的官方规定，[15] 为的是展示“四裔乐舞”，以示天下。[16]

这场乐舞表演旨在彰显清朝国威，同时向国家所包容的众多民族及属国致敬。清朝使用了“四方之乐”的说法，它来自一个更显偏见的词——“四夷之乐”（语出《周礼》）。清人故意改动了这个词，减少其贬义色彩。他们对其他词语也做了类似处理，小心翼翼地去掉了“夷”字，改用不那么侮辱人的“裔”字。天下一家，但满人的政权无疑才是中心；一些队舞就是在庆颂其本民族的文化和历史，比如骑假马的扬烈舞就再现了满人先祖饮马北方的历史。[17]不过，清朝官员还是严肃地对待这种观念，即清朝是由众多民族组成的，每个民族都有其文化成就。

德胜和范罢览只是隐隐约约地感觉到，今天的乐舞表演意在教化，而不仅仅是娱乐。朝鲜人至少还能跟上，但两个荷兰人只能如坐针毡。皇帝离座，他们如释重负，终于能站起来了。

接下来的事情令他们感到不可思议。“菜全部分得七零八落，”德胜写道，“我们的仆人抓起烟草、水果、肉类和调味料，把所有东西都裹在布里，因为在这里将端上桌的吃食拿走是很常见的。”[18]其实，这是新年的又一个习俗。宾客用膳之后，仆人和其他人都被鼓动着争抢食物，称为“抢宴”。[19]

德胜和范罢览走进“熙攘的人群”，上马车返回住所，“都冻僵了”。[20]皇帝又从筵宴赏派了满满几桌菜。他们将食物分送给下人；下人们非常高兴，说每桌菜值五十两银子（事实上则少得多）。[21]他们也接待了登门拜访的大官。范罢览听闻皇帝给王公贵族讲了“扑懂”的故事，“扑懂”已经成了宫中的谈资，“时下的流行词”，他很是得意。他写道：“人人都祝贺我蒙受天眷，尽管这种过度的荣宠于我没有任何助益，但是，众人公开证实中国皇帝对我的友好，对这些言语我绝不是无动于衷的。”[22]

大臣们还嘱咐他们明天一早就要为元旦做准备，届时他们将参加另一场筵宴，那是一个更加庄严的场合。

除夕夜，鞭炮搅得他们睡不好觉。爆竹声从午夜开始，响了整整一夜。[23] 没一会儿，叫早的尖嗓门又来了。德胜和范罢览匆忙穿衣。叫早的说他不确定皇帝是否会举行常规的仪式，因为今天会有日食。他还说会进宫去打听消息。德胜纳闷，为什么不能事先定下来，而非要他们早早离开温暖的被窝。他不高兴。煤是湿的，人们进进出出，将冷风带进来。他和范罢览尽力在等候时暖和暖和身子，“发些悲伤沮丧的评论来打发时间”。[24]

终于，尖嗓门回来了，说他们今日不必入宫。他们“如此轻易就解脱了，很是高兴”。回到床上，他们“要再休息一会儿，以此庆祝中华帝国的新年”。[25]

德胜和范罢览在各自的记述中分别提到，中国人将日食视为灾劫之兆，因此整个宫廷将在“悲忧”和“迷信活动”中度过。[26] 事实是，皇帝并不担心日食。这天，他还作了一首诗——《天眷诚独厚幸得乾隆纪六旬》。[27] 他写道，没有什么是上天所不能的；“风霆雨露何非教，朔始望初凛示形”。这次日食和十五日之后的月食是明确的预兆：“今岁正月朔望，上天垂象，为君者自当心存警凛。”但他已经做了他应该做的，他问心无愧：“惟是应天以实不以文，予上冬心深思过自责，见诸实政，天下臣民昭然共知，不事求言招谏之虚文也。”他取消了登基六十周年的朝贺活动，以祈求雨雪降临，之后果然应验。那年夏天，北京连续降雨超过六天。[28]现在，他可以放松下来，悠闲试笔了："更乎群仰中天丽，喜爆声喧岁旦宁。"[29]

但这个元旦不是一次寻常的庆贺。今日不仅是他执政第六十年之始，也是他为自己定下的在位最后一年。很久以前，他就宣布，若纪年周甲，即当传位嗣子。到了履行诺言的时候了。[30]他写下"心愿符初六旬岁"的诗句，并解释了他的心意：

> 予自丙辰践阼以来，乾惕日增，旰宵相继，光阴荏苒，今岁乙卯，竟周六甲回。忆即位之初，焚香告天，惟愿在位得至六十年，即当归政。何幸年臻耄耋，身体康强，每日勤政敕几，无殊往昔。当宁寿宫初葺时，即有符望阁、遂初堂之额，今幸心愿符初矣。[31]

谁来继位呢？

自金从善案以来十余年间，这都是众人不敢提起的问题。乾隆自盛京谒陵回京途中，生员金从善拦圣驾，于御道旁进递呈词。这是一个极危险的举动，将受苦役或流放的惩罚。更危险的是上书的内容：请求皇帝立储，并暗指不立太子有违"正统"。

皇帝大怒，认为金从善把他和族人描绘成不够文明开化的野蛮人。他下令将金从善凌迟处死，并在上谕中表示无意立储，理由是这样做只会导致派系之争，社稷不稳（有太子然后有门户）。他还指臣民"未尝无窃议朕为念恋宝位，不肯立储"。[32]他说他非不立储，而是故意不肯显露端倪；至乾隆六十年乙卯，即当传位皇子。金从善的刑罚改为斩首，但大臣都领会了上意：不提继位之事。[33]

新年不失为宣布继位者的好时机，他在为皇族和宗室准备的家宴上就透露了玄机。以下是一位历史学家的讲述：

> 乾隆六十年正月初二日，乾清宫内外花团锦簇，顶翎辉煌，乐曲悠扬。八十五岁的乾隆皇帝正设家宴招待前来拜年的家族成员和近支宗室。看着子孙满堂的盛况，遥想临御天下六十年的历程，乾隆皇帝感慨万千。
>
> 当天，太监抬来了满满几大箱银元宝，以备乾隆帝发给子孙红包之用。然而当红包发完，唯独一个人没给，这个人就是皇十五子永琰！
>
> “本来红包该人人有份，为什么偏偏落下了自己？”永琰不敢质问，他一脸错愕地愣在那里百思不得其解。
>
> 这时，乾隆皇帝不紧不慢地轻声说了一句石破天惊的话：“你要银子何用？”
>
> 此话一出，现场立即迸发出一片轻声的惊叹，大家立刻明白，皇帝并非不给永琰“红包”，而是将要给他未来大清朝的锦绣江山！[34]

这件事果真如此充满戏剧性吗？事实上，我们很难知道皇宫内到底发生了什么。

无论怎样，传位都是下个新年的事了。眼下，皇帝仍在位，这就意味着各种该办的典礼还是要办。元旦才过几天，他就亲行了年历上最重要的仪式之一：祈谷大祀。[35]

据一部古老而详细的会典，祈谷礼通常于正月上辛日在天坛举行。[36]乾隆皇帝七十岁以来，步履维艰；而从南向北走向祈谷坛步行将近半英里（约 0.8 千米），于是礼部大臣奉旨在皇乾殿西墙新开一门，以节步陟。此门就是“古稀门”，皇帝称未来子孙“有寿登古稀者”方可使用此门[37]。祈谷大礼，不得有丝毫怠惰。但有几次，他病得太重，连古稀门都走不了，不得不改派一位皇子代行郊祀大典。[38]今年，他亲诣行礼。在这最后一次躬身亲祭时，他做出了一种罕见的姿态：诣荷兰人祗迎。

祗迎在紫禁城南侧的午门前。[39]天太黑了，什么都看不见，而且冷极了。早早就被叫醒赶来的德胜和范罢览很是恼火。他们被领入一间小屋等待。屋里的人从炕上起来盯着他们，在灯火下揉着眼睛。[40]然后，他们被迅速带往另一个房间等候。天亮时，他们又被领回午门前。德胜觉得这里很美，有宽阔平坦的青砖和高出地面几英寸（约 10 厘米）的南北向御道。[41]他们在几个朝鲜人旁边等着，“夹在一群粗野的围观者当中”。直到一个半小时后，七点半，皇帝的礼舆才从北边过来。[42]

此刻，他们终于亲眼见到了这个国家闻名海外的盛况。这场至上之礼，汇集了礼部所有的烦琐仪程。首先穿过午门的是一千多人的卤簿，其中很多人骑在马上。他们大多擎执仪仗用具：金杌、矮桌；水瓶、盥盘、香盒，皆金质。皇帝乘坐着由三十二人抬起的辇舆出现了，这巨大的乘具看上去仿若祭坛。

这一切都让范罢览想起了《希伯来圣经》："在这场典礼上，皇帝类似于犹太人的大祭司。大祭司每年都身着最华美的服饰进入至圣所，在那里以整个希伯来民族的名义献上赎罪祭。"[43]

欧洲学者认为中国人保存着人类最古老的文明形式，中国人的语言是"巴别塔变乱天下人的言语之前全世界所使用的原始语言"。[44] 传教士一直热衷于强调中国的古老；但也有人，比如小德经的父亲老德经，对此持怀疑态度。不过，此时此景于范罢览而言，就是人类最初习俗典仪的模样。

各国使节跪在御道旁，皇帝经过时，低头亲切地看向他们。当他的辇舆经过雄伟的朱红色端门城楼时，他们鞠躬，但并不叩头。皇帝的一天才刚刚开始。他将在斋戒中度过这一天，在大典前都保持清净。

祇迎已毕，德胜和范罢览如释重负，回了行馆。不久，他们就惊喜地收到宫里的赏赐：皇帝桌上的御膳。但德胜看到御膳时，立刻就倒了胃口：

> 简直无法想象会发生这样的事情。在我们看来只能扔给狗吃的肉块，几块水里煮过的白面饼，还有一些用猪油做的中式面包。这些就是精挑细选赐予我们的"珍馐"。在享用之前，我们还得夸赞一番。颁赏的大人们就把这些东西扔在前厅的一张木桌上。我们把食物分给了仆人，他们贪婪地抓过去，视如珍宝。[45]

范罢览也认为食物是一种奇怪的赏赐：

> 肉都是小块排骨，上面的瘦肉几乎还没有半英寸厚；一根肩胛处的小骨头，上面几乎没有肉；四五根羊脊背或蹄上的骨头，看上去已经有人啃过了。所有这些令人作呕的东西都装在一个肮脏的盘子里，看起来更适合喂狗，而不是人的饭菜。在荷兰，最潦倒的乞丐也能在医院得到更清洁的食物；而这些竟是一位皇帝给一位大使的赏赐！也许，这些是皇上享用过的，如果是这种情况，那么根据中国人的说法，这可是天大的恩赐，因为我们竟然有资格将皇上啃过的骨头清理干净。[46]

范罢览猜测皇帝本人或许并不知道这些“令人不快的事件”，他指责厨房管事没有将赏赐的御膳料理得好看些。另一方面，范罢览也指出中国人很少注意卫生：“需要碗碟时，他们只会去拿已经用过的，把剩下的东西一股脑扔到手边最近的桌上，根本不关心它们是干净的还是脏的。这就是朝廷官员的礼数，而这个朝廷最重要的衙门之一就是礼部。”[47]小德经则怀疑，责任在于被派来照料洋人的官员。他们非但没有照料人，反而“翻拣了给我们的每一样东西，把他们看中的拿走，再用他们桌上的残羹剩饭冒充，因为很难相信皇帝会将如此寒酸的东西作为礼物赏赐给我们。”[48]

第二天一早，皇帝从天坛回宫，德胜和范罢览再次于午门前祇迎。但这一次没有笑容。辇舆的帷幔放下来了。[49]

职责已毕，两人回府，倒在床上。他们凌晨三点就起来了。范罢览痛恨所有早起的安排，认为这“令人极度反感”。他还想到，早起觐见或许值得欧洲的朝廷效仿：“如果欧洲王公采纳了黎明时分接见朝臣的做法，那么这对朝臣来说可是一件令人非常恼火的事。但这样一来，这些会晤可能就不会像现在这样拥挤；在那些为了进宫而进宫的人身上，也看不到这么多奢华的装扮了。”[50]最难挨的是寒冷：“冬天，三更半夜，寒风刺骨，要离开暖和的床铺、走进严寒，是多么艰难啊。”[51]

不过，皇帝和他的朝臣看起来真的很喜欢荷兰人，邀请他们在这个繁忙的春节里参加了许多活动。范罢览和德胜还将频繁早起。[52]

第 13 章

紫光阁　考终命　游寺院

他们再次早起，是参加乾隆皇帝最钟爱的活动：紫光阁的岁初宴。紫光阁位于紫禁城以西的皇家园林西苑之内，是展示皇帝显赫战绩的圣地。墙上悬挂的功臣像和诗文彰显着“十全武功”，这是皇帝自认为最伟大的战功，因为这些战役使清朝的版图扩大了一倍。每年新正，他都要在这里邀请藩邦和外国使臣，设宴庆功。

今年，他很希望荷兰人参加。于是，不到凌晨四点，德胜和范罢览就“顽强地”坐着小车进了西苑。过了玉蝀桥，他们停在一处巨大的城门下。步行进入彩饰木门，里面是一处栽着高大雪松的院子。[1]

漫步树下，走走停停，就来到紫光阁。范罢览描绘了朱漆柱子、上下两层楼阁的黄瓦和檐角的屋脊兽，称这是一座“雄伟的建筑”。[2] 这里的景色也很美：远处，黎明前的微光照出山上的白塔，透过树林的缝隙，他们还望见结冰湖面上滑冰的人们。

紫光阁。“Vue de la salle Tze Quon Cok, 29 janvier.”这幅画由范罢览委托广东画师所作，描绘了紫光阁。德胜和范罢览在此处参加筵宴。

资料来源：Album of Chinese drawings and documents, BR 350, no. 2, Biblioteca Nazionale Centrale, Florence, Italy. Reproduced by permission of the Ministero per i beni e le attività culturali e per il turismo / Biblioteca Nazionale Centrale, Firenze. Reproduction prohibited.

紫光阁已为筵宴做好准备。成排的案桌，一架架编钟和大鼓，还有巨大的金色帷帐，帐内陈列着几桌赏赐。帷帐后面，视线之外，下人正忙着从杆子上解下沉甸甸的大桶，生火为食物和饮品保温；计点碗碟数目，盛米饭，舀肉汤。他们将菜点放在低矮的红色案桌上端出，整齐地排成一排，供宾客享用。[3]

恰随太阳初升，皇帝乘一顶八人抬的黄小轿，至紫光阁台阶落轿。升座，奏乐，宾客们也纷纷坐下。荷兰人紧挨在皇帝左侧落座。德胜很高兴他和范罢览有各自的案桌，而其他客人，包括朝鲜人在内，皆为两人一桌。[4]

筵席比除夕大宴简单，只有四道菜而非五十道，但更精致可口。范罢览尤其喜欢皇帝从自己的宴桌上赏赐来的一道菜：一碗面团汤，面团中似乎包着红糖馅。[5] 皇帝还向荷兰人和其他宾客赐酒，引他们至座前简短交谈。

每年，皇帝都会为紫光阁筵宴赋诗一首，今年他描绘了荷兰国王代表遣特使携带贡物和国书入京叩贺之事。他对德胜甘愿趱程行走、穿行多省并于岁内到京表示满意。他写道，他让这些远道而来的客人"一体与宴，以示怀柔"，而荷兰人的到来正是万事和顺的另一个迹象，正如诗中所云："农田有兆雪积厚，节候因迟春未融。中外熙和诚盛事，居诸示象惕丛衷。"[6]

席间，一个胖子用范罢览听过的最纯净的男中音歌唱，甚至比他二十五年前在阿姆斯特丹听过的著名犹太三兄弟唱得还要好。[7] 来自遥远西部的蒙古人、藏人和回部成员也奉上表演。德胜讨厌这些乐曲，尤其是穆斯林音乐，"他们演唱拙劣，还敲打着小鼓"。[8]

对德胜来说幸运的是，宴庆时间并不长。皇帝很快从宝座后的门道离开了。荷兰人和其他宾客被带往另一个方向，来到摆满赏赐的帷帐前。最前面是身披黄袍的喇嘛，然后是蒙古人、回部成员、朝鲜人和荷兰人。德胜获赐绸缎二十匹，范罢览获赐八匹。皇帝没有忘记德胜使团的其他成员，包括小德经在内，他们每人也将得到八匹绸缎。侍卫和仆从每人得赏赐缎两匹，本色亚麻布两条。

还有一柄玉如意是回赠奥兰治亲王的。范罢览和德胜对玉石的雕工赞叹不已，得知它价值两千两白银。[9]后来小德经看到时，却说这是成色一般的玛瑙，价值不高。[10]约略在赠礼前后，皇帝写了一首《咏檀玉如意》，题咏这些珍宝的悠远身世，描绘了古玉如何“琢成饕餮形。饰为如意首，借寓戒贪型”。[11]

新春佳节，诗性亦浓。皇帝此时正要去参加一场特别的茶宴诗会，这就是每岁正月吉日在重华宫举行的新正茶宴。只有少数廷臣能获邀，通常仅有十八人。先是皇帝命题，御制两句既成，坐成一排的诸臣再连续成章，每人四句。这种古老的联句体裁自唐代沿袭而来。乾隆爱诗，在茶宴上极为活跃，大声吟诵诗句，钦定名次并颁发奖赏，赏赐中不乏御制画和御笔手卷。

今天的题目是“死亡”，这是皇帝一直在思考的问题。过去几年来，他一直让座上宾以“洪范五福”为题斟酌下笔，并已经完成前四福——寿、富、康宁、攸好德——的联句创作。[12]今年，他们将书写最后一福：考终命。联句即成，挂上墙壁时，他沉思起在位六十年的漫长岁月，以及将在今年年底退位的决定：

皇祖八龄即践阼，藐予廿五始乘乾。
竟周乙卯叨天佑，喜视丙辰开子年。
日引月长覃久矣，民安物阜岂其然。
重华题壁恰俱葳，惭愧老人获十全。

虽云惭愧出心诚，较历代归政者赢。

弗禅厥昆兹禅子，非同彼逼庆同祯。

箕畴九五福联毕，羲卦六十四咏成。

期八年和五年什，均蒙昊眷共符贞。[13]

他在数字的巧合中发现了上天的祥兆，写道他自继位就立下誓言，不敢与他敬爱的祖父、清朝史上在位时间最长的君主——圣祖康熙皇帝御极六十一年相比。他说："即位之初，矢志不敢上同皇祖六十一年，至六十年即当归政。而祖孙两代已享国一百二十年，实历古帝王未有之祯祥也。"[14]

皇帝感激上苍显示了这么多吉象，比如农田里兆雪丰厚，又如荷兰使节到访，这都是因为中外共享和乐，的确是一件吉祥盛事。[15]

他又给了荷兰人一道前所未有的赏赐：参观大部分外国使节不得涉足的御苑，这也显示出他对荷兰人恩宠有加。朝鲜使臣是所有藩邦使臣中与清朝关系最密切的，只有他们年年得以入观外人不得游赏之地，这令他们很是骄傲。[16]但是今天，一位朝鲜使臣写道："皇帝令阿桂、福长安等引我国两行使臣及荷兰使臣周览永安寺、五龙亭等诸胜处，亦前所未有之特恩也。"[17]

荷兰人和朝鲜人被领过玉蛛桥，来到琼华岛。他们在那里参观了永安寺的藏式喇嘛塔——这就是使团一行人此前注意到的白塔。僧人十分友好，领他们入内，向他们展示了一尊巨大的镀金弥勒佛像，弥勒佛"笑容可掬，这是中国欢喜佛的特征"。[18]随后，他们经寺院背后的走道爬上山顶。范罢览数了数，有一百二十级台阶。

面前是矗立的白塔，但他们的注意力都被下方的景色吸引了：笼罩于雾中的北京，有“数不清的楼阁和各式各样的建筑”。[19] 这幅景象恢宏无比，范罢览感叹任何东西都描述不出它的宏大。[20] 前景是结冰的湖面和玉蝀桥，后面是紫禁城层层叠叠的院落、城楼、楼阁和绚丽的琉璃屋顶。在这片“巨大的空间”里，他们竟找到了他们的行馆，惊讶地发现它就坐落在宫城的外墙之内。[21] 往左看，他们的向导指着宫墙外一座小山——景山，最后一个汉人皇帝崇祯就在山上自缢。[22] 对此，朝鲜人满怀悲痛。今天统治着中国的满人曾两度攻入他们的祖国，尽管他们与清朝打交道时使用其年号，但私下仍坚持用崇祯年号。他们头发不剃，冠服不更，让许多汉人忆起前朝，有时会引发有趣的对话。如今，他们与清朝的关系大有改善，但依然怀念旧秩序。[23]

参观了白塔，瞻仰过其中的千手观音，他们走下凹凸不平的台阶来到湖边。冰床拉着他们来到五龙亭，这是专供帝后消夏、垂钓和野餐的凉亭。欣赏了装饰华美的屋顶和精致的小点金旋子彩画后，荷兰人被领至万佛楼。万佛楼壁上布满高约 1 英尺（约 0.3 米）的佛龛，里面供奉着金身佛像，一道人工瀑布在佛龛周围的水道奔腾。[24] 行程的下一站是乘冰床短途行进至太素殿。[25] 殿内供奉着 35 英尺（约 10.5 米）高的六面千手千眼大佛。佛前设两座铜塔，每座高 15 英尺（约 4.5 米），上面镶有各式佛像，其中一座雕像中“两性都摆出了极不雅观的姿势”。[26] 德胜印象深刻：“这两座塔制作极为精巧，堪称艺术品。”[27]

游赏结束，他们回到行馆，“为度过了如此愉快的一个上午而心满意足”。德胜还说：“所有这些都远胜于我在堺市和长崎见到的同类型作品。”[28] 范罢览也热情高涨，不仅因艺术品本身，更因所有的设计都让他啧啧称赞：

> 穿插于建筑之间的小路及空隙，都布置得颇具品位。有时，我们会遇到一块奇石，有时又是铺满青砖和鹅卵石的走道。这些各具变化的东西结合在一起，用其他任何国家都无法比拟的艺术模拟自然之境……
>
> 今天上午，看了这么多珍奇事物，我们已经确信不疑：这个国家曾孕育过天才和伟大的艺术家，哪怕我们假定如今他们没有一个人在世。[29]

就是这时候，他们对中国的印象，以及对所受待遇的感受都发生了积极的转变。在此之前，多舛的旅程一直让他们苦不堪言。此刻回到行馆，他们开始明白过来，自己受到了非比寻常的优待：“历史上，任何地方都找不到一点证据显示，过去有任何一位使节蒙受此等恩宠。”[30]

这只是一个开始。明天，他们将随皇帝前往他的主要离宫：巨大的皇家园林和宫殿建筑群——圆明园。范罢览有约二十张画，描绘了圆明园内类似凡尔赛宫的欧式宫殿及其配套的喷泉和规则式园林。[31] 亲眼看到这些真实的建筑令德胜激动万分：“庭院、小路、亭子、池塘，一切都透着精致，东印度群岛的任何地方都是见不到的。”[32]

他和其他人一起幻想着很快就会得到奢侈的享受：“大家尽情想象，表达了对物质享受的渴望。”[33] 他们相信，“在北京形同监禁的悲惨境地很快就会改善”。[34]

《海晏堂之景》，描绘的是圆明园里的欧式宫殿。海晏堂是耶稣会传教士为乾隆帝设计的法式巴洛克宫殿之一，建于圆明园内。此画由范罢览在广州委托一名中国画师绘制，全套共十九幅，按照乾隆在 18 世纪 80 年代下令制作的特殊版画《圆明园西洋楼铜版画》绘制而成。宫廷画师伊兰泰原作，佚名广州画师绘。

资料来源：“Vues de l’une des maisons de plaisances de l’Empereur de la Chine, à Yuen-ming-Yuen, construites dans le goût europeen : [dessin] / [dessinées par des peintres chinois d’après les peintures originales des missionnaires jésuites], 1794,” Bibliothèque Nationale de France, Département des Estampes et de la Photographie, PET FOL-OE-18. Public domain.

作者注：这套画的序言中有一按语：“这些绘画是中国画师 1794 年在广州应荷兰大班范罢览先生的要求和委托，依照传教士创作的原画复制的。”原始印版可在多处收藏机构见到，包括英国维多利亚和阿尔伯特博物馆，馆藏编号 29452:9。

第 14 章

圆明园

皇帝对圆明园钟爱有加，特别是新正庆典期间，宫市和烟火让庭院和宫殿格外热闹。使节们一早就出门，跪在铺满黄沙的路上，祇迎即将前往圆明园的皇帝。[1] 队伍浩浩荡荡，精致的轿子里坐着神秘的乘客——王子、公主、公爵、侯爵；普通的马车载着太监，他们挤在一起，暴露在寒风之中。马和骡子驮着穿军服和着便服者。皇帝坐在暖舆中，问候诸使。[2]

使团的先生们因为行李和马车争执一番后，也于下午启程前往圆明园。[3] 圆明园位于紫禁城西北，约半天路程。他们按照皇帝的行进路线，过玉蛛桥，经西安门出御苑，行上一条尘土飞扬的宽阔大街。[4] 他们留心观察着北京的这片地方。这里称为满城或内城，仅限旗人居住，其中许多是 17 世纪中叶入关的早期征服者的后人。

内城与外城在很多方面颇为相似。做工的穿着羊皮袄，戴着羊皮帽，奔来跑去，带起一阵尘土。店面招牌高挂，红色、蓝色和白色的都有，上书斗大的金字。小德经发现这些铺面参差不齐，店里头更是简陋凌乱，尤其是木匠铺，门前是成堆的木头。[5]货品上盖着油布，用以防尘，而最好的货色都收在店里。小德经好奇，位于十字路口的商铺会不会好些，但隔着木门很难看到。一个地段到另一个地段的出入受到严格控制，他透过格栅瞥见的建筑看上去也破败不堪。其他人则对这里的印象更好，他们喜欢有汉白玉栏杆的石桥、色彩艳丽的牌楼，还有配有牲畜饮水槽的水井。[6]

内城倒是有一件事不同。在此之前，使团只能隔着屏风或窗户瞥见女性的身影，但在满城，妇女可以自由活动，留天足，戴压鬓花。正如小德经所述，“她们愿意让别人瞧见。”[7]范罢览对一群乘车赶路的妇女非常感兴趣：

> 我察觉到，这些年轻女士中，很多人正对我们暗送秋波。首先，有一个嬷嬷坐在大车前头；其次，当两辆马车错车而过，她们好奇地、肆无忌惮地盯着我们，同时任我们注视她们。她们甚至将车厢的门帘完全掀了起来。已婚女性根本不敢这么放肆，我由此更坚定了我的看法。[8]

他们怀念女性的陪伴，抱怨起这种隔离她们的社会。女性应当与男性相处、交往，这难道不是文明的标志吗？更加公平的性别关系难道不是一种文明教化吗？在前往日本都城觐见的旅途中，德胜可以逛妓院、进茶馆。在这里不行。

事情并非历来如此。一个半世纪前尼霍夫造访中国时，他和同伴与女性多有接触。比如，在南京，他们骑马经过旧都的一处城门，一位满族贵妇邀请他们入内。“她很潇洒，无拘无束”，尼霍夫写道：

> 她看了看我们的剑，赞叹它们弯而不折。她摘下大使的帽子戴在自己头上，还解开他紧身上衣的扣子，一直解到腰部。然后，她先带路走进宅子，请他跟上去，派了一名侍从来为他引路。侍从将我们领到她房内，我们看到她正和年岁大约是她一半的女儿站在一起，紧张兴奋地等待我们的到来……她们多次用豆子酿的酒向我们敬酒，这种酒很烈……还将一些甜食摆在我们面前，恳求我们品尝，为招待不周而请求原谅，因为她的丈夫不在。[9]

那时候，女性有更大的自由与男性相处，尤其是满族妇女。

满族贵族妇女把头发梳得又高又硬，她们梳头发使用的硬化剂中就有大象粪这种原料。但大象又是从哪儿弄来的呢？[10]它们是作为贡象从南方和西南随贡使来的。我们的欧洲旅行者走到外城墙附近，就遇到了一队披着黄布的厚皮动物，长长的象牙在面前交叉，每一头都驮着身穿红衣的象夫。这些动物是献给皇帝的贡物。[11]它们很有可能会被送到内城西南边宣武门内的象房。大象是京城的珍奇一景，也是皇家卤簿的标志。它们的粪便可以用来制作美发产品，这倒是一个意外的好处。

一行人将大象抛在身后，经西北门驶出京城。[12] 道路变窄，挤满了小贩的摊位。摊位后是精致的店铺，前脸“精雕细琢，金碧辉煌”。[13] 随着道路蜿蜒，深入乡村，道旁的店铺和摊位也被庭院、田野、树木和坟冢取代。路上依然繁忙，挤满了大车、马匹、骡子、轿子和背着重担的力巴。

大约五十分钟后，他们抵达目的地：一处德胜称为 Hoeylang[14] 的村庄。范罢览把它叫作 Uoitime，小德经叫它 Louau-hou-tong，根据法语的音译，还有一个佚名的记载称它为 Laou Hou Tong。[15] 这个地方的确切位置还不清楚，但几乎可以肯定它位于海淀区圆明园建筑群以南的居民区。[16]

可惜，他们的住处不是欧式宫殿，而是一座典型的中式宅院。灰尘和污垢表明这里空置了很长时间。小德经抱怨：“他们的全部准备工作无外乎是给窗户糊纸，在炕上铺几块粗糙的毡子，在每个房间里摆上三把椅子和一张桌子。”[17] 德胜倒没有大失所望，这个地方很宽敞。别人告诉他，宅子原属于一位失势的高官。这里也很僻静，如此一来他们不会暴露在“大群好奇的围观者面前”。[18] 最重要的是，他们不会像在城里那样一直受到监视。来到这里，德胜写道，“远离监视我们的人，自由自在”，真是莫大的解脱和快乐。[19]

他们被告知要早些休息，因为明天很早就要动身。“看来这里跟京里一样，”范罢览抱怨道，“黎明之前都免不了那些仪式。”[20] 果不其然，他和德胜凌晨四点就爬上了小车，被暗夜的寒风吹得摇摇晃晃。小德经和使团里其他年轻绅士也想去。他们向一名官员打听是否可行，对方说不妨做好准备。小德经半信半疑。“我们已经很了解他们，所以就躺在床上，认定不会有人来叫我们。事实的确如此。”[21]

小德经酣睡时，范罢览被黑暗中看不见路的车夫摔到了运河里。所幸冰厚，没有受伤，护卫们也松了口气。毕竟，他写道：“倘若有人意外身亡，他们就惹祸上身了。”[22] 车夫被换掉了。

他们走了一个小时，从一处后门进了圆明园。曦光中，他们欣赏着满植树木的通幽曲径，小径将他们带到一处漂亮平整的草坪。草坪挤满车马人群，却是一个操练场，用来举行较射、火戏等户外活动。今天是一年一度的武帐宴（俗称“大蒙古包宴”）。皇帝在他最爱的描绘此园的《四十景图咏》上题曰：此处为外藩朝正锡宴之地，正所谓“内外一家连”。[23]

荷兰人被带到一处颜色鲜艳的栅栏旁观礼。场地一侧，一座巨大的蒙古包中摆放着金漆宝座，前面是一排排乐器，与紫禁城举行典礼时所用相似。帷帐前，一张巨大的黄色遮篷笼罩在一排排小桌之上，太监和侍从正摆放杯盘。不远处是一座宏伟的建筑。皇帝喜欢在那里欣赏美景，外檐所挂御书“山高水长”更是为此楼增色不少。在《四十景图咏》中，彼时年轻的皇帝提笔写道：

> 在园之西南隅，地势平衍，构重楼数楹。每一临瞰，远岫堆鬟，近郊错绣，旷如也。[24]

离山高水长楼不远，就是存放烟火的小棚。再过几天到了上元节，便将燃放烟花。

乐师汇聚一处，穿着汉、满、蒙、回各族服饰。演员正准备登台做戏。皇帝以其引经据典的风格在《御制山高水长诗》序中说，这里是“陈鱼龙角觝之所”。“鱼龙角觝之戏”指的便是传统戏曲和表演。[25]宾客络绎不绝：各部尚书、皇子、王公、贝勒、贝子，以及外藩使臣——其中也包括身着“大明衣冠”的朝鲜人。

宾客中荷兰人形貌最奇。他们背靠围栏，被“恼人的人群”团团围住，人们争相一睹他们奇特的紧身衣和大卷发。[26]皇帝的金色辇舆抵达，才帮他们解了围。

抬舆旗尉四人，皆着逊衣。皇帝在大蒙古包前降舆，升座，全体叩头。

杏黄遮篷下，德胜和范罢览痛苦地盘坐垫上，面对和除夕筵宴上一样倒胃口的五十道菜，一一尝验。他们吃了些水果，看着其他“急不可耐、食欲旺盛的”客人大快朵颐。用了膳，照例来到御前，叩头（这次荷兰人的帽子没掉下来），敬酒，皇帝还问了一个暖心的问题（“冷不冷？”）。然后，就是音乐、杂技、摔跤，以及遥遥远观的大戏。

所有表演几乎同时进行，令范罢览“目不暇接，很快就觉天旋地转，打消了所有娱乐的念头”。[27]语言和文化障碍难以逾越。“这一切，对我而言都没有意义。”他写道。[28]最后，回部表演者以其“烦躁的舞蹈”结束了庆典，皇帝从御座起身离开，两个欧洲人如释重负。[29]

宾客陆续离开，荷兰人却被拦了下来，领到大蒙古包后宽阔的运河，两架冰床正静候在光秃秃的树下。他们疑惑地等待，直到和珅和“南山大人”也来了，并以“极为友好的方式”问候他们。和珅示意他们上其中一架冰床，自己上了另一架。

接下来发生的事情非比寻常。荷兰人得赏深入“禁地”一游。所谓禁地，指的是皇帝、后妃及近支宗室的寝居之所，位于园中的九州区域。[30]

九州是环绕后湖的九座小岛，但分隔它们的水道太窄，运河又“蜿蜒曲折”，正使、副使都晕头转向。如范罢览所写：“我是多么愿意花上一笔钱，换取这座宏伟夏宫的蓝图，还有那些趣味无穷的景色啊！”[31] 我们可以推测他们去过的地方，但这既不准确又很困难，因为这两位使节提及地名时并不用汉字。更让人发愁的是，九州诸景在营造上故意让近处显得遥远，让远处近在咫尺。小路和水道迂回，一步一景，美不胜收。真是令人如痴如醉的艺术。

冰床沿运河滑行了很长时间，才在一处幽暗的建筑前停下。他们还没反应过来，就已登上这座名为“坦坦荡荡”的小岛。“南山大人”领他们穿过一组小房间，房间“皆中式装饰，贴各色彩纸，摆放了漂亮的小物件”。再穿过一个低矮的门洞，外面就是“坦坦荡荡”的主要景观：矩形的深水观鱼池。[32] 水池没结冰，和中堂指着一群硕大的金鱼让范罢览观赏，这是范罢览见过的最大的金鱼，最小的一尾也有一英尺半（约 0.45 米）长。[33]

德胜看得高兴：“它们以炒米为食，四处游弋，像在夏天一样快乐。”[34] 但他又如何知道鱼儿快乐呢？“子非鱼，安知鱼之乐？”

这个问题出自一个著名的哲学故事，正是它激发了修建金鱼池和池旁知鱼亭的灵感。

很久以前，哲学家庄子和朋友惠施（惠子）过桥。庄子指着水面说：“鱼儿游来游去，悠然自得，这就是鱼的快乐啊。”

“你不是鱼，怎么知道鱼快乐呢？”

“你不是我，又怎么知道我不知道鱼的快乐呢？”庄子说。

“如你所说，我不是你，不知道你知不知道；你也不是鱼，所以你也不知道鱼的快乐，这是完全可以断定的。”

“等等，我们回到话题源头。你问我‘你哪里知道鱼快乐’，这么问就说明你已经知道了我知道鱼的快乐。我从哪里知道的，就是在这濠水桥上知道的。”[35]

庄子这种同时质疑又肯定他人主观认识经验的道家思想，令皇帝很是欣赏。皇帝还为这处鱼池作了一首诗：

凿池观鱼乐，坦坦复荡荡。
泳游同一适，奚必江湖想。
却笑蒙庄痴，尔我辨是非。
有问如何答，鱼乐鱼自知。[36]

他还在诗的序中说道：“我知鱼乐，我蒿目乎斯民！”[37]

德胜和范罢览不了解这座鱼池的哲学意蕴，对这首轻快的御制诗也一无所知，但他们很喜欢此处，即使在冷风吹过枯木的寒冬，这里的景致依然动人。他们穿过附近的建筑，注意到藏书、珍稀的古玩和稀少但精致的家具——每间房内都有一张御用的床榻，几张小凳，但没有椅子。还有一些精巧的老式欧洲座钟，其中一座装饰着一对男女小雕像，雕像的眼睛随钟摆转动。

从这里出发，沿着一条树木成行的小路步行十五分钟，他们来到一座“雄伟壮观的宫殿”。这似乎是皇帝寝宫的一部分。[38]建筑上挂着新年的红灯笼。

正副二使穿过几间屋子和几个庭院，进入一处正厅，厅内台基上安置着皇帝的宝座。左边是马戛尔尼勋爵进献的马车。这是一辆精心漆绘的漂亮马车，缰绳用纸包裹着。[39]它的对面是一架中国马车，“四轮等高，非常笨重，通体漆成绿色，各方面都与荷兰运粪肥的马车十分相像”。[40]范罢览对这种对比陈列感到不解：“我的想象力被一个问题占据了：两驾马车是不是故意相对而放？用其中一驾的实用性来衬托另一驾的无用和多余，以示批评？”[41]但他得知并非此意。绿色马车是卤簿用的车架，每年皇帝往地坛祭方泽时使用。

两位使臣又被领到另一处建筑群，得以近距离地窥见皇帝的个人生活。这就是九州区域最南端的九州清晏，也就是皇帝和后妃的寝居区。[42]德胜和范罢览没有察觉到后宫妃子实际就在现场，正透过槛窗窥视；他们后来才从仆人处得知此事。[43]

一切都很美，但最迷人的还是皇帝本人最喜欢的房间。从房内的大观景窗眺望，山明水秀。范罢览写道：“没有什么比得上皇帝端坐椅上，透过一整块大玻璃窗望见的风景。”[44]湖面从窗前漫延开去，相互连通的小岛各成其景，覆满植被的岛上遍布着塔、殿、亭、榭。石桥和木桥串联其间。[45]湖对岸群山连绵，山顶有两座宝塔。更靠左侧是一座假山，范罢览估计其建造成本高昂，因为所用山石均非本地所产。“这件作品巧夺天工”，他写道，所有元素集合在一起，“提供了笔墨无法描摹的景致。这个小房间成为老皇帝的钟爱之所，不是没有理由”。[46]德胜也如痴如醉：“无论是现实里还是图画中，我从没见过比这更优美怡人的地方。”[47]

他们得知，此前不曾有洋人踏足这些房间，看来是真的。英国人只见到了圆明园一隅，主要是中轴线南端正门附近的公共区域。马戛尔尼勋爵的私人秘书、为其总管贡物的吧龙曾宿圆明园，下榻处位于正大光明殿附近，如今已破败不堪。无论是他，还是马戛尔尼使团的其他成员，都不曾来过九州清晏，也不曾有幸欣赏园中其他迷人之景。[48]

有传教士参观过圆明园的部分区域，最出名的是法国耶稣会士王致诚（Jean-Denis Attiret）。他于 1738 年来华，后成为乾隆皇帝最欣赏的画师之一，供奉内廷近三十年。他并不享受御苑时光，因为他都在冰冷的画室作画。不过，他写过一篇关于圆明园的文章，在欧洲十分出名。[49]他也不喜欢中国的建筑，认为这里的纪念碑和房屋不如意大利和法国那般令人赞叹。[50]但他认为圆明园风光明媚：那通幽曲径，那数百座殿宇楼阁，那仿若天成的运河，还有那水边的奇石和葱翠的河岸。在圆明园，他写道：“无论是设计还是建造，一切都美丽壮观。（这些宫殿）令人叹为观止，我从没在世界其他地方见过相似之物。”[51]他和范罢览一样，认为圆明园之美不可名状。王致诚在写给家乡一位传教士的信中说：“这里没有与我们的建造和建筑方式相似的东西。唯有眼见才能真正体会，哪天我有空，好好画几幅图寄来。”[52]不过看来他一直未得空闲。皇帝要求绘制肖像和筵宴图的钦命让他忙得不可开交，他的健康也受了影响。尤其是他的画室环境恶劣，除了一只小炉子，别无供暖。为避免颜料冻硬，他只能将它们放在炉子上。[53]即使是他，似乎也从来没有机会亲眼一睹皇帝的寝居区。

范罢览和德胜得到的通行权利是史无前例的。就连外藩使臣中与中国关系最密切的朝鲜人也没有参加这次游览。很长一段时间，朝鲜人甚至不得进入圆明园。哲学家洪大容是最早记载圆明园的朝鲜使臣，他仅在乾隆三十年至三十一年冬（1765—1766）访问北京时，到过圆明园正门。他在正门外端详石狮，试图望一眼园内，“持戟带剑”的侍卫在旁静立看守。[54]16年后，乾隆四十七年（1782年），皇帝放松了政策，首次让朝鲜使臣入园参加筵宴。如今，朝鲜使臣几乎每年都入园赴宴。[55]他们纵然曾造访园内多个区域，但似乎从来没有机会参观皇帝这处最私密的空间。[56]

荷兰人不紧不慢，从容欣赏画轴、藏书、宝石和古董，以及最值得一看的窗边湖景。他们准备好继续游览时，就上了冰床，穿湖而过，近距离观赏之前眺望的寺庙塔楼。

到对岸下船后，他们沿着“天然图画”崖间的鹅卵石小径穿过松柏林。他们看到一尊弥勒佛，一尊千手观音，还有“成百上千尊大小佛像”。[57]德胜原以为中国山水画是基于幻想创作，现在他的看法变了：“中国画里所有令人惊叹的古雅风景都在这里得到了极致的体现。我们为这美景倾倒。”[58]当然，德胜自己也知道，这些园林经过精心营造，设计者竭力使一石一树、一涧一溪皆成画境。画如园林，园林如画。

他们想登上山顶，一睹范罢览所携画中描绘的欧式宫殿，便沿着望不到尽头的陡峭台阶爬了上去。风景绝美，他们可以望见京城，却没看到欧式庄园的影子。旁人告诉他们，欧式建筑在二十里（10 千米）开外，且已年久失修。[59]这个距离听起来远得离谱，招待他们的人也确实夸大其词了［西式宫殿在大约五里地（2.5 千米）之外］，但这片园林的确一望无际。

翻过山，沿小路继续前行，经过亭台楼阁、供奉金身佛像的寺庙、祥云壁画、巨型观音像、大理石基座的尖塔，越过小丘和山谷。行至某处，他们来到一条建筑林立的大街（买卖街），街旁是一座宏伟的城池式建筑（舍卫城）。四下无人，只有一条清澈的小溪从道旁流过的声音。他们得知这是一处人为搭建的村庄，是根据皇帝旨意改成的街市。太监扮作茶馆掌柜、小贩、游商，售卖货真价实的古董、家具、服饰、书籍、瓷器、漆器等。像京里的商贩一样，他们喊出价格叫卖，抓着行人的袖子引他们进店，为特价商品打广告。有时，他们甚至还要表演闹纠纷、佯装被缉拿法办。[60]

终于，游览结束，他们被领到一间大厅，和珅已在那里。他询问两人有何感受。“我们说，事实上，这里一切都远胜过我们从前所见，”德胜写道，“我们不知道有什么地方能与这里媲美。”[61]这并非仅是客套话，他和范罢览确实大开眼界。范罢览后来写道：

与其轻率地用我的拙笔来描述我欣赏到的一切，抑或努力向读者表达我所见之独树一帜、瑰丽无匹，设计之天马行空，营造之鬼斧神工，在我心中激起了何等汹涌的感受，还不如干脆承认我的无能。如果哪位巨匠想要拿起笔，再现这日积月累、数不胜数的奇迹，我会毫不吝惜个人声誉，直言不讳地说，复制品永远无法与原作相提并论。[62]

和珅对他们的答复感到满意。他说，皇帝想通过特殊的方式显示对两位使臣的恩宠和偏爱。他给予荷兰人的待遇胜过其他任何外国人，因为“外国人从不曾涉足皇上的私室；也没有一个欧洲人亲眼见过（荷兰人）获准观览的东西；即使是本国人，有幸接近这些地方的也是屈指可数”。[63]

和珅请他们在身旁坐下，享用糖饽饽、葡萄、果子冻和蜜饯。他还呈上了皇帝赏赐的绸缎、刺绣烟丝袋子，一只鼻烟壶和瓷器若干。正副二使又恳请和珅接受回赠。他们之前也表示过，但和珅始终婉拒。这一次他们执意回礼，还指出有记载显示，荷兰使团过去就曾向高级官员赠送礼物。他们依然没能如愿。和珅称，接受礼品有违律法，不合规矩。此外，他们旅途漫长，一路艰辛，接受他们的馈赠是不礼貌的。

和珅说他已经有很多外国物件了，说着就掏出了怀表。这块表出自伦敦制表师约翰 · 阿诺德（John Arnold）之手，他制造了全世界最顶级、最昂贵的一些钟表。和珅说他买这块表花了五十两银子，这令德胜和范罢览大感震惊。在伦敦，这样一块怀表可要六倍多的价钱。他们没有挑明，和珅的低价购买是一种纳贿手段。由于官员不得接受昂贵礼物，行贿者就设计了一种变通的办法：以远低于市场的价格向和珅这样的大官“出售”昂贵商品。买家会拿到一张收据，从而证明交易合法。范罢览写道，这样一来，“朝廷里的达官显贵便对欧洲著名艺术家作品的真实价格一无所知”。[64]

德胜和范罢览不敢提及这些。范罢览写道：“其实，对我们来说，向他解释清楚低价的原因并不困难，但恐怕这会给做交易的大人和广州行商带来后果，特别是前者可能会有些风险。有鉴于此，我无法详述细节。我们只有对以如此低价买到这样一件精品表示惊讶。”[65]

但和珅很有可能明知怀表的价值，只是通过这种交易的方式引荷兰人行贿。他说，他很乐意从使团随行人员处购买一两块怀表，但发现价格太高了，特别是与这块阿诺德怀表相比。他又提出看看德胜二人的怀表。他们将怀表给他看了，但没有提出行贿交易——抑或他们行贿了，但没有在报告中记录此事。

对话结束。和珅起身，正副二使起身。双方友好地道别。桌上剩的糕点和糖果都包起来赏给了下人。然后，他们沿着潺潺溪水边一条蜿蜒的石板路来到“豪华的马车”前。他们乘马车穿过宫门和繁忙的街道，“对这次心旷神怡的意外游园满意极了”。[66]

回到住处，两人发现小德经、阿吉等人这天过得不太好。他们甚至不许外出一步。困在这里，他们只好探索起这处宅院来。这座大宅子空空如也，看起来已废弃多时，但他们可不是这样告诉下人的。小德经写道："我们唬中国人里面有死尸，吓得他们不敢独自睡觉。"他们四处闲逛时，一名陌生的中国男子走近他们，比画十字，还展示了一串念珠。他看起来鬼鬼祟祟，使团成员考虑托他转交一封信给宫廷传教士，但他似乎并不知道传教士的名字。他们担心此人是探子，便打发他走了。[67]

这些年轻人想知道为什么不让他们参加游园。范罢览得到的说法很简单：因为他们的翻译——法国绅士阿吉"汉语太好了，至少要顾及我们诸位大臣的利益吧"。[68]这是怕他透露太多有关广州的事情。尽管如此，范罢览写道：

> 照管我们的人一天比一天客气，加倍殷勤，因为他们察觉到他们的君主对我们大不一般，热情地希望我们时时有乐可享。他们确信我们皇恩正隆，并从中揣度这是因为我们秉性高尚——也确是如此。众所周知，皇上对使团及其成员的行为非常满意。[69]

无论如何，在新年最精彩的上元节期间，小德经、阿吉和使团其他年轻人都有机会到园中一游。

第 15 章

上元节

一入新正，最喜庆的就是上元节。上元节时值新年第一个月圆之夜，也就是正月十五日。中国人用烟火和华美的宫灯庆祝黑暗的冬天过去，光明重新降临。但今年不同。由于正月十五将有月食，所以当晚不会像往年一样举行庆典。这一点似乎无人介意，庆祝活动安排在十五日前后即可。于是在满月之夜的前两日，包括小德经在内，使团成员受到邀请前去看火戏。[1]

这次无须天不亮就起床，范罢览很满意。他们午饭后动身，马车在车水马龙中缓缓前进。赶往宴会的可不止他们一个使团。路上挤满了骑马的官员、神秘的绿呢轿，还有载着一两位大官和八到十位小官的马车。小德经觉得这一带的马长得像熊，因为它们体型矮小还毛茸茸的。[2]

他们抵达圆明园墙外的广场时，人们蜂拥而上要看洋人，好像早知道他们要来。太监仔细点清人数之后，欧洲贵宾被带进一扇小门。他们很快就沿着蜿蜒的小径穿过树林。

到达操练场时，那里已挤满了人。一些人正在搭建奇怪的脚手架（烟火盒架）。[3] 小德经和几个年轻人想四处逛逛，因为他们之前得到了允许。不走运的是，小德经写道，“中国人没有信守诺言”。[4]

相反，他们被领入一座尘土飞扬的蒙古包。眼睛一适应昏暗的光线，他们就发现朝鲜人也坐在旁边的垫子上。他们身穿长袍，头戴奇怪的黑帽，帽子两侧各伸出一片帽翅。朝鲜人友善地打量着欧洲人，给每位绅士分了几颗弹珠样的金色小药丸。他们说这是一味珍稀的丸药，可以化瘀、治疗鼻塞和咽喉肿痛。[5]

越来越多的人挤进来，扬起阵阵尘烟。[6] 更让人恼火的是，蒙古包内没有坐具，他们只得坐在卷起来的毡子上，就数那里的灰最厚。他们的礼服弄脏了。[7] 人们推来搡去，帷帐摇摇欲坠，德胜担心它会倒塌。一名官员走进来，将好奇的围观者赶了出去，闩了门。尘土落地，润喉解渴的茶点蜜饯也端了上来。[8]

终于，绅士们从那“可恶的帐篷”里被放出来，由人领着穿过操练场，来到场地上最大的二层建筑前。[9] 他们不识匾额上的书法，但朝鲜人认得，那是皇帝御书“山高水长”。[10] 范罢览认为此楼是他们“所见过的最平平无奇的宫殿，丝毫没有皇家府邸的味道”。[11] 但它并不是一处府邸，而更像观景楼，用来观赏场地上的庆典。楼下殿内正中设御座，几乎和为外藩使节铺的地毯一样，御座也暴露在寒风中。宫人躲在楼上，从小玻璃窗向外窥望。

楼前矗立着奇特的木架：高高的柱子之间绷紧了绳索；绳索从结构复杂的脚手架上垂荡下来；另有高桩置一塔楼，形似没有

圆明园御前火戏。这幅版画很可能根据小德经的速写原画制作，描绘了圆明园的上元节庆祝活动。

资料来源：Chrétien-Louis-Joseph de Guignes, *Voyage à Péking, Manille et l'Ile de France: faits dans l'intervalle des années 1784 à 1801*, Vol. 4 (Atlas) (Paris: Treuttel & Würtz, 1808), plate 5. Public domain.

挂钟的钟楼；塔楼门上悬挂烟花；几只大木轮竖直地安装在几枚柱头上。远处，一支仪仗队站在树前。使团一行人坐在地毯上，位置靠近朝鲜人、蒙古人和回部宾客。他们身后，好奇的人群争先恐后围观，被不时抽起的鞭子阻挡。

银号吹响，皇帝驾到。人们开始唱歌，歌唱形式让小德经想起法国教堂里的圣歌。使臣叩头。八名扮作女装的童子身穿坎肩，辫上绑着丝带，开始随木轮摆荡，身体始终保持直立。这些木轮叫“西洋秋千”，或许是因为它们使用了欧洲的滚轴。[12] 与此同时，其他人在绳索上表演跳跃、旋转和倒立。

然后一群回部乐师打起鼓来，但这次他们“难听的音乐”并没有宣告演出结束。两人走上前来，皆身穿坎肩、条纹裤，头戴古怪圆锥帽。一人缘柱而上，登上悬空的绳索，手中持长竿以保持平衡。他每一步都过分小心，以至欧洲人觉得他不太专业。他刚一站稳，站在地上的搭档就跳起来。绳索上的人也跟着跳起来。搭档的每个动作，无论跳跃、旋转还是舞蹈，走索人都必须照做。[13]“欧洲最不擅长走索的人，也比这强十倍。”小德经写道。[14]但走索人害怕是情有可原的。乾隆三十七年（1772年）[15]，“一人醉后登竿，遂致颠仆”，皇帝甚至一度因其危险性而禁止这种“铜绳技”。[16]

接着，走大绳的表演者顺着一条绳索爬到立柱顶部，坐在平台之上。下面的搭档将帽子扔在地上。立柱上的人一箭射去，但没有命中。[17]表演的同时，音乐一直不停；一名乐师还企图指挥一只小山羊跳跃，但受惊的动物躲在乐师两腿之间。

范罢览讨厌这些表演，他写道，若是在欧洲，它们无法吸引任何观众。[18]朝鲜人则看得津津有味。正如一名朝鲜人所述（当然，不是这场表演，而是几年前他访华时欣赏的高空走绳），表演者“腾身上柱，蹑缕去来若平地。观者喝彩叫奇”。[19]皇帝对今天的表演很满意，打赏了表演者。

最有趣的表演是“灯戏”。五十人身着灰袍，各执彩灯，灯面书有数字。他们分成数支队伍，摆出各式造型，登上横桌打旋。一人摔倒，又迅速跳起归队。总体而言，灯戏颇为精彩。[20]

观赏节目期间，给使团诸人的餐点供应不断。小德经写道：

> 皇帝体恤我们，差人送来一些漂在肉汤里的小白球。光是看外形，这道肉汤就足以让我心头一沉。烦恼之际，看到一位大人正贪婪地盯着它。我将这道菜递给他，他心满意足地囫囵吞了。之后，中国人又端来一些鹿尾和蜜饯，因为中国的风俗习惯是什么都不要剩下，所以我们的用人把所有东西都一股脑儿包进餐巾，以便带回住处。[21]

夕阳西下，两车烟花拉到远处。缤纷的花火冲向2英尺（约0.6米）、4英尺（约1.2米）甚至10英尺（约3米）高的空中。柱上的盒子喷出五彩斑斓的焰火。悬挂在架子上的烟火盒子点燃，火焰飞空，现出造型：一位老人，一座刻有铭文的宝塔，还有一樽大花瓶。火帘展开，烟花组成文字。

燃放烟火盒子时，又有两人站在前方点燃绑在棍子末端的一挂挂炮仗。有时，草木被飞溅的火星引燃。护军使用水泵或顶端包裹湿布的竹棍灭火。[22]

火戏中途，一名官员询问小德经，欧洲可有类似的烟花。“我的回答是肯定的，”小德经说，“他似乎很意外我们能有如此高明的创造。”[23]令小德经惊讶的是，皇帝和各部尚书竟如此痴迷于这等“雕虫小技”；在欧洲，只有孩子对这些感兴趣。[24]范罢览觉得其中一些烟花相当漂亮，特别是大车运来的那些，但他也同意小德经的说法。没有火箭，也令他有些意外。[25]德胜也有同感：“虽然烟花很美，但根据我听到的描述，我以为会更精彩。在白天和明亮的月光下燃放烟花，显然效果不佳。”[26]

火戏很快结束，皇帝起身离开时，天还没黑。人群拥挤，使团的护卫将人用力推到一边，腾出空间。[27]德胜记录，人群中不乏皇族子弟，他们所受的待遇“没有一丝尊重可言”。使团一行人六点刚过就回到住处，他们很高兴“这么快就回来了”。[28]

第二天[29]，德胜和范罢览有机会参观圆明园的另一片区域，他们将参加在正大光明殿举行的正式筵宴。对范罢览来说不幸的是，又要在黎明前起床，在昏暗的房间里苦等。天光渐明，他们被领进圆明园正门，进入一个空旷的广场，广场尽头矗立着一座宏伟的建筑。这座宫殿与他们在紫禁城见到的大殿几乎一模一样。这并非巧合。当皇帝们驻跸苑囿，在圆明园居园理政时，他们完全按照紫禁城太和殿复制了这座宫殿，还用白色石砖铺了宽阔的院落。这是圆明园的正衙，皇帝在这里朝会听政，接见外藩来使，为特殊场合举行盛大的宴会。[30]

现在，他们已经习惯了宴会的程序：奏乐、叩头、摆着五十道菜品的小案桌、从皇帝桌上端来的食物、皇帝亲赐一杯酒、客套话（德胜祝他万寿无疆、国运昌盛，露出友好的微笑，然后鞠躬），还有各族娱乐表演：摔跤、歌曲、高跷和戏曲。今日有一处不同：一队身着华服的男人跳了一种奇怪的慢舞，两两一组，跟随音乐行进，旋转舞蹈几分钟，然后庄严地叩拜[31]。紧接着照例是他们厌恶的“摩尔人”音乐，之后皇帝离座，筵宴结束。

下午，他们再次被领到操练场，又欣赏了一场灯戏和烟花。小德经和其他年轻人被误领入朝鲜正使的帷帐，朝鲜正使正襟危坐，明确表达了不满。他们嘲笑了他一番，去找自己的帷帐，结果遇到了昨天邂逅的那群朝鲜友人。这一次，他们带着礼物有备而来：欧洲的铅笔刀、铅笔和纸。朝鲜友人看上去很高兴，又回赠了高丽药。他们在满是灰尘的黑暗中待了一个小时，直到他们被告知，今天的节目因天气原因取消。他们一点也不觉得失望，回到住处，“衷心感谢这场大风”。[32]

次日就是正月十五，上元节。通常人们会张灯结彩，放烟火，看大戏，办宴会，但月食导致活动推迟。使团一行人困在宅子里，抱怨着中国人的迷信。小德经写道：“中国人相信日月食预示着灾祸，皇帝和他的臣民一样，在这种情况下不敢办任何大事。由此可见，传教士没能让中国人摆脱他们古怪的偏见。传教士预测日月食并解释原理，中国人则坚信是龙在吞食太阳、月亮。为了驱除恶兆，他们会尽可能地制造噪声。”[33]范罢览也抱怨中国人的执念，即皇帝必须“举行虔诚的日月食救护仪式，才能将他们从厄运中解救出来，因为巨龙将一个或另一个星球吞入口中，遮蔽它们的光芒”。[34]

皇帝当然知晓交食的真正原因，对这次月食也不太担忧。但凶兆须得留意，他已经三省其身了，需要做的只是推迟火戏。

于是，上元节庆典改在次日。使团一行人再次来到操练场，面前是一排奇特的建筑结构。小德经带着他的便携椅子坐下来画速写。一个中国人模样、头戴黑山羊头的男子走来，“看上去更像野兽而非人类”。小德经正在画他，但遭到劝阻。奇怪的男人走开了。“南山大人”过来看小德经的椅子，同来的还有一位尚书，人们称他为“福六大人”（Fu-lieou-ta-jin，音）。他似乎对这把椅子非常好奇，于是小德经演示了一下，坐下又起立，再坐下再起来。男人不知小德经是否有意逗笑，但见小德经微笑，他也笑了。他问小德经是否懂汉语。

“懂得，”小德经说，“会一点。”他们聊了一会儿，男人提问，小德经的同伴阿吉用汉语作答（阿吉的汉语更好）。他们之前被告诫不要说汉语，但这位大人并不介意。小德经喜欢他，也喜欢今天遇到的其他官员，感到他们给予了他应有的尊重。

今天的娱乐有他们熟悉的摔跤、杂技、高空走绳、回部音乐和随着音乐跳舞的山羊、火戏，还有描绘了宝塔亭楼的花灯。之后是他们没见过的新节目：传统的新年舞龙。

小德经等人饶有兴致地观赏。两条竹木扎成的巨龙由多人操纵，舞龙者使用绳子牵引龙的嘴部一张一合。游龙盘旋，向皇帝叩头，然后翻腾舞动。很快，一个安置于木杆顶端的小球出现了：这就是龙珠。[35]龙珠四处引动，在巨龙的注视下升起，又落在两龙之间。巨龙张开嘴，但猎物太大，于是它们再次叩首离开。龙珠也随之而去。它们退场时，另一条龙沿着铁索从殿中游出。

这是盛大收场的信号，数不清的爆竹、炸雷、火球、花炮响作一片，“吵得可怕”。[36]范罢览认为最后一幕是一场战斗，两支象征军队的队伍互射烟花，模仿火枪和重炮攻击的场面。他喜欢这场表演。[37]

第二天，仔细点过人数后，使团一行人爬上小车，在冬日灿烂的阳光下返回京城。他们本希望多看看圆明园，特别是著名的欧式庭园，但似乎就连朝鲜人也无福一睹它们的风采。[38]不过，他们很愿意离开，因为大部分行李都留在京里，那里的宅子也更舒服。

有一点着实令他们奇怪：他们被送回京，可皇帝还住在圆明园，而且德胜和范罢览次日还必须返回此处。小德经认为是因为他和阿吉的汉语讲得太好："大人们让我们离开，是担心我们留在那里，他们就不得不带我们觐见，我们就能告状，这是他们非常害怕的事。他们知道我们不喜欢他们，我们也不介意谈谈他们的腐败。"[39]

德胜则认为，这是因为阿吉爬上墙看女人：

> （让我们离开的决定）很可能始于他们对女性的担忧。我们一团人被看管期间想找些消遣，他们几个人就在外面空地玩球。不幸的是，球飞过了围墙。年轻的阿吉爬上墙，在墙头可以看到四周所有房子，形形色色的女人出于好奇走了出来。我们的管家似乎对此感到不快。[40]

他指出，在回京途中，随护官员竭尽全力防止他们见到良家妇女。"我们的绅士们，"他写道，"发现一座桥上贴着一张告示，上书荷兰大使将路过此地，全体妇女必须待在家中。"[41]有人告诉他，这是英国使团造成的结果；但他读过从前使团的记录，有证据表明，尽管"鞑子妇女"看上去确实比汉人妇女拥有更大的自由，但使团通常都不得靠近女性。无论如何，告示意味着他们

“只可能在极偶然的情况下才能看到一个体面人家的女人”。[42]

虽然一路尘土飞扬，但返京路途还算顺利。中午前后抵达，行馆也安排得井然有序。下午，“南山大人”携幼子来访。他们送给男孩一只镶嵌珍珠的鼻烟盒，鼻烟盒的玻璃下压着一张女人画像。[43]“南山大人”向他们展示了一个玩具锯木坊，漏斗中流下的细沙推动锯轮转动。范罢览写道：“这类玩具的造型千变万化，这是其中一种，欧洲集市上花点小钱就能买到。”“南山大人”问他们可曾见过此物，他们说见过更精致的。“南山大人”又问，他们为何没将该物带来；范罢览说，在荷兰，这类物件只供儿童游戏，他和同僚没想到它们在中国会引起人们的兴趣。“南山大人”说，情况恰恰相反。他非常宝贝这件东西，说起它来就“像一个自以为拥有奇珍异宝的人”，惊叹于翻转玩具就能将沙子装回漏斗。[44]

此事给这些欧洲人留下了深刻印象，他们认为这多少反映了中国人的性格。小德经写道：“我们可以从中判断中国人的性格。我们应当将金银珠宝等贵重之物带到北京，更该把欧洲用来逗弄婴儿的东西带来。这些东西会比工艺制品和科学仪器更受欢迎——艺术与科学并不讨中国人喜欢。”[45]范罢览则看到了未来的商机：“这些小玩意儿在这里大有销路，或许还能像我们带到北京的机械装置一样讨皇帝本人开心。”[46]

京里也起了变化。现在，他们的仆人可以上街买东西了。这是因为和珅人在圆明园吗？还是因为皇帝明显偏爱他们？也许吧，但小德经还有一种更“阴暗”的猜测：“一切都是管我们的大人们贪心造成的，他们害怕要为我们所需物品掏腰包。如果我们的用人想进城，他们只要说得去买东西，门立刻就会打开。”[47]

小德经将一封信交给其中一名仆人，吩咐他交给法国传教士梁栋材。不知用了什么法子，这人找到了梁栋材。梁栋材看过信，写了一封回信。仆人将信藏入靴子。[48]但北京城处处有检查哨卡；仆人们是广东人，终于还是走错了城门。他们被拿住，关进一处门楼，卫兵指控他们携带鸦片。他们否认并央求放人，还解释说他们是荷兰使团的。卫兵不为所动，拿出锁链，作势要将他们扣起来。仆人们吓坏了，身藏密信的那个更是害怕极了。所幸他们带了些钱，本是用来买物资的。他们打点了卫兵，每人洋钱四元，不算小钱。这个办法奏效了。卫兵将他们送回行馆。

使团成员对这起事件感到愤怒。事实上，它也改变了范罢览对他们活动受限原因的看法。他暗想，也许，他们被禁止在京城游逛是出于安全考虑：

> 由此，我们看出，即使是一个中国人，在他自己的国家也不是十足安全的，更不要说一个士兵对异乡人会骚扰到何种程度了。如果我们获准四处走动，我们欧洲人难道不该害怕些什么吗？无论怎样，没有士兵护送，我们在街上寸步难行，因为周围挤满了好奇的人。这正是我们每天都经历的，哪怕在皇城之内也是如此。因此，我们有理由相信，我们受到如此严密的守卫是谨慎起见，是为了防止我们遭到底层渣滓千百次的冒犯。毕竟，又有哪个国家能控制住乌合之众呢？[49]

幸运的是，卫兵懒得仔细搜查仆人，所以小德经拿到了梁栋材的回信。梁栋材在信中说朝廷对荷兰人很满意，同时对自己至今未能获准与他们见面感到失望。

次日，德胜和范罢览登上马车，沿着通向圆明园的漫长道路一路痛苦颠簸，再次谒见皇帝。他们厌倦了没完没了的庆祝，它们几乎已经毫无新鲜感了。这次也如往常一样，先在一座小楼等候，吃食盛在暗淡无光的金碗碟里端上来。然后，他们被领到同样的地点——操练场，走进同样的扬尘大帐，从朝鲜人那里获赠同样的高丽丸药。[50] 等待一阵，他们被带到操练场；在那里，就像往常一样，他们被最寻常的围观人群“搅得不胜其烦”。[51] 然后，照例是叩头，来到御座前；这一次，皇帝告诉德胜，他应当告知自己的君主他在中国所受的款待。德胜鞠躬谢恩，很高兴领到这份差事。[52] 德胜此时还不知道，奥兰治亲王已经成了难民，在法国人入侵时乘渔船逃离了荷兰。

痛苦地坐在相同的小案桌旁，吃着相同的糕点、糖果和羊肉，观赏一模一样的节目：“摔跤手、乐师和杂耍演员都忙于他们荒唐可笑的表演，我们连看都懒得看，老皇帝倒是看得津津有味，还下旨打赏这些小丑，以示认可。”[53] 摔跤（献艺名单中称“花跤”，又叫“演布库”）时间格外长，摔跤手穿着天蓝色裤子和白色粗布跤衣，试图将对手放倒。[54]

德胜倒是很欣赏一个新节目。一对衣着华丽的舞者——宽大刺绣领，精制金纽扣，卷毛貂皮帽——走上前，缓缓地边歌边舞，旋转，旋摆手臂，然后抖动手掌、手指，行叩头动作。其庄严肃穆打动了德胜，他得知这些歌者就来自大名鼎鼎的礼部。接下来的表演无甚特别，最后像往常一样，还是“烦人的摩尔人和他们的山羊”。[55]

不过，盛大的压台不出所料相当精彩。场地上烟花齐放，彩焰腾飞。这场火戏似乎重现了一场宏大的战役。还有部分内廷王公大臣在山高水长楼上燃放烟花。

一位显然曾与德胜使团同行但身份不明的中国文人曾在文章（流传至今的仅存一法语译本）中指出，这场“模拟的战斗”（或前一场，日期推迟了一天）表现了襄阳之战，是传统烟火“万国乐春台”，俗名“炮打襄阳城”：

> 有一场名为“炮打襄阳城”的火戏。从前，匪徒用大炮袭击襄阳城。这部分由献艺的演员表现，一方扮作前面提到的贼人；另一方藏在骆驼背上的箱子里，不被人察觉。一声炮响，守城者便占据象征着城墙的位置，城开四门，就在官员们之前所在的地方。贼人向此处射出燃烧的火箭，城中的火药库被大火包围。在这场灾难中，他们持续不断地开炮，终于将这个地方烧成灰烬。城中的士兵绝望地眼看着家园被烧毁，倒在了他们击败的匪人身上。又一声炮响，示意火戏进入尾声，一切烟消云散。[56]

皇帝走进山高水长楼，宾客陆续离开，但荷兰人没走。他们受邀随皇帝进入楼内，然后被领到另一面，沿运河边一排建筑的小路来到一处存放冰床的地方。他们挤进去，在干枯的树下一平如镜、清澈见底的冰面上滑行。范罢览觉得这次夜行惊险刺激。他发现，运河岸竟是岩石砌的，浑然天成。这是一次漫长的滑行，最后他们总算来到一处悬挂灯笼的地方，这对灯笼取了天鹅雪橇的造型。这是一片名为“坐石临流”的宫殿区。[57]很多建筑都布置了漂亮的花灯。

他们走了一会儿，来到一座灯火通明的建筑前，皇帝坐在殿内平台上，两侧是朝廷重臣。同乐园是皇帝最喜爱的节会场所之一。今天，他为王公大臣、各部尚书和蒙古贵族举办茶宴，荷兰人也蒙恩坐在他身旁，看艺人舞动彩灯，回部献艺者摆弄一盘干果。德胜觉得前几个节目“很差劲”[58]，但最后一个节目非常有趣，因为他们似乎听到一组乐师唱出了“荷兰”二字。[59]他们没有听错。这正是皇帝感谢上天眷顾而作，荷兰人听到的一句很有可能是：“新旧屏藩典属叙，六旬庆贺荷兰同。”[60]

通常，来访使臣照例应加入唱颂，但荷兰人因语言不通免去此项。人们也没有期待他们作诗进呈，这恰恰是精通汉语诗文的朝鲜使臣擅长之事。本年入园的朝鲜使臣之一洪良浩就作了一首应制诗：

佳气葱茏入御园，璇霄黄幄映朝暾。
景星歌奏千官抃，仙露香浓万舞翻。
身近五云同内服，礼优三昼迈诸藩。
彤庭竞献苹封祝，左海长瞻北极尊。[61]

这最后一联是说朝鲜怀着崇敬之情遥看北极（即中国的朝廷），这正是乾隆喜闻乐见之事。荷兰人既写不出这样的诗句，又不会唱歌，但皇帝和大臣还是邀请了他们："至于荷兰贡使，虽不能奏歌，但有鉴于该国使臣与朝鲜使臣同列一班，故不宜区别以待。"[62]

茶会结束，德胜和范罢览踏上了回京的漫长旅程。当他们终于抵达行馆时，因为坐马拉车，身上已又冷又疼。范罢览眉飞色舞地向小德经讲述圆明园的胜景，小德经半信半疑。他写道："范罢览有几分狂热。他之前大加赞赏的东西，我们亲眼见到，通常都乏善可陈。因此，我们认为对御苑的美景还是持怀疑态度为好。"[63]

小德经永远都不会有机会知道确切的答案了。离开北京的时候到了。

第 16 章

再见，北京

归程的前几天，没了官员访客，也没了招待活动。尖声叫早的也停了工，不再扰人清梦。但叫早的还是来了——前来拜访。德胜向他展示自己收藏的日本书。此人对《大日本史》尤其感兴趣，感叹日本人肯定强于朝鲜人，才可能出版这样的书。德胜很惊讶。显然，并非只有欧洲人对日本一无所知。此人对德胜所藏的中国钱币巨著也看入了迷，他说中国都找不到这样的作品。德胜说他收藏了一批中国钱币，此人半信半疑。德胜便向他展示了几样。[1] 如果有时间多进行几次这样的会面就好了——哲学家们跨越不同的文明，分享各自热衷的事物——可是，还有脚夫要付钱，行李要打包，礼物要分发。

清政府的官员也忙：有政令要发布，有费用要下拨，还有官员要奖惩。德胜和其他人都厌恶的王仕基将得到犒赏。他逃脱了使团进京路遇种种麻烦的责任，皇帝对他办的这次差事甚是满意，升了他的官。另一名伴送官、知州赵鸿文也得到晋升。[2] 这与马戛尔尼勋爵使团的情况形成了鲜明对比：护送他们的官员非但没受提拔，其中一人甚至遭到贬职。[3]

在京还有最后一项典礼：于2月10日在紫禁城太和门广场举行的正式告别仪式。小德经也获邀参加，第一次有机会亲身感受紫禁城用于典礼的宏大庭院。他觉得这里很漂亮，特别是内金水河和五座白云石拱桥。他欣赏南边赫然耸现的午门，了无装饰的城墙上正中开三门，两侧各有一掖门。[4]他也喜欢红墙和两翼廊庑上精美的木质构件，上面金色、绿色、蓝色的和玺彩画与金光闪闪的琉璃屋顶相映成趣。所有东西都一尘不染，养护精心。然而，当它们结合成一个整体，却产生了某种悲伤的东西，令他感到一种盛大的荒凉。

当他被领到旁边的廊庑时，整洁有序的好印象就荡然无存了。外墙上满是有关时事的标牌和告示。[5]廊屋里很脏，没有家具，很快就挤满了仆人、轿夫、太监和官员，众人挤上前来观察小德经和他的同伴。一名官员勃然大怒，将围观者轰出去，关紧了门。但人们在窗户纸上戳洞，继续窥视。[6]一名留在屋里的太监端详洋人。陪同者对着太监的胯部做手势，暗示太监没有睾丸。很显然，他不同意太监留下。他让洋人验看太监一番，然后说："你待的时间够长了。下去吧。"[7]太监离开了。

"南山大人"带着一大批随从将他们从肮脏的廊屋中解救出来。他领着使团一行人往南穿过午门上的一道门。门这边是长长的庭院，三面城台相连，环抱广场，城台上是庑房（雁翅楼），庑房两端是重檐攒尖顶阙亭。来来回回走了一阵，他们被领到广场正中，走在御路上。一名侍卫挥舞鞭子，阻挡人群，但他只是抽打地面，吓不走人。一名官员夺过鞭子，开始抽打围观者。

礼部官员在城门旁列队，他们头戴红帽（朝冠），肩膀上戴着刺绣的圆领大披肩（披领）[8]。他们开始用“哀戚的声音”喊出指令：“跪，一叩头，再叩头，三叩头，起！”[9]三次叩头，德胜和范罢览都做足了姿势，而小德经和其他年轻人只是点了点头，这似乎让旁观者感到好笑。[10]

领赏：赏奥兰治亲王丝缎八十匹，还有三件奇特的花瓶；赏德胜丝缎三十四匹；赏范罢览和使团其他成员丝缎八匹；赏洋人士兵和下人细纺丝线和布匹。此外，他们还收到黄纸包裹的赏银：德胜一百五十两；范罢览八十两；小德经等每人四十两；士兵和下人每人十五两。

颁完赏赐，又要叩头谢恩，但范罢览起身太早，只好重来。正确地行了礼，仪式才算结束，众人步出紫禁城。小德经很恼火，脚夫抬走了德胜和范罢览的赏赐，他却只能亲自搬着自己那份。所幸，马车在西华门候着。“我们上车，向着我们再也见不到的宫殿告别。”小德经写道。[11]

大功告成，如释重负。德胜写道：“我们回到行馆，为完成了全部仪式而万分高兴，除了为回程做准备，没有什么可担心的了。”[12]

还有很多大事要办。比如，德胜希望确保给和珅和其他要人的礼物万无一失地送到。范罢览负责此事，他与“南山大人”见面，安排行贿交易：“今天……就接受主要物品一事做出安排，条件是我们收些小钱作为回报，从而让这份礼物看上去是个买卖，否则就违背了皇帝严禁所有大臣收受礼物、违者革职严办的命令。已经与‘南山大人’解决这个问题，双方都很满意。”[13]范罢览暗地里一直在兜售怀表和其他物件，这就不是他应该做的事了。[14]

至于小德经，他想把带来的信件交给传教士，但官员告诉他信件要上交，并承诺会转交收信人。[15]小德经坚持要亲自交送，不过提出了一个折中办法：他可以当着大人们的面将信交给收信人，如果这能让他们感觉好一些的话。官员们要求收走信件。小德经拂袖而去。他们去找了范罢览，范罢览命小德经交出信件，以免产生不良后果。小德经说，罗广祥和梁栋材已经明确指示他不得将信件交给官员。范罢览说他必须上交，还打包票大人们会将信件直接交给传教士，传教士正随皇帝住在圆明园。小德经愤怒地将信交给范罢览，但很快就收到梁栋材说他此时不住在圆明园的短笺。“因此，”小德经写道，“大人们口口声声说的全是假话。”[16]

小德经还为传教士带来了其他日用物资，比如几箱葡萄酒。[17]他们离京前一天，即2月14日，法国传教士罗广祥来行馆取物品。和他一起来的还有一大群官员。大人们看上去很是焦虑，似乎想从洋人的表情上看出他们在说什么。[18]

德胜很喜欢罗广祥。他写道：“我难得见到身形比他更优越的人。他看上去非常健康，中国的服饰也特别适合他。他说汉语时柔和流畅，在我们听起来很舒服，同样的语言本地人嘴里讲出来却又尖又硬。他看上去已经完全掌握了他们社交中那没完没了的寒暄客套。”[19] 他想与罗广祥深入交谈，但官员们看得太紧。

使团似乎尤其为进献皇帝的精美座钟发愁。这对座钟在运输进京途中严重受损。[20] 德胜和范罢览随团带了一位技艺精湛的瑞士钟表匠查理-亨利·佩蒂皮埃尔-博伊（Charles-Henry Petitpierre-Boy），过去几个星期他一直忙着换弹簧、安齿轮、调松紧。[21] 这不是他第一次来北京，两年前，他就曾随马戛尔尼来京，协助组装天文仪器，英国人希望这些仪器能让皇帝眼前一亮。现在，他的任务艰巨得多。首先，上一次天文仪可没有掉在冰冻的地面上摔得粉碎。其次，上一次他得到了传教士的帮助，其中不乏精通钟表工艺者。这一次，没有一个传教士获准前来协助。朝廷派来些中国钟表匠，但佩蒂皮埃尔-博伊无法与他们交流，所以一直以来他都是独自一人在脏乱的作坊里工作，没有合适的工作台和工作区。[22] 鸽子扑棱起灰尘，对这种精细仪器的伤害已经很大了，更糟糕的是大小侍臣官员，他们随时来访，总想摸摸钟表零件。[23]

官员们今天来是想确认座钟已焕然一新，或至少大体完工，能够留在北京由本地行家继续修理。他们担心德胜想将它们带回广州修理，这样对随行的伴送官来说就不大好看了——他们本应确保贡物妥当运至北京。他们希望罗广祥说服德胜将座钟留下。德胜同意了，他们也松了口气，便带着罗广祥一起离开了。罗广祥的离去让德胜很是失落，他希望有更多时间和这位传教士相处。[24]

小德经享受了这样的相处。他听说罗广祥去了不过几扇门之隔的佩蒂皮埃尔-博伊的工坊，便冲了过去。工坊里挤满了官员，小德经试图告诫他们不要扬起灰尘，但他们没有理会，而是围在佩蒂皮埃尔-博伊身边，看他为一架座钟做最后的处理。[25]

小德经趁机与罗广祥说话。他向传教士讲述了进京之旅，糟糕的马匹和折磨人的马车，还抱怨随行护卫以骡轿仅供妇女使用为由拒绝为他们提供。罗广祥说这是一个荒唐的借口，去年入京的两名传教士就是乘骡轿来的。小德经还向他讲了王仕基及其他陪送人员如何疏忽大意，脚夫又是如何将座钟摔坏的。罗广祥并不感到意外。因为他此前去查验荷兰人的贡物时，就吃惊地见到了两件劣质钟表。询问得知，精致的座钟在途中损坏，中堂大人包庇运输官员，用中国匠人制造的物件以次充好。

罗广祥说，这套花招也解释了他们此行的另一个谜团：非同寻常的“软禁”。其他使臣通常都能随意进出，为什么荷兰人受到管控呢？罗广祥说，不是随护官员担心他们谈论广东官场的腐败，也不是要禁止他们与传教士的一切交流，而是因为中堂和其他人担心荷兰人发现调包计，将其揭露。小德经很气愤。皇帝只见到了次品，并且很可能永远都不会知道大使带来了两架华丽的座钟。“由此可以评判这个国家和他们所施的诡计。”他写道。[26]

难怪君臣都对荷兰人的礼物反应平淡，它们看起来的确比马戛尔尼带来的逊色。正如军机处一份奏片记载：“将此次荷兰国呈进贡单与上次英吉利国所进单开各件详细比较，查英吉利国所进大仪器共有六件，此次荷兰国只有乐钟一对、金表四对。其余羽缎大呢等项为数均不及英吉利国所进十分之一二。至荷兰国贡单内所开檀香油、丁香油等物，并非贵重之物，亦并以凑数呈进，较之英吉利国所进物件实属悬殊。”[27]

但贡物问题似乎并未对使团造成影响。罗广祥也重复了他们在别处听到的说法：皇帝对荷兰使团甚是满意，王公大臣亦无不赞赏，称其为祖国荷兰增添了荣耀。[28]

* * *

还有一项事务是，接收皇帝致奥兰治亲王的敕书。敕书在盛大仪仗下送抵行馆，置于案上，众人叩头。待官员离去，德胜等人才从竹匣中揭开黄色丝缎，取出其中一张写有汉、满和拉丁文的多色绞锦。

德胜发现，这封信“非常奇特”。[29]在中文语境中，这是一封热情大方的信，但在欧洲人看来，却语言浮夸：

> 朕仰承昊綷，寅绍丕基，临御六十年来，四海永清，万方向化，德威远播，禔福毕臻，统中外为一家，视臣民若一体，推恩布惠，罔间寰瀛，亿国梯航，鳞萃徕贺。朕惟励精图治，嘉纳款诚，与尔众邦共溥无疆之庥，甚盛事也。咨尔国重洋遥隔，丹悃克抒，敬赍表章，备进方物，叩祝国庆。披阅之下，周详恳切，词意虔恭，具见慕义输忱，良可嘉尚。[30]

关于礼物的措辞也极尽夸张。标准的说法是，皇帝的赏赐比外使贡物更贵重。毕竟，天下以皇帝为中心。正如父亲为孩子付出的超过他所期望的回报，皇帝也应该对天下所有人显示他的慷慨。

皇帝提及赏赐的几句话在这些欧洲人看来很傲慢："博尔都噶里亚、意达哩亚、英咭唎（葡萄牙、意大利、英国）等国，效顺献琛。天朝一视同仁，薄来厚往，尔邦谅备闻之。"[31]洋人当然不会觉得皇帝的赏赐比他们的礼物贵重百倍。正如小德经所说："必须承认，皇上对他自己以及他所赏赐之物评价甚高，但老实说，这些礼物简直微不足道，配不上他这样强大的君主。"[32]

晚上，"南山大人"来了，一番道别又征服了他们。德胜写道，他是"难得一见的雅士，一位友好的绅士，与一众朝臣形成了鲜明对比"。[33]范罢览将他称为"完美的侍臣"。[34]"南山大人"向范罢览保证，会替他向两广总督和粤海关监督美言几句。他还透露，他甚至有希望亲自出任监督一职，"倘若如此，他将为荷兰提供特殊保护，很乐意与荷兰代理人建立友好的关系"。[35]两位使臣真挚地道别。

次日一早，该启程了。官员成群结队涌进院子，对下人、贴身仆从、脚夫和下级官员呼来喝去。罗广祥也来了，带着新鲜出炉的面包。这一次，德胜终于有机会和他交谈，了解这位传教士在中国生活的细节。他和其他教士过得还算好，在城里有一处房子，城外还有一座休闲和酿酒的庄园（德胜喜欢他的酒）；但情况不比从前了。他说，宗教是他唯一的支柱，他希望在四五年内回欧洲。德胜大摇其头。"鉴于目前的局势，我相信，他们在欧洲不会更幸福，他们当中很多人会带着遗憾告别中国。"[36]

就在他们谈话时，爆发了一场关于车马安排的冲突。小德经和几位年轻人要骑马，却被告知这有违皇帝旨意。他们很生气，因为皇帝明确表示，荷兰人的一切支应需妥协备办。他们请罗广祥代为交涉。[37] 罗广祥给他们弄到了马匹，小德经忍不住评论："人们可以从中判断出这些人撒谎到了什么程度。"[38] 罗广祥告诉他们，宫里大多数官员"囊中羞涩"，手里没有什么好东西。每个人都会找一切空子榨取钱财。他建议使团成员保持强硬，以免被人占了便宜。

这也是小德经在返粤的漫漫旅程中始终牢记的忠告。

第 17 章

取道直隶和山东[1]

德胜对旅程感到担忧，因为他听说马戛尔尼勋爵经同一路线回广东时度过了“最痛苦的”时光。显然，勋爵一路“缺衣少食”；他抵粤后，见到他的人都说他瘦得几乎认不出来，老了足有十岁。[2]但官员们保证，德胜和同伴将受到优待，包括在各省参加筵宴，游山玩水。马戛尔尼没有得到这等优待，他是被匆忙赶回广州的，用范罢览的话说，“他一路马不停蹄，直到护卫将他带上船，目送他扬帆而去”。[3]

使团成员们得知，归程与进京时截然不同，大部分是水路，床、仆人和葡萄酒都在身边。他们将悠然从容地走过中国最美丽、富庶的地方。进京时，他们 50 天走了 1 450 英里（约 2 320 千米），平均每天 29 英里（约 46.4 千米），疲于奔命；返粤有 1 665 英里（约 2 664 千米），但速度慢，平均每天只走 20 英里（约 32 千米）。[4]并且此时正值大地回春，小麦、桑树、稻田和桃花必是一派盎然生机。

2 月 17 日，他们从大宅子动身时仍然北风萧萧，天气和冬天一样冷。但游行队伍像节日般热闹，仪仗吹吹打打。德胜和范罢览痛苦地坐在马车上，被石头颠得摇来晃去。小德经一直记着罗广祥不要让步的建议，要了一匹马。但他上马时，这匹马却猛然前蹄腾空，撞倒一名下人，疾驰而去。他只好上了马车。[5]

进北京时，小德经抱病，没能如愿饱览京城风光。他现在加意观察，留下了关于皇家园林、城市窄道、窒息的扬尘和恼人的道路之类的记录。令他惊讶的是，他们似乎很快就离开了城市，穿过一片只有零星房屋的田野。他怎么会错过了城门洞呢？难道是因为同车人挡在了前头，致他看不真切？不过数人同车也有好处。官员递给小德经一个酒壶，他抿了一口烈酒。那人接过去喝了一大口，然后递给车夫。车夫喝过，又传给其他仆人。这样一来，尘土和走不完的路似乎也没那么烦恼了。

突然之间，车子又走回繁华的都市中心。小德经认出这条外城的主干道正是他们进城时走过的，路边还有店铺和小摊。前方隐约显出一座建筑，是广安门，他们进京时就走了这座门。[6] 莫非他们一直都在城里？小德经发誓，他们刚才确实走在乡下。城墙之内竟然有如此空旷的区域，真是咄咄怪事。这种事在欧洲不会出现，因为欧洲的城墙内挤满了密密层层的建筑。而这里可是中国的首都。[7]

他们出了城门楼，为爬出马车而谢天谢地，太阳正下山。范罢览和德胜上轿，小德经也骑上一匹不那么容易受惊的马。一行人出发，穿行在平坦干旱的大地上。

他们须经陆路走两个半星期，穿过直隶和山东，然后进入江苏省，在清江浦登船。旅程的第一段将沿进京的原路往回，之后折而向西访名岳泰山。

这一次陆路行程就轻松了。当然，寒风还是卷起了沙尘，有时尘暴太大，德胜连轿夫都看不见。（本地行人会戴防风镜，但这些欧洲人没有这种防护措施。）直隶四处是绝望的景象：离京不远村庄外的死人、涿州破败的泥巴房子、新城（小德经注意到这个名字的讽刺[8]）摇摇欲坠的城墙，还有雄县破烂失修的寺庙和佛像。[9]住宿条件很差，食物也很差，寝具总不能及时送到。但行路速度适中，还有时间游览一番。在方官，他们看到一个流浪铁匠，他用一个小燃煤炉来熔化铁锭，修补锅具又快又便宜。他的全套家什就扛在背上，包括风箱。[10]

使团还出席了专门为他们准备的庆祝活动。皇帝有令，沿途所经各省必须举行筵宴、唱戏和表演。第一次招待就在直隶的河间府。他们身着盛装招摇进城，一路经过“破烂不堪的房子”和荒地。德胜推测，中国大部分地区都很穷，只有沿海地区才真的符合传教士见闻录中的描述。[11]到了府署，音乐响起，士兵列队。知府在门口迎接，领他们走进院子。上谕供在黄案上。全体叩头，然后步入一进院子。院中设了华丽的戏台，摆放着小桌，有些桌上堆满了礼物。德胜和范罢览各占一桌，坐在红色的垫子上，其他官员也一样。

有人大声宣读谕旨，以下是范罢览根据译员的转述在日记中所记：

皇上对荷兰使团极为满意，这既归功于大使的举止，也是因为皇上对荷兰人的尊重远胜于英国人。他已命这座城市的长官代表他设宴款待并赏赐礼物，并以其他方式尽可能地优待我们。[12]

实际上，谕旨根本没提到皇帝喜欢荷兰人胜过英国人。皇帝说的是，他的本意是尽量一视同仁：英国人从北京以北的海岸抵达，航程不长，亦受款待；荷兰人路程遥迢，却因赶路匆忙无暇设宴。皇帝感到很遗憾，写道：

今该使臣等，在途经过省分，未与筵宴。是同一西洋进贡使臣，转似区分厚薄，失中国正大之体。该贡使等闻知，未免稍觉觖望。[13]

因此，皇帝命传谕各省督抚，荷兰使臣回程经过时，酌给筵宴，并在筵宴时宣谕，使其明白闻知。[14]

皇帝表示，下令采取这条权宜之法只为公平起见，但他心知肚明，英国人是沿海岸航行，途中仅在一省停留，因此只有一次筵宴，而荷兰人返粤将途经六省。马戛尔尼回程走的就是德胜这条路，但他抵达广州时也未受宴请，因为皇帝希望赶快打发他离开中国。

官服上系着镏金纽扣的官员一个接一个敬酒、布菜，菜肴花样繁多。知府举杯，请他们多食多饮，由他自己先做表率。筵宴时，还有戏要听，有童子杂耍要看。

不是每个人都有福可享。小德经和年轻绅士们被领到一处偏僻的地方。小德经觉得自己被当成了下人，愤而离开，骑上他那匹饥肠辘辘的马，沿着尘土飞扬的街道游荡。道旁是简陋的房子，一切都显得凄苦。乡下到处是干活的人，正忙着泼一车车的粪肥。[15] 小德经的马走得吃力，他便弃马步行。当他和其他年轻同伴抵达当天的目的地献县时，他再次被惹怒。一栋漂亮的房子前挂出三角旗，他们以为是给使团预备的，便走了进去。结果却不是，他们被带到一处破烂的房子。看来王仕基打算独占好地方。

小德经等人不甘受辱。回想起传教士罗广祥的建议，他们回到好房子前，赶走了伴送官的仆役，说房子是留给正使的。德胜当晚抵达，感谢他们使他不必在“公共棚屋”栖身。[16] 这一举动看来没有造成任何后果，于是第二天晚上，他们在阜城重施故技。“中国人企图把门关上，”小德经写道，“但我们制止了他们，并占领了房子。”[17]

一路走，直隶都是那么萧瑟：尘土飞扬的田野、破旧的房屋、行将坍塌的佛塔，以及另一具冰冻的尸体。但人们似乎不那么粗野无礼了。小德经迷路时，一个小个子中国人救了他：“他用最快的速度追着我们跑。看到他跑来，胳膊和腿就像风车一样呼呼地转，我们哈哈大笑。他追上我们时，已经上气不接下气，但领着我们走上了正路。”[18]

他们只用了五天就走出直隶。在省界，他们看到了大运河。河岸挤满了船只。还不到坐船的时节，运河的冰还没全化。他们通过由船只搭成的浮桥，硕大的冰块从他们眼前漂过。[19]

山东省似乎更繁华。他们受请的德州就有气派的城墙、漂亮的房屋和热闹的商铺。可惜，店铺似乎主要经营中式草帽。[20]他们在这里受邀赴宴，德胜觉得这次宴会比上一次还要讲究，直到他看见厨师是如何备菜的："厅堂外两个穿着脏衣服的普通厨师，徒手抓住一头猪或一只鹅，用指甲和一把肮脏的小刀剥皮，然后将肉盛在客人面前的小碟子里。"[21]

他没吃多少，不过表演很精彩。五十名表演者换了五六身漂亮的行头，技巧娴熟的年轻杂耍艺人则穿插在幕间休息时上台。[22]结束后，使节们在护送下穿城而过。士卒在前，鸣锣开道，官吏骑马，举着伞和上书金字的回避、肃静牌。德州知府在二十九名骑兵的护送下，坐着绿呢大轿晃晃悠悠地前进。队伍穿过城市，出城门，来到空旷的郊外，士兵鸣放礼炮。这种待遇可比匆忙进京时好多了。[23]

越往南走，乡村愈添绿意，人口也更加稠密。小村掩映在松柏之间，果园密布，土地肥沃。范罢览感叹："我很久都没见过这么美的景色了，特别是它们又被夕阳镀上了一层金光。"[24]在平原县，他们住在城墙下一所漂亮的房子里，本省巡抚抽着烟袋，和德胜同饮葡萄酒。[25]小德经过得不太愉快，因为他觉得当地一名官吏侮辱了他。此人看到范罢览，就说范罢览一定满腹经纶、腰缠万贯，因为他有个大肚子。"我们这些瘦得皮包骨的人，在他看来就是傻瓜和穷鬼。"小德经写道。[26]

不过，来到这片富饶的土地，总还是令人心情愉快。这里的景色与之前的有天壤之别。德胜写道："从居民的外表和穿着上就能看出来，这里的生活更好。"[27]这里人口稠密，农舍一片连着一片。范罢览数了数说，这里的农民比"我们去北京途中在西部地区见到的更多，那里的农民在我们看来简直穷得叮当响"。[28]他赞叹于田地竟耕种得如此均匀，还用几十文钱的价格买了一台播种机。小德经对它嗤之以鼻，说它太不结实，只能在最松软的土地上使用。[29]在禹城，范罢览吃到了平生所见的最大的一颗梨，它像柠檬一样黄，清脆、多汁、甜美。市场上的黄色胡萝卜比荷兰霍伦（Hoorn）著名的橙色胡萝卜大得多，这里还有"个头惊人的青萝卜"。[30]小德经发现，甚至这里的士兵都更高大，但女人很娇小。[31]

山东以名山著称，其中泰山最为出名，据说登顶泰山者可享长寿。皇帝年轻时多次登临泰山。也许这就是他年事已高依然身体康健的原因。[32]2月25日，他们走近这座名山的北麓，沿着陡峭的山路曲折前行。走进两座山之间的峡谷，山谷的风卷起遮天的尘土，让人无法呼吸。这里村庄如画，房子多是斜坡顶。一座堡垒矗立在高峰，一座寺庙坐落在苍翠的山巅。[33]

这条山路出人意料地挤满了手推车、帆车和小德经讨厌的人群。他说："他们非常不礼貌，甚至停下脚步当面嘲笑我们。"[34]他如果不是那么瘦，或许能得到更多尊重。

他们停留的大部分地方都很美，比如张夏，"位于群山之中，地理位置让它格外引人注目"。[35]德胜写道："我们从没见过如此多的城镇和村庄，到处都是客栈和小商铺，靠繁忙的交通而生。”[36]他们在泰山脚下靠近泰安处住了一夜，但没有登山，也许对自己能否长命百岁并不关心。范罢览后于六十一岁去世，德胜离世时六十七岁，对中国人的迷信格外厌恶的小德经，活到了八十六岁。

他们下榻的馆舍通常很舒适，但也有例外。在蒙阴附近的一个村子，他们不得不与一位教书先生和几名花匠共住一处。洋人得到了最好的房间，但很拥挤；小德经认为他们本应住在另一处更好的房子，但王仕基自己占了。沮丧的法国人没有心情扮演通情达理的洋人了："他们问我，我们国家有没有女人。我们说没有。在我们国家，孩子是树上长出来的。"[37]第二天早上，他的马鞍不见了。他怀疑是房子的管家拿了去，也可能是即将在此举行婚礼的新郎官不告而取。幸运的是，他取下了拴在马鞍上的旅行袋，否则他的日记本就丢了——他正是在这本日记里记下这个故事的。[38]他又拿到一个马鞍，质量差一些，但不影响他翻身上马，跑进农村。那里到处是水牛、绵羊和猪，男人却只有寥寥几个。小德经觉得他们样子丑陋，他还写道，"女人也没好到哪里去"。[39]当晚，他们睡在青驼的一所"公共棚屋"。[40]

群山远去，眼前出现广阔而平坦的平原。平原地区的土壤更黑，也更肥沃。尽管还在旱季，但脚夫在抬轿子和重物渡水时常有困难。尤其是在祊河，河面宽，水位低，他们面对的更像一片巨大的沼泽，而不是一条真正的河流。[41]随行官员宣称他们计划打发掉德胜和范罢览的脚夫，新雇一批人来，大概是为了节省开支。荷兰人表示抗议，原来的队伍才保留下来。

三月初，他们抵达江苏省边界。天气逐渐转暖，人们忙着犁地、播种，给幼树培土。不过，当洋人抵达镇子时，人们往往会从地里跑来看他们。[42]

3 月 5 日，风和日丽。他们再次到达大运河，爬上 35 英尺（约 10.5 米）宽的堤坝路，沿路而行。不远处，是与此平行的黄河，那里的堤坝更宏伟。范罢览写道，目力所及，路堤一直延伸到最远处：

> 与荷兰的堤坝一样美观，顶部至少有五十英尺厚。临水面坡度很大，就像联省过去四十年里建造的堤坝一样；似乎直到四十年前荷兰人才注意到，水对倾斜度大的表面的作用力比几乎垂直的平面要小，而且把这个原理应用在堤坝上几乎总是能避免溃坝事故。而中国人，在第一次建造水坝时就意识到这一点了。[43]

这些堤坝修得太高了，使团一行人几乎看不到河水，只能看到船帆的顶端浮动着经过。

另一个令人印象深刻的画面是挂在柱子上竹笼里的人头。告示上说，这人偷东西被发现，于是杀人灭口，皇帝下旨将他斩首示众。小德经说，这是“向中国人和他们的警察致敬”。[44] 事实上，皇帝的权威是如此强大，他们甚至看到两辆装满盐税钱的手推车，没有差人或卫兵看守。[45]

他们沿着运河堤走了几天，有时在堤坝上，有时在下面的田里，一直很从容。就在他们即将抵达横渡黄河的登船点时，寒意乍起，雾气迷蒙，继而天色转暗，疾风凛冽。眼见风雨将至，他们想快些到渡口避雨。小德经的马不肯快走，于是他把马交给下人，下人自以为驭马有方，胜过小德经，岂料此马不甘驱驰，如何鞭打也不肯出力，下人只好也弃马步行，小德经哈哈大笑。[46]

风雨袭来时，他们刚好到达渡口。时间太晚，无法渡河，他们只好在王家营运河驿站的一个小房间里挤了一宿。风从门缝灌入。德胜很满意，如果他们没能赶到这里，他就得在一处没有围墙的哨卡避雨了。[47]

狂风呼啸了一整夜，雷电交加，暴雨如注，早上又下起冰雹夹雪。这种天气不可能渡河，他们又被困了一天。雪从门上的缝隙吹进来，他们想尽办法保暖。[48]

次日早上，风雪已经过去，但德胜担心他们还要再过一夜，因为院子里都是冰，外面只有 29 华氏度（约零下 2 摄氏度），寒风刺骨。所幸，护送的官兵判断尚可渡河。脚夫开始将箱子运到河边。九点，德胜上轿，准备将他自己“运”过去。

王家营是一个繁忙的商业和交通节点，坐落在黄河黄褐色的泥巴岸边，供渡船和驳船停靠的土堤延伸到褐色的河水中。人们在岸边铺了稻草以增强摩擦力，但脚夫们还是在结冰的泥浆中滑倒了。小德经和阿吉看着他们运马匹上船。第一匹马安全登船；第二匹打滑，在渡船边被绞住了。他们割断了索具，马儿掉进河里。[49]

黄河在此处的宽度不超过半英里（约 0.8 千米），一名烦人的官员却让这段旅程度日如年。[50] 他事无巨细地向小德经讲述他如何与英国使团渡河，“如果我们愿意听，他肯定讲得更多”。[51]

对岸是一大片泥地，脚夫先将诸位绅士驮过去。到泥地边，德胜和范罢览再进轿子。随护人员也给小德经等人预备了单人小轿，但他们拒绝了，觉得这是他们见过的最破的轿子。他们要求骑马。“为了摆脱喋喋不休的大人”，马鞍一上好，他们就策马而去。[52]

前往清江浦的航程短暂，一路上天气明媚，途中经过了湿漉漉的田地。看来这也是一处繁华之地，码头上挤满了围观洋人登舟的人。航船很舒适。[53] 德胜的船上有间大客舱，两侧各四扇大窗。他决定将它用作餐室，后面一间做客厅，再后面一间当卧室，第四间给他的贴身男仆。后舱和上层还有船老大和船工的舱房。范罢览的船布置类似，甚至小德经的船也“又大又宽敞”。船上有四间大舱房和一间厨房 [54]——要是不必和另外两人同住就好了。

趁脚夫装船之际，使团一行人去购物。店铺很有得逛，他们看到了精美的瓷器，还有大量日用物资。就在夜幕降临前，船队驶入大运河，向着中国最富庶、人口最密集的地区顺流而下。德胜写道：“种种辛苦劳累都告一段落，我十分欣喜，也期盼舒适惬意地度过剩下的旅程。”[55]

第 18 章

航向春天：走运河，下江南

运河浑浊而湍急，给人的感觉更像是一条自然河流，而非荷兰式的市内通航运河（gracht）。船工在堤坝上跑来跑去，每人抬着两个轻巧的木质锚，其中一个拴在船头，另一个拴在船尾。引水员发出口令，船员听令下锚，将船头或船尾拉向岸边。通过这种方式，他们顺流转向。有时，他们会使用滑轮拉起桅杆，以便升起船帆，但大部分时候是逆风，所以桅杆通常平放在船身一侧。偶尔风刮得太猛，他们就将船拴在运河围墙上等待。

船上的窗户不足以抵挡寒风，但人们可以一边围炉取暖，一边眺望窗外忙碌的世界掠过：有人在耕种，水经过水闸倾泻到田里，盖在堤坝上的黏土房子，供马匹通行的专用木板道，用黏土和稻草修建、经不住水流侵蚀而不断重修的栈桥。他们不时望见高塔的五彩琉璃顶，看到一大群乌鸦展翅南飞，或经过这片地区的众多湖泊，比如水面广阔、渔船密布的高邮湖。有时，他们会遇到一艘运送贡米北上京城的漕船，船上挂满色彩斑斓的旗子，装饰着华丽的雕刻。

运河港口前的石码头非常拥挤，范罢览觉得这里比阿姆斯特丹还要繁忙。他们经过一个又一个镇子——宝应、汜水、高邮，于3月12日抵达长江下游的第一座大城市：以园林和寺庙闻名的扬州。[1]他们无法进城游览，但城墙之外也有风景。在北郊，诵经的僧侣迎他们入天宁寺，为他们上茶，还向他们介绍了开阔的庭院、三十只手臂的观音雕像和莲座菩萨像。[2]使团一行人抵达的消息传开了，等到他们返回坐船时，岸边已是观者如织。他们在整个航程中遇到过很多围观人群，这是人数最多的一次。

妇女并不打算避人，这与他们以往的经历形成了鲜明对比。[3]小德经写道："很难对她们的美貌发表看法，因为她们习惯将面部、嘴唇和眉毛都涂白。男人看上去就好多了。"[4]但范罢览热情高涨。事实上，他听起来非常兴奋：

> 这一整天遇到了很多漂亮女人，我们尤其欣赏一位大官的家眷。他们乘坐三艘大帆船从我们旁边经过。船上那些迷人的女人就站在窗边，既能看到我们，也能被我们看到。其中有三四个绝色美人。可以肯定地说，我们比坦塔罗斯更加不幸，因为除了"坦塔罗斯的磨难"，一发不可收的想象力也让我们像鲁莽的伊克西翁一样饱受煎熬。[5]

坦塔罗斯因为作恶多端而受罚永远受饥忍渴，伊克西翁因为与一朵宙斯妻子赫拉形状的云亲热而被缚在一个永远转动的轮子上。范罢览在中国的一艘游船上张望美丽的姑娘。

通过扬州拥挤的码头用了两个小时。“一切都繁忙而活跃。”德胜写道。[6]扬州的城门和城墙似乎维护不佳，有些楼宇和寺庙倒是令人赞叹，扬州（户）关尤其壮观。大运河沿岸的税赋是清政府的主要收入来源，而扬州是最大的贡献者之一。[7]

在城市边缘，他们来到一座造型别致的八角塔（即天中塔）前。这座七级浮屠把范罢览迷住了。佛塔顶部高高的塔尖上冠以黄铜宝珠。八条金色锁链从塔尖挂到塔顶屋檐，铃铎悬于檐角。[8]后来，他在建造名为“静居中国”的豪宅时，将仿照这座佛塔。不过现在，他只是仔细地将它画了下来，就像小德经一样。天中塔是高旻寺的一部分，该寺始建于一千一百年前，至今仍是中国重要的佛教寺院。皇帝下扬州时会驻跸于此，不过距他上次南巡已经过去将近二十年了。他们想停下来游览，但被告知必须继续赶路。这激怒了小德经，因为“皇帝明令他们要让我们看到一切胜景”。[9]他们只匆匆一览拱门、树林和围墙后的水道。

不过第二天，他们就交了好运。大运河上的堵塞让他们有机会游览了另一座皇家园林。[10]小径杂草丛生，楼阁几成废墟，梁柱窗棂腐朽，墙纸剥落，运河干涸，游廊摇摇欲坠，桥梁残破，一行人几乎不敢过桥。但范罢览对这个地方赞不绝口：“即使目前这个样子，此处也值得一看，因为它建筑种类繁多，庭院装点着奇山怪石，还有亭台水榭、湖泊桥梁。所有东西都是按照一个体系来布置的，艺术似乎隐藏在杂乱的自然中；树木、瓜果、花朵

高旻寺，扬州近郊。“Vue de Cau-ming-tsi, 12 mars.” 一位不知姓名的广东画师接受范罢览的委托绘制了这幅作品，依据的可能是范罢览的速写。高旻寺的天中塔给范罢览留下了深刻印象。他将以这座塔为原型，在自己的住所“静居中国”顶部起一座塔。

资料来源：Album of Chinese drawings and documents, BR 350, no. 22, Biblioteca Nazionale Centrale, Florence, Italy. Reproduced by permission of the Ministero per i beni e le attività culturali e per il turismo / Biblioteca Nazionale Centrale, Firenze. Reproduction prohibited.

和荆棘的画面看似偶然天成，实则刻意营造。”[11] 他多么渴望自己有笔力为欧洲读者描绘一座中国园林的美：

> 所有东西都相互交织，似乎已经到了混乱的地步，但天

才之处就在于，眼前的一切不会带给人一丝无序的不适感。一步一景，又因步步出其不意，而越发赏心悦目，引人注目。观者的惊喜不断，因为每个时刻都会产生一个新的画面。也许只有规划详图和图纸才能确切展示它们的构图，但什么规划能显示出这种秩序——它之所以完美，就是因为它无序？什么图纸能勾画出看上去如此不协调的事物所产生的效果？又有什么办法才能使不同的景物互借从而产生这样的生命力呢？[12]

范罢览在这里或许想到了英国建筑师威廉·钱伯斯（William Chambers）作品中的理念。钱伯斯出版了年轻时在广东所绘的速写，该书颇有影响力，在上一代人中掀起了一阵中式园林热潮。（钱伯斯写道，收集材料非常困难，"因为对外国人来说，当地百姓非常讨人厌，他们会扔石头，还用其他方式骚扰"。[13]）钱伯斯写道："自然是他们的范本，他们的目标是模仿自然以营造出其所有杂而不乱的美感。"他指出，在无序中实现这种秩序是极其困难的，因为"虽然原则简单明了，但要将其付诸实施则需要天才、鉴别力和经验，强大的想象力，以及对人类心灵的透彻了解"，因为"在天地间有多少种不同的安排，就有多少种变化"。[14]

小德经的反应却很平淡。他说中国人建造的东西不牢固：这处园林建成一百九十年来，至少已经重建过一次了。"虽然他们精心给木头和结构上漆，但日晒雨淋很快就会破坏油漆，一年不修补就足以毁掉整个建筑。"[15]尽管如此，他也承认，曾几何时，这处园林肯定美极了，有开花的灌木、池塘和亭台水榭，有小桥和石窟，还有蜿蜒花坛间的鹅卵石步道。

游园结束后，他们沿着堤坝漫步，俯瞰整理水稻田的人们。目之所及，村庄处处热闹繁忙。这正是他们读过传教士见闻录后期待看到的中国。“实际上，我们此刻就走在帝国最富庶的地区。”从挤在周围看热闹的人精美的衣着来看，这里的人“不识贫穷为何物”。[16] 煞风景的是，随行士兵似乎很喜欢殴打百姓，使团绅士请求他们不要动手，但无济于事，众人只好缩短了行程。[17]

风是逆风，运河船道还堵着，所以他们在扬州附近又停泊了两日，连绵的雨水把他们困在船舱。不过，看看来往船只也很惬意。漕船数量最多，又窄又长，色彩鲜艳，还有木刻装饰，有的甚至长达 100 英尺（约 30 米）。漕船有先于其他船只通行的特权，但控制这些重型船只移动可是一项艰巨的工作。漕运船工多达二十人，其中常有服刑囚犯。船老大、引水员以及他们的家人住在富丽大气的船舱。漕船很少把大米装满，船老大可以搭载付费乘客和货物来贴补微薄的收入。[18]

大部分船只都比漕船小。有将米运上漕船的货船、客船、官船，以及运送其他物品的船只——比如一艘堆满兽骨的船，据说兽骨是用来焚烧作为水稻肥料的。[19] 有一艘船上有十个朝鲜人，他们向范罢览招手，好像认识他，随即上了一艘小船，向使团驶来。“我们双方都完全听不懂对方说的话，”范罢览写道，“然后，他们似乎发现认错了人，当我们船上的一位大人命令他们回去继续赶路时，他们更难过了。”[20] 范罢览得知，他们在进京路上遭遇了船难。他猜想，他们或许去过日本，在那里遇到了一些荷兰人。

运河终于疏通，使团重新起航。不久，他们就到了“长江咽喉之地”，大运河将在这里借道于中国最长的河流。水面有一英里（约 1.6 千米）多宽，高大苍翠的岛屿从波光粼粼的水中露出。他们渡长江时，近距离经过了最美丽的岛屿：金山岛。岛上树木掩映，露出红砖琉璃瓦的建筑。相传，白蛇娘娘白素贞为了救出身为凡人的丈夫，在这里与乌龟精法海斗法。石码头环绕着小岛，码头有桥，有步道，还有汉白玉栏杆。山顶附近，树色中的楼台殿阁之间，一座高塔拔地而起。[21] 景色令人叹为观止。范罢览写道：“整个构图看起来仿佛一张风景画，画家将一切最令人赏心悦目的事物都汇聚其中。”[22] 他画了两幅细致的素描，打算交给他在广东雇的一名画师来完成。就连小德经也被迷住了，他画了一张素描并指出，金山寺之美名不虚传。

另一边，运河交通拥挤，水流也对行船不利。船老大决定停船，等待涨潮；于是，小德经得空上山，领略了“世界上最美的风景”。[23] 辽阔的江面延伸开来，中央是金山岛，对岸坐落着设有防御工事的瓜洲。[24] 江这边，镇江要塞高大的城墙下，屋瓦连成一片；城墙之后，还能望见城中的房屋、园林，以及一座高塔。镇江周围绵延数千米的田野上，房屋和村庄星星点点。不远处的山上，人们在扫墓。小德经驻足良久，将一切尽收眼底，然后才下山，穿过狭窄肮脏的街巷，回到船上。[25]

涨潮了，他们沿着狭窄的运河顺流而下。镇江的城墙上张挂旗帜，当他们从城下通过时，兵丁吹响了巨大的海螺号。[26] 这种

金山岛。这幅画名为《大金山行宫》，描绘了 1795 年 3 月使团一行乘船过长江时看到的美丽岛屿。这位匿名的中国画师可能是根据范罢览的素描创作该画的。

资料来源：By anonymous Chinese artist, Canton, China. Watercolor and ink on paper, 1795–1796, in Albums of Paintings Commissioned by Andreas Everardus van Braam Houckgeest, Peabody Essex Museum, Salem, MA. Museum purchase, 1943, AE86344.44, no. 233.

声音让小德经很难受，杂草丛生的城墙和桥梁也是，他担心它们会坍塌。[27] 运河繁忙，小船上的船工用巨大的钳铲疏通淤泥，然后一船接一船将淤泥划到岸边。[28] 范罢览想知道这种维护在经济上是怎么行得通的。[29] 不过，这个地方显然很富裕，人口众多。数量多到“不可思议”的人看着他们的船通过，从桥上、窗边和门口望着他们，男人多戴眼镜，女人涂着白粉和胭脂。妇女大方地观察他们，头上插着花。一名官员走近，她们就进屋回避；不过他一走，她们马上又走出门来。

江南多美人，她们光亮洁白的脸庞在 100 码（约 90 米）开外就很引人注目了。通过望远镜可以近距离观察：黛色画细眉，绛色涂上唇。[30] 还是远观更动人。小德经写道："她们手臂的颜色与脸部完全不同。牙齿也很难看，这可能是她们吸烟造成的。"[31] 范罢览觉得她们的妆容很不自然，"与其说是为了取悦于人，不如说是为了引人厌恶"。[32] 他认为应当少用脂粉，"这样，这些旨在让女性在爱慕者眼中更讨人喜欢、更迷人的神秘艺术才不会被荒唐的矫揉造作破坏"。[33] 尽管望远镜有时会让人紧张，但至少大多数妇女并不怕被人瞧见。[34]

不同的地区有不同的装扮风格。吕城的妇女在额间勒抹额，她们的抹额用黑色的兽皮制作（暖额），上面缀以珍珠。抹额让德胜想起了荷兰母亲给蹒跚学步的幼儿戴的包头帽。[35] 小德经欣赏这种风格，它让她们的妆面看上去不那么惨白。"尽管如此，依然很难看出她们的肤色，"他写道，"因为她们涂了各种胭脂和白粉——不是分区域涂画，而是混在一起；这样一来，有些人整张脸都成了红色的。"[36] 偶尔会出现一位特别迷人的女性，比如从一座宝塔二层屏风后看他们的神秘佳人。小德经称，她是"迄今为止我们见过的最美丽的女人"。更多时候，他对人评价不高："女人丑陋，男人还好看些。"[37]

使团一行人也对缠足感到好奇。有一次，范罢览得以近距离观察一双三寸金莲：

> 一个十八岁的少女向我招手，让我仔细观察她的脚。我可以根据这次经验来证明，无论是脚还是腿，都没有变形，也并不让人恶心……我看到的那只脚，在裸露的状态下被我触摸的那只脚，没有任何令人不快之处。各个部分都构造均匀，只是小脚趾看不见，因为它处于一种不自然的位置，我之前提到的弯折让其处于这种位置……我深入地讲这些细节，是因为我相信中国女人的脚很可能从来没有被一个外国人这样仔细地观察和研究过。[38]

他没有透露如何安排了这次私密的会面，也没有透露这个少女是谁。[39]

据说，绝代佳人都住在苏州，这是中国最著名的城市之一。16 世纪曾游历中国的耶稣会士利玛窦将这座城市誉为人间天堂，还引用了一句谚语："上有天堂，下有苏杭。"他说这里比威尼斯更美，因为这座意大利城市的运河水是咸的，而苏州的河水纯净清澈。[40]

天色阴沉、寒风凛冽，德胜等人漂向这座城市，距离越近，运河岸越低，河上交通越繁忙。3 月 20 日晚，他们的船进入苏州后第一次行至桥下，这几座桥"同样壮观优雅——不可能建造出更美的桥了"。[41] 和威尼斯一样，苏州的房子多是临河而建。每扇窗户、每座门前都挤满了围观者，其中不乏娇俏的女人。甚至三四岁的女孩也涂脂抹粉。[42]

运河上水泄不通，船夫费劲地给洋人腾出空间，让他们泊在气派的牌楼前，那里有官兵设的哨岗。这是明智的预防措施，范罢览写道，因为“如果没有这样做，我们的船就要被挤上来的人压沉了”。[43] 天快黑了，所以使团一行人都在船队附近没走远。早上，他们将上岸参加筵宴，有一整天的时间游览。[44]

苏州的一天开始很顺利。当地不但为德胜和范罢览备了单人轿子，也为小德经和使团其他年轻人准备了，每顶轿子配备两名轿夫。（德胜和范罢览坐的是四人轿。）小德经很感激这份关心，并且渴望参加筵宴，因为到目前为止，他只有与下人一同在旁看着的份儿，这有损他的尊严。现在，范罢览一番安排，让使团诸位青年也获邀了，虽然这并不是为了小德经——范罢览是为了照顾自己的侄子雅各布才这么做的。

他们坐轿进了城门，沿着一条“挤满好奇人群”的狭窄街道前行。[45] 看客“人山人海”，以至范罢览对每个路口把守的士兵心存感激。[46] 沿街的店铺很小，乏善可陈；也几乎没见到女人的身影。

府衙宽阔的庭院站满官兵，张灯结彩。后面供着谕旨。范罢览和德胜上前叩头时，瞥见了屏风下的小脚。抬头看时，描画过的眉眼正透过小玻璃窗窥视。

看来洋人又一次被当戏看了。他们扮演好自己的角色，叩头，坐在小案旁，礼貌地品尝下人跪奉的水果和肉类，尽管吃得很少——德胜此前已经命人准备欧式餐食稍后享用，因为他们“不太喜欢中国菜”。[47]

扮作鸟儿的艺人开始在戏台上飞来飞去，表演没完没了。一个小时。两个小时。最后，德胜终于起身，告诉知府大人他想看看苏州的风景。

对方回答说，没什么值得看的，而且番菜已经备好了。他把使团众人领进一个院子，餐桌已经在寒冷的户外摆好。德胜不愿像动物园的动物一样在众目睽睽下用餐，于是宴席挪到旁边的房内。一众官吏看着他们用刀叉吃饭。

德胜再次提出要游览苏州。知府又说没什么可看的，但他会在晚宴结束后安排。老中国通范罢览向同伴们解释，这就是在中国办事的方式：

> 中国人和东方其他国家的人一样，有一个习惯，就是贬低属于他们的每一样事物，把它们说成非常普通的东西，与此同时对外国人向其展示的一切都给予过分的赞扬。我们听过许多关于苏州府的事情，这是一座名城，所以我们理所当然地认为知府的回答只是谦虚而已。席间，我们满脑子只惦记着将要看到的有趣的事物。[48]

结果他们大失所望。饭后，他们坐轿穿过狭窄而普通的街道，来到一处寺庙庭院。这里破败不堪，他们所见到的一切“几乎不值一看”。[49]他们爬上假山，望见船只密布的水道、稻田、高塔和寺庙，但这座花园似乎远离城市的核心。

他们拒绝了僧侣的品茗之邀，说想继续逛其他景点。令他们意外的是，向导竟说没有地方可去了。当德胜表达失望时，他们说还有一座寺庙，但离这里很远，比这座还要差。范罢览递给向导们一份名胜清单，但他们对每处景点都提出了反对意见：太远了，太破旧了，太难走了。[50]

"就这样，"德胜写道，"我们带着糟糕的心情回到船上。"[51]当他们得知仆从竟有机会在城里走动，看到漂亮的商铺和美丽的女人时，他们的情绪更差了。他们觉得自己是被匆忙赶出这座名城的，很想知道是为什么。说不定是王仕基的责任。他在杭州做过盐商，之后他们会途经这座城市。也许，他是急切想赶到杭州去看望亲戚。[52]可是，他们的船在苏州城外又停了八个小时，他们听说王仕基为买两个小妾而推迟了出发时间。[53]也许他在庆祝升官吧。

船终于起航了，驶过美丽的油菜田（花已经开了）和桑园。这让小德经不禁想起了葡萄园，因为每棵桑树都修剪得只留下三根短粗的主枝。[54]修枝可以提高桑叶的质量，为蚕宝宝提供更好的食物。他们现在进入的浙江省以丝绸闻名，他们越向南，看到的桑树就越多。[55]

这里水源丰沛，与北京周围尘土飞扬的平原形成了鲜明对比。水渠和运河蜿蜒纵横，流过田野，汇入数以千计的湖泊和池塘。冬季是旱季，但农民正在为防春汛做准备。范罢览注意到，庄稼——甚至桑树——都栽种在垫高的土地上，"从而更迅速地排水，保护土地以防水土流失"。[56]逝者也需要保护。他们被安放在高出地面的、房子似的小坟冢里。穷人除外，他们的棺材常常露天放置。掀开棺盖，尸骨便暴露出来，“景象骇人”。近期入殓下葬的还会散发出“令人难以忍受的恶臭”。[57]

他们途经繁荣的村落：吴江，有坚固的城墙和广阔的郊区；平望，一个行政级别较低的镇，但范罢览说“这个地方如此之大，人口如此之多，漂亮的房屋如此之密集，很多真正的城市都无法与它相比”[58]；旺冈泾，地图上几乎找不到这个地方，但有石拱门、漂亮的房屋和制造铜锣的工场[59]；石门镇，也是一个行政级别较低但规模巨大的镇子，横跨运河两岸。这些村落，以及众多更小的村子，都建有大量码头和桥梁。范罢览说：“当我们得知最近的石料采购点距离这片地区都有一百五十里，有时甚至更远时，再看这些地方所用的毛石数量……这就着实令人惊讶了。”[60]

到了乡下，丘陵多起来，栽种着桃树、橘树、李树和梨树，树枝光秃，但鲜花盛开，构成了一幅美景。[61]

他们正驶近杭州，这座城市比苏州名气更盛。马可·波罗称它为世界上最大的城市。[62]他提到了这里的一万两千座桥，数不清的店铺和市场（“商贾众多，财力雄厚，他们的财富多到不能说与人听、令人无法置信的程度”[63]），这里的税入（“数额之巨，前所未闻”[64]），这里个头巨大的梨子和美味的桃子，还有这里的女人——那些“美若天仙的”[65]和“性格恶劣的”，她们“精通各种魅诱之术，对各色人等应对自如；因此，外来者一旦屈服于她们魅力就像被蛊惑了一样，永远无法摆脱这种印象”。[66]在马可·波罗之后的几个世纪里，杭州有时会被中国的其他城市超越，但它并没有失去光彩。传教士们依然将它称为中国最富有、最大的城市之一，尽享天时地利，拥有数量惊人的居民（超过一百万人）、四通八达的运河和世界上最好的丝绸。按照杜赫德[67]的说法，杭州的确不负“人间天堂”的美誉。[68]

“天堂”于3月24日悄然映入眼帘，但时间太晚，已不便游览。他们在舒适的船上过了一晚（之后将在城市另一端换新船）。第二天早上，队伍浩浩荡荡地进入杭州。甚至连小德经都分到了四名轿夫。乍看之下，这座城市令他们有些扫兴，“街巷狭窄”，但很快他们就穿行在店铺林立的宽阔大道上。[69]“令我惊讶的是，在各式商铺中，”范罢览写道，“竟然有三家钟表行，还有大量店铺摆满了熏制的火腿。仿佛威斯特伐利亚就在中国，而且就在这座城市附近。”[70]他们途经一座宏伟的清真寺，清真寺建有中式屋顶和一座巨大的拱门，门上刻着阿拉伯语铭文：“为旅行途中及希望查阅《古兰经》的穆斯林所建之寺”。[71]围观者将街道堵得水泄不通，保持着“深深的沉默”；在十字路口，喧闹的人群则挤上前来，想一看究竟。[72]妇女从门口、窗边和有意停放在便利位置的轿子里投来目光。[73]

他们花了四十五分钟才抵达浙江巡抚衙门。院子里站满官兵，巡抚大人戴花翎，率一众随从迎接使团。小德经喜欢他，他“一把年纪”，面容和蔼可亲。[74]使团众位绅士不知道，这位吉庆大人（全名爱新觉罗·吉庆）是远支宗室，由于和珅与皇帝这层姻亲关系，所以他与和珅也算沾亲带故。（他后来擢两广总督，据说在任上吞鼻烟壶自尽。）[75]正如德胜所写，难怪“这里的一切安排比苏州要隆重得多”。[76]

吉庆和随从将他们带到一杏黄华盖下，在那里照常叩头，宣布谕令。不过，他们坐下来吃饭时，吉庆离开了。这似乎很失礼。在苏州的最后一次筵宴上，巡抚也起身离开了，此前的筵宴上从没出现过这种情况。德胜自认为知道原因：因为年轻绅士们入了席，就像他们在苏州第一次入席一样。[77]范罢览为了侄子，执意要求安排年轻人也出席筵宴，但他们级别远低于巡抚，吉庆肯定是因此才离开的。

仅仅半小时后，德胜也起身准备离开，迫不及待想去欣赏美景。这一次，他没有失望：他们要畅游西湖。

数百年来，杭州广受诗人和画家赞颂，其中也包括当今圣上，他曾多次巡幸杭州，留下了很多诗句和御制诗碑。因他品题诗赋而成的二十四景，每一景都有他的题额。他和父亲、祖父都对西湖欣赏有加，将西湖诸景作为圆明园仿照的原型。

自从马可·波罗在 13 世纪介绍过杭州园林之后，它们就闻名欧洲了：“周长三十英里，周围都是美丽的宫殿和房屋，建造如此之美妙，无与伦比。”[78]他还讲述了人们如何乘坐五彩缤纷的游船，船夫坐在上头，用长杆撑船而行。“水上游览的满足感超过了路上游览可能带来的任何享受，因为当湖面沿着城市展开，而你站在船上，离岸边有一定距离时，你就会发现它的一切宏伟和魅力之处，宫殿、寺庙、庵堂和园林，还有一直延伸至水边的参天树木。”[79]四百年后，杜赫德的作品也描述了美丽的寺庵、庙宇和皇家宫殿，莲花浮在水面上，湖水“清莹秀澈，可以看见湖底最小的石头”。[80]

尽管天气阴冷，还是有众多官员参加了今天的游览。他们每人都带着一众下属、打伞的侍从和伺候的仆人，穿过城门时形成了一支庞大的队伍。一行人沿着杭州城杂草丛生的古老城墙走了一段，然后攀爬几步，俯瞰西湖。湖面上点缀着树木葱茏、布满亭台楼阁的岛屿。湖泊周围是青山，山上满是别墅、寺庙和高塔。“一幅迷人的画面。”德胜写道。[81]

他们沿着宝石山下的北山路行进，宝石山顶就是七层高的保俶塔。他们在苍松翠柏间一座宏伟的墓园前停下。[82] 最引人注意的一座碑陵纪念的正是他们久闻其名的官员：岳飞。[83] 岳飞是一位才华横溢的年轻将领，他率军抗金，却在胜利前夕被妒忌他的对手秦桧诬陷叛国。秦桧说服宋高宗赵构将岳飞赐死。几十年后，岳飞才得平反，成为忠义典范。

他的墓前是卖国贼秦桧及其妻王氏反剪双手的铁铸跪像，王氏的雕像无头。德胜等人按照习俗，击打跪像。德胜写道：“学着每个凭吊岳飞墓的人，我们对诬告者的头部、面部和胸部击打数次。我捡了一块石头留作纪念。”[84]

岳飞墓是一处主要的观光景点，可今天欧洲人自己也成了一景。渔民和游客划船靠近岸边，想一睹他们的风采。在可以欣赏到“平湖秋月”的孤山附近，一群女士步履蹒跚地走来，想朝轿子里偷看，但她们都裹了小脚，没能跟上。[85]

一行人通过一英里半（约 2.4 千米）长的堤道穿过湖面，堤上有几座高高的拱桥，船只可从桥下通过。这条堤道本身也是一

西湖“柳浪闻莺”。这是杭州西湖的一处著名景点。使团一行对中国最知名的名胜之一——西湖留下了深刻的印象。

资料来源：By anonymous Chinese artist, Canton, China. Watercolor and ink on paper, 1790s, in Albums of Paintings Commissioned by Andreas Everardus van Braam Houckgeest, Courtesy of Peabody Essex Museum, Salem, MA. Museum purchase, 1943, AE86344.44, no. 53.

处著名的景点：苏堤春晓。范罢览已经（或将要）委托画师绘制苏堤的画作。

他们行至对岸，下轿，登上南屏山。山坡上遍布亭台、假山，还有曲折的小路。范罢览写道：“赏心悦目的丰富变化营造出迷人的风景。站在山坡随处可见的亭子和圆顶建筑中，可俯瞰湖面和湖上岛屿的全貌；对岸，则能一览各式房屋、寺院、庵堂、碑林和高塔，它们散落在其他山峰的山腰，也点缀在顶峰。这么多景物结合在一起，构成了想象中最引人入胜的风景。”[86] 这也是皇帝最爱的美景之一，他的题刻就在这里：小有天园。小德经认为，如果这个地方修缮得好一些，甚至真能配得上皇帝的赐名。

他们一级又一级石阶地往高处爬，沿着一条陡峭的小径爬到山顶。顶峰的胜景不负辛苦。一边是西湖，一边是钱塘江；很快，他们就将沿着葱翠的江岸航行，岸边满是房屋、墓碑和皇帝驻跸的宫殿。小德经写道：“我们本想停留久一些，细细欣赏美丽的乡

杭州西湖上的桥和小舟（Bateau du Lac Syhou）。这幅版画可能是根据小德经的素描原画绘制而成，描绘了杭州西湖的景色。游览这处风景名胜给小德经留下了深刻的印象，尽管他仍无法摆脱一种忧郁的感觉。

资料来源：Chrétien-Louis-Joseph de Guignes, *Voyage à Péking, Manille et l'Ile de France: faits dans l'intervalle des années 1784 à 1801*, vol. 4 (Atlas) (Paris: Treuttel & Würtz, 1808), plate 59. Public domain.

村，但寒冷的北风把我们吹了下来。”[87]下山的路让人迷惑又难走，小路在山石间蜿蜒曲折。

在净慈寺，好奇的人群跟在身着灰色常服和浅红袈裟的住持身后，住持向洋人一行介绍了佛像、佛塔和数百个小雕像，其中一部分在小德经看来像非洲人："有像他们一样的卷发和胡须。"[88]其中还有当今皇帝的造像，使团不以为然。范罢览说，这显示出"一种更甚于其他国家元首的奉承，一位明智的国君理当拒绝"。[89]小德经则认为此举有物质上的动机："可以推测，提前将君主神化必然会引得他慷慨赞助，这里的佛塔和其他所有建筑也的确养护得极好。"[90]

向导还向他们展示了寺里一口神奇的水井（即运木古井）。僧侣将一支蜡烛放在一根长竹竿末端，然后深入井底。烛光照亮了井底一个巨大的树桩。人们说，寺院的木构件完全是这一棵树制成的，寺院建成之时，这棵树也不再生长。"僧侣们带着世间最虔诚的信仰向我们讲述了这个寓言故事，我们也以同样的方式接受了它。"小德经写道。[91]

矗立在净慈寺不远处的雷峰塔建于公元10世纪，最初为一位妃子（黄妃）而建。[92]它在民间传说中很有名，因为白娘子就被宿敌乌龟精法海镇压于塔下。它也构成了西湖的又一处著名景观——雷峰夕照。[93]雷峰塔的外部结构已经因战乱和长年风剥雨蚀损坏，仅存赭色砖塔塔芯，夹杂着几丛灌木。[94]一行人走入塔内。木质横梁和搁栅早已消失不见，但德胜认为它还能屹立几百年。

西湖的可看之处数之不尽，让人应接不暇。在僧人的指引下，他们一路前行：又一座山，又一座庙，又一片湖光岛景。

然而，小德经的阴悒之感挥之不去。“在这里，人会被一种忧愁伤感的情绪影响。我说不清我产生这种感觉是因为这些地方的古老，还是受了阴郁天气的影响。这暗淡的天气让覆盖山峦、环绕墓园的松林弥漫着悲伤的气氛，但这种情绪已经伴随我很久了。”[95] 他觉得欧洲人可以将这里建得更好：“如果这片乡村属于一个欧洲国家，如果人们建造了结构更坚固的楼台殿宇，那么这里会成为世界上最美丽的乡村，但中国人建造的一切在短短几年之内就成了废墟。”他认为中国人不太善于欣赏自然之美：“他们渴望效法自然，结果却与自然疏远了。”[96]

范罢览的印象则截然不同：“在这风景如画的地方，几乎所有景物尽为大自然的杰作，即使它偶尔借用了人工的帮助，也都是恰到好处，以至于一切看起来依然只是自然的创造。”[97] 他对西湖的美景欣赏备至：“这座湖及其周围地区在整个中华帝国都享有盛誉，这不是没有道理的；并且可以肯定的是，如果大自然在欧洲创造了这样令人快乐的环境，它的美丽也会被不断地颂扬。”[98]

他只希望能在这里多待些时间。“需要八天甚至两倍的时间，才能领略这个地方的所有美景，仔细探究每一样事物，不错过任何环境、建筑、岛屿或景观；毕竟，要一样不落地看全是不可能的。”[99] 德胜也有同感。他写到了他和其他人坐在轿子里，“喋喋不休地抱怨不能在这个怡人的地方待八天，悠闲地看遍每一处景色”。[100] 小德经希望住上整整一个月。[101]

不过，是时候动身了。傍晚时分，他们感谢了好客的僧人，钻回轿子，被抬着向南，穿过美丽的山麓来到河岸。排场壮观。牌楼上彩绸飘舞，一排排士兵吹螺号，放火枪，头盔闪亮，高举长矛。

他们在这里始终受到优厚的待遇。小德经自认为知道原因：

> 大使在杭州受到优待，由此我们得出结论，其实各地都可以如此。但之前所到之处，我们的主要随行大人，一个非常傲慢而愚蠢的人，取代了大使的位置，自己享受了不应该享受的礼遇。因为他生于杭州，是本地商人之子，所以才不敢在这里假充大人物，这就是当地的一切安排都符合最高规格的原因。[102]

或许如此。不过他们受到优待也可能是因为和珅的亲戚是这里的巡抚，并且早已耳闻皇帝与和珅对荷兰人青睐有加。

无论如何，都要告别长江下游的“人间天堂”，沿着钱塘江穿过浙江省了。他们迫不及待想看看新船。

第 19 章

浙江和江西

船在一大片滩涂尽头等候，那里挤满了人。二百辆大车排成一行，用作跨过淤泥的桥梁。牛倌骑在水牛背上，跟在轿子旁慢慢走，试图向轿内窥视。[1] 德胜对船不满意。上一艘船很大，有专用的卧室、客厅，还有供仆人、船老大和船夫使用的舱房；这艘船却“又破又小”，舱房狭窄，里面是几张嵌入式的木床。[2] 前后还各有一间房，前面的极小，后面的是留给船主的。最糟糕的是，船体周围没有供船夫从船尾走到船头的甲板，他们必须从顶部过去，或穿过主舱。[3] 只有小德经高兴了：船太小，所以他终于可以独享一艘。[4]

为什么船这么小？因为钱塘江不深，到处都是浅滩。钱塘江的通航能力虽远不及长江，但也是一条水上大动脉，将把使团从杭州送往 150 英里（约 240 千米）外的常山港。他们从常山港要上岸行陆路一天，再到长江流域换新船。降雨和潮汐决定了江上的情况瞬息万变。钱塘江的入海口杭州湾状如一个巨大的漏斗，

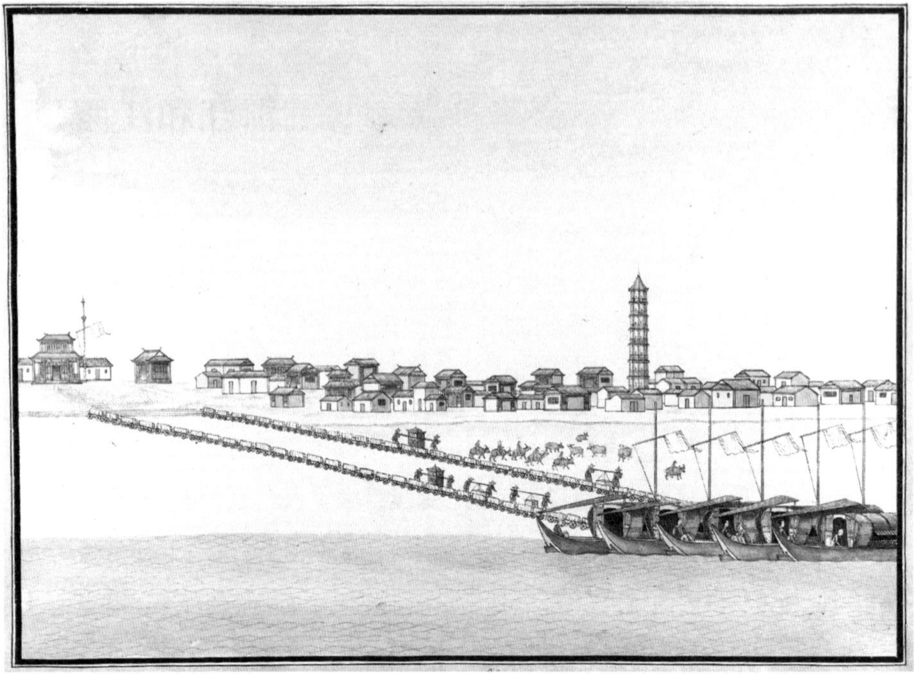

在钱塘江岸登船。“Vue de notre embarquement à Tsakhow, 25 mars.”这幅画由范罢览委托画师绘制，描绘了他和德胜必须经过钱塘江边的滩涂才能上船的情景。大车成排停放，组成走道。人们骑着水牛在旁跟随，试图窥视轿内的情况。

资料来源：Album of Chinese drawings and documents, BR 350, no. 46, Biblioteca Nazionale Centrale, Florence, Italy. Reproduced by permission of the Ministero per i beni e le attività culturali e per il turismo / Biblioteca Nazionale Centrale, Firenze. Reproduction prohibited.

当潮波涌来时，这里就会形成举世闻名的“涌潮”。一位古代诗人[5]曾这样描述这一现象：“海面雷霆聚，江心瀑布横。”这是一处奇观，尤其是中秋前后，人们多聚集于此，一边观潮，一边小心翼翼地避免被撞击海堤的大潮卷走。在海潮中是可以行船的，但船必须又小又轻又结实。

当天晚上，他们有幸观赏了涌潮。在宽阔的江面上徐徐航行了一会儿，天空乌云密布。六和塔矗立于高耸的青山之上，他们在山脚停了船。显然，他们必须等着王仕基。使团里的几位绅士到附近的寺庙探索，水手开始将船移至更深的水域，以远离岩石和其他船只。潮水于晚六时奔腾而来。[6]“我见到了这一生从没见过的景象……”范罢览写道，“水突然涌入，来势汹汹地涨起来。”[7]按杭州的标准来看，这不过是弱潮而已，这让范罢览好奇，潮峰最高时会是何种景象。

船回停泊处，将散步的使团成员接回，度过船上的第一夜。这一晚过得并不好。环境逼仄，他们不习惯与用人住得这么近。“他们准备饭菜时，”范罢览写道，“烟雾和难闻的油脂味都熏得我难受。”[8]

第二天，他们还在等王仕基，心情越发沮丧。王仕基已经传了话来，称巡抚或将来访，所以他们甚至不能去参观佛寺或拜访寺里的僧人，反倒要将小船收拾出来接待。巡抚根本没有露面。他们怀疑王仕基编造了整件事，以为自己争取逗留杭州的时间：

> 有人传言，抚院要来见大使，于是我们提前回去（船上）。但他并没有来。这是我们的伴送官大人虚构的。他父亲过去在这里经商，父子二人通过行贿做了官。他是我这辈子见过的最愚蠢、最虚荣、最无知的人。他家人住在这座城市，于是他进城待了几天。也许是为了在城里做生意，因为他买了一些怀表，需要时间来处理它们。他向我们讲了种种

故事，但我们对他的话丝毫不信，因为那都是他为了争取时间编造的。[9]

最后，德胜还是去参观了寺庙，但他心情不佳，景色都显得沉闷。建筑疏于照管，最主要的一座竟被用作木材仓库。从塔上眺望，景色倒也怡人，但天色阴沉。与僧人饮了茶，他就回到船上。[10] 他们本可以在西湖多待一天，却被困在这里，想想真是可惜。

次日，王仕基赶到，他们的钱塘江之旅开始了。轻舟速度很快，但江水蜿蜒，因为纤道沿山丘上上下下，还要经过年久失修的桥梁，纤夫很是辛苦。范罢览把这归咎于他们用错了办法。在大运河上，拖船的每条绳子都系在一条粗缆绳上，缆绳又绑在桅杆上。而在这里，每名纤夫都将自己的细绳直接系在船上。在范罢览看来，这种办法效率低下。这也是中国百里异习、千里殊俗的一个例子：

这让我想到，不同省份居民的习俗之间，相似之处是如此寥寥，以至于我们很难认为他们来自同一个国家。他们几乎没有一处地方可以说成是一致的。语言、服饰、头饰、船只、行政管理形式、农业，总之，各个省份几乎事事皆有不同。大人们讲的官话是整个帝国里唯一相同的东西；但从一个省到另一个省，方言相差极大，以至于我们的广州仆人很难听懂其他地方的语言。如果这种差异在我们旅经的七个省份都如此明显的话，那么很有可能其他所有省份都存在这种情况。[11]

该省的另一特色是驾小船时用脚划船、用手掌舵的方式。小德经第一次见到时，以为划船者必定身有残疾，还奇怪为什么同船船员不帮忙。[12]情况并非如此，这就是当地船家的驾船方式而已。

江面宽阔，使团成员将他们的船与厨师的绑在一起，一边用餐，一边远眺山峦、村落、田里劳作的人、在垫子上晾晒面条的孩子[13]、从山上草地俯瞰他们的水牛。[14]山顶矗立着高塔，山坡的果园桃花盛开，黄色的油菜花在山谷中摇曳。在一些地方，山一直延伸至江边，空间不够种田，但有一些房屋集中在水边的仓库周围，小船就在仓库装载木材。群山渐渐退去，让出更辽阔的平原，风景如画的小镇出现了：壮丽的富阳，后面是巍峨的山峰，城墙背后耸立着岩石山坡，露出粉刷成白色的房屋。唐家埠[15]，就掩映在“密密层层的树木中间”。[16]

经过距离杭州大约40英里（约64千米）的美丽小镇桐庐后，江面收窄，水流加快。有时江水太浅，船就搁浅了。但小船正是为这种情况而生的，它们很快就能脱离险境，而且基本不会受损。纤夫必须不断调整纤绳，这是一项艰苦的工作。

在一个叫三江口的地方，钱塘江（这一段称为富春江）与两条支流汇合，每条支流各有名字。一座围墙高耸的城市——严州就坐落在气势恢宏的群山之下。[17]使团一行航向富春江的南支兰江，远处雷声隆隆。此地多山，但农民在山坡上开垦了梯田，范罢览觉得非常漂亮。[18] 在江水拐弯处，肥沃的山谷营造出变化之感，德胜很是喜欢。[19]

每一寸耕地看起来都划成了整齐的方块。范罢览写道："中国人由此证明，在帝国的每一个角落，他们的农艺都绝不亚于欧洲人。"[20] 他还说，欧洲人确实直到最近才开始改进农耕实践，并且效果并不如意：

> （中国人）还有一个优势：能够夸耀他们早在几个世纪以前就将这门技艺发展到了如今臻于完美的水平，而我们欧洲的民族直到最近这些年才想到改进古老的做法。即便如此，我们取得的成功也极少，因为农民完全依靠习惯、效仿祖先之道，顽固地坚持老办法，所以要向他们证明在农耕和畜牧饲养上做出某些改变是有益的，这完全是徒劳。这是一件无法说服他们相信的事情。[21]

亲眼看到在早期观察者行记中读过的内容，令范罢览心满意足。比如，杜赫德曾详细描述中国茁壮的稻田："没有一寸可耕种的土地上不栽种优质的稻子，中国人是如此勤劳，他们平整了所有可耕种但不平坦的地方。"[22] 杜赫德等人认为中国的农业生产力是由明智的政府培养起来的，这在皇帝每年的春耕典礼中得到了体现。在典礼中，"皇帝（按照这一卓越君主制古老创始人制定的礼仪）以庄严的方式亲自耕种几畦田，为农民做表率，地方官都要举行这个仪式。”[23] 一些欧洲王公也效仿了这一做法。[24]

范罢览自视为中国农业的宣传大使，尽管他抱怨其他西洋人朽木不可雕，不愿以他为榜样。[25] 他希望回到西方后，传播中国的农业知识和高超的工程技艺。比如，这里水磨的建造方式就“彰显了中国人的聪明才智”。[26]

尽管如此，他还是无法相信这些田一年里的收获不止一季小麦，还能再产两季稻米，即同一片田每年可以收获三季。经过一番思考，他最终认为确有其事，因为麦子已经长得很高了，甚至一个月内——也就是夏天到来之前——就能收成。这些地区与他们进京途中经过的“贫穷而悲惨”的地方简直有天壤之别！[27] 令他惊讶的是，中国的统治者竟然定都北方而不是南方。

这片富饶之地并不仅仅出产优质的小麦和稻米。在兰溪，绅士们品尝了闻名遐迩的金华火腿，醇厚的瘦肉和细腻的肥肉红白分明。火腿很鲜美，但金华看起来景况不佳，残破的塔楼立在行将崩塌的悬崖上。

他们穿越钱塘江流域的航程于 4 月 4 日结束，抵达常山的河岸时，那里已经泊满了被雨水淋得亮晶晶的小船。官兵奏乐，鸣炮。人群拥在五颜六色的帷帐和亭榭前，数百把伞在人群中起伏摇曳，这一切都为德胜带来“一种奇异而沉醉的氛围”。[28] 他们将在“这些糟糕的船上”度过最后一晚，次日长途跋涉 26 英里（约 41.6 千米）去玉山换新船。他们听说，新船会高级得多。[29]

但到了早上，德胜说天色太暗，天气太冷，还下着雨，他想待在船上，天晴再动身。范罢览说服他改变了主意，很快，他们就坐轿子从人群中挤了出去。小德经和旅伴一人骑着盲马，一人骑着跛马，这让他大为光火，因为他认为好马已经被一名官吏征用了。他予以报复。“我们牵了两匹马就走，它们本是给我们的小官预备的。”[30]孩子们叫喊着，追了一会儿。

很快，天放晴了，德胜下轿，在宽阔的鹅卵石路上漫步。道路缓缓上坡，两旁是野玫瑰，蜿蜒穿过种满小麦、大麦、萝卜、豌豆、火麻和黄油菜花的田野。[31]山涧在桥下潺潺流淌。小德经的同伴在马匹绊倒时被抛进水田，他安然无恙，风景也美极了。

“这座山谷里众多的村庄，各种各样的树木和芬芳的果园，面对它们每时每刻所呈现之景色，没有一个真正的农业爱好者会奢求更多。”范罢览写道。[32]每个村子里都有带顶棚的仓库，为货物和人们遮雨，这让范罢览认为中国具备良好的公共秩序。

午间时分，他们在草平驿附近停下饮茶，最后呷上一口浙江的味道，然后穿越省界，进入江西省。现在，这条路开始下坡，经过陡峻的石桥，跨越湍急的江水。范罢览认为，这里的流水将汇入他们进京途中穿过的大山谷，他们很快就会在回程路上通过这座山谷了。[33]

他们赶到玉山时，刚好下起雨。这里没什么可看的：地方很小，砌有低矮的石墙，破烂的小房子，简陋的店铺。但他们住的地方又大又好。[34]这处馆舍通常供来往商人使用，去年马戛尔尼勋爵也曾下榻。

次日，趁着装船的工夫，他们探游了一番。围观民众多得“超乎想象”，但十分平静。[35]他们见到的最有趣的东西是一座寺庙里冒着热气的鲜血和鸡毛，这是祭祀的残迹。小德经真希望自己早一步赶到[36]，因为这是他“第一次听人说起血祭”。[37]范罢览也十分感兴趣，因为他注意到，中国人通常会用食物供奉他们的偶像，然后再将贡品吃掉。[38]他们将血祭告诉德胜，后者则说他并不惊讶：“中国人在巴达维亚法院前杀鸡、发誓的做法由来已久。”[39]

小德经一度找到机会向王仕基显示了轻视。王仕基与当地官员见面后返回，阵势大极了：“前面是兵丁、刽子手、拷打用刑者和戴着镣铐的人……他为声势显赫的排场得意非凡，以为我们会停下来向他致意，但我们继续走路，甚至没有看他一眼。”[40]

新船满足了他们的期望。德胜称：“我对旧船有多不满，就对新船有多满意。船非常大，宽敞，还有两个上好的舱房。”[41]小德经发现这些船比他们在大运河上乘坐的要小，他认为这应归咎于官吏的贪婪，他们“总是通过克扣为自己牟利”。他挑了其中最小的一只船，这样就有机会独享了。[42]范罢览喜欢他舱房的窗户，尽管淫雨霏霏，但他可以透过窗户欣赏美景。[43]

水流载着他们，经过村庄、冷杉林、水车、田野、果园和稻田。有时雨势滂沱，他们只得停船，比如在河口——那里的房屋用红色砖石建成；比如在弋阳——当时暴雨夹杂冰雹砸在船上[44]；还有黄邱铺——雨点敲打在船顶，鸟儿在密林中啾啾鸣叫。[45]

过了贵溪，地势开阔起来，土地更加平坦，水流也放缓了。小德经想走快些，为此责怪王仕基。“船员接到了命令要走慢些，不能超过我们这位大人的船。这个中国人认为，我们的船哪怕有一艘比他走得快，都有损他的尊严。他甚至用竹竿打了大使船上的船老大几下，因为这个船老大没有执行他的命令。从那时起，大使的船就一直落在后面，其他船只也不敢像平时那么快。”[46]

随着他们进入鄱阳湖平原，平坦的土地延伸开去，湖泊、运河和水田纵横交错。很快，一望无际的鄱阳湖就映入眼帘。[47]到了这里，他们失去了水流的助力，船夫必须撑篙逆风而行。最终，他们经过无数港汊，撑船顺着其中一条支流向南昌进发。

阳光穿过云翳，范罢览听见“春天的使者”百灵鸟的鸣唱，这让他想起了家乡，给他带来了欢乐，也带来了忧伤：“啊，我亲爱的祖国！你将变成什么模样？战争的轰隆声威胁着使你毁灭！什么样的危机环绕在你周围？你能获得胜利吗？如果你抵挡不住，谁又能预测你的命运？”[48]他还不知道，他的国家已经屈服。1月，他在紫禁城觐见皇帝、参加筵宴之时，法国军队已经踏过冻河进入阿姆斯特丹。荷兰的摄政王，也就是范罢览和德胜在中国所代表的人，乘渔船逃往伦敦。范罢览还没有意识到，联省现已成为法国的傀儡国——巴达维亚共和国。

不知不觉间，他和同伴已经驶入一片无边无垠的水田，视线中望不到一棵树。然后，他们就到了南昌府——他们正是从这里开始寒冬陆路进京之旅的。水道挤满了大小船只，从码头和干船坞来看，很多船就是在这里建造的。围观者从码头和窗口看着他们在一处装饰华丽的大型水榭下船，士兵鸣放礼炮。然后，在一队官兵的护送下，他们坐轿穿过狭窄肮脏的街道。

上一次，他们来去匆匆；这一次作为皇帝的贵宾，他们可以好好游赏。在范罢览笔下，这座城市“非常广阔，人口稠密，全力经商”。[49] 小德经想买些东西，虽然囊中羞涩，但看到很多店铺出售的草帽、扇子、唱戏行头和道具等廉价商品，他还是跃跃欲试。他走进一间铺子，店主吓得转头就跑，他和朋友大笑起来。士兵将哆哆嗦嗦、脸色煞白的店主带回来。“他很快就平复了情绪，企图坑骗我们，”小德经写道，“我们没有上当。”[50] 小德经认为，整个城市的物价都太高。比如，他想买些瓷器，商人要价比广州的价钱高得多，但东西看起来并不像广州货。

范罢览一眼就看出它们的价值。这里可以买到景德镇的瓷器。景德镇在鄱阳湖另一边，出产全世界最好的瓷器。在江岸附近的仓库，范罢览找到了一些物件，比他“在广州见到的所有东西都漂亮，尽管都是按照中式风格和品位制作的”，他“忍不住想大量购买美丽而独特的瓷器，作为到访这座城市的纪念”。[51] 他还买了一辆中式独轮车。[52]

次日一早，他遇到了另一位藏家——为人和善、头发灰白的江西巡抚陈淮。陈淮拥有中国顶尖的绘画和书法收藏。[53] 可惜，他很快就会失去它们。过不了几年他就被革职，财产由朝廷抄没。[54] 看来，他把大部分钱都留给了艺术，而不是用于招待外国客人的筵宴。德胜说：“招待、戏台、演员的服装和厅堂本身都比之前宴请时的逊色。”[55] 德胜倒是很欣赏戏台前两只昂首阔步的丹顶鹤。它们体态高挑，几乎通体洁白，飞羽和尾羽是黑色的，头顶仿佛戴着漂亮的朱红色王冠。他以前只在画上见过这种象征长寿的仙鹤，在现实生活中看到它们真是令人激动。[56]

德胜如今明白，他不必看完整场漫长的表演，所以半个小时后就借故离开了。天在下雨，南昌似乎也没什么看头，他向众人道别，然后就沿着泥泞的小街到岸边上船，准备前往赣江上游。

风势正顺，他们逆流而上，反向往上游而去——丰城、塌州（疑指杨子洲，临近樟树镇）、新淦、吉水。上次来是12月，天气寒冷；现在温度攀升至90华氏度（约32摄氏度），这又带来了新的挑战。在吉安府附近，由于食物腐坏，他们只能等着刚宰杀的新鲜肉运过来。但他们获准四处走动，于是看到了不错的房子——“其中一栋堪称美丽”，还看到了本地人用尿液浸制竹索。[57]范罢览特别提到，尿液“让竹子更加美观和耐用”。[58]

这种自由走动的权利是一种恩赐，与马戛尔尼的遭遇形成了对比：“去年，英国使团中没有一个成员获得这样的许可；考虑到自由行动为我们此次旅程带来的许多乐趣，他们竟然没有享受，这一定令他们极为震惊。”[59]

江西的乡村很美，虽然很多城镇看上去贫穷且疏于管理，特别是那些筑有城墙和设为府县的地方。沿江岸而建的小村落掩映在茂密的林木间，船只往来不绝，似乎更加富裕。[60]

这条江承载的不仅仅是船只。有时候，他们会看见顺流而下的死尸。有一次，小德经看见狗在啃食被冲上江岸的尸体。[61]江中危机四伏。当他们在4月下旬一个暴风骤雨的夜晚走近泰和县时，装有范罢览和小德经行李的那条船撞坏了。水手卸了一切能卸的东西，但船还是沉了。第二天一早，人们潜水将其余东西打捞上来，它们看来并没有被水泡坏。[62]

越向上游，水势越凶险，水位变浅，两岸山崖压向水面。就在他们进入奇险的十八滩之前，又一具尸体漂流而下。他们进京途中经过这片区域时是顺水而行，水位很低，因此礁石一目了然。但此时逆水行舟，水位高，水流湍急，因此尽管也有一些岩石露出水面，激起水声，但大部分都藏在水下。更糟糕的是，纤道覆盖着滑腻的淤泥，纤夫打滑摔倒，挣扎着涉过不断冲上纤道的溪水。有时他们必须游泳，但不是所有人都会水，于是有些人爬上船，将更多工作留给了同伴。气温升至 96 华氏度（约 35.6 摄氏度），疲惫不堪的纤夫脱光了衣服。这让小德经震惊："这些人不得体的行为令人作呕。他们继续拉纤，一丝不挂……全然不顾及是否会从住家或妇女面前经过。"[63]

上次，他们在几小时内就穿过了十八滩，这次用了两天。不过最后，他们在章江和贡江汇合处看到了洁白的玉虹塔。赣州的位置更靠上游，在两江之间，"气派的石码头"挤满了数百艘船。[64]烟雨之中，慈云塔耸立在城墙之后，就是欧洲行记中版画上的样子，塔顶在小德经看来就像"一顶旧式中国农民帽"。[65]

一行人在此处进入章江。他们将沿着蜿蜒的章江航行 100 英里（约 160 千米），到达南安。在南安下船后，再翻过梅岭，进入广东省。

章江两岸处处开满春天的蔷薇、黑莓、金银花和丁香花。范罢览写道："世上没有一处地方，被装点得如此五彩缤纷、令人愉悦。"[66]水自山中奔流而下，引起范罢览无限遐思。他知道自己有些过分，但请求读者谅解："如果有人能呈现出这个国家这片地区的一幅真实画面，那么毫无疑问，它看起来就像一种浪漫想象的产物。尽管我竭力控制自己的想象力，但我几乎相信，我们正沿着一个新基西拉岛迷人的海岸旅行。”[67] 写到这里，范罢览必须克制他的想象了：这不可能是一个新的基西拉岛，因为基西拉岛本是爱神厄洛斯和他的母亲爱神阿弗洛狄忒的家园，而他认为爱情恰恰是中国见不到的现象。虽然中国人“崇尚感官享受，讲究排场”，但他们不懂真正的浪漫爱情：

> 我从来没见过一个中国人对爱情的甜蜜魔力有一丁点概念。毫无疑问，中国人能感受到让两性结合在一起的那种激情，自然也确实会让他们遵守它的法则。但是，根据他们自己的说法，一种本能——有必要称之为“动物性”的，是他们唯一的驱动力，一个中国男人，只要这种本能得到了满足，就不会再花心思了，因为他不知道怎么将一颗心倾注到另一个人身上。[68]

中国男人只知道一种欲望，殊不知“除此之外，还有千百种欲望，并且只有两个灵魂真正结合才能将它们创造出来”。[69] 范罢览认为，这是一种可悲的遗憾，特别是因为这剥夺了中国男性接受女性改造的机会。更糟糕的是，他感到中国女性在受罪。他说，这种男人对浪漫爱情不感兴趣，将自己动物式的激情投入在生儿育女上，对妻子或妾室并无特别的依恋之情；负责操持家务的女人沦落到奴隶的地位，“等着一个心灵无法感知任何情感的暴君发号施令”。他还写道:“在我看来,世界上没有哪个地方的女性比中国女人更不幸。”[70]

使团其他成员并没有被这片土地的美丽感动,但也欣赏“美不胜收的风景”,“郁郁葱葱的田野”,“蔷薇和其他开花树木缠绕的篱笆,缤纷的色彩让画面愈显动人”。[71]

另一件乐事是看到尼霍夫在其名作中描绘的巨型木排,他称之为“水上村镇”(Vlottendt Dorp)。尼霍夫提到,这些木排结构“如此精妙,就连最聪明的欧洲人都会认为使用相同的材料、如此巧妙地制造出它们是相当困难的”。[72]尼霍夫书中的版画展示了一种有围墙的水上村庄,墙内挤满房屋,烟囱还冒着烟。他们在章江见到的木排没有这么复杂,但也很大:宽度在100英尺至150英尺(约30~约45米)之间。木排上建有房屋,门窗、屋顶齐全;房屋之间还有罩有顶棚的院子、围墙和大门,院子就作为居民的公共区域。旁边一间小屋用作厨房。[73]

这些庞然大物不易操控,还会发生事故。4月30日,过了南康,德胜的船试图躲避木排,不料撞上一根木桩,船体进水。船工将船拖到一处沙洲,在烈日下卸货、抽水、修补破洞。德胜的许多物品都湿透了。[74]船队中还有两艘船也撞上了木桩,其中一艘沉入水底。[75]

就在他们即将从南安动身,离开章江时,又发生了一起木排事故。闪电穿透黑暗,照亮了南安城盖在柱子上的破旧房屋。官员建议他们在岸边睡觉,绅士们不肯,更愿享受船上的舒适。[76]半夜,他们被一阵巨响惊醒。[77]他们奔到窗边,发现江里横横斜

水上村镇。“Vlottendt Dorp.”这幅描绘水上村镇的版画根据尼霍夫的一幅原画创作，他曾于 17 世纪 50 年代随荷兰使团进京。18 世纪 90 年代，范罢览在往返北京时携带了尼霍夫的名著，他喜欢比较早期旅行者的见闻与他的亲身经历。

资料来源：From Johan Nieuhof, *Het Gezandtschap der Neêrlandtsche Oost-Indische Compagnie, aan den grooten Tartarischen Cham, den tegenwoordigen Keizer van China* (Meurs, Dutch Republic: Jacob van Meurs, 1665), p. 125. Public domain.

斜堆着木头，是从一艘被毁的木排上滚落的。诸位绅士的船紧贴在码头，躲过一难，但包括德胜厨师所乘的船只在内，数艘船被卷走。事情至此，至少还有免费的柴火。每个人都全力打捞木头；可怜的补给船顺流而下，撞上了小筏子。幸运的是，德胜的厨师们沿陆路顺利返回。

不同于来时，他们这次从另一方向朝梅岭进发。出了城楼，沿着堤坝穿过稻田。道路陡峭，德胜为脚夫感到难过，但他喜欢这个画面：“一群人上下攀爬，沿着蜿蜒的小径前进，从下面看就像一队蚂蚁。”[78] 当范罢览钻出轿子，他的轿夫可是松了口气。他

“悠闲地欣赏山谷的壮丽风景，几乎每一块土地都种着水稻和烟草，好像铺了一张宽阔的绿色地毯，中间林木葱茏”。[79]小德经则坐在马背上放眼观察。这一次，他对坐骑很满意，这是一匹官家驿马。为了不累坏徒步小跑跟随的士兵，他一直让马保持小跑的速度。[80]

中午，他们抵达山顶。梅关，也就是进入广东的门户，在山口处显得小巧而普通。士兵鸣炮送行，使团一行走出江西省。

下山的路更平缓，他们在寺庙喝了茶，还有时间画速写。[81]傍晚时分，南雄的高塔映入眼帘；不多久，一行人就经过了列队鸣炮敬礼的士兵。德胜认为这里的馆舍是“一路上住过的最漂亮的”。[82]

南雄府知府亲自领他们参观当地的两座寺庙，还提醒称寺庙“状况不佳”。[83]第一座寺中有一摇摇欲坠的高塔，院子里晒着糖，大殿内装满了用来制造砂浆的石灰和石子。一尊“笑佛”[84]似乎吸引了他们的注意：黄铜雕像的肚子“因为前来求子的妇女不断摩挲”而闪闪发亮。[85]另一间大殿内供奉着一尊更大的佛像，据说也是青铜的，但小德经表示怀疑：趁没人注意，他将手杖伸进铁栏杆戳了戳雕像，发出的声音让他确信这其实是一座木雕。他在日记中骄傲地记下了这个事实。[86]第二座庙是孔庙。这座庙有雄伟的大门，三进院子和大殿，让他们想起了北京的皇宫。主殿有高耸的天花板和一尊面相年轻、面色白皙、胡须浓密的孔子像。[87]周围悬挂孔门弟子的画像，画上众人皆面带微笑。殿内令人窒闷的空气暗示着他们没有笑佛那么广受喜爱。[88]小德经喜欢这位知府，还注意到他有一只手长了两根拇指。[89]

小德经和几位年轻人要确保船只符合他们的要求，于是调换了船上的名牌，这样一来，德胜就得到了最好的一条船，王仕基则没有。他们还要求提供更加轻便舒适的船。[90]德胜喜欢这条船，船上装饰着红色绸缎和龙的图案；主舱很大，每侧有四扇窗户；还有一间卧房，以及供仆人使用的房间。[91]

现在是顺流而下，他们航行迅速。景色似曾相识，只是多了几分绿意。范罢览写道："自从我们出了江西省，红蔷薇就离我们而去了，但小巧的白蔷薇和其他花卉一直陪伴着我们，装点两岸。"[92]有些景象超出了他的笔力。树木从一块俯瞰着小山谷的岩洞中生长出来，这个画面是"如此不同寻常，以至于根本无法诉诸笔端，任何一种艺术形式都不能复制出自然赋予它的美"。[93]

过了韶州的河港，广东省的名山就出现在眼前。危峰兀立，正如范罢览所说，"激发出一阵恐惧"。[94]

通常情况下，他们只是行船从山边驶过，但有座山值得一游。从远处看，它与其他山峰没什么两样：高耸的灰色峭壁，顶部仿佛悬于水面。他们靠近时，才发现还有一座建筑"镶嵌"在岩石上，只是与巨大的石头表面相比显得渺小。小德经觉得它"看着惹人讨厌"。[95]

船工开始鸣锣。瘦削的僧人从悬崖上走出来，划船来到他们旁边。僧人邀请使团参观他们的住处——观音岩。

一行人登上僧人的小舟，来到岩壁底部一处锯齿状的裂隙。石灰石早已被凿开，形成一个宽敞舒适的空间。一人在旁边的小屋值守，看管功德箱。凿出的石阶通向上方的一座大殿——范罢览数了数，共有四十四级台阶，大殿背后是五名居住在此的僧人所用的溶洞僧寮。再上三十二级台阶，他们就来到寺中。寺内的壁龛供奉着金色的观音坐像，“雕刻得非常精美”。[96]

这片区域其实是露天的，但被上方悬垂的滴水石遮蔽。这块露出的石头形似莲花，这正是寺庙的兴建者将观音奉在此处的原因：莲花是佛教的一个象征。[97]德胜站在石雕栏杆前，凭栏眺望水流，惊讶于身处的高度。“站在这里，可以看到周边东南方向最美的景色。”[98]

观音岩壁上有许多石刻。一段不知何人所写、有关荷兰使团的中文记载显示：凡入此溶洞的文人学士无不题刻数言，以至整个洞内刻满了题字。正使和副使见到此景欣喜陶醉，也添了题刻。[99]德胜没有提到他在寺中题字的事，但范罢览称他在一本写满名字的来客签字簿上签了名。[100]

离开观音岩后，范罢览画了一幅细致的素描。但他觉得这里不及他见过的其他名胜，因为这里“借助艺术加工多于自然的刀斧”。[101]他委托广州的一位画家将观音岩画下来，这幅画与他的素描大异其趣：在素描中，观音岩坚实牢固；而在中国画中，它则虚无缥缈。[102]

游罢观音岩，他们加速朝下游驶去，经过了田野、磨坊、梯田、有瀑布的狭窄水道、令人胆寒的悬崖、巨大的木排、使用奇特渔网的渔民、一座塔顶长出树木的荒塔，以及在划艇上吹号角的士兵。

观音岩风景。“Pagode.”这幅风景画描绘了英德县附近的观音岩，可能是根据小德经的原始素描绘制的。

资料来源：Chrétien-Louis-Joseph de Guignes, *Voyage à Péking, Manille et l'Ile de France: faits dans l'intervalle des années 1784 à 1801*, vol. 4 (Atlas) (Paris: Treuttel & Würtz, 1808), plate 80. Public domain.

航程即将结束，他们也很幸运，健康无恙，还避免了严重的事故。不幸的是，就在他们抵达广州的前一晚，一名成员的好运用尽了。范罢览的一名仆人——一个名叫让·斯佩里（Jean Sperie）的男孩，在从范罢览的船迈上厨师的船时掉入江中。[103]这是他当天第二次在“跳帮”时落水，但这次天黑水急，他们搜寻许久，还是没有找到他。最终，他们认为他“被激流冲走了”。[104]夜空中亮起闪电，他们咀嚼着失去男孩的痛苦。他才十四岁，正是“前途无量的年纪”；他是一个讨人喜欢的孩子，风趣，会唱歌，在广州和澳门的音乐会上很活跃。[105]范罢览叹道：“面对命运专横的安排，我们除了被作弄，还能做什么呢？只能默默地屈服于它而毫无怨言。”[106]

在中国，命运的力量往往通过水显现，留下累累伤痕。在一行人停靠用餐的三水，曾有一座为巡行官员建造的宏伟建筑，但去年洪水将它冲垮了，如今只剩下壮观的大门入口、厅堂的一部分和曾经的戏台。破烂的台阶沉入水中。[107]

第二天早上，德胜入乡随俗地给可怜的男孩撒了纸钱，然后就开始了最后一天的旅行。他和其他人都特别想去距离广州仅 15 英里（约 24 千米）但不许洋人进入的佛山，欧洲人渴求的很多贵重商品就来自那里神秘的市场。[108] 去北京时，他们是夜间路过佛山，但今天他们预计有充足的时间。结果，他们被一片沙洲挡住了去路，直到日落涨潮时才能通过。他们大失所望，直到有人指出，德胜的船比珠江常见的货运船更轻巧，底部更平。[109] 船工认为他们或许能将船拉过沙洲。范罢览和其他人（除了落在后面的小德经）转移到德胜的船上（不难想象，他们小心翼翼的），然后船工将它拉过了浅滩。

很快，他们就漂向佛山，经过了麻田、桑园和“漂亮的砖房（有些有两三层楼）组成的村庄，美极了”。[110] 他们走得越远，水面越拥挤，有些地方几乎不容他们通过。

最占地方的是运米的木筏，有些筏子可达数百英尺（几十米）长。木筏上建有数十座高高的米仓，用于看守的瞭望塔和房屋，船家就住在上面。一旦他们在佛山卖了稻米，他们就会拆掉木筏，将竹木也卖掉，然后返回上游，明年又是这般来回。

来到佛山，不虚此行：豪华房屋带有滨水游廊，游廊上还点缀着五彩缤纷的盆花和小树；寺庙、作坊、窑厂和海关税馆也都值得一看。有两座海关税馆，第二座尤其宏伟壮丽。范罢览估计佛山的长度约有 9 英里（约 14.4 千米）。[111] 它看来是实至名归。码头熙熙攘攘，从商船到载着“青楼女子”的花船，应有尽有。这些女人站在甲板上看着他们经过。[112] 范罢览觉得这里和广州一样繁荣。[113]

驶过一座大庙，他们靠近壮观的三重门停船。范罢览喜出望外，他根据一幅画认出了三重门：“当我看到我收藏的画极其忠实地描绘了佛山，人们不难理解我是多么喜悦，因为我很自然就能得出结论，其他画作也同样精确！”[114] 他想上岸看看，但突然下起了暴雨。厨师们准备晚餐，绅士们看着来往不绝的船只。其中有些装火药的驳船让德胜大为紧张：“这些船上人员的疏忽大意简直不可想象：火药弹就堆在船头和船尾，我们竟看见他们叼着点燃的烟袋四处穿梭。”[115]

饭后，他们行船来到花地，进京路上他们曾到此一游。他们本以为会在这里过夜，在此迎候的行商却说他们应该尽快返回广州的商馆，因为官员已经准备好为他们接风。

他们即刻动身，但直到午夜才抵达，官员们早已回府。他们就这样在黑暗中下了船，没有士兵也没有乐师迎接。

这并不重要。他们很高兴回来，在商馆举杯，“祝贺彼此完成了这次重要的出使，在我们每个人的一生，这都是意义非凡的篇章”。[116] 现在，不是该思考要完成多少工作的时候，也不该在此刻追究他们离开时发生了什么：一名盗贼打破范罢览房间的窗户，闯进屋内[117]；一场风暴打碎了几百扇窗户[118]；英国官员与荷兰官员何以发生冲突[119]；荷兰船只不得不用最低数量的船员维持，因为中国船员在元旦那天都喝醉跑掉了。[120]

现在，是感谢上帝的时候。用范罢览的话说，上帝“保护了我，让我平安地回到我宁静的小屋”。[121]德胜则写道：“大家同享着归来的喜悦，我们有最充分的理由感谢上帝，尽管经历了种种磨难，但我们完成了这次艰难的旅程，安然无恙。”[122]

然而，上帝也准备好了新的磨难。就在他们旅行途中，世界已起了变化。使团的诸位旅行者，没有人能走上通往未来的坦途。

第 20 章

前途未卜

返穗次日一早，使团被迎上官船。三角旗在明媚的阳光下飘扬，官兵放炮鸣锣。[1] 总督长麟在海幢寺门前恭候，殷勤备至。他们听说总督专程从外地赶回，就为迎接他们归来。[2] 他明确表示，得知皇帝对使团非常满意，他十分欣慰。他请众人品尝凉茶和上好的茶叶，直到锣鼓和螺号声响起，身穿黄衣、手持长杖的仪仗队将圣旨迎入寺内。

所有人叩头，跪在地上听那封自他们从北京启程，一路来不断被宣读的圣旨。礼毕，众人获赠丝绸等礼物，又喝了茶，受邀参加在隔壁花园举行的筵宴。长麟称他很想参加，但恐怕自己出席会“扰了他们的雅兴”。[3] 小德经将这解读为长麟的怠慢，但德胜和范罢览并不这么认为。总督在场总需要额外的礼节和逢迎，而现在要紧的是办一场愉快的聚会。

这也确实是一次愉快的聚会。行商来了，清政府官员和商馆的朋友也来了。食物“丰盛”“奢华”，用“最华丽的方式装盘端上来”。[4]杂耍演员技艺高超，不知疲倦。往常乏味的戏曲表演此时也妙趣横生，小德经尽力理解《白蛇传》的情节，这出戏讲的是他们在杭州西湖看到的雷峰塔倒掉的故事。[5]他被一名伶人迷住了：“他的脸庞太俊俏了，即使不扮女装，也会被人误认作女人。整个旅途中，我们还没见过这么美的女人。”这名伶人处境艰难：“他通过登台唱戏和满足富豪权贵的口味赚了很多钱，他想放弃这个行当，享享福，但由于戏子在中国地位低贱，他不敢退出，害怕受到官大人的迫害。”[6]

傍晚，下起雨来，于是绅士们返回商馆，各自回房休息。“就这样，使团之行到此结束。”范罢览写道。[7]

值得吗？

德胜以为值得。在写给家人、朋友、同事和上司的一封又一封信中，他分享了他的成功。他写信给姨妈和姨父汀特拉尔（Tintelaar）夫妇说：“我的使团完成了使命，取得了圆满成功，因为我受到了最高的礼遇和最亲切的接待，我得到皇帝陛下的恩宠，超过了从前来访的任何一位使臣。”[8]他致信妹妹安娜·玛丽亚·伊丽莎白·范罗瑟姆（Anna Maria Elisabeth Van Rossum）称：“皇帝所展现的尊重和友善超出了所有人的预期。从来没有一位使节在这里受到如此高的重视和荣誉。”[9]他生动地描述了这次旅行，或许因为他知道外甥和外甥女会听到大人念信；他讲了怎么度过众多节日、参加许多典礼，怎么在寒冷的天气里坐冰床，怎么看滑冰选手朝彩球射箭，又怎么在凌晨三四点就起床入朝：“在严寒和刺骨的北风中，这么做真是受罪。我们一度不得不连续五天早起。”[10] 他写到他曾住在皇室离宫，享受珍馐美味，还讲了参观圆明园、看火戏，从皇帝本人手中接过御赐美酒，欣赏离宫最私密的房间，“大学士亲口说，这是皇帝从不曾赐予任何外国人的恩惠”。[11] 他描述了乘坐“漂亮的船只”回程的迷人之旅，还说起各省巡抚如何为他和范罢览先生举办筵宴，还陪同他们观光览胜。

他最想写给的家人是哥哥扬，但扬已不在人世。这个消息对他打击很大。他在给扬的遗孀玛丽亚 · 康内利亚 · 马特（Maria Cornelia Matthe）的信中说：“我会向你多愁善感的心灵保密，不让你知道这对我有多么痛苦。我之前一直用幸福的前景安慰自己：阔别多年，再过几个月我就能再次拥抱他了。现在，我今生所期待的所有快乐和幸福都消失了。”尽管如此，他还是向玛丽亚提到此次出访获得了“难以想象的成功”。[12]

为了向上级夸耀他的成功，德胜还采取了非常之举：将急件交给一艘开往巴达维亚的英国船转交。官方信函本来仅能通过荷兰船只递送，但他说，他不能错失机会告知上级自己已安全返回，并且“皇帝对前来觐见的使团表现出非比寻常的满意”。[13] 他的概述很简略，部分原因在于他知道英国人可能会拆信，但他毫不掩饰自己的成功，大谈他所受的热情款待和前所未有的参观权限，包括进入皇帝本人的起居室：“他们说这种恩赐是史无前例的，这些地方以前从来没有外国人踏足，甚至最高级别的官员中也很少有人获准进入。”[14]

这个消息，连同从其他渠道听来的关于使团的消息，令德胜的上司大喜过望，也认同德胜的看法，表示他们“对这次任务圆满成功极为满意”。[15]他们很高兴德胜完美地履行了指示，老练而从容地完成了工作，赢得了皇帝及其臣子的青睐。[16]

就连隔壁商馆的邻居也必须承认他成功了。曾经对他避而不见，甚至散布谣言说他在京不会受到接见的英国人，如今也前来祝贺，尽管他们私下对他取得成功的方式多有批评，还在日志中指出：“据称（大使）毫不犹豫就遵守了朝廷的礼仪，出于这个缘故而深受皇帝宠爱。”[17]

德胜享受着作为一名受到皇帝最高恩宠的大使“衣锦还粤”的快乐。官员们对他毕恭毕敬；他还得知，皇帝将退还他的旗舰“暹罗号”的所有关税和通行费用。这也是他认为这次出使大获成功的另一个依据。[18]看来，他将功成身退，以一名成功的驻华大使的身份重返欧洲。

人算不如天算。1795年8月9日，一艘英国船带来了坏消息：“我们得知，荷兰共和国几乎已经完全被法国占领，王室乘渔船逃至英国。”[19]随后的通信清楚地显示出灾难的程度：英国人正在封锁荷兰港口，扣押荷兰船只，占领荷兰殖民地。

甚至在这个消息传来之前，情况就已相当糟糕。一名观察者写道：“广州的贸易从来没有像今天这样惨不忍睹。”[20]商贸活动所依赖的债务网络已经成了一团乱麻，正如石中和的案子所示，就连最富有的人也不堪一击。石中和曾是中国最富有的商人之一，但现在已经无法安抚住债主。[21]德胜自京城返回后不久，中国官员就将这位破产商人带到洋人面前。他身系当啷作响的镣铐，跪在地上砰砰磕头，祈求宽限，哭着说他如果不能支付欠皇帝的税饷，就要在牢里度过余生。西班牙商馆大班阿戈特描写了他身着破衣烂衫的样子，称这足以“软化最坚硬的心肠”。[22]但英国商馆大班波朗的心肠显然更硬，他认为这都是做戏，石中和“可能没有太多理由害怕他所谓的惩罚”。[23]英国大班和其他债权人象征性地减免了一笔钱，不过是杯水车薪。石中和被带回大牢，遭受毒打，牙齿被打落，最后死于感染。[24]

波朗先生和其他英国人日子过得不错。因为接受与中国私人贸易商交易，他们的东印度公司能弄到银子。荷兰人的东印度公司禁止私人贸易，因此荷兰商馆必须依赖每年从本国运来的银子。[25]和往年一样，荷兰人今年也一直在赊账购买丝绸和茶叶，但随着态势渐明，再没有船会从荷兰前来，供货商也焦躁不安起来，因为他们也是靠过度举债维持运转的：他们卖的茶叶和丝绸也是从内地供货商那里赊购的，而内地供货商很可能会要求他们偿清欠款。[26]石中和的遭遇或将发生在他们任何一个人身上。[27]

因此，他们不再让荷兰人赊账，基本生活必需品的供应商也是如此。[28]荷兰人希望巴达维亚再派一艘船来，带着用于交换的货物或作为抵押，但没有船来。在中国的荷兰人，正如他们自己所述，“困在一个中立国，竞争对手环伺”。[29]法国人和丹麦人走了。[30]葡萄牙人和西班牙人与英国人结盟。[31]大班们争相乞谈贷款，从比尔先生——进京路上摔坏的座钟就是这个苏格兰人卖给他们的——这里谈下一笔，又从西班牙人阿戈特那里谈下一笔，但总额很小，利率很高。[32]

德胜写道：“我从不曾处于如此悲惨的境地。看到英国人喜形于色，加上内心深知我们财产的脆弱状态，以及意识到英国人将如何轻易地伪装成朋友夺走我们的财产，这一切都让我渴望离开这里。”[33]

事实上，德胜大可一走了之。他得到上司特许：如果他愿意，可以乘坐外国船只离开。这是其他人并不享有的自由。于是同事们想知道，他为什么还带着昂贵的仪仗队到处转悠，花着公司的钱吃喝。[34]

原因是他觉得他还有工作要做。巴达维亚的官员曾命他调查广州商馆的违规行为：购买茶叶、丝绸和大黄的款额高得可疑，食物和其他商品的开支居高不下，簿记也存在明显的疏漏。他得到的官方指令在这些问题上花费的篇幅比指示使团事务所费更多。[35]他在进京前无暇完成这项工作，因此现在来做，找人谈话并收集各人的签名文书。

这并没有让他赢得其他荷兰人的好感。他们担心他会限制他们的自由，削减他们的收入。由于薪资和佣金微薄，他们常靠“副业”增收。

范罢览年轻的侄子雅各布·安德列斯·范罢览写道：“德胜先生正计划着要毁了我们。”[36]雅各布以前很喜欢德胜，也很感激德胜在进京和返穗途中的好心照顾，但现在，他说，德胜“变得令人无法忍受”。[37]他担心德胜意图让广州商馆屈服于巴达维亚：“我们从来都不习惯巴达维亚那种始终如一的阿谀奉承和奴颜婢膝的氛围，宁可在这里按照荷兰的方式生活……德胜先生则恰恰相反，他已经在东印度生活三十年，不习惯其他方式了。”[38]雅各布脾气暴躁，在一次会议上，他就一项与贸易有关的事项表达了看法。[39] 德胜则“带着愤怒和责备”回敬，他将把雅各布不服从命令一事上报给荷兰的董事。[40] 此次事件后，雅各布开始害怕和憎恨德胜，他写信给有权有势的父亲——退休的海军将领雅各布·彼得·范罢览（Jacob Pieter van Braam），要他在荷兰与德胜作对。

为了证明他的观点，雅各布又写下一些传闻，将德胜描写得软弱、愚蠢、优柔寡断。比如，他描写了德胜为护送使团进京的中国官员举办的告别晚宴。德胜醉了，“高兴过头”，将一把精致的日本刀送给一名官员，又将一幅精美的日本画赠予另一名官员。[41] 雅各布写道：“我们很自然地赞美了他的慷慨，并为这种善意的举动而感动。因此，当第二天听大使阁下说他是醉得失去意识才送了这些礼物时，我们非常惊讶。他懊恼极了……甚至向我们承认他为此而落泪。他还说，只要能再次得到那把日本刀，出多少钱都行，因为在日本买这把刀花了他一百枚小判金。可以想象，我们站在那里面面相觑的样子。”[42]

在雅各布看来，送出这些礼物本身没什么不好，令他惊讶的是德胜竟公开表达后悔。他认为一个明智的人会将遗憾留给自己，在人前保住慷慨大方的形象。这并不是这位大使唯一一次喝醉酒做蠢事。雅各布还描述了另一场合，当时德胜喝了太多茴香酒，用一块镶金链的银表换了一名中国武官的假金表。同样，令雅各布惊讶的不是换表本身，而是德胜一遍又一遍地说起这件事，表达悔恨并要求别人看住他，以防他日后再次过度饮酒。“这些事情，以及其他太多太多无法描述的事情，夺去了我们本该对他保有的尊重……既然他自己都无法忍受自己，别人又如何忍受他呢？”雅各布写道。[43]

商馆分裂成两派：一派是范罢览的小团体，另一派是德胜的拥护者。德胜一派除了他本人只有两个人：第三大班巴格曼（雅各布说他是秘密天主教徒，几乎写不出合乎语法的句子）和第一大班兼馆长老多载（雅各布将他形容为一个虚伪的谄媚者，总是谈论自己，大部分时间都花在装修他的豪宅上，宅子里挂满了意在让人以为他拥有贵族血统的画像）。[44]

雅各布相信，这两个人都不喜欢德胜，他们只是巴结讨好德胜。就多载而言，他与德胜的关系又因为其夫人而更近一步。雅各布写道，多载夫人将“大使的私生子领进家门，这个男孩对她产生了依恋，而她甚至更依赖这个孩子，或者用她的话说，根据她的女性情感表达，如果被迫与孩子分离，那会深深伤害她的内心”。[45]

晚餐气氛紧张。雅各布写道：“在餐桌上，除了多载先生，大使先生不与任何人交谈。其他人必须保持沉默，哪怕有人说了什么，他也会假装没听见而不予理睬，因此，我们有时不得不听着他们之间一些最愚蠢、最幼稚的对话，比如‘是的，我希望能一觉睡到那时候’（那时候指的是十四天后），又如‘等我回了欧洲，我要做这个干那个’，以及其他类似的废话。我们在一旁听着，几乎忍不住要大笑出声。”[46]

有一天，众人坐在餐桌旁，老范罢览宣布他即将乘一艘美国船离开。德胜不同意。雇员未经明确许可，不得乘坐外国船只；

范罢览已提出申请且被明确拒绝了。范罢览表示他才不在乎。现在是特殊时期。他说，他愿意几时走就几时走，愿意怎么走就怎么走。当德胜反驳时，范罢览说了一些“难听的话”。最糟糕的是，商馆几乎所有成员都站在范罢览一边。“我被迫从他和他的追随者那里受到的痛苦，简直书之不尽。”德胜写道。范罢览甚至企图挖走德胜的护卫部队。德胜过去欣赏这个肥胖的荷兰人，被他的殷勤周到和个人魅力打动，但是现在，德胜写道：“面具摘下来了。”[47]

德胜想要回他的钱，就是去年九月他初到中国时委托范罢览打理的那三万皮阿斯特。这是一大笔钱，足够买一座乡间别墅了。早在去年秋天，范罢览就拿走了这笔钱，带回一张中文期票交给德胜，嘱咐他不要向任何人透露，因为中国人轻视商人。进京前不久，德胜还是将这些文件给多载看了，多载很是惊讶：其中一份是蔡世文签的。多载说，这名行商债台高筑，人们都拒绝借钱给他。[48]当时，德胜为了在出使期间维持好关系，感到还是不向范罢览提出此事为妙，并且多载先生答应帮忙，将公司的茶叶采购交给蔡世文，这样一来他就能偿还欠德胜的钱了。

可是现在，一年过去了，荷兰没有船来，荷兰商馆没钱支付购茶款，蔡世文几近破产，被债主围堵，健康状况不佳。雪上加霜的是，蔡世文否认收过德胜的款子，称范罢览私吞了这笔钱。蔡世文说，范罢览只告诉他将他所欠债务转给了德胜，并要求他优先从贩茶的利润中拿钱还给德胜。

德胜的耐心耗尽了。于是，有一天，就在晚餐前，他与昔日的朋友对峙：

> 我当着多载先生和巴格曼先生的面，质问范罢览先生他到底有没有说服我将钱财委托给他投资，他到底有没有要求我不将此事告诉商馆里的任何人。他只得承认。我再问他，他怎么能将一部分钱款交给一个众所周知已经多年拖欠还款的人，一个其他绅士根本不会委托的人——也正是他劝我不要向这些绅士寻求建议。[49]

范罢览大怒。他说，他自己的钱就投给了蔡世文。如果他知道蔡几乎破产，他会这么做吗？谈话被管家打断，宣布晚餐已备好。这顿剑拔弩张的晚饭是他们最后一次共进晚餐。饭后，范罢览突然离开，并差人送来便条，称如果德胜质疑他的诚实，那么他们就没有必要一起用餐了。“从那时起，他再也没有出现在荷兰公司的餐桌旁，而是独自与英国人、西班牙人、瑞典人和美国人共进晚餐，他说他属于这些人，因为他不是荷兰人。”德胜写道。[50]

范罢览也因为金钱事务和其他人起了争执。每个人都为了钱争吵，纷纷将请愿书和信件寄往荷兰。各方都向任何愿意倾听的人抱怨，包括其他外国人。“为这间荷兰商馆效力的人分裂了，互不合作，形成对立的派系，让争端和仇恨在彼此间滋长，这是一件极不寻常的事，”阿戈特写道，“这一切都发生在大庭广众之下，因为所有人都不惮于公开抨击对方。”[51]

然后，范罢览就离开了。除了少数几个“追随者”，他没有向德胜和其他人告别，就乘坐他买的船驶向美国了。[52]德胜的眼线说，范罢览接触了三条船，每次都因为缺乏信用买不成，最后才弄到这艘载重两百吨的船。“我不知道他是怎么办到的，”德胜写道，“因为他到处要钱，人人都拒绝他，更不用说其他个人债务了。我听说他侄子（小范罢览）和齐曼先生替他联署担保了多笔（债务），但我被告知，他们最终会为自己在这方面的疏忽大意发牢骚的。那时可就太晚了。”[53]

德胜认为范罢览会因违反命令而惹上麻烦，因为他们的上司明确禁止范罢览乘外国船只回国。他们也回绝了范罢览提出的另一项狮子大开口的请求：准许他作为返航特邀船长享受全套荣誉仪式。（范罢览认为他理应得到这样的荣誉，因为“航海技艺是我天才的一部分”。[54]）德胜确信上司绝不会赞同范罢览兀自离开，但决定不在这个问题上穷追不舍。“我祝愿他一切顺利，但我感谢上帝让我摆脱了他，哪怕他留下了太多辛酸苦涩，以至于我一心想离开这里。”[55]

德胜必须为他自己的离开做准备了，但他无法下定决心。该回巴达维亚吗？那里许诺了他一个美差，还能过上奢侈的生活。不。“情况很明朗了，”他写道，“公司即将倒闭，是时候退出这个腐朽的舞台了。”[56]该回荷兰吗？不。他不确定能否应付新的政治形势，因为他拿不定主意自己更像奥兰治党，还是更像爱国者党。也就是说，他不知道自己是想支持旧共和国及其摄政王奥兰治亲王，还是与法国人结盟、支持革命的爱国者党。[57]

此外，荷兰留给他的东西更少了：“离开这么多年，我渴望回到家乡，最主要的动力就是想再次拥抱他（我的哥哥扬），但现在这个美好的期望突然被夺走了。”[58]

他最倾向于选择英国。英国稳定，繁荣，到处是朋友和熟人。不幸的是，英国人现在是敌对方，严格说来，他不得乘坐敌舰。

他举棋不定，思虑再三。这令盼着他离开的雅各布·安德列斯·范罢览及友人十分沮丧。雅各布写道：“他优柔寡断，今天要这样，明天要那样。”[59] 他无法理解德胜是怎么爬到这么高的位子的：“我想象不出，这么一个人竟然能在东印度群岛扬名立万，这么一个没有决断力、踌躇不前、不折不扣的笨蛋。”[60] 他在信中滔滔不绝地抱怨德胜：“他们不可能再派一个比他更能让我们难受的人了。”[61]

德胜行动缓慢，小心谨慎地为离开做准备。首先，他要保证财务无虞，布置好从广东商馆有限的储备金中直接支付他的欠薪。这是一笔不小的数目，这个举动激怒了雅各布和他的朋友。为什么一个富有的人可以拿这么多，而其他那么多人连衣服都快买不起了？他们提出抗议；德胜必须退还这笔钱。[62] 馆长多载拒绝了。[63] 他们又提出正式投诉，毫无用处。[64] 他们给荷兰方面写了一封密信，要求解雇多载先生，否则他们将全体辞职。[65] 他们还向外国友人抱怨，以至于德胜说他们“在所有外国人面前公开攻击我”。[66] 再也没有人一起吃晚餐了。

终于，1796 年 3 月，也就是自京城返回十个月后，德胜带着九个大箱子、两个装满衣物的衣橱、皮箱、塞满书和亚洲钱币的秘书桌、梳妆台、配有三只抽屉（装满书籍和文件）的沙发，以及其他数十件物品，登上了英国的“塞伦塞斯特号”（*Cirencester*）。[67] 他的东西太多了，不得不额外支付了三百英镑。[68] 从这个“充满恶意的社交圈子”里解脱，他松了一口气。[69] 雅各布也松了一口气：终于摆脱了这个“人间祸害”。[70] 雅各布的一位朋友为一家英国报纸撰写了“某位博学荷兰人”的装船通知：

> 承蒙尊敬的东印度公司驻广州特别委员会安排运送，特将完整无缺、状态良好的……某位博学的荷兰人、驻浅隆（Kien Long）大使不列德胜（Britsingh）送上适航船舶“塞伦塞斯特号”。应将其以同样良好的状态（火灾、海上险情、死亡和年老昏聩除外）妥交至上述公司尊敬的伦敦董事会，他们将为该件无关紧要之物支付运费。运费贴补和海损赔偿照常规办理。[71]

他们没有登出这篇广告，但德胜还是“完整无缺、状态良好”地被送到了英国，尽管经历了异常漫长的航行。[72]

从东印度公司脱身后，德胜如释重负，但无法沉下心来做学术，因为他焦虑不安，身体不好，一切都不对劲。儿子威廉早就由多载夫人陪着，提前出发。但他失踪了，多载夫人也不见踪影。[73] 一个装有皇帝赏赐的大木箱被英国人没收。[74] 广州商人蔡世文自杀，还欠着他很多钱没还。由于战争，其他投资也没有收到回报。德胜发现自己落入了“最窘迫的境地”。[75] 他写道：“似乎一切都与我作对。”[76]

他找到了儿子的下落，威廉和多载夫人安全地待在好望角。但大木箱没要回来，蔡世文欠的大部分钱也没收回。他也很不适应英国的生活：“在印度，我有很多仆人，他们会料理一切，从不需要我插手他们的工作。现在，事事都要我过问，因为看起来没有哪个国家的家佣比英国的更差、更不值得信任了。”[77]他的男仆很笨（有一次打翻墨水，全洒在德胜的信件上），他找不到像样的抄写员，只能自己动手，这意味着他常整天坐在书桌前。他声称一切与钱财、仆人和物质有关的烦恼都不值得：“只要有几个房间，一个衣柜，再加上一个内衣柜，我就心满意足了。”[78]

他抱怨英国人把上午大部分时间浪费在相互拜访上，但他确实喜欢他交往的显赫人物：乔治·马戛尔尼、乔治·斯当东、约翰·巴罗（吧龙）、威廉·马斯登（William Marsden）、威廉·威尔伯福斯（William Wilberforce）和弗朗西丝·威尔顿（Frances Wilton）。[79]探险家约瑟夫·班克斯（Joseph Banks）以英国皇家学会成员的身份（彼时任会长）赞助了德胜，德胜则将自己收藏的日本矿石捐赠给学会［查尔斯·布莱格登（Charles Blagden）说它们是欧洲赝品。[80]］班克斯甚至出面帮助德胜追讨那一箱御赐的礼物，但劳而无功。[81]

德胜思乡情切。他写道，他渴望“在阔别三十三年后拥抱同胞”，还说这种强烈的愿望让他日夜难安。“我必须满足愿望，否则将患上重病——我可以郑重地申明，自从被这种渴望触动，我就没有一刻是真正感到满足的。”[82]

他以为好在战争很快就会结束，他就能回荷兰了。[83]但战争在继续。直到1801年，他才回到阿姆斯特丹。全家人在他姐妹的豪宅团圆，席间他二十四岁的外甥朗诵了一首诗：

你的声名远播
传遍日本和孟加拉
甚至传到广州和北京……
你会见君主和帝王
但你更加纯粹的幸福
在这里更能获得满足
在你姊妹的环绕中。[84]

他第一次见到了外甥和外甥女，还有他同父异母的妹妹桑特耶（Santje），妹妹将他的日本收藏存放在她富丽堂皇的宅子里。[85]尽管荷兰东印度公司已不复存在，但他还是讨回了拖欠的薪水：共计22 276弗罗林金币，一笔巨款。[86]

他的抑郁有所缓解，又开始勤力工作，在阿姆斯特丹和巴黎两地分别度过了一段时间。阿姆斯特丹没那么有趣，所以更适合在这里专注于他的大项目：翻译《日本王代一览》，但他又觉得这项任务枯燥乏味："在阿姆斯特丹，主要问题就是如何最好地消磨时间，所以这里适合做这项研究。"[87]巴黎可是五光十色，他最终还是搬到那里，在一个配备现代街灯的翻新街区租了一套宽敞的公寓。在巴黎，他被书籍和艺术品包围，客厅里挂着儿子的铅笔素描；他在家整日穿着纱笼和日式晨衣，衣服磨损了，他就在上面打补丁。[88]

他的目标是同时出版荷兰文版、法文版和英文版的《日本王代一览》。但他是一个完美主义者。1807 年，当他终于准备好将荷兰文译稿寄往阿姆斯特丹出版时，小德经前来拜访。小德经指出，他在日文术语后括注的中文发音是粤语而不是官话。

德胜意识到他犯了严重的错误："粤语和北京话发音之间的实质性差异……使整本书都成了让人费解的胡言乱语。"即使他现在修改荷兰文版中的中文音译，他也必须返回头去修改英文版和法文版。他试着单独准备了一张官话转写表，但"写完后，发现根本不够用，因为《日本王代一览》中还有其他大量名字，表中都找不到。意识到我是多么急切地（因为这么多年来无所作为令我羞愧）想将它作为一大套文集的首部作品出版，就没有任何理由为一个畸形产物的面世而辩护了"[89]。他只好推倒重来。小德经帮助他学习官话。

这是一项艰苦的工作，人们说他是遁世者，他不以为意：

> 我从没想到，这成了我最大的慰藉——远离一切社交，不为当今的时事话题困扰，三年多没读过一份报纸，一直在整理和翻译。这占用了我全部时间，让我不再沉湎于思考我的国家因一系列灾难而陷入的可怕灾祸，其结局不堪设想。我的日子很单调，少有人能忍受，通过锻炼身心，时间不知不觉地流逝，而我希望继续（这样）下去，直到帷幕落下。

他们在这里把我看成一个厌世的人。这并没有影响我，因为经验已教会我对人类总体的意见该赋予什么价值。[90]

一番辛苦，他什么也没能出版。部分原因是他一丝不苟，还有部分原因在于——正如一位荷兰出版商告诉他的，在这个艰难的时期，出版业严重衰落，艺术和科学相关图书不像小说那么好卖。“这就是博爱让我们沦落到的境地。”[91]

然而，他也并没有努力寻求出版。例如，1811 年，他将英文译稿寄给朋友威廉 · 马斯登，说他不反对出版，但“坚决不插手生意”。他会提供他们需要的资料、地图、图纸和其他任何信息，但仅此而已。如果出版商要求任何补贴，他“完全拒绝”。如果没人愿意印刷，他就将手稿“交托给合适的人，希望在我死后，会有更有利的时机出版”。[92]

写下这些文字两个月后，他在巴黎的公寓中去世，死因是胸膜炎。后来一位编辑写道：“如果德胜先生听从朋友的建议，寻求专业人士帮助，这种病根本不会致命。”[93]

他的遗嘱明确要求将全部收藏，包括信件和手稿，捐赠给大英博物馆。但彼时，英国和法国再度开战，法国当局阻止了藏品的转移。拿破仑本人也介入了，结果是德胜的收藏最终存放在巴黎的国家图书馆。法国各部被请来挑选藏品，剩余的归还给德胜的继承人。根据一些记载，他的儿子威廉处境艰难，卖掉了藏品偿还赌债。[94] 德胜觉得威廉是个好孩子，但也认为威廉唯一的性格缺陷就是“口袋里有个洞”。[95]

去世前不久，德胜向荷兰皇家科学、文学和美术学院（即后来的荷兰皇家艺术和科学院）提交了荷兰文译本。学院请德胜的敌人之一安东·莱茵哈德·法尔克（Anton Reinhard Falck，1777—1843）来决定它是否值得出版。法尔克和德胜过去在公司的权力斗争中针锋相对——德胜对“法尔克党”多有怨言。[96]法尔克不建议出版，理由是德胜认为“日本人和欧洲最出色的民族一样文明”，而他“非常怀疑作者能够为这种与众不同的立场举出任何证据”。他宣称德胜的直译“实在令人不敢恭维……因为这些作品属于东亚，因此充满了迷信的胡扯和悲惨的童话故事，它们不断重复，令人无法忍受”。[97]

终于，1824年，德胜的一部作品——他对日本婚礼仪式的介绍——用荷兰文出版，他最下功夫的作品，即幕府时代编年史的翻译，却始终未以荷兰文出版。

婚礼仪式一书的法文版于1819年出版；《日本王代一览》的法文译本则于1820年面世，几年后又出版了英文译本。[98]他的其他大部分作品，包括他对出使日本幕府和北京之旅的记述，直到20世纪90年代才出版。

德胜是16世纪以来唯一出使中国和日本两国宫廷的欧洲人，他本可凭借旅行者和政治家的身份名声大噪。但与名望相比，他对学问更感兴趣。

范罢览则不然。他立刻就出版了这次远行的记录，几乎没做编辑加工和研究，还自行承担了部分出版费用。最终的版本与他行程中的日记非常接近，只是用的法文而不是荷兰文。不过，让我们回到过去，看看他是如何从广州遁走，航向美国的。

前往费城途中，他在好望角停靠，显然意欲“说服范阿尔斯夫人（Mrs. Van Aarsse）随他去美国”——至少德胜的耳目是这么说的。[99]范阿尔斯夫人是一位富有的寡妇，人脉广泛，但范罢览决定带她十七岁的妹妹乔安娜·埃格伯塔·康斯坦蒂亚（Johanna Egberta Constantia）一起走。他说他的目的是照管乔安娜的教育，但终于还是照顾到别的事情上去了。两人的性关系究竟始于何时并不清楚，范罢览在他对广州至美国之行的冗长叙述中甚至没有提到她，只是说他“在好望角以最令人满意的方式完成了该管的事”。但没过多久，他就向人介绍她为第二任妻子了。[100]（他仍然与第一任妻子保持着婚姻关系，她是女孩的姨妈。[101]）乔安娜是一个漂亮的姑娘，虽然苍白，还患有癫痫。“她会突然站起来，尖叫，然后栽倒。身边没人时，就没有勺子放进她嘴里。这种时候，她就会把舌头咬碎。”[102]

1796 年 4 月，尚未成婚的两人抵达费城港。船上的载货清单列出了他们卸下的几十个板条箱和大木箱：日用瓷器、瓷质水果和小雕像、银质摆件、中国漆器、绘画、书籍、御赐礼物等。清单上还列出一盒“献给华盛顿夫人的瓷器”，这是范罢览为讨好美国第一家庭特意定制的。[103]第一夫人姓名的首字母“MW”嵌在碗碟底部绿色的月桂花环中，月桂花环又嵌在金色的太阳中，边缘由十五根链环围成一圈，每根链环有一个州的名字：南卡罗来纳州、佐治亚州等等。[104]

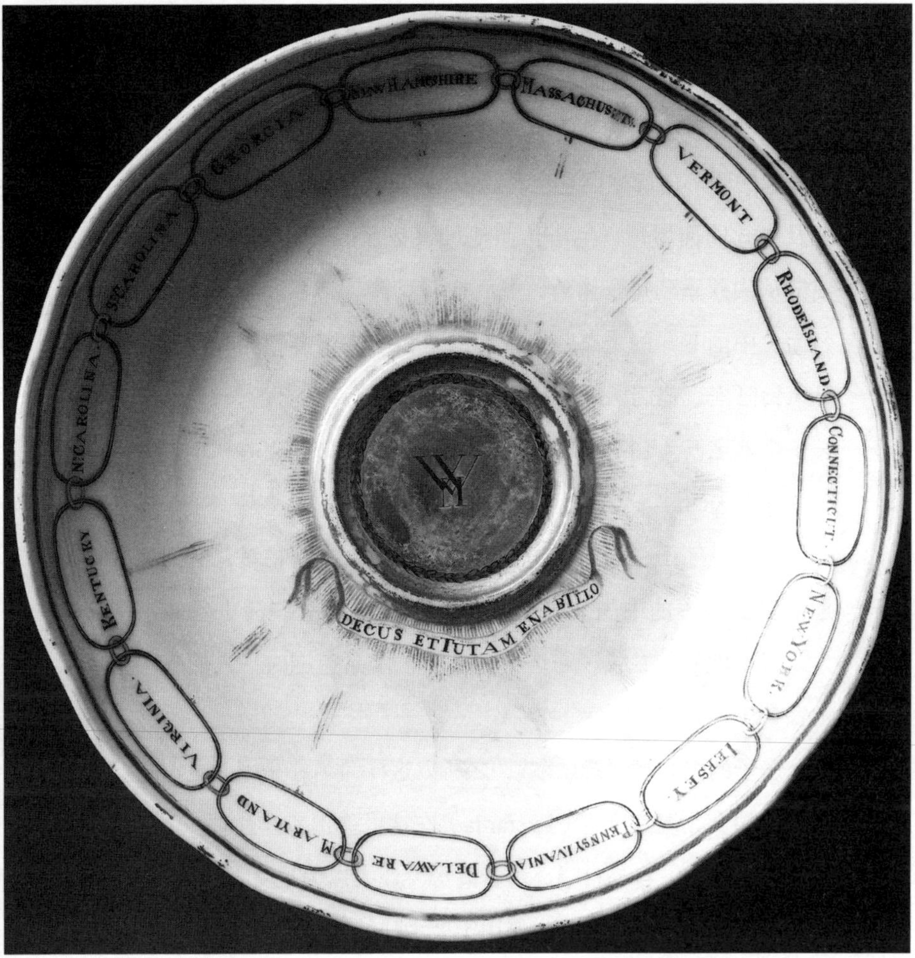

玛莎·华盛顿瓷器，范罢览委托制作。瓷碟，出自范罢览为华盛顿夫人定制的成套瓷器，约 1795 年。

资料来源：George Washington's Mount Vernon Museum, Object number W-509. Courtesy of Mount Vernon Ladies' Association.

不过，他的大部分藏品将于他着手在特拉华河畔建造的豪宅中陈列。他将宅子命名为“静居中国”，为了它不惜工本。它具有美国早期建筑典型的新古典主义元素，包括罗马式山墙和科林斯柱撑起的圆形门廊，但它也有盘桓屋檐的金龙、顶部的六角宝塔，以及中式曲面屋顶。宝塔仿照他推崇备至的高旻寺天中塔而建，锁链从尖顶垂到每个檐角，下面挂着风铃。访客沿着由他重新命名为“中国巷”的道路骑行或在满是鸭子的河上划船时，就能听见风铃叮当。他们如果走运，甚至还能乘坐范罢览的长舟或马车，长舟由八名身着白衣的中国仆人划桨，四匹马拉动的马车也由一名中国车夫驾驶。[105]

一走进宅子，客人便仿佛置身于一个中国博物馆，看到的就是范罢览眼中的中国。一位客人写道：“当被这些活生生的中国人，以及他们的礼仪、习俗、古迹和艺术品包围时，人们真的感觉置身于中国。”[106]

房子的中心是“音乐室”，之所以这样命名，是因为范罢览业已成年的女儿埃弗拉达（Everarda）在这里弹钢琴。有时，范罢览也会弹奏吉他，自弹自唱，声音高得“让人以为是女声”。[107] 但音乐还是次要的，这个房间主要用于展示他的收藏。

墙上固定着两个大支架，每个支架上都有五十只象牙雕刻的小鸟，它们立在树枝上，眼睛、喙和羽毛上的红宝石和石榴石闪闪发光。书架和桌上摆满了艺术品和珍贵的文物：一百尊雕刻精美的竹雕；一只用整块水晶雕刻而成的稀有花瓶；盛放甜点餐具的檀香木箱，上面绘有瀑布、房屋和马匹；精细的银质雕像；一

“静居中国”。“van Brant（原文如此）在特拉华河畔的住所”，约 1808 年。威廉·拉塞尔·伯奇（William Russel Birch）创作的这幅水彩画描绘了“静居中国”的细节。这座房子是范罢览 18 世纪 90 年代在特拉华河畔建造的，离费城不远。范罢览在这里展示他收藏的中国艺术品和文物，吸引了众多访客。建筑顶部的宝塔仿照范罢览极其推崇的扬州高旻寺天中塔而建。

资料来源：Library Company of Philadelphia, Print Department drawings & watercolors, P.8759.2.

樽犀牛角杯，范罢览炫耀道，当杯中含有毒药时，杯子就会显示出警告；中国风景名胜油画；广东风格的玻璃画；象牙上椭圆形的小画和同类型的油画；一幅中国画师绘制的提香名画《维纳斯》

“静居中国”顶部的宝塔，灵感来自高旻寺天中塔。这两张细部图，一张出自威廉·拉塞尔·伯奇的水彩画（左图），另一幅出自题为“高旻寺，3 月 12 日”（Vue de Cau-ming-tsi, 12 Mars）的中国画（右图），它们显示了范罢览如何受到了高旻寺天中塔的灵感启发。1795 年他经过扬州时，看到了这座塔。他在“静居中国”上仿制了这座塔。图中可以看到房子的尖顶和悬挂于屋檐的铃铛。

资料来源：（左图）detail of William Russel Birch, “Van Brant’s [sic] place on the Delaware River,” watercolor, ca. 1808, Library Company of Philadelphia, Print Department drawings & watercolors, P.8759.2.

（右图）detail of “Vue de Cau-ming-tsi,” by Chinese artist in Guangzhou, Album of Chinese drawings and documents, BR 350, no. 22, Biblioteca Nazionale Centrale, Florence, Italy. Reproduced by permission of the Ministero per i beni e le attività culturali e per il turismo / Biblioteca Nazionale Centrale, Firenze. Reproduction prohibited.

仿品，几乎以假乱真。[108] 还有一个中国园林桌面立体模型，其中有镀银的动物、人物、山石树木、小桥流水，还有一座宝塔矗立在中心。晚上，摇曳的烛光让这些人物栩栩如生。正如一位参观者所言：“中国艺术家展现每一件事物的天才巧思，构成了一个业余爱好者永远欣赏不够的整体。”[109] 另一位参观者则称，这件立体模型中放置的部件是其“一生中见过的最美丽的中国装饰品”。[110]

不过，范罢览收藏中最重要的还要数一套画集。画集全套共 38 卷，包含大约 2 000 幅画作，都是他煞费苦心收集和委托绘制的。参观者可以从地图卷开始展阅，从直隶到贵州，一个省一个省地浏览，所有地图上都细致地画着河流、山川和眼花缭乱的城镇。[111]

最引人入胜的是绘画卷。一卷卷山水画描绘了千岩万壑，从广东陡立的怪石，到杭州和圆明园精心营造的假山。画中有江水和运河、堤坝和堤道、桥梁和瀑布、湖泊和岛屿，以及佛塔和塔楼，它们就耸立在延伸至苍山或繁忙水岸的城墙之后。画中也有森林、草地、平原和田野；农民在梯田里耕种，拉犁穿过肥沃的土地。画中还有皇宫、御苑、儒士的林园、贡院、兵丁守卫的哨所、朝拜者云集的寺庙。还有两卷专门描绘各路神仙，数量之多叹为观止：他们手执刀、枪、剑、戟、扇，装束别致，色彩艳丽。客人们惊讶于这里的神灵竟然如此之多，掌管了雷、电、风、雨、财运、生育、医药，种类之多令人费解，也证明了“当人们用迷信指导行事，想象力可以丰富到何种地步”。[112]

有些画册中描绘了圣贤、皇帝和身着古装的官员，其他画册中则有军事冲突、城市被焚的画面。其中一卷收入十五幅展示中国酷刑的图画。有几本画册内容轻松，介绍了中国的游戏、娱乐和音乐。还有很多卷则具有实用性，展示了各类工具和技术，例如稻米、棉花、丝绸、茶叶和瓷器的生产过程。有些画作描绘人们播种、织布、制作玻璃、印刷和捕鱼的场景，还有些作品描绘了各式钟表、花瓶、钟铃、车辆、船只。有些章节专门展示花卉和水果，有些描画灌木和乔木，还有些描绘了动物，比如鸟类——“其美丽的色彩似乎为亚洲特有”，还有蛇、蜥蜴、蜘蛛、蟑螂、蜻蜓、蜗牛和蜂类。还有二十幅画了圆明园内的欧式宫殿，范罢览本人始终没有机会见到它们，这令他大失所望，他甚至怀疑这些建筑是否真的存在。[113] 总而言之，这些画集是难得一见的珍宝，在整个西方世界都是独一无二的。许多画集都有他根据中国的经历而做的细致注解，这让它们更具趣味。[114]

毫不意外，“静居中国”吸引了众多访客，其中不乏这个年轻共和国里最杰出的居民。富有的西奥菲勒斯·卡泽诺夫（Theophilius Cazenove）是常客，他称范罢览为“大力宣传中国”的那位“大人”。[115] 法国政治家塔列朗（Talleyrand）曾在此逗留数日，给范罢览的孙子留下了深刻的印象，范罢览的孙子说他是一个“样貌非常丑陋，脚部畸形，身材中等、话很多的人”。[116] 语言学家、哲学家康斯坦丁·弗朗索瓦·德·沙瑟博夫（Constantin François de Chasseboeuf，即沃尔涅）也曾来访，尽管他并不喜欢中国。沃尔涅在其著作《帝国的废墟》（*The Ruins: or a Survey of the Revolutions of Empires*，不久前才由托马斯·杰斐逊译成英文）

中写道：“中国人，被一种傲慢的专制统治所束缚，被竹签和抽签所控制，被一成不变的礼仪以及构造不良的语言造成的恶习所约束，从他们失败的文明之中，呈现出的不过是一个机器种族。”[117]这与范罢览的看法大相径庭。

来访者中最有洞察力的或许是波兰诗人、政治家尤利安·乌尔森·聂姆策维奇（Julian Ursyn Niemcewicz）。他和一群女士一同坐船抵达（“这个国家的女人多么美，她们的孩子多么强壮和健康！”[118]），被这个地方的广阔和毫无必要的奢华所震撼：巨大的地下室铺着昂贵的石板，牛奶和奶油不是存放在木桶或陶罐中，而是放在直径一英尺半（约0.45米）的瓷盆里。[119]连储藏室里也有用于存放肉类的瓷罐。聂姆策维奇写道：“事实上，所有东西都是瓷制的，我甚至一度以为他妻子也是由同样材料制成的，因为她脸色苍白，一动不动。”[120]

在音乐室，聂姆策维奇品评了园林模型和珍贵的鸟类艺术品（“稀奇多于实用”），还欣赏了中国人的西洋画复制品。这些仿作的“精确程度只有原作才能达到”。在欧洲，这样的复制品很昂贵，但范罢览说它们在中国很便宜。聂姆策维奇写道：“这里的一切，所有这些珍奇美丽的东西都在中国以极低的价格制造；劳动在那里经常被看得一文不值。”最令他赞叹的还是地图集和画册。“这套插图集，配以一位曾去过那里的人的文字，可以为我们提供这些民族的准确信息，如此古老，如此有趣。”[121]

然而，聂姆策维奇觉察到，身在这一片奢华之中的主人似乎并不快乐。范罢览也透露，他为法律和财务问题担忧。盖房子所费不赀，部分原因是他急于求成，向工人承诺了双倍工钱。石灰匠威廉·萨卡拉（William Thackara）和木工托马斯·史密斯（Thomas Smith）因为他拖欠费用而起诉，这块地皮之前的所有者也告了他（范罢览抱怨说自己同意为此支付的费用太高了）。就连他的女婿斯塔茨·莫里斯（Staats Morris）也因他欠债不还而提起诉讼。[122] 他一直据理力争，提出上诉，达成和解，但这些事让他筋疲力尽，意志消沉。

范罢览告诉聂姆策维奇，他甚至因为拿不出赔偿而在巴克斯县监狱里待了一段时间。[123] “他愤愤不平，深感受了伤害，”诗人写道，“说起此事伤心欲绝。”他指责别人，但聂姆策维奇认为错在范罢览：“如果说他从那个国家（中国）给我们带来了巨大的财富和奇珍异宝，那么作为交换，他似乎已将他全部的良知和谨慎都留在了那里。他没有遵循这个国家的简朴风气，反而试图在他的建筑和所有商业活动中炫耀亚细亚的奢华。”[124]

范罢览的抱怨显然令聂姆策维奇厌烦，他巧妙地将前者引向另一个话题：“要不是我将他转移到中国皇帝的话题上，他的抱怨还会没完没了。他的脸上立刻有了光彩，开始向我们介绍这位君主邀请他参加的午宴，皇帝亲手递给他的酒和赏赐的礼物，等等。”[125]

范罢览告诉客人，他正要出版一部关于在华经历的书。聂姆策维奇怀疑它不会有太大价值，因为美国制作的版画质量不佳。但就像经常来访的另一位客人、学者和政治家梅代里克·路易·埃利·莫罗·德·圣梅里（Médéric Louis Élie Moreau de Saint-Méry,

1750—1819）一样，范罢览对此寄予厚望。圣梅里作为法国大革命恐怖统治时期的难民（他得罪了罗伯斯庇尔），在费城创办了一家书店和出版社。他撰写了一些有影响力的法律和地理书籍，并在其中主张基于种族的奴隶制度。不过，现在他希望借范罢览的书引起轰动，还请了大名鼎鼎的塔列朗在欧洲宣传。[126]

这是一部雄心勃勃的作品：厚厚的两卷，配以优美的排印、密集的旁注，以及大量地图和版画。全书以致乔治·华盛顿的献词开头，颂扬"阁下的美德，在亚洲和美洲都一样光彩夺目"。[127]作品散发着学术的光彩，共有 75 页文献汇编，包含信件和文件的大量附录、一出中国戏曲的翻译，以及对范罢览中国地图和绘画收藏的介绍。

最重要的是，它描述了以范罢览为核心人物的中国之旅，记载了奇闻逸事，还收录了对中国艺术、农业、礼仪和制造业的观察。文本本身较为松散，辅以范罢览的观点和每天的经历。[128]圣梅里在前言中承认，书中有重复之处，缺少条理，但他说这增添了文本的真实性："他所讲述的都是简单的事实；他按照事情发生的顺序将它们记在纸上；他甚至有些操之过急，承认没有刻意整理，也没有掺杂寻常作者想要扩大作品影响力的虚荣心：所有这些背景情况都证明，真实性主导着他的讲述。"[129]范罢览在自序中则吹嘘，过去 20 年来他没有读过一本有关中国的书，还将此当作该书的长处："书里没有借用任何旅行者和作家的任何一句话。"[130]

当他和圣梅里将五百册作品第一卷装船发往欧洲时，他们满怀希望。不幸的是，船被一艘法国私掠船抢走。一名巴黎出版商取得了一本，赶制出盗版，将原书的一卷拆成两卷，并制造出这就是全本的印象，尽管它没有范罢览第二卷作品的任何材料：包括他的数百页旅行记录、对广州和澳门的描述、他去往美国的航行、他对中国的思考、包含通信和有关使团其他详细资料的大量附录，以及 75 页索引。[131] 盗版书价格更低，最后不仅完全取代了范罢览和圣梅里的正版，而且影响了人们对使团本身的看法，因为旅行中最愉快的部分被漏掉了，比如出京回广州的过程中，使团代表受到热情款待，还获准游览名胜，这是马戛尔尼没有的待遇。雪上加霜的是，最后也是盗版被翻译成德文、荷兰文、丹麦文，以及最重要的英文。[132] 读者对此次出使只有片面了解，这或许是人们对荷兰使团的看法至今仍如此消极的另一个原因。[133]

对范罢览而言，被盗版意味着损失收入，圣梅里发现自己也面临财务困难。[134] 他采取了法律仲裁手段，以“结束与范罢览先生的关系”。[135]

范罢览卖掉“静居中国”，坐船去了伦敦，将债务、矛盾抛在身后，还留下了他中国收藏中的部分藏品来安抚债权人。他试图将其余藏品赠予（更有可能是出售给）法国，然而，即使有他的朋友、时任法国外交部长塔列朗充当中间人，法国政府还是拒绝了，或许是受到了反美情绪的影响。[136] 圣梅里对“法国这种该死的疏忽”感到沮丧。[137]

范罢览决定在伦敦佳士得拍卖行拍卖藏品，结果大获成功。他的财务状况稳定下来，于是他前往德国，举行了宗教婚礼，从而为他刚出生的儿子确立了合法身份。然后，他去了阿姆斯特丹，在运河边买下一栋漂亮的房子，还租了一座消夏城堡。但这两处地方他从未住过。[138] 他于 1801 年 7 月 8 日去世。他其余的藏品全部售出。

某种意义上说，范罢览的死是一个时代的终结。他属于最后一批“中国通”。这批人中包括伏尔泰、莱布尼茨和许多耶稣会士，他们认为中国为欧洲人提供了一个可以效仿的榜样：一个根据贤能政治和道德原则治理的国家，其开明的行政官员关注人民的福祉，促进农业和工业发展。在耶稣会于 1773 年解散之后，欧洲思想家越发将中国视为落后国家，与现代的、富有远见的欧洲形成鲜明对比。有些欧洲文人仍然相信中国古代文明是智慧的典范，但他们的看法越来越边缘化。[139]

范罢览的观点不完全符合这两种传统中的任何一种，他更关心农业和基础设施方面的实用信息，而非古代智慧和贤明的治理。就那个时期而言，尤其是对一个缺乏专业知识的外行旅行者来说，他对中国的看法充满了超乎寻常的赞赏。在西方，中国日益被描绘成欧洲不应效仿的反面教材：停滞不前、落后、排外和傲慢。

或许这个由德胜和范罢览领导的使团也标志着一个时代的终结。这是中国按照传统觐见礼仪接待的最后一个欧洲使团。尽管英国确曾于 1816 年尝试派遣另一位大使访华，但因为他拒绝叩头，最终未能谒见皇帝就被打发出境。英国再也没有其他使团受到过清廷的接待，其他欧洲国家也是如此。这种情况一直持续到 19 世纪中期鸦片战争之后。彼时，英国坚持要求制定新的外交礼仪。[140]

我们能从最后的使团中学到什么？如何评价它在中西方关系史上的地位？

结语

备受争议的使团与中西方关系史

德胜本人知道该如何评估这次出使——圆满成功，他的上级也有同感，在不同场合表达了他们对使团取得可喜成果的满意，并指出这次使命“以最值得称道的方式完成，为荷兰带来了巨大荣誉”。他们还指出，与“英王收效甚微但所费不赀的开支相比”，这次出使的成本并不高。[1]

其他人也对这次出访赞不绝口。其中当然包括发起这次行动的功臣范罢览，不过也包括曾批评英国失败的传教士梁栋材。梁栋材写道：“可以肯定的是，荷兰绅士们留下了最好的声誉；大使离开后，皇帝还在不同场合赞扬他的谦逊、温和与得体。”[2]

然而，也有一些人持批评态度。代表西班牙皇家菲律宾公司的阿戈特有一个消息网，眼线随时向他传递德胜上京的情况，他在日记中记录了荷兰人“挤在折磨人的车里”，睡在硬邦邦的床上，抵达京城时“几乎已经没有食物，胡子老长，饥肠辘辘”。[3]当然，眼线们也告诉他，荷兰人在京城受到优待，备受皇帝垂青，参观了宫殿和御苑，回程中也过得很愉快。[4]他只是更愿意关注负面消息。这次出使的目标令他恼火：荷兰派遣大使的唯一目标居然是祝贺皇帝，这一事实促使中国人“轻视欧洲人，变得越来越傲慢，幻想最遥远王国的统治者会来朝觐”。[5]

阿戈特认为马戛尔尼表现更佳，因为他“没有以任何方式同意他们的要求（尽管他确实做出了一点点让步）”。没错，勋爵是失败了，但他至少保持了尊严：“使团尽管没有取得任何成果，但让北京对英国有了该有的认识。”[6]阿戈特对此反应强烈，他写道，荷兰人鼓励了中国人的傲慢，因而阻碍了欧洲人的事业，并将欧洲国家放在与朝鲜、安南和暹罗等亚洲国家平起平坐的位置上，而这些国家都遵照中国的礼仪在华从事外交活动。

阿戈特从未公开出版他的日记，因此他的批评并没有得到广泛阅读。但吧龙也持类似观点，他于1804年出版的《中国行记》一书的多个版本都告售罄，并译成了多种语言。[7]忠于马戛尔尼的吧龙认为，德胜和范罢览的行为是一种冒犯。他知道他们将马戛尔尼的出使当作反面案例，以此来说明什么不该做。这一点可以从梁栋材的看法中发现端倪，梁栋材认为马戛尔尼拒不叩头惹恼了皇帝，也让朝廷官员对他顿生恶感。[8]吧龙被梁栋材的观点激怒，并援引荷兰使团之例来驳斥：

> 这两位使臣（德胜和范罢览）决心利用梁栋材信中抛出的暗示，以免犯下与英国大使相同的错误。他们欣然接受了中国人要求他们服从的每一个屈辱的仪式，作为回报，中国

人以最轻蔑、最令人愤怒的方式对待他们。[9]

因此，按照吧龙的说法，德胜愿意遵守中国的规矩反而让中国人更加傲慢，并招致了更大的羞辱。

要证明这一点，吧龙就要证明德胜和范罢览“遭受了最轻蔑和最令人愤怒的对待”，但他们当然没有。于是，吧龙便夸大其词，称德胜和范罢览乘的是快要散架的小竹椅，住的是谷仓和凉亭，被迫穿着带毛的羊皮袄，“就像霍屯督人（Hottentots）一样，把毛朝里穿”。[10] 他后来在自传中还写道：“其中很多细节过于恶心，不堪复述。”[11] 在吧龙看来，这一切都是中国落后的迹象：“几乎无法想象他们遭遇的种种不便……发生在一个文明国家。”[12]

吧龙暗示，德胜到达北京后的待遇并无改善，说他们“抵达京城时，就住在一个马厩里”，还试图引读者推断荷兰人在京期间都栖身马厩，而不是只将就了一晚。[13] 他没有提到荷兰人住在紫禁城旁的豪宅，也没有承认马戛尔尼只能住在更远的“满城”（内城）。勋爵的住处环境吵闹，以至于他写道：“前三四天，我一夜都没睡好。”[14]

吧龙最感兴趣的是叩头，他列举了荷兰人仅在北京就叩头三十次：皇帝乘辇经过要叩头，皇帝旨意传达要叩头，皇帝桌上送来令人作呕的饭菜要叩头。[15] 他特别爱提的一幕是：范罢览的帽子掉了，皇帝见状大笑起来。在吧龙眼中，这就是一个嘲笑使臣的例子：

范罢览相当富态，且不太擅长行中式大礼。在公开亮相时，他的帽子不幸掉在地上，老皇帝当即笑了起来。范罢览说："就这样，我得到了之前任何一位使臣不曾享有的荣誉和偏爱。"他还说："我必须承认，我在一早上漫长的等待中所受的严寒之苦，也因为这件事而大大减轻了。"当然，没有人会嫉妒这位绅士愉快的心情，谁会因为受人嘲笑而如此满足呢。[16]

但是正如德胜和范罢览所描述的，这件事是一次愉快的插曲。皇帝还和蔼地微笑着，将酒杯递给他们。当范罢览的帽子掉落时，一位大官弯下腰为他捡起，皇帝这才开怀大笑，并询问范罢览会不会说汉语。当他回答"扑懂"时，皇帝笑得前仰后合。范罢览写道，这是因为他用中文来表达自己不懂中文，多少有些"滑稽"。根据范罢览的描述，皇帝一直注视着他，"带着最仁慈的神情"。[17] 范罢览将这件事描述为一个温馨的小意外，它带来了一阵欢声笑语。吧龙则将其描绘为恶意的嘲弄。

更不用说，吧龙对荷兰人史无前例的寺庙和宫苑之行、诗会、御前看戏，以及他们回程途中受到的热情款待只字不提。自始至终，他都认为，荷兰人以为遵守中国的礼仪规矩就能得到更好的待遇是错误的——这样做只会让中国人更加高傲自大。他声称，相比之下，马戛尔尼给人留下的印象要积极得多，因为马戛尔尼迫使中国人认识到英国人比他们优越："对（英国）大使来说，观察到中国人渴望获得英国——一个他们开始重视的国家的好评，是令人欣慰的。从中国人的角度来看，不难察觉到英国的优越性，尽管他们过于谨慎，不敢承认这一点。”[18]

吧龙的书出版不久，小德经就发表了一篇驳斥他的文章，指责这个英国人假装懂汉语，还犯了初级错误。[19]他着重指出了书中的不实说法，并称将德胜在中国朝廷和其他地方受到热情款待的细节略去不提是不公平的："如果他想如实报道发生的事情，他就必须承认，德胜先生所受待遇更佳。”小德经还认为，吧龙以为清朝官员会因为马戛尔尼拒绝叩头而尊重他，简直是愚蠢。“看到外国人带着献给皇帝的贡品远道而来，却拒绝以该国的礼仪向皇帝行礼，中国人当然是非常惊讶的。”[20]

然而，小德经文章的主旨关乎一个更根本的问题："一个人不应该以本国的风俗习惯去评判他国的风俗习惯。”这也是他自己必须学会的东西。他写道："我承认，中国人的言谈举止起初让我们感到惊奇，但最终它们看上去并不是那么奇怪。这些人随遇而安，可以适应一切环境。比如，他们的马车真的就像粪车一样，但他们觉得很好；房子也是如此，他们觉得这些房子好极了。对于待人同待己的人，我们又能指责什么呢？”[21]他并不特别喜欢中国，他认为荷兰派遣使团本身就是一件蠢事，是范罢览的“自恋和野心”酿成的错误。[22]但他认为，他在那里遇到的麻烦不是出于敌意，而是贪婪造成的。他学会了用中国人的方式回应，并没有因此受到责备："大人们的可恨之处在于，他们要把最好的留给自己，所以回程路上，我们常常会占领原本为他们准备的上好馆舍和船只。他们没有一句抱怨，自己找了其他住处和船只了事。”[23]

很少有人读过小德经的评论，吧龙的书却影响了未来几代学者。[24]他的观点至今仍具有影响力。例如，最近出版的一本著作就提出："1794—1795年访华的荷兰'德胜使团'成员受到的待遇和外交礼节远不如几个月前的马戛尔尼使团。他们被粗暴无礼地安排在潮湿、漏雨的简陋小屋，有时甚至就在户外的竹轿里过夜。"[25]另一位现代学者与此类似，也省略了正面的部分，构建出一种屈辱的叙事，称这次旅行充满了"寒碜的住处、不顾他人的地方官和腐败的食物"，还说范罢览"乘手推车完成了旅程"（并不属实），荷兰人得不到煤炭，被关在寒冷、烟雾弥漫的房间，被皇帝及其臣子忽略，在"鞭笞的威胁下"被迫磕了头。[26]其他学者也写过类似的内容。[27]

为什么这么多学者如此不假思索地追随吧龙？也许是他们不想花精力去仔细阅读范罢览和小德经的著述，两人的文字中有足够的证据来挑战吧龙的论断。也许是他们没有查阅荷兰语或中文文献。但真正令人惊讶的是，就连一些认真读过范罢览和小德经作品的学者，以及查阅过荷兰语和中文资料的学者，也认为此次出使任务失败了。最完整的研究由荷兰汉学家戴闻达于1938年发表（《1794—1795年荷兰赴华使节记》），此后不久，伟大的博克塞（C. R. Boxer）也发表了一篇文章。[28]这两人都通晓荷兰语和中文，并且从文献中了解到德胜在宫廷"自始至终都受到厚待"，备受恩宠。[29]他们也明白，使团在上京途中所受恶劣待遇并非他人有意造成，且朝廷有意全面嘉奖以为补偿。

那么，为什么如此多的学者判定这次出使失败了呢？其中一个原因是，他们张冠李戴，将德胜当成了一篇匿名日记的作者，而实际上日记是小德经写的。[30] 日记的最后几行提到他们终于摆脱了官员的束缚，还抱怨在"野蛮的土地"上旅行，处处都是"愚蠢的面孔"，这是对贺拉斯名句的意译。[31] 这不是一种积极的看法。博克塞和戴闻达相信是德胜写下了这些话，因而得出结论，大使本人认为这次出使是一次令人沮丧且失望的任务。博克塞写道："他内心深处对在华经历的感受，可以从1796年初在广州起草的官方报告法语版中看出来，他以传神的嘲讽为这篇报告作结。"[32] 但这些话是小德经写的，全程他都愤愤不平，因为财务状况不佳，他被迫担任卑微的译员一职。

另一个同样重要的原因是，戴闻达和博克塞都没有理解此次使团出访的真正目的，因为他们没有查阅德胜的上司所写的文件。他们都以为，使团此行的主要目标是向皇帝和他的朝臣投诉广州的情况，并指责德胜犯了一个"鲁莽的"错误，即向广州官员声称此行只为瞻觐祝贺，别无他图，且承诺不提出任何要求或投诉。[33]

但德胜的承诺果真鲁莽吗？并非如此。他在巴达维亚的上司多次明确表示，此次出访的目标完全如德胜所说：祝贺乾隆皇帝登基六十周年。德胜的上司们在致信荷兰的上司时，明确将使团视为纯粹礼节性的："尽管我们希望公司状况更好时再派出这样的礼节性使团，但考虑到广东公司的雇员已经受到两广总督本人的要求，再不颂扬皇帝陛下实属不妥，因此不便拒绝。"[34] 为什么派遣一个"礼节性使团"？部分原因在于，他们以为欧洲其他国家已经表示了出于同样的礼节性目的遣使进京的兴趣，担心落后于人；但最重要的是，他们要与新任两广总督长麟保持良好关系，他的认可对增加贸易机会大有帮助，而长麟似乎希望他们派出使团。

巴达维亚的官员确曾提到：“这个场合倒也有可能成为一个向皇帝进言的合适机会，要求对前任总督的肆意妄为做出令人满意的答复。”[35] 但这只是一句题外话。他们的根本目标就是满足总督的愿望，祝贺乾隆登基六十周年。他们在官方指令中明确向德胜表示，只有在绝不会明显偏离其主要目标——恭贺皇帝时，才能提出广州的贸易问题。[36]

博克塞和戴闻达从未见过对德胜的官方指示，无法想象荷兰官员会在一个纯粹的礼节性使团上浪费时间和财力。[37] 戴闻达甚至暗示荷兰人上当了，说他们甚至不理解自己的角色：“使团在中国官员眼中的真正性质，对荷兰受骗者来说完全是一个谜。”[38]

我并不是要表明德胜的出使大获成功。事实上，尽管使团受到热情款待，但很难说它取得了任何实质性的成果。它没有改善荷兰人在广州的处境，也没有帮助荷兰人扭转与英国人竞争的颓势。原因很简单，荷兰共和国已不复存在，荷兰东印度公司已破产消失。荷兰的时运直到拿破仑战争结束后才开始好转，但彼时乾隆皇帝早已去世，继位者嘉庆帝正实行激烈的改革，应对一连串生态危机和军事危机。[39] 我们永远不会知道，从长远来看，这次出使是否有助于改善贸易条件，因为已经没有长远的未来了。

关键在于，荷兰使团与通常的中欧互动叙事——文化冲突叙事——形成了鲜明对比；这种对比之强烈，让对此有深入了解的学者也无法完全理解使团在其时代背景下的意义。对他们来说，荷兰人满足于一次不提出具体要求也不进行谈判的出使，这是完全没道理的，因此他们以为这是一场失败。

然而，今天我们的标准叙事正在改变。在西方外交秩序中，各民族国家由其驻在他国首都的外交官代表，建立联盟，缔结协议；在 20 世纪的大部分时间里，很难想象西方外交秩序胜利轨迹之外的路径。但现在国际关系学者提出，传统的“中国的世界秩序”或许比西方模式更具优势。例如，康灿雄（David Kang）就认为，等级制下的“朝贡体系”带来的结果比西方的“威斯特伐利亚体系”更和平、更稳定，西方这一体系是以法律上平等的国家之间脆弱的平衡为基础的。[40] 布兰德利 · 沃马克（Brantly Womack）则认为，中国与邻国之间的“非对称关系”往往是稳定与和平的，因为它们促进了共存：“底线是相互（但不平等的）尊重。”[41] 中国和其他地方的政治学家认为，中国传统的国际关系体系比西方模式更可取，因为它是基于一种和谐的理想：中国被视为“理应安定一统的天下的中心”。[42]

在历史学科中，标准模式也受到了质疑，其中最重要的模式是“朝贡体系”，这是在美国建立中国研究的先驱费正清（John K. Fairbank）提出的。

根据费正清及其合著者——特别是邓嗣禹——的说法，“朝贡体系”是中国用来组织其外交关系的一套话语和实践。（他们也将这套制度称为“中国的世界秩序”。）[43] 其基本思想是，中国被认为文化上优越于“四方诸夷”，这些“蛮夷”可能自然而然地意识到他们自身的劣势，并向天朝靠拢，以寻求文明的好处。他们这样做时，自然会认识到中原君主是天地之间最高的调停者（共主），并跪拜在他面前，献上贡品——通常是他们的方物。共主会回赠精美的物品，并正式册封他们本土的国王或首领。费正清提出，这种“朝贡体系”是儒家秩序的一种地缘政治表达。就像子女尊重父母、父母关心子女一样，各藩属国国王应该尊重皇帝，皇帝应该关心各藩属国国王。费正清认为，驱动周边诸国的并不一定是中华文明的吸引力；它们参与这个体系是出于贸易目的，因为中国的统治者坚持将朝贡作为商业往来的条件。

他认为朝贡体系对中国不利，因为它鼓励了中国的排他性，致使其未能做好准备面对现代世界。由于对英国和其他西方国家的直接经验和了解极为有限，中国无法适应。[44] 因此，“朝贡体系”是中国衰落的根源。这种观点与吧龙和其他英国作家的观点非常相似：中国的问题是傲慢、缺乏开放性、无法适应变化。费正清接受了这样的英国观点。[45]

今天，历史学家对“朝贡体系”模式持谨慎态度。这种从接受到不安的态度转变在费正清一位学生非凡的学术生涯中便有迹可循。卫思韩（John E. Wills, Jr.）20 世纪 60 年代在哈佛跟随费正清学习。[46] 尽管费正清关注的是 1800 年后的英国人和美国人，卫思韩还是决定在他门下研究 1800 年以前清朝与其他西方国家的关系。

起初，卫思韩认为“朝贡体系”是一个有用的概念，他在两篇论述清朝外交关系的重要文章中大量引用了它。[47]他的核心问题很简单：如果外交文化存在如此深刻的冲突，那么在西方力量占主导之前，西方和中国的政治家到底是如何交往的？他的回答是，幻想为双方的互动充当了润滑剂。欧洲人执着于一种幻想，即对华外交可能像在西方那样，通过一系列会议和谈判就贸易或其他事项达成协议和条约。因此，他们往往没有意识到，其使节在朝贡体系中所扮演的角色本身就使他们成了皇权的正统性证明。清朝领袖也抱有幻想，认为西方使节接受了他们在"朝贡体系"中的角色，他们叩头就是肯定了该体系的原则，证明了中华文明的吸引力和天子的地位，而不是为了经济利益他们才勉强接受礼仪上的要求——这往往才是实际情况。与费正清一样，卫思韩认为双方自欺欺人的做法是危险的，尤其对中国而言："对礼仪的关注，以及因此产生的对表象的关注，造就了一种危险的、对幻想的依赖，而这会成为中国外交政策里长期存在的缺陷。"[48]

但卫思韩是一位谨慎的历史学家，非常注重丰富的文献资料来源。他逐渐感到，双方并没有表面看上去那般受到幻想的束缚，于是对"朝贡体系"思想越发大失所望。[49]在漫长的暮年，他彻底放弃了费正清的模式。他宣称，它是一场"毁灭性的失败"，需要被取代。[50]他四处寻找替代方案，与其他历史学家交换意见，其中很多人也有同样的担忧。

这当中最著名的是何伟亚（James Hevia），他对马戛尔尼使团的开创性研究表明，与其说英国的失败缘于文化之间的冲突，不如说是与帝国之间的冲突有关。何伟亚在他具有惊人独创性的工作中指出，像费正清这样的学者过于依赖英国视角。[51] 他认为，只有在讲述英国人的说法同时，也讲述清朝的说法，这才是公平的。诚然，清廷确实采用了“以中国为中心”（Sinocentri）的话语体系，但清朝的宾礼话语体系和实践必须从他们本国的角度来审视。宾礼帮助清朝统治者在礼仪活动的空间中精心调和与众多藩主的互动，这有助于维护复杂的统治系统，将多种政治结构编织成绵延长久但不断变化的形态。[52] 他尤其欣赏清朝统治者的方式，他们不局限于中国的礼仪体系，将皇帝作为沟通天人之际的最高媒介，还与其他礼仪和信仰体系合作，并将其纳入自己的统治之中：佛教的“普遍王权”（universal kingship），蒙古–突厥的可汗制度，以及回部的首领体系。[53] 他赞赏清朝的“包容性政治”（“差序包容”，politics of inclusion）。[54]

其他多位历史学家也通过不同的范式批判性地探讨了“朝贡体系”的概念。其中一些人关注清朝的中亚特征，认为朝贡体系话语可以通过不同的方式作用于这个庞大的多民族国家的不同区域和诸多邻国。[55] 其他历史学家则表明，清朝统治者并没有被“朝贡体系”的话语所束缚，而是有能力根据情势进行调整，改变他们的目标、手段和理想，有时会通过与西方国际关系十分接近的方式与他国交往。[56]

这并不意味所有历史学家都抛弃了“朝贡体系”这个术语，甚至连何伟亚也认为它仍是有用的。[57] 一些人认为，“朝贡体系”或“中国的世界秩序”这两种表述可以视作一种“语言游戏”和一套话语体系，为不同使用者的不同目的服务。[58] 有些人使用

“朝贡体系”这个术语的方式与费正清截然不同，例如，认为它是将东亚世界接合成一种文化和经济单元的一系列外交和经济实践，其中较小的卫星国“朝贡体系”完全反映着以中国为中心的体系。[59] 其他人则强调小国运用“朝贡体系”的方式，显示出它们如何调整它，从而使其适应本国的地缘政治目标。[60]

还有些学者表明，即使在东亚内部，“朝贡体系”也存在争议，有些国家看似接受了在“中国的世界秩序”中低下的角色，实际上却对这种称臣纳贡的位置提出异议或故意利用其模糊的含义。[61] 有时，一个国家可能派出了一名地位对等的使节，却按照以中国为中心的论调受到接待，从而产生挫败感。[62] 有时，一个国家可能会坚决不允许其使臣被称为“贡使”，正如葡萄牙人在1752年所做的那样：他们在澳门张贴告示，宣称葡萄牙使团并不是来“进贡的”，但他们在首都所受的接待仍然是按传统的“朝贡”话语框架安排的。[63] 在这种情况下，通常双方都允许此种模棱两可的状态继续存在。

但这种模糊性不应被理解为幻想。有意的模糊是维持朝贡体系框架和东亚外交秩序稳定的关键之一。例如，德川幕府抵制以中国为中心的秩序，坚持认为日本既不低人一等，也不是中国的藩属。那么，清廷与德川幕府如何交往呢？通过间接迂回的变通办法——“静默外交”，让各自的臣民能够进行贸易，甚至允许一些高层次的交流。[64] 与此同时，幕府试图以其驻地为中心，建立自己的“朝贡体系”。国内各地藩主被要求每年前往江户朝见（参觐交代），荷兰人也要如此。[65] 幕府试图将琉球人和朝鲜人也纳入这种“朝贡体系”的安排之中，但琉球和朝鲜派往日本的使臣采取了模糊的处理方式。例如，朝鲜人确曾出使江户，但他们坚持认为两国最多也只是平等关系。问题在于，朝鲜在以清廷为中心的秩序中接受了藩属地位，这意味着，说朝鲜与日本地位平等就是说日本地位低于清朝，而这是幕府无法接受的。因此，他们通过伪造、虚构尊称等方式来巧妙处理两国关系。模糊性在朝鲜和日本的关系中至关重要。

这样的安排奏效了。在 18 世纪的大部分时间里，东亚体系保持了稳定和相对和平。或许，幻想是有用的。这是卫思韩晚年得出的结论。他写道，人们不应该像他曾经所做的那样，贬低外交关系中的幻想，因为“调整出双方都能接受的场面是真正的政治艺术”。[66]

然而，在 1795 年，无论是荷兰还是清廷，似乎都不需要借助于幻想。德胜、范罢览以及他们的上司理解并接受了东亚外交的原则。他们明白，向皇帝或幕府进献礼物并行跪拜叩头之礼，并不像在欧洲文化背景下那样意味着屈服或支配的关系。叩头这一姿态所显示的，不仅是对个人的尊重，更重要的是对宇宙秩序的尊崇。实际上，叩头正是在积极维护这种秩序，正如皇帝向上天和祖先叩头，有助于彰显世间的和平一样。不必担心这样做会形成国家间的等级制度，这反而有助于建立一个和平、仁慈的世界。正如布兰德利 · 沃马克所指出的，接受在东亚背景的差序格局中处于较低的位置并不意味着失去尊重。相互尊重是东亚差序格局运行的关键，而礼仪则是维护尊重、保护弱势一方和明确强者责任的关键。[67]

荷兰人明白这一点。德胜和范罢览认为向北京叩头没有问题。问题在于，其他欧洲人未必持相同看法，因此他们对荷兰人的默许做出了负面的描述。范罢览的一位法国熟人就曾写道："当他跪下来，臀部以优美的方式上下晃动时，所有官员都在场……他赢得了当局的赞赏，但据说他练习了六个月。"[68]

欧洲的情况在发生变化。19 世纪上半叶，早期现代外交的灵活性催生了一个行事更加一致、更具普遍性的新时代，职业外交官以我们以为现代的方式代表他们的君主。正如克里斯蒂安·温德勒（Christian Windler）所言，这是外交实践的"鞍形期"（Sattelzeit）。[69] 即便如此，欧洲国家（或代表它们的国家）直到 19 世纪晚期才能单方面强制推行其外交准则：外交是跨文化的接触，外交实践和规范在多元环境中不断演变，是特定互动和妥协的结果。[70] 英国人处于这种变化的前沿，开始坚持建立一种基于自身利益进行交往的理性主权国家新秩序。直到最近，学者们都认为他们这样做是正确的。

今天，我们可以看到一个不同的过去，也能看到一个不同的未来，这是荷兰遣使这类事件值得重新审视的原因之一。它有助于展现一个与我们截然不同的世界，一个欧洲模式尚未普及、"文化冲突"尚未被预设为必然的世界。这里涉及的文化比英国主导的叙述所说的要灵活得多、容易渗透得多。率先对荷兰和英国使团进行细致比较的帕特里夏·奥尼尔（Patricia O'neill）提出，如果联省共和国没有垮台，荷兰人可能会指引出通往未来的另一条道路:“在以中国为中心的语境下与中国建立关系。”[71]我们无从得知她的看法是对是错，但很明显，荷兰人比英国人更愿意适应其他方式，至少在东亚如此。荷兰人已经这样做了将近两个世纪，接下来的半个世纪中，他们还将继续在日本的朝觐之旅。因此，1795 年的使团确实指向了中西方关系的另一种模式。

但我认为，这也让我们想到了其他事情：外交并不总是为了达到特定的目的，它也可以是维护关系的一种方式。在东亚，遣使不是为了谈判，而是为了纪念和庆祝：庆祝新的一年，祝贺新的皇帝、国王或将军，纪念逝者，等等。[72]尽管有时会派遣使臣进行具体的谈判，但理想情况下，使臣不应该只是为了达成交易而来，就像我们不喜欢无事不登门的朋友一样。理想情况下，外交是建立和维护关系。

这并不是说使臣和东道主皆非别有用心。在日本，荷兰人明白他们在帮助幕府家族合法化方面要扮演一定角色，而幕府则将外国使团作为向其臣民宣扬自身合法性的手段。同样，在 1794 年，清廷渴望接待德胜，因为他的到来显示了清室以及皇帝本人的魅力已蔓延至整个世界。至于荷兰人，他们的动机是与清朝建立更紧密的关系，展示比英国人更佳的形象。他们还希望利用此次访问来改善广州的局面。

但是，派遣 1795 年使团的荷兰官员明白，谈生意、获利益不应该是他们的首要目标。他们满足于派遣一支“礼节性使团”。[73]

礼节性使团，这个想法在许多学者看来简直匪夷所思。一个西方国家——哪怕一个代表国家的组织，怎么可能浪费时间和财富在这样一件毫无用处的事情上？然而，荷兰领导人非常清楚礼节有多么重要，特别是在东亚。向幕府将军叩头，然后维持唯一获准在日本从事贸易的西方人的地位。向皇帝叩头，然后让他想到荷兰人与清朝一直保持着密切的关系。

英国人也知道礼节的重要性，马戛尔尼使团的表面目的正是“补充和调和”。[74] 但是，他的指令和举动则表明，他的主要目标是把事情办妥。[75] 正如何伟亚所展示的，马戛尔尼仅仅将此次访问的礼节性部分视为过程的前半段，后半段就是生意时间。当谈判开始时，他就能够取得——他希望如此——自由通商的权利，并在中国沿海获得常住地。[76] 生意时间从未到来。对清廷来说，遣使的意义在于礼尚往来：筵宴、表演、火戏。最终，马戛尔尼坚持要讨论他荒诞不经的要求，这令人恼火，以至于皇帝和军机处决定将他撵出京城，并在他惹出祸事之前尽快将他打发回自己的国家。英国人不断要求和索取，就像一个坏朋友。

人类学家布罗尼斯瓦夫·马林诺夫斯基（Bronisław Malinowski）在思考语言的众多用途时，着迷于看似平平无奇的惯用语，比如“你今天怎么样？”或“天气不错，对吧？”。这些话语并没有实现任何明显的信息共享或表述功能，但它们似乎非常重要。他认为，它们的目的是维持“联合的纽带”，创造“社会交往的氛围”。他感到它们需要一个名称，于是他发明了“寒暄交谈”（phatic communion）一词，以此来强调它们通过某种社交情感或其他方式“将听者与说话者绑在一起”的作用。[77]

或许，我们可以使用“寒暄式外交”（phatic diplomacy）来指代具有类似功能的外交行为：在国家之间建立联系纽带或制造交往的氛围。在这个意义上，东亚外交的理念是以应酬交际为导向的。各国使节前来庆祝、道贺、纪念。这并不是说东亚国家没有进行其他类型的外交活动。在东亚的使团也可以实现常见的工具主义目标：通商、情报搜集和结盟。在东亚，外交活动有时以非常西方的方式进行。同样，在西方，外交官也参与应酬式外交，送上贺词，参加庆祝活动，赠送社交礼品。西方和东亚的外交文化各自包含了多种元素。[78]

重点在于，理想形式下的东亚外交突出了寒暄交际。遣使最重要的目的是将世界各国联系在一起，形成某种群体。这就是为什么人们常用描述家庭关系的词语来形容这些关系，中国是父亲或兄长，其他国家是孩子或幼弟。外交是儒家的“礼”在国际层面上的表达。万邦同心，天下一家。

大多数派遣使节前往中国的国家都明白，外交并非只是讨价还价、换取让步和签署条约。正如卫思韩晚年所写，遣使访华的亚洲国家展现出“一种政治艺术，其重点不同于欧洲外交，不在于通过谈判达成可履行的承诺——至少在原则上如此——而在于维护一种交流和互动的制度，双方都认同这种制度的合法性，并且能够在情况变化时做出调整”。[79]

1795 年的荷兰使团是寒暄式外交的一次实践，它有助于我们对中西方的外交互动形成新的认识：这不是一场冲突，而是一种彼此满意的互动。我们历史学家和社会科学家倾向于从战略、自身利益、权力和支配的角度思考问题，这是有益的；但我们不能忘记历史和生活中还有更多东西：相互关联的喜悦，活着的喜悦，对我们存在于这个世界本身的喜悦。

荷兰宾客在紫禁城和圆明园受到盛情欢迎，不仅因为他们叩头的举动强化了王朝秩序，而且因为让这些充满异域情调的外来者加入节日庆典本身就充满乐趣。[80]请他们观赏冰嬉，鼓励他们和满洲健将一起滑冰。邀请他们参加夜晚的诗会，看灯笼在雪中闪烁。带他们欣赏私密的表演，在自家的厨房为他们准备最可口的食物。领着他们参观皇室最美丽的后寝区。欢迎他们，不仅仅因为你是皇帝，你的慷慨举世闻名，也是因为你喜欢这个季节，享受天下各族人民朝见的纷繁热闹，以及他们的民族服装、语言和不同风俗。

使臣们，请你们泰然处之。也许你们会纳闷，为什么和皇帝的首次见面是在寒风凛冽的户外。也许你们不明白，为什么满族滑冰手要猛摔在地。也许你的双脚冻僵了。也许你们厌烦了被早早吵醒，坐在颠簸的大车上四处奔波。也许不能坐椅子只能坐垫子让你痛苦难挨。

不要紧，配合下去，你会开始理解的。没错，这里与欧洲有天壤之别，但生活的美妙之处不就在于，不同的地方，有不同的体验和别样的风景？

致　谢

众多人士和机构为本书的完成提供了不可或缺的支持。约翰·西蒙·古根海姆基金会的“古根海姆奖”让我得以从教务中脱身，正是在休假期间，我构思了本书并开始研究。比尔和卡罗尔·福克斯人文科学研究中心，以及埃默里大学，为我上一年度的写作提供了高等奖学金，让我得以将书稿收尾，重整结构和润色文本，还钻进大量历史学的“兔子洞”探索了一番。我并不是总能逮住“兔子”，但探索的历程对学术而言至关重要，本书也因此而丰满起来。福克斯中心的午餐研讨会为分享研究成果提供了绝佳的平台，我非常感激研究中心的同事和主任沃尔特·梅里翁（Walter Melion）对本书序言和第1章提供了富有洞察力的反馈。

我第一次介绍关于此次荷兰使团出使的研究，是2017年6月在北京的中国社会科学院。会议的主办方非常热心，为我提供了极大的帮助，特别是近代史研究所晚清史研究室主任崔志海研究员。他将自行车借给我，方便我在北京重访德胜和使团成员的故地，也为我前往中国第一历史档案馆提供了便利。同样热心帮助我的还有中国社会科学院的张建副教授，他对第一历史档案馆非常熟悉，他和熟人帮助我找遍了所有可能的地方，寻找有关荷兰使团的档案。来中国社会科学院听我报告的很多学者都提出了绝佳的问题和建议，事实证明，这些反馈为我提供了极大帮助。我要特别感谢郭阳，催促我查阅有关德胜出使江户的记载。

广州之行同样收获颇丰，这很大程度上要感谢范岱克（Paul Van Dyke），他详细而基础性的研究改变了我们对广州通商贸易的看法。在他的协助下，我接触到中山大学收藏的资料；无论是席间的谈话，一起探访广州城墙，还是珠江边的漫步，都加深了我对广州这座城市及其历史的了解。他向我介绍了阿戈特的日记（这是一份历史宝藏），对本书的初稿做了评论并提出建议。事实证明，这些建议对本书帮助极大。

我也要感谢汉克·涅梅杰（Henk Niemeijer），他不仅慷慨地提出建议，还负责了印度尼西亚雅加达国家档案馆海量资料的数字化项目。该档案馆收藏了宝贵的荷兰东印度公司记录。我们永远不知道自己会发现什么，特别是翻阅“巴达维亚总督府决议附录”时，谁能想到其中信件、摘录和证词应有尽有。[1]

欧洲机构和欧洲的朋友也提供了巨大的支持。高柏（Koos Kuiper）曾策划莱顿大学图书馆特藏部古代中国和日本手稿展，他让我见到了该校东亚图书馆所藏的使团成员手稿。阿姆斯特丹国家海事博物馆的迪德里克·维尔德曼（Diederick Wildeman）和伊冯·奥尔德曼（Yvonne Ordelman）安排我查阅了馆藏，让我得以细读雅各布·范罢览和他父亲之间有着丰富信息量（和八卦）的通信，并拍照留存。阿姆斯特丹市档案馆也向我开放了收藏，资料之丰超乎我的预料。最要感谢的还有海牙的荷兰国家档案馆，它让离家万里的我感到家的温暖。我念博士期间，每个工作日都来这里做研究，持续了大约一年半，用小小的塑料杯和其他研究者一起喝咖啡。如今，咖啡更香了，杯子不再是塑料的，收藏精彩依旧。感谢档案馆的许可，让我在不得不飞回美国的前一天将最终找到的资料拍照留存，其中包括对德胜下达的官方指令。事实证明，它们非常重要。

我非常享受与范罢览的后人娜内特·范罢览（Nanet van Braam Houckgeest）通信，她正在誊录这位使团副使的旅行记录。它面世时必将成为一部重要的作品。[2] 娜内特和范罢览家族的其他成员也对他们这位令人着迷的先祖做了深入研究，为我们今天了解他奠定了基础。

我尤其要感谢前不久从莱顿大学退休的弗兰克·勒坎。过去三十年来，他一个人就相当于一座“德胜怀旧工坊”；他巨细无遗的著作和文章是我们了解这位大使及其作品的基础。没有它们，我不可能写出这本书。我也珍惜我们连续两年五月在莱顿相聚，喝啤酒，吃印度尼西亚菜，天南地北的聊天早已超出德胜这个话题。我很想实现我们的“三连胜”，但新冠病毒打断了我的旅行计划。希望很快能再次拜访他。

而在美国，如果没有从全世界采购图书和数据库的埃默里大学伍德拉夫图书馆，我不可能取得重大的进展。我要特别感谢王国华（音）、切拉玛尔·瓦伊德亚纳桑（Chellammal Vaidyanathan），更要感谢馆际互借部的詹妮·维蒂（Jenny Vitti）和玛莉·汉森（Marie Hansen，现已退休），她们总是能根据不够完整的引用信息将鲜为人知的作品找到，我不知道她们是怎么解决如此困难的问题的。毫不夸张地说，没有她们的帮助，我无法完成本书。

与埃默里大学多位同学的合作也让我获益，他们是埃里克·马（Eric Ma）、刘天阳（音）、玛丽·波恩（Mary Bohn）、韩俊逸（音）、谢逸（音）、埃莉诺·楚（Elinor Chu）、郭庆泽（音，Kyungtaek Kwok）、陆成恒（音）、蒂姆·罗曼斯（Tim Romans，他热心地帮我拍摄了国家档案馆的部分资料），以及胡一清（音），她是我最后一阶段工作的研究助理，帮助我建立了范罢览所藏绘画的资料库，协助翻译并取得使用许可。和她一起工作非常愉快。

我在埃默里的同事赵美玲（Maria Sibau）为我提供了机会，在她与裴海宁（Ihor Pidhainy）、麦瑞怡（Karin Myhre）共同组织的晚期帝制中国会议上展示本研究的部分成果，没想到这竟是新冠疫情前我最后一次参加学术聚会。施珊珊（Sarah Schneewind）在主旨发言中坦率地介绍了研究和写作过程，激发出新的观点。这些看法帮助我重新构思了序言和结语。埃默里大学的另一位同事布莱恩·维克（Brian Vick）为初稿的部分内容提供了建议，他在精彩的《维也纳会议》（*The Congress of Vienna*）一书中阐述对欧洲外交的观点，拓宽了我对“外交”意涵的理解。[3]

我也要感谢耶鲁大学的荣休教授白彬菊（Beatrice Bartlett），不仅感谢她翔实、精彩、内容丰富的作品《君主与大臣》（*Monarchs and Ministers*），而且感谢她就军机处及军机处成员为我提供的建议。我们或许无法查明欧洲人口中的“南山大人”到底是谁，但这是一次充满趣味的尝试，让我受益颇多。

道恩·奥德尔（Dawn Odell）也是这个项目的重要参与者。她正在撰写一本关于范罢览及其收藏的著作。与她分享对范罢览的看法（以及对他品行的震惊和愤慨）是一种享受。范罢览不算一个特别值得赞赏的人，至少在道德品质方面并不令人尊敬。与奥德尔的对话、邮件和其他合作丰富了我对范罢览及其所处背景，以及广州外销画的理解。

道恩、我与卡琳娜·科里根（Karina Corrigan）一起，在马萨诸塞州塞勒姆的皮博迪·埃塞克斯博物馆（Peabody Essex Museum）组织了一场研讨会，探讨范罢览的中国外销画收藏。与会者提出了许多有趣的观点、批评和想法，特别是韩启一（音，Kee Il Hoi）、赖毓芝、布鲁斯·麦克拉伦（Bruce Maclaren）、梅欧金（Eugenio Menegon）、马可·穆西洛（Marco Musillo）、扬·范坎彭（Jan van Campen）、卡罗琳·弗兰克（Caroline Frank）和蔡涛（音）。黄韵然（Winnie Wong）的观点尤其令我印象深刻，她改变了我对范罢览收藏和广州外销画的看法。她的书和论文对于任何对这些主题感兴趣的人来说都是必读作品。[4] 我也要感谢马可·穆西洛，他帮助我们取得了佛罗伦萨国家图书馆范罢览资料的扫描件，这些资料发挥了重要作用。

我也非常感谢普林斯顿大学出版社，特别是布里吉塔·冯·莱恩伯格（Brigitta van Rheinberg）、埃里克·克拉汉（Eric Crahan）、普利娅·尼尔森（Priya Nelson）、塔莉亚·利夫（Thalia Leaf）和詹妮·沃克维茨基（Jenny Wolkowicki）。尽管这本书先后历经三位编辑之手，但普林斯顿大学团队还是让项目顺利、按时推进，给我的催稿压力也是恰到好处，让我能如期完成。他们还找到一位出色的——或许是我合作过的最出色的——文字编辑：希德·韦斯特摩兰（Cyd Westmoreland）。

编辑埃里克·克拉汉找到了优秀的匿名审稿人。我已经出版了五本经过同行评审的书，发表了数十篇文章，但我从未收到过像这样详尽、有帮助的审读报告。第二号审稿人的报告尤其有价值，帮助我改变了对这个项目及其历史学位置的看法。虽然我没能在书中囊括他们的全部建议，但这本书因他们的密切关注而大有进步。

另一个为书稿提供深入思考和反馈的是特里斯坦·莫斯泰特（Tristan Mostert），他在这个项目中的作用可以追溯到项目萌芽时期。2015 年，特里斯坦、杰弗里·帕克（Geoffrey Parker）和我在荷兰小城哈勒姆（Haarlem）共进晚餐。他俩谈起了 18 世纪 90 年代，当时荷兰东印度公司正在衰落，英国则在接管其殖民地。我对这一时期所知甚少，插不上话。当他们谈论邱宫书信（Kew Letters）和英国封锁时，我越听越着迷。我不知道他们是否提到了 1795 年的荷兰使团，但这场谈话一直萦绕在我心头，激发了我对这一历史时期的兴趣——它离我的研究舒适区 17 世纪是如此遥远。在项目全程中，特里斯坦都是一位很好的对话者，他与我分享资料，提出建议，不吝鼓励，他仔细阅读了一版书稿，为我重新构思序言提供了极大帮助。他还提醒我，荷兰国家档案馆允许公众访问其容量惊人的数字档案测试版。因此，我才能读到我以为由于新冠疫情而无法现场阅读的内容。能得到他的建议和友谊，我充满感激。

当然，最应感谢的是我的家人。他们自始至终都陪伴着我。当我在电话中向父母（我们几乎每天都通话）描述一个发现或抱怨一个挫折时，他们认真地听，随时提出好建议："用盐水漱口"，"不要为小事操心"，"试试止疼药"。从我和哥哥一起画漫画时起，他们就让我过上了学术和创作的生活。

我的妻子和女儿是源源不断的快乐和灵感源泉。能生活在这样一个家庭，身边满是聪明、有趣、爱好音乐、傻乎乎又有才华的家人，我感到非常幸运。当我走出书房，抱怨苹果设备难用而丢失文件时，家里总是一番热闹景象，而且通常闹哄哄的。其实，我现在就想休息一下，玩一局《马里奥赛车》，喝杯咖啡。

还是先把最后一段写完吧。这本书写起来并不容易。有时我自己也不确定工作的方向，以及是否有人像我一样觉得这个主题有趣。我只知道在那个时代、那个地方和那些人当中，有一些东西在与我对话，所以我坚持写了下去。

在整个过程中，我都被小女儿约瑟芬启发着、鼓舞着。从她说第一句话开始，她就对周遭产生了锲而不舍的强烈兴趣：先是时钟，然后是飞机，再是钞票、柠檬水摊、Roblox，现在是艺术。

有时，你只需跟随你的兴趣，在它们的指引下，你就能找到答案。这样做的人会使世界变得更美好、更有趣，约瑟芬就是活生生的证明。我把这本书献给她。

关于地名、音译、术语和资料来源的说明

总体而言，根据对汉语理解不深的法国人和荷兰人所写的文本复原清朝的地名，哪怕往委婉了说，这也是一门不精确的学问，尤其是考虑到他们的仆人和翻译都是广东人，距离他们写下这些文本也已过去二百多年。地名变了，风景也变了。一些地区，比如万安北部凶险的赣江十八滩已经被淹没，成为湖泊或水库。新的河流经过疏浚，运河被填埋。最引人注目的是，黄河在19世纪50年代的多次洪灾中改道，河道从靠南的位置北移。难上加难的是，目前我们关于这次行程的唯一资料来源是荷兰人和法国人的日记、书籍和报告，其中没有汉字，只有音译。我们确实有一份中文记录的法译本，但它一样没有汉字，音译还是根据粤语和法语转译出来的。我花了几百个小时用这些资料来追溯这段行程，在谷歌地图上描画，一套出色的清代地图为这项费时费力的工作提供了帮助，其中最重要的是《康熙皇舆全览图》、《大清一统舆地全图》和《乾隆京城全图》。[1] 这样一来，我有时只花几小时就

能描绘出一段路线。我邀请有兴趣的读者查看原始的 GIS 文件，其中包括了我找到的全部位置，有一些是有根据的推测。[2]

对于大多数地名，我使用了拼音音译系统，并在注释中写明汉字。对于少数地名，比如广州（Canton）和澳门（Macau），我使用了接受度最广的标准英文音译。

至于术语和说法，有几处问题。例如，“coolie”一词是对中文“苦力”的音译，在当时的中西文本中经常使用。但当今使用这个词被许多人视为种族歧视，我选择了更中性的术语来翻译它，比如“脚夫”、“劳工”和“装卸工”。

另一个令人担心的术语是“tribute”（朝贡、进贡），历史学家经常用它来表示向中国朝廷派遣使臣的行为，或指东亚的外交关系体系，如“朝贡体系”。在西方，“tribute”一词意味着进贡者的政治服从：“一位统治者或一个国家向另一位统治者或另一个国家支付的财富，以表示臣服，或作为受到保护的代价”，或“由一个具有胁迫力的个人或团体征收的高昂费用”。[3] 在西方，“tribute”由被征服的地位较低者向地位较高者支付，作为获得自由的代价。在中文术语中，它通常被译为“贡”，确实是指在下者对在上者献上财物或礼物的行为，但它不一定意味着同样的服从。因此，历史学家讨论中国外交体系时通常所用的术语“朝贡体系”，在某种意义上支持了本书所质疑的“文化冲突”叙事。事实上，清朝对礼物的说法相当灵活。沈艾娣（Henrietta Harrison）就指出，清廷可以接受马戛尔尼使用“礼”一词来表示礼物，它侧重于礼仪上的含义。[4]

马戛尔尼使团催生了大量奏折、报告和谕令。刚开始研究时，我预计关于荷兰使团也能找到数量接近的资料。事实并非如此。标准的馆藏资料，如《乾隆朝上谕档》《实录》《乾隆帝起居注》等，虽然很有帮助，但与马戛尔尼使团相比，荷兰使团的信息要少得多。[5]故宫档案中发现了一批重要奏折，以及与荷兰使团有关的其他资料。这些资料业已出版，包含大量重要信息，但文献规模远小于和马戛尔尼使团有关的类似出版物。[6]我在北京第一历史档案馆最终发现的新资料屈指可数，无论是汉语还是满文资料都很少，这让我和清史专家张建都感到意外。张建对清朝档案格外熟悉，他是一位出色的东道主和向导。

为什么关于荷兰使团的中文资料比马戛尔尼使团的少？这可能正是因为荷兰使团的访问非常顺利。马戛尔尼的无理要求及其引起的猜疑一方面导致皇帝和军机处的沟通激增，另一方面也让他与外省官员的通信变得频繁。这些详细的文件追踪着马戛尔尼的动向，因皇帝要求了解马戛尔尼的一举一动、他的计划、他的准确路线，诸如此类。回广东的行程尤其受到严密监视，因为皇帝和朝廷担心，这位特使和其他英国人对皇帝拒绝他们“荒谬的要求”（如“妄有干请”“妄有渎请”）大为失望，以至他们会与清朝子民或其他欧洲人接触，横生事端。[7]相反，荷兰人没有出难题，也没有提任何要求（无论过分还是合理），而且得到了格外优厚的待遇。交往顺利意味着奏请的必要性大大降低。

然而，需要注意的是，第一历史档案馆关于礼部的馆藏资料无法查阅，由于礼部负责涉及外国使团的诸多方面，其馆藏中可能包含重要的记录。不过，和英国使团一样，荷兰使团主要由军机处来管。

为了弥补清廷资料的相对不足，我只得借助非官方的资料，包括一位加入旅程的中国人对此行的记录、文人的诗歌、御制诗，以及荷兰人在北京和圆明园期间朝鲜使臣的记录。

至于欧洲的资料，数量太大，反倒成了麻烦。最重要的原始资料是旅行记录。此次行程的主要参与者德胜、范罢览和小德经都做了详细的记录，现存的记载不止一个版本。其中，范罢览出版的行记最为人所知。鲜为人知的是他在旅途中记的一本日记。这本日记一直没有人阅读和使用，同样的还有他提交荷兰东印度公司董事的报告书，这份报告书与他发表的记述比较接近（虽然是用荷兰语而不是法语写的）。不过，与其他两份记述相比，他的旅行日记有着耐人寻味的不同之处：在他的经历经过美化和剪裁以供公众消费之前，这份日记提供了第一手、更加直接的记录。[8]其中也不乏让人恍然大悟的错误。

小德经的两份记录也是如此。已发表的记述，即《北京、马尼拉和法兰西岛之旅》（*Voyage à Péking, Manille et l'Ile de France*, 1808），是一部广为人知的作品，遗憾的是它从未被译成英文或中文。这部作品与他的游记截然不同。这本名为《北京之旅，1794 年 11 月 22 日至 1795 年 5 月 11 日》（Journal d'un voyage a Peking）的日记，多年来一直被误认为德胜所写，直到近些年它仍然被记在德胜名下。[9]1984 年，两位学者提出作者应该是小德经，指出有三个段落中的第一人称代词表明，这两个文本出自同一人之手。我还发现了几十个这样的段落，其中许多段落中作者描述了他自己所做的事情，而在出版的图书版本中，这些事情正是小德经做的。日记作者的行为也与范罢览记载中小德经的一致，例如范罢览带入紫禁城的一张便条被官员没收，导致日记作者被传去问话的情节。

这些都没有明确排除该日记由另一位年轻绅士——比如小多载、阿吉或小范罢览——所写的可能性。但作者以第一人称写道，他有时由小多载陪同，有时由阿吉陪同。至于小范罢览，他自己确实记了一本“简短的日记”，他在给父亲的信中提到了这一点，但他更习惯用荷兰语写作，况且（在我看来）小德经的日记无论如何都不算短。[10]我们也不能排除小德经在写书时剽窃了日记部分内容的可能性，因为他晚年曾被控抄袭。不过必须指出，这些指控是他在与其他汉学家的长期论战中遭遇的一次奇袭。（正如一位当代作家所言：“生活在欧洲的三四个汉学家……从来无法和谐相处。”[11]）无论如何，绝大多数证据都指向小德经就是作者。

小德经旅行日记的一个有趣之处在于，它让我们更直接地了解了他在旅途中的想法和感受，并且能看出他对中国的总体印象比后来出版的书中更好。日记中还包括了许多已出版作品中略去的片段。

除了这些第一手资料，荷兰国家档案馆、阿姆斯特丹市档案馆、阿姆斯特丹国家海事博物馆档案馆、印度尼西亚国家档案馆和西班牙圣塞巴斯蒂安海军博物馆中还有数千页手稿资料。我特别着迷于西班牙皇家菲律宾公司驻中国主要代表阿戈特的日记，其中充满了敏锐的观察、速写和地图。[12] 通常情况下，我们是从北欧人的角度来看待广州和广州贸易的，而阿戈特趣味盎然的日记则与我们所看到的构成了翔实的对比。对历史学家来说，要保持方向不偏题往往是很困难的，因为文献资料将我们引向了许多有趣的方向。阿戈特更是让这一点变得难上加难。

最后，同样重要的是丰富的视觉资料。尽管马戛尔尼使团绘制的图画闻名遐迩——当然也名不虚传，荷兰使团成员绘制的图片如今却几乎不为人知，但它们数量庞大，信息量也极其丰富。最亮眼的是范罢览委托中国画师绘制的一套作品，多达两千余幅。令人惋惜的是，这套藏品在他去世前不久就散得七零八落，当时他为了偿还大笔债务，在拍卖会上出售了这套画集。其中部分绘画现存于大英图书馆、大英博物馆、意大利佛罗伦萨国家图书馆、法国国家图书馆，以及最重要的——马萨诸塞州塞勒姆的皮博迪·埃塞克斯博物馆。部分现存作品直接反映了与使团有关的内容。其他则不然，它们描绘了名胜古迹、桥梁、船只、农业技术、时装等等。这些画作不仅提供了有关荷兰使团的信息和背景，也是对 18 世纪末的中国难得的一瞥。它们应该受到更广泛的关注。[13]

缩略语

ACJ Anonymous, "Traduction du journal d'un Chinois qui a accompagné l'Ambassade Hollandaise, 1794—1795," in Original manuscripts, papers, and letters relating to Macartney mission to China, 1792—1794, vol. 9, document no. 385, pp. 1–59, Kroch Library, Division of Asia Collections, Cornell University, Ithaca, NY, Asia Rare MSS DS.M117.

AGR Appendices to the General Resolutions, Archive of the Governor-General and Councilors of the Indies (Asia), the Supreme Government of the Dutch United East India Company and its successors (1612—1811), Arsip Nasional, Jakarta, Indonesia, online at https://sejarah-nusantara.anri.go.id/appendices-resolutions/, retrieved October 24, 2019.

BTC John Barrow, *Travels in China* (Philadelphia: F. McLaughlin, 1805).

DMA Diarios de Manuel de Agote, Primary Representative in China of the Real Compañia de Filipinas, Untzi Naval Museum (UM), San Sebastián, Spain, Fond Manuel de Agote [Manuel de Agote Collection], 19 volumes, inventory numbers R-633 (for the year 1779) to R-641 (1797), online at https://itsasmuseoa.eus/es/coleccion/tipologia/fondo-manuel-de-agote, retrieved October 19, 2020. Under the format: DMA, [year], [inventory number].

DUYVLE Duyvendak, J. J. L. "The Last Dutch Embassy to the Chinese Court (1794—1795)." *T'oung pao* 34 (1–2) (1938): 1–137.

DUYVSD Duyvendak, J. J. L. "Supplementary Documents on the Last Dutch Embassy to the Chinese Court." *T'oung pao* 35 (1–2) (1939): 329–353.

FVBH1 Barnsley, Edward Roberts. *The First VBH.* (Biography of Andreus Everardus van Braam Houckgeest.) vol 1. Beach Haven, NJ, 1989.

FVBH2 Barnsley, Edward Roberts. *The First VBH.* (Biography of Andreus Everardus van Braam Houckgeest.) vol 2. Beach Haven, NJ, 1989.

GAJVP Anonymous (Chrétien-Louis-Joseph de Guignes). "'Journal d'un voyage a Peking' . . . 22 Nov. 1794 to 11 May, 1795." British Library: Western Manuscripts, Add MS 18102.

GRB General Resolutions of Batavia, Archive of the Governor-

General and Councilors of the Indies (Asia), the Supreme Government of the Dutch United East India Company and its successors (1612—1811), Arsip Nasional, Jakarta, Indonesia, online at https://sejarah-nusantara.anri.go.id/generalresolutions/, retrieved October 19, 2020.

GVP1, GVP2, GVP3, GVP4 Guignes, Chrétien-Louis-Joseph de. *Voyage à Péking, Manille et l'Ile de France: faits dans l'intervalle des années 1784 à 1801*. 4 vols. (Paris: Treuttel & Würtz, 1808).

HLGJ Gugong bowuyuan 故宫博物院, "Helan guojiao pin an shimo"《荷兰国交聘案始末》, *Wenxian congbian*《文献丛编》, No. 5 (July 1930 [Min guo 19]), unpaginated, found in Gugong bowuyuan 故宫博物院, *Wenxian congbian*《文献丛编》, 10 vols. (Beijing: Beijing tu shu guan chu ban she 北京图书馆出版社, 2008), vol. 3, 367–386.

IIT "Instructie voor den Heer Mr Isaac Titsingh, Raad Ordinair van Nederlands India mitsgaders Ontvanger Generaal der Jacatrasche Domainen, gaande als Ambassadeur van de Nederladsche Compagnie naar het Hof van de Keijzer van China, om zijne Majesteit met zijn zestig jaarige regeering te complimenteeren ende verrigting van al zulke zaaken meer als zullen worden voorgeschreeven, ten einde zich naden inhoude van deeze te kunnen reguleeren," July

26, 1794, in Raad der Aziatische Bezittingen, Dutch National Archives, The Hague, Netherlands. Nummer archiefinventaris: 2.01.27.02, Number 254 (Bijlagen tot de resolutiënvancommissarissen-generaal, 1794 juli 2–1794 augustus 2, numbers 279–337; unpaginated, but this is item number 332, about two-thirds of the way through.)

ITC Titsingh, Isaac. *Isaac Titsingh in China (1794—1796): Het Onuitgegeven Journaal Van Zijn Ambassade Naar Peking*. Edited by Frank Lequin. (Alphen Aan Den Rijn [the Netherlands]: Canaletto / Repro-Holland, 2005).

ITPC1 Lequin, Frank. *De particuliere correspondentie van Isaac Titsingh (1783—1812)*. vol 1. (Alphen aan den Rijn [the Netherlands]: Canaletto, 2009).

ITVT Titsingh, Isaac. *Varia Titsinghiana. Addenda & corrigenda.* Edited by Frank Lequin. Titsingh Studies no. 6. (Leiden: Titsingh Institute, 2013).

JAVB Briefwisseling tussen de Schout bij nacht J. P. van Braam, wonende te Zwolle, en diens zoon J. A. van Braam, assistent carga van de directe Chinese handel te Canton, 1795—1798. Scheepvaartmuseum, Amsterdam, the Netherlands, inventory number S.3641, in typescript, 2 vols.

NEDERBURGH Nationaal Archief Nederland, The Hague, Collectie Nederburgh (1.10.59).

NIEUHOF, *Embassy* Joan Nieuhof, *An Embassy from the East-India Company of the United Province to the Grand Tartar Cham Emperour of China. Deliv. by Peter de Goyer and Jacob de Keyzer* (London: John Macock, 1669).

NIEUHOF, *Gezandschap* Johan Nieuhof, *Het Gezandtschap der Neêrlandtsche Oost-Indische Compagnie, aan den grooten Tartarischen Cham, den tegenwoordigen Keizer van China . . .* (Meurs, the Netherlands: Jacob van Meurs, 1665).

OIC Comité tot de Zaken van de Oost-Indische Handel en Bezittingen, Dutch National Archives, The Hague, the Netherlands. Nummer archiefinventaris: 2.01.27.01.

QJZ Zhongguo di yi li shi dang an guan 中国第一历史档案馆, *Qianlong di qi ju zhu*《乾隆帝起居注》, 42 vols. (Guilin, China: Guangxi Normal University Press 广西师范大学出版社, 2002).

QLYZS Qianlong Emperor 乾隆帝, *Yuzhishi*《御制诗》, Siku quanshu《四库全书》version. Accessible online at https://zh.wikisource.org/wiki/御製詩_(四庫全書本), retrieved October 19, 2020.

RAB Raad der Aziatische Bezittingen, Dutch National Archives, The Hague, the Netherlands. Nummer archiefinventaris: 2.01.27.02.

VBHAA1 and **VBHAA2** Van Braam Houckgeest, Andreas Everardus. *An Authentic Account of the Embassy of the*

Dutch East-India Company, to the Court of the Emperor of China, in the Years 1794 and 1795. 2 vols. (London: R. Phillips, 1798).

VBHJ1 and **VBHJ2** Van Braam Houckgeest, Andreas Everardus. "Journaal gehouden Gedurende de Rijze der Hollandse Ambassade naar Peking in 1794/5." 2 vols. Leiden University East Asian Library. Archiefkast 3, Plank C, Or 20 0 (21.5 × 14 cm).

VBHM1 and **VBHM2** Van Braam, Everardus van Braam Houckgeest. "Memoriaal Wegens de Ambassade der Nederlandsche Oost-Indische Compagnie naar den Kijzer van China in de Jaaren 1794/5. Benevens De Beschrijving der Rijzen bij die Gelegenheid door Verschijdene Onbekende Deelen van dat Rijk Gedaan. In Dagelijxe Aantekeningen Zamengesteld door Andreas Gerardus van Braam Houckgeest. Chef der Nederlandsche Directie in China & Tweede bij Gemelde Ambassade." 2 vols. Leiden University East Asian Library, Archiefkast 3, Plank C, Or 20 0 2.

VBHV1 and **VBHV2** Van Braam Houckgeest, André Everard. *Voyage De L'ambassade De La Compagnie Des Indes Orientales Hollandaises, Vers L'empereur De La Chine, Dans Les Anneés 1794 & 1795*. 2 vols. (Philadelphia: M. L. E. Moreau de Saint-Méry, 1797 and 1798).

注　释

序言　文化冲突?

1　《清高宗实录》卷之一千四百六十二，乾隆五十九年十月癸亥。

2　原文如此。鸦片战争，1840 年至 1842 年。——编者注

3　此处所指的图书，不包括当事者的主要记述。使团离开北京数年后，两名使团成员出版了著作，分别是：André Everard van Braam Houckgeest, *Voyage De L'ambassade De La Compagnie Des Indes Orientales Hollandaises, Vers L'empereur De La Chine, Dans Les Années 1794 & 1795*, 2 vols. (Philadelphia: M. L. E. Moreau de Saint-Méry, 1797 and 1798)（这套两卷本作为引用文献在本书之后的注释中出现时，缩写为 VBHV1 和 VBHV2；请参阅“缩略语”），以及 Chrétien-Louis-Joseph de Guignes, *Voyage à Péking, Manille et l'Ile de France: faits dans l'intervalle des années 1784 à 1801*, 4 vols. (Paris: Treuttel & Würtz, 1808)。得益于弗兰克·勒坎百折不挠的努力，正使德胜的旅行报告终于整理出版，进一步丰富了一手资料，参见：*Isaac Titsingh in China (1794—1796): Het Onuitgegeven Journaal Van Zijn Ambassade Naar Peking*, edited by Frank Lequin (Alphen Aan Den Rijn: Canaletto/ReproHolland, 2005)。至于学术作品，最全面的英语著作是 J. J. L Duyvendak, “The Last Dutch Embassy to the Chinese Court (1794—1795),” *T'oung pao* 34 (1–2) (1938): 1–137; C. R. Boxer, “Isaac Titsingh's Embassy to the Court of Ch'ien Lung (1794—1795),”

T'ien Hsia Monthly 8 (1) (January 1939): 9–33; Leonard Blussé, *Visible Cities Canton, Nagasaki, and Batavia and the Coming of the Americans* (Cambridge, MA: Harvard University Press, 2008), pp. 77f, 以及 Patricia Owens O'Neill, "Missed Opportunities: Late 18th Century Chinese Relations with England and the Netherlands," PhD dissertation, University of Washington, 1995。中文资料中，最全面的研究包括：蔡鸿生：《王文诰荷兰国贡使纪事诗释证》，载蔡鸿生编《澳门史与中西交通研究》，广东高等教育出版社，1998 年，第 217–231 页；林发钦：《帝国斜阳：荷兰使臣德胜使华考述》，载《澳门理工学报》，2013 年第 1 期，第 164–174 页；蔡香玉：《乾隆末年荷兰使团出使缘起》，载《学术研究》，2016 年第 10 期，第 127–135 页；蔡香玉：《乾隆末年荷兰使团表文重译始末》，载《清史研究》，2018 年第 2 期，第 99–113 页。蔡香玉正在将有关该使团的西方资料翻译成中文。卫思韩（John E. Wills）在中荷外交关系史的研究中做了奠基性工作，本书意图在这一基础上将中荷外交关系史的研究进一步扩展至乾隆时期。参见 John E. Wills, Jr., *Pepper, Guns, and Parleys: The Dutch East India Company and China, 1662—1681* (Cambridge, MA: Harvard University Press, 1974); John E. Wills, Jr., *Embassies and Illusions: Dutch and Portuguese Envoys to K'angHsi, 1666—1687* (Cambridge, MA: Harvard University Press, 1984)。后一本书中有关于乾隆年间荷兰使团的一篇短文，在 John E. Wills, Jr., and John L. Cranmer-Byng, *China and Maritime Europe, 1500—1800: Trade, Settlement, Diplomacy, and Missions* (Cambridge, MA: Cambridge University Press, 2011), 249ff. 中也有一段简短的描述。

4 比如，学者们认为马戛尔尼使团访华是中国最后一次成功运用其传统的礼仪来应对西方人。相关例子可参见 Mark Elliott, *Emperor Qianlong: Son of Heaven, Man of the World* (New York: Longman, 2009), 139; and Angela Zhang, "Ignorant Gaze: George Macartney's Negotiation with China in 1793," MA thesis, University of British Columbia, 2010, 55。

5 特别是参见 Tonio Andrade, "An Accidental Embassy: How Two Minor Dutch Administrators Inaugurated an Alliance with the Manchu Qing Dynasty of China," *Itinerario* 35(1) (2011): 77–95; and Tonio Andrade, "The Mightiest Village: Geopolitics and Diplomacy in the Formosan Plains, 1623—1636," 引自潘英海、詹素娟：《平埔族群与台湾历史文化论文集》，中国台北："中央研究院"台

湾史研究所，2001 年，第 287–317 页。

6 1752 年访华的葡萄牙使团也受到了热情款待，尽管葡萄牙人似乎没有享受到与 1795 年的荷兰人同等的出入权限和深入游览机会，部分原因是乾隆皇帝在 18 世纪八九十年代放宽了使臣进入圆明园的限制。1752 年的葡萄牙使团也是一个令人着迷的案例，值得写一本专著来研究。参见 João José Cúcio Frada, "Notícias da viagem e da missão diplomática de um embaixador Português á China em 1752," *Acta Médica Portuguesa* 1994 vol., no. 7: 649–653; A. M. Martins do Vale, "A Embaixada enviada pelo rei dom José I ao imperador Qianlong, em 1752, vista pelo procurador das missões estrangeiras de Paris em Macau," *Anais de História de Além-Mar* 5(2004): 509–536; Annalyn Beus, "Translation and Transcription of a Passage from the Baduem Manuscript: An Eighteenth-Century Portuguese Embassy to China," MA thesis, Brigham Young University (Provo, UT), 2013, https://scholarsarchive.byu.edu/etd/4016/, retrieved October 19, 2020; Eugenio Menegon, "The Representation of Power and the Power of Representation: Sino-Portuguese Relations and Catholic Missions in the Yongzheng (1723—1735) and Qianlong (1736—1796) Periods," in Carlos Eduardo Mendes de Moraes and Ricardo Mgalhães Bulhões, eds., *Capítulos Lusoamericanos* (São Paolo: UNESP-Campus de Assis, 2009), 11–28; António Vilhena de Carvalho, "Nós os franceses mais quisemos ver toda a sua cabeça: dois relatos e uma embaixada a Pequim (Pacheco de Sampaio, 1753)," *Oriente Ocidente* 32 (2015): 42–52; Jorge dos Santos Alves, "Natureza do Primeiro Ciclo de Diplomacia Luso-Chinesa (séculos XVI a XVIII)," Um Porto entre dois Impérios: estudos sobre Macau e as relações luso-chinesas, Instituto Português do Oriente, 1999; Francisco Pacheco e Sampaio, *Noticias das couzas succedidas na Embaixada que levou á corte de Pekim Francisco de Assiz Pacheco de Sampayo, mandado pelo Senhor Rey D. Jozé I no anno de 1752* (Lisbon: Livraria Pacheco, 1936); José Freire de Monterroio Mascarenhas, *Notícia da Viagem que fez do Rio de Lisboa na Nau Europa, a 23 de Fevereiro de 1752, até à Praça de Macau, onde chegou a 5 de Agosto, Francisco Xavier de Assis Pacheco e Sampaio, Cavaleiro da Ordem de Cristo, Ministro do Conselho Ultramarino e Embaixador Extraordinário de Sua Magestade Fidelíssima ao Imperador da China* (Lisbon:

Oficina de Pedro Ferreira [Impressor da Augustíssima Rainha Nossa Senhora], 1753); José Freire de Monterroio Mascarenhas, *Relaçaõ da jornada, que fez ao Imperio da China, e summaria noticia da embaixada, que deo na Corte de Pekim em o primeiro de Mayo de 1753, o Senhor Francisco Xavier Assiz Pacheco e Sampayo. . . . escrita a hum padre da Companhia de Jesus, assistente em Lisboa, pelo Reverendo Padre Newielhe Francez, da mesma Companhia* (Lisbon: Heirs of Antonio Pedrozo Galram, 1754); Jean Sylvain de Neuvialle, *Relaçaõ Da Jornada, Que Fez Ao Imperio Da China: E Summaria Noticia Da Embaixada Que Deo Na Corte De Pekim Em O Primeiro De Mayo De 1753, O Senhor Francisco Xavier Assiz Pacheco E Sampayo*. (Lisbon: Na Officina dos Herd. de A. Pedrozo Galram, 1754)。

7 James Hevia, *Cherishing Men from Afar: Qing Guest Ritual and the Macartney Embassy of 1793* (Durham, NC: Duke University Press, 1995), 113; Matthew Mosca, *From Frontier Policy to Foreign Policy: The Question of India and the Transformation of Geopolitics in Qing China* (Stanford, CA: Stanford University Press, 2013), 147–156.

8 关于欧洲对马戛尔尼使团的批评，参见劳伦斯·威廉姆斯（Laurence Williams）精彩的文章："British Government under the Qianlong Emperor's Gaze: Satire, Imperialism, and the Macartney Embassy to China, 1792—1804," *Lumen* 32 (2013): 85–107。关于马戛尔尼及其使团成员的失望和他们责怪的人，参见 Hao Gao, "Going to War against the Middle Kingdom? Continuity and Change in British Attitudes towards Qing China (1793—1840)," *Journal of Imperial and Commonwealth History* 45 (2017): 210–231。

9 关于英国对华敌对情绪的演变，参见 Hao Gao, "Going to War;" 以及 Hao Gao, *Creating the Opium War: British Imperial Attitudes towards China, 1792—1840* (Manchester, UK: Manchester University Press, 2020)。

10 关于这种所谓的外交上的"不可通约性"，文献资料非常丰富。有些人在标题中就使用了"文明的碰撞"或"文化的冲突"等说法，例如：Alain Peyrefitte, *The Collision of Two Civilisations: The British Expedition to China in 1792—4* (London: Harvill, 1993); Alain Peyrefitte, *L'empire Immobile, Ou, Le Choc Des Mondes: Récit Historique* (Paris: Fayard, 1989); J. L. Cramner-Byng

and T. H. Levere, "A Cast Study in Cultural Collision: Scientific Apparatus in the Macartney Embassy to China," *Annals of Science* 38 (1981): 503–525。"文明的冲突"之表述也出现在 Michael Keevak, *Embassies to China: Diplomacy and Cultural Encounters before the Opium Wars* (New York: Palgrave Macmillan, 2017), 2 当中。其他代表性的作品包括：William Rockhill, *Diplomatic Audiences at the Court of China* (London: Luzac & Co., 1905); J. K. Fairbank, "Tributary Trade and China's Relations with the West," *Far Eastern Quarterly* 1(2) (1942): 129–149; Mark Mancall, "The Ch'ing Tribute System: An Interpretive Essay," in John K. Fairbank, ed., *The Chinese World Order* (Cambridge MA: Harvard University Press, 1968), 63–89; David Kang, "Hierarchy and Legitimacy in International Systems: The Tribute System in Early Modern East Asia," *Security Studies* 19, no. 4 (December 2010): 591–622。这个概念也以一种微妙的方式出现在卫思韩的作品中，包括 Wills, ed., *China and Maritime Europe, 1500—1800: Trade, Settlement, Diplomacy, and Missions* (Cambridge: Cambridge University Press, 2011); 以及 John E. Wills, Jr., *Embassies and Illusions: Dutch and Portuguese Envoys to K'ang-hsi, 1666—1687* (Cambridge, MA: Council on East Asian Studies, Harvard University, 1984)。

11 关于清朝的看法，参见 Hevia, *Cherishing*。何伟亚有意回避了谈论欧洲与中国或东方与西方之间的对抗，而是专注于讨论两个构成截然不同的大国——英国和清朝——如何基于各自的话语体系相互交往。沈艾娣（Henrietta Harrison）的研究通过关注清朝的自身利益（地缘政治和经济利益），挑战了文化冲突的范式，参见 Henrietta Harrison, "The Qianlong Emperor's Letter to George III and the Early-Twentieth-Century Origins of Ideas about Traditional China's Foreign Relations," *American Historical Review* 122 (3) (2018): 680–701; and Henrietta Harrison, "Chinese and British Diplomatic Gifts in the Macartney Embassy of 1793," *English Historical Review* 133 (560) (2018): 65–97。卫思韩同样批评了文化冲突范式，但他对双方不相容的"幻想"和朝贡体系一说的立场在晚年有所软化，比如：J. E. Wills, Jr., "Functional, Not Fossilized: Qing Tribute Relations with Dai Viet and Siam," *T'oung Pao* 98 (2012): 439–478, esp. 441–442。关于清朝在地缘政治上的灵活性，参见 James Millward, *Beyond the Pass: Economy, Ethnicity, and Empire in Qing Central Asia, 1759—1864* (Stanford,

CA: Stanford University Press, 1999)。关于疆界在清外交中的重要性，参见 Matthew W. Mosca, *From Frontier Policy to Foreign Policy: The Question of India and the Transformation of Geopolitics in Qing China* (Stanford, CA: Stanford University Press, 2013); and Carl Déry, "La Chine face à l'Angleterre et la Russie aux XVIIe–XVIIIe siècles: Évaluation comparative des attitudes de la dynastie Qing sous l'angle des modalités de l'actualisation frontalière," PhD thesis, Université Laval, Quebec City, Canada, 2015。关于清朝在外交关系上的灵活性，另一项出色的研究是：Mary Wright, "The Adaptability of Ch'ing Diplomacy: The Case of Korea," *Journal of Asian Studies* 17(3) (1958): 363–381。关于传统威斯特伐利亚模式的挑战与外交历史分期，见 Christian Windler, "From Social Status to Sovereignty: Practices of Foreign Relations from the Renaissance to the Sattelzeit," in Tracey A. Sowerby and Jan Hennings, eds., *Practices of Diplomacy in the Early Modern World* (Abingdon-on-Thames, UK: Routledge, 2019); Christian Windler, *La diplomatie comme experience de l'autre: consuls français au Maghreb, 1700—1840* (Geneva: Librairie Droz, 2002); Barry Buzan and George Lawson, "Rethinking Benchmark Dates in International Relations," *European Journal of International Relations*, 20(2) (2014): 437–462; 以及 *Journal of Medieval and Early Modern Studies* 38(1) (2008) 特刊，特别是 Anthony Cutler, "Significant Gifts: Patterns of Exchange in Late Antique, Byzantine, and Early Islamic Diplomacy" (79–101)，除其他内容外，这篇文章挑战了欧洲外交中所谓的"礼仪"和"生意"之间的区别。要研究荷兰外交实践如何受到东亚以外非欧洲实践的影响，可参考 Erica Heinsen-Roach, "Consuls, Corsairs, and Captives: The Creation of Dutch Diplomacy in the Early Modern Mediterranean, 1595—1699," PhD dissertation, University of Miami, 2012。

12 当今很多富有影响力的作品中都充斥着文化冲突叙事，最著名的有：Henry Kissenger, *On China* (New York: Penguin, 2011); John Keay, *China: A History* (New York: Basic Books, 2011); Jonathan Spence, *The Search for Modern China* (New York: Norton, 2012); and Keevak, *Embassies*。

13 "灾难性的"，见 Jürgen Osterhammel, *Unfabling the East: The Enlightenment's Encounter with Asia* (Princeton, NJ: Princeton University Press, 2018), p.146；"冷漠、轻蔑和傲慢的对待"出自 BTC，143；"怪物"一说，见 Rockhill,

Diplomatic, 33；“在鞭子的威胁下”出自 Peyrefitte, *Immobile*, 498；“在大庭广众之下被拖行和鞭打”，见 David Edward Banks, “The Politics of Practice: Diplomacy and Legitimacy in International Society,” PhD dissertation, George Washington University, Washington, DC, 2015, 178。还有很多其他消极的观点，比如奇迈可（Keevak）认为，荷兰使团“受到恶劣的对待”（Keevak, *Embassies*, p. 68）；克莱默-宾（J. L. Cranmer-Byng）也曾写道：“关于其使团的记载读起来就像一部喜剧电影里的情节。”参见 J. L. Cranmer-Byng, “Lord Macartney’s Embassy to Peking in 1793,” *Journal of Oriental Studies* 4 (1, 2) (1957—1958): 117–187, 177。

14 Blussé, *Visible Cities*, p. 85. 还有两位学者也对使团持非常积极的看法：Lequin, ITC; and O’Neill, “Missed Opportunities”。

15 BTC, 5–16. 英语版 , John Barrow, *Travels in China* (London: A Strahan, 1804), 攻击之语见 pp. 7–24。

16 BTC, 16.

17 BTC, 14–15.

18 Peyrefitte, *Immobile*, p. 498.

19 DUYVLE, 27. 认为德胜被愚弄的观点在其他著作中也能找到，如 Banks, “Politics of Practice,” 178。

20 Boxer, “Isaac Titsingh’s Embassy,” 9–10.

21 Tonio Andrade, *Lost Colony: The Untold Story of China’s First Great Victory over the West* (Princeton, NJ: Princeton University Press, 2012), 21–53.

22 Leonard Blussé, “No Boats to China. The Dutch East India Company and the Changing Pattern of the China Sea Trade, 1635—1690,” *Modern Asian Studies* 30 (1) (1996): 51–76; Leonard Blussé, “Chinese Trade to Batavia during the days of the V.O.C,” *Archipel* 18 (1979): 195–213; Tonio Andrade, *How Taiwan Became Chinese: Dutch, Spanish, and Han Colonization in the Seventeenth Century* (New York: Columbia University Press, 2007).

23 荷兰人甚至短暂与清廷结盟，对抗双方共同的敌人——明朝残余势力。见 Andrade, *Lost Colony*, 312–326; and Andrade, “An Accidental Embassy”。

24 Adam Clulow, *The Company and the Shogun: The Dutch Encounter with Tokugawa Japan* (New York: Columbia University Press, 2014).

25 Leonard Blussé, "Queen among Kings: Diplomatic Ritual at Batavia," in K. Grijns and P. J. M. Nas, eds., *Jakarta-Batavia: Socio-Cultural Essays* (Leiden: KITLV Press, 2000), 25–41, p. 27.

26 Blussé, "Queen among Kings," 39. 正如包乐史无疑会认同的，东亚和东南亚存在各种各样的外交实践和外交理想，例子可参见 Sun Laichen, "Imperial Ideal Compromised: Northern and Southern Courts across the New Frontier in the Early Yuan Era," in James A. Anderson and John K. Whitmore, eds., *China's Encounters on the South and Southwest: Reforging the Fiery Frontier over Two Millennia* (Leiden, the Netherlands: Brill, 2014), 194–231; Sun Laichen, "Suzerain and Vassal, or Elder and Younger Brothers: The Nature of the Burmo-Chinese Historical Relationship," Paper delivered at the Association for Asian Studies, 49th meeting, Chicago, March 13–16, 1997; Anthony Reid, "Negotiating Asymmetry: Parents, Brothers, Friends, and Enemies," in Anthony Reid and Zheng Yangwen, eds., *Negotiating Asymmetry: China's Place in Asia* (Honolulu: University of Hawaii Press, 2009), 1–25; John Whitmore, "Northern Relations for Dai Viet: China Policy in the Age of Le Thanh-tong (r. 1460—1497)," in Anderson and Whitmore, eds., *China's Encounters on the South and Southwest*, 232–258。

27 Windler, "From Social;" Windler, *Diplomatie*; Buzan and Lawson, "Rethinking;" and Cutler, "Significant Gifts" 它挑战了欧洲外交中所谓的"礼仪"与"生意"之分。另见 Heinsen-Roach, "Consuls"。

28 例如，马戛尔尼使团号称其目的是"相互补充和调和"，以皇帝的生日作为焦点。参见东印度公司董事长和副董事长于 1792 年 4 月 25 日致广州亨利·波朗（Henry Browne）等人的信，in Earl Pritchard, "The Instructions of the East India Company to Lord Macartney on His Embassy to China and His Reports to the Company, 1792-4, Part I: Instructions from the Company," *Journal of the Royal Asiatic Society of Great Britain and Ireland* 70 (2) (1938): 201–230, pp. 207–208, note 5, quote from p. 208。

29 对历史学家来说，使用现在时态并不是常见的做法，但这是有先例的。历史学家史景迁（Jonathan D. Spence）的作品就是耀眼的例子，特别是 *The Question of Hu* (New York: Knopf, 1988); and *God's Chinese Son*: *The Taiping Heavenly Kingdom of Hong Xiuquan* (New York: Norton, 1996)。关于反对使用现在时态

的看法，参见 Bruce Mazlish, “The Question of the Question of Hu,” *History and Theory* 31 (1992): 143–152。

30 Frank Lequin, *Isaac Titsingh (1745—1812): Een passie voor Japan: Leven en werk van de grondlegger van de Europese Japanologie* (Alphen aan den Rijn: Canaletto, 2002), 253–254.

31 他对此次出使的两部记述——一部手稿和一部内容大为不同的出版作品，在德胜更冷静（但往往很幽默）的记载和范罢览留下的自吹自擂的叙述（GAJVP、GVP1、GVP2、GVP3、GVP4）之外，提供了一个令人愉快而又尖刻的视角。他是三人当中唯一懂中文的，尽管因为受到法语的影响，他对中文的音译有时令人困惑，并且他用的中文往往是广东话。关于他对 GAJVP 的贡献，参见本书“关于地名、音译、术语和资料来源的说明”部分。

32 参见蔡香玉精彩的研究，特别是上文引用的蔡香玉《乾隆末年荷兰使团出使缘起》《乾隆末年荷兰使团表文重译始末》。

33 非常规，但并非史无前例。天主教传教士自澳门上京，有时也走这条路。例子可参见 Eugenio Menegon, “Desire, Truth, and Propaganda: Lay and Ecclesiastical Travelers from Europe to China in the Long Eighteenth Century,” in Roberta Micallef, ed., *Illusion and Disillusionment: Travel Writing in the Modern Age* (Boston: Ilex Foundation, 2018), 11–41。

34 Anonymous 1 (in Canton), letter to Manuel de Agote in Macau, May 17, 1795, DMA, 1795 (R. 637). 我认为这是小德经所写，因为这与其他人提到他的内容吻合。

35 目前还不清楚他们使用的是哪一版。该书首版为：Johannes Nieuhof, *Het gezantschap der Neêrlandtsche Oost-Indische Compagnie, aan den grooten Tartarischen Cham, den tegenwoordigen keizer van China* (Amsterdam: Jacob van Meurs, 1665)。英文版为：Johan Nieuhof, *An Embassy from the East-India Company of the United Province to the Grand Tartar Cham Emperour of China. Deliv. by Peter de Goyer and Jacob de Keyzer* (London: John Macock, 1669)。（这两种参考书后续引用时写为 Nieuhof, *Gezandschap* and Nieuhof, *Embassy*；见本书“缩略语”部分。）

36 Charles Le Gobien, Jean-Baptiste Du Halde, et al., *Lettres édifiantes et curieuses . . .* , 34 vols. (Paris, 1703—1776). 影响更大的是摘编版 Du Halde,

Description Geographique, Historique, Chronologique, Politique, et Physique de l'Empire de la Chine et de la Tartarie Chinoise, 4 vols. (Paris: P.-G. le Mercier, 1735)。

37 Voltaire, *Lettres philosophiques*, Letter 11, in Voltaire, *Oeuvres complètes de Voltaire*, vol. 22 (Paris: Garnier, 1879), 111–116, p. 115.

38 John Barrow, *The Life of George Lord Anson* (London: John Murray, 1839), p.72. 荷兰人重新评估了他们之前受到传教士影响的看法，这个过程就是奥斯特哈默所谓的东方“去魔化”的一个例子（Osterhammel, *Unfabling*），马戛尔尼使团成员也经历了类似的幻灭过程，但程度更严重。参见 Hao Gao, “British-Chinese Encounters: Changing Perceptions and Attitudes from the Macartney Mission to the Opium War (1792—1840),” PhD dissertation, University of Edinburgh, 2013, esp. 17–72。另参见 Alexander Statman, *A Global Enlightenment: Western Progress and Chinese Science* (Chicago: University of Chicago Press, forthcoming)。

39 Chrétien-Louis-Joseph de Guignes, *Observations sur le voyage de M. Barrow a la Chine en 1794; Imprimé a Londres, en Mai 1804, Lues à l'Institut, par M. de Guignes* (Paris: Imprimerie de Dentu: [probably 1809]), p. 6–7.

40 Guignes, *Observations*, 6–7.

41 Guignes, *Observations*, 50.

42 比如，Alexander Statman, “The Tarot of Yu the Great: The Search for Civilization's Origins between France and China in the Age of Enlightenment,” in Paula Findlen, ed., *Empires of Knowledge: Scientific Networks in the Early Modern World* (London: Routledge, 2019), 246–268; Alexander Statman, “Fusang: The Enlightenment Story of the Chinese Discovery of America,” *Isis* 107 (1) (2016): 1–25; and Alexander Statman, “A Forgotten Friendship: How a French Missionary and a Manchu Prince Studied Electricity and Ballooning in Late Eighteenth Century Beijing,” *East Asian Science, Technology, and Medicine* 46 (2017): 89–118。

43 不过，该书译成了德语和意大利语，分别是：*Reisen nach Peking, Manila und Isle de France in den Jahren 1784 bis 1801*, 3 vols. (Leipzig: Hinrichs, 1810); *Viaggi a Pekino, a Manilla ed all'isola de Francia fatti negli anni 1794 al 1801*, 4

vols. (Milan: L. Sonsogno, 1829—1830)。

44 ITC.

45 蔡香玉正在翻译相关作品。

第 1 章 中 心

1 无论真实景象如何，皇帝在御制诗中是这样描写的。乾隆帝：《御制观冰嬉诗》，（清）庆桂等编：《国朝宫史续编》，卷之六十七，清嘉庆十一年。

2 关于乾隆皇帝的疾病，参见白新良：《乾隆传位和太上皇生活》，载《紫禁城》，1989 年第 1 期，第 3–4 页。关于他听力不佳，参见 Statman, "Forgotten," 103。关于他的健忘，参见 Yoon, Wook. "Prosperity with the Help of 'Villains,' 1776—1799: A Review of the Heshen Clique and Its Era." *T'oung Pao* 98 (4/5) (2012): 479–527, pp. 519–520；以及 "Letter from M. Grammont to Manuel de Agote, from Beijing, 7 October 1791"（或为 1790）, in DMA, 1791 (R. 636)（无页码，该卷最后一条主要内容）。

3 乾隆五十九年二月初二（1794 年 3 月 3 日），见《乾隆朝上谕档》（十八卷），中国档案出版社，1991 年，第 17 卷，第 716 页（no. 1657）。该上谕亦见于 QJZ，卷四十一，乾隆五十九年二月初二（1794 年 3 月 3 日）；以及《清实录・大清高宗法天隆运至诚先觉体元立极敷文奋武孝慈神圣纯皇帝实录》卷之一千四百四十六；关于降水不足，见张德二编：《中国三千年气象记录总集》（全四册）第三册，江苏教育出版社，2013 年，第 2766–2786 页。书中未见关于乾隆五十八年北京气象的记载，但天津和河北部分地区遭遇干旱，尽管其他地区降雨充沛（见第 2773 页）。

4 孟子：《离娄下》，54, [EB/OL].https://ctext.org/mengzi/li-lou-ii?searchu=天下之言性也，则故而已矣，2020-10-19. 我的英文翻译参考了 Myeong-Seok Kim, "An Inquiry into the Development of the Ethical Theory of Emotions in the Analects and the Mencius," PhD dissertation, Department of Asian Languages and Cultures, Chinese, University of Michigan, 2008, p. 237。乾隆帝在思考日月食的时候，引用了这句话。《乾隆朝上谕档》，乾隆五十九年二月初二日（1794 年 3 月 3 日）。

5 《乾隆朝上谕档》，乾隆五十九年二月初二日（1794 年 3 月 3 日）。

6 《乾隆朝上谕档》，乾隆五十九年二月初二日（1794 年 3 月 3 日）。

7 《乾隆朝上谕档》，乾隆五十九年二月初二日（1794 年 3 月 3 日）。

8 Macabe Keliher, *The Board of Rites and the Making of Qing China* (Berkeley: University of California Press, 2019), 9.

9 关于这道谕令的描述出自 Joseph Edkins, "Peking," in Alexander Williamson, ed., *Journeys in North China, Manchuria, and Eastern Mongolia, with Some Account of Corea*, vol. 2 (London: Smith, Elder & Company, 1870), 313–392, esp. pp. 326–328。

10 乾隆时期，礼部衙门位于天安门西南侧，离大清门不远。参见《乾隆京城全图》（北京，1750 年）11, p. 08。Japan National Institute of Informatics Digital Silk Road Project, Toyo Bunko, Tokyo, [EB/OL].http://dsr.nii.ac.jp/toyobunko/II-11-D-802/V-11/page/0008.html.en, 2020-10-19。

11 周克勤（Christian Jochim）在其精彩的论文中展示了这些仪式是如何将"帝国神圣权力转变为一种操作性更强的官僚体制"，将克里斯马型权威（韦伯语）转变为官僚权力的。这类仪式"作为一个神圣的门户而存在，连接着皇宫与外部世界，也连接着中国君主与天下各地负责执行其皇权意志的人"。参见 Christian Jochim, "Imperial Audience Ceremonies of the Ch'ing Dynasty: A Study of the Ethico-Religious Dimension of the Confucian State," PhD dissertation, Department of Religion, University of Southern California, Los Angeles, 1980, quotes from p. 132。

第 2 章　中国迷

1 这句话出自 1797 年，但他哥哥的观点在现存信件中始终是一致的。Letter from J. P. van Braam in Ittersum bij Zwolle to his son J. A. van Braam in Canton, November 16, 1797, in JAVB, vol. 1, pp. 37–42, 42.

2 Letter from Everardus van Braam Houckgeest in Batavia to S. C. Nederburgh in Amsterdam, April 30, 1790. In Nationaal Archief Nederland, The Hague, Collectie Nederburgh (1.10.59), Nederburgh 453, unfoliated.

3 Letter from Van Braam in Canton to the Gemagtigdens van de Vergadering van 17 gecommitteerd tot het Bestier van den Directen Vaart en Handel naar China in Amsterdam February 20, 1794, OIC 194: unfoliated.

4 Letter from Van Braam in Canton to the Gemagtigdens van de Vergadering van

17 gecommitteerd tot het Bestier van den Directen Vaart en Handel naar China in Amsterdam February 20, 1794, OIC 194: unfoliated.

5 广州城外的港口琶琶洲与其下游的黄埔洲相连组成的一片面积较大的岛屿，当时的外国人将它称为“黄埔岛”。乾隆时期，外国人绘制的一些航海图已较为准确地标出了黄埔岛的位置及形状。——译者注

6 VBHV2, 325.

7 Letter of VBH in Canton to the Governor-General of the VOC in Batavia, November 28, 1792, cited in FVBH1, 71–72.

8 虽然提到此次拜访的荷兰语、英语和西班牙语文献没有说明这位南海县知县的姓名，但我们知道此时在任的是赵鸿文，他于 1792 年至 1795 年任知县。参见政协南海县委员会文史组，《清朝至民国南海县历任知县、县长名列》，《南海文史资料》第二辑，1983 年，第 92 页。

9 这里指的是专做外贸的牙行，即清政府指定专营对外贸易的垄断机构广州十三行。——译者注

10 蔡世文，又作文官。

11 关于行商和他们艰难的处境，有许多出色的研究，但我最欣赏的是 Paul Van Dyke, *Merchants of Canton and Macau*, vol. 2 (Hong Kong: Hong Kong University Press, 2016), esp. 43–57。

12 例如，November 1795, in DMA, 1795, 37，无页码，大约五分之三处。

13 关于广东省的人口，参见林有能：《清代广东人口膨胀原因及其影响》，载《学术研究》，1997 年第 9 期，第 63–67 页；黄启臣、孙公麟：《明清时期广东人口与田地的变动》，载《学术研究》，1987 年第 3 期，第 46–53 页。

14 Canton Dagregister, December 1, 1793 to January 12, 1795, OIC 195: 351–485, 402–403.

15 Canton Dagregister, December 1, 1793 to January 12, 1795, OIC 195: 351–485, 402–403.

16 Letter from Everardus van Braam Houckgeest in Canton to the General Commissioners of the Indies in Batavia, April 6, 1794, RAB 253, unfoliated. A French translation can be found in VBHV2, 357–364, quote pp. 357–358.

17 VBHV2, 357–364, quote pp. 357–358.

18 VBHV2, 357–364, quote pp. 357–358.

19 VBHV2, 357–364, quote p. 358.

20 VBHV2, 357–364, quote p. 360.

21 Letter from Everardus van Braam Houckgeest in Canton to the General Commissioners of the Indies in Batavia, April 6, 1794, in VBHV1, 357–364, quote p. 363.

22 VBHV2, 357–364, quote p. 362.

23 VBHV2, 357–364, quote pp. 362–363.

24 Letter from Henry Browne, Chief of English Factory, in Canton to Isaac Titsingh in Canton, November 20, 1794, in ITVT, 175–176.

25 他接着说："然而，我认为最有可能的情况是，为确保范罢览先生配合，蔡文官或许会把它说成一种已经确定的措施。"参见 Letter from Henry Browne, Chief of English Factory, in Canton to Isaac Titsingh in Canton, November 20, 1794, in ITVT, 175–176。

26 Canton Dagregister, December 1, 1793 to January 12, 1795, OIC 195: 351–485, 381.

27 范罢览写给阿戈特的书信日期为 4 月 2 日：Letter from Andreus Everardus van Braam Houckgeest in Canton to Manuel de Agote in Macau, April 2, 1794, in ITVT, 178；阿戈特（自澳门）的回信日期是 4 月 5 日，范罢览在同一天写信给巴达维亚，前者的信不可能及时送到广州，参见 Letter from Manuel de Agote in Macau to Van Braam Houckgeest in Canton, April 5, 1794, in DMA, November 1794, R. 636, folio 76v。

第 3 章　谋事在人，成事在天

1 关于德胜对欧洲统治的看法，以及阻止非欧洲人担任领导职务的期望，见 Frank Lequin, *Isaac Titsingh, Opperhoofd van Japan: Drie Geschriften als Filosoof, Diplomaat, en Koopman* (Alphen aan den Rijn, Netherlands: Canaletto, 2011), p. 32, notes 38 and 44。

2 Isaac Titsingh, *Bijzonderheden over Japan* (The Hague: De Weduwe J. Allart, 1824), 2.

3 Letter from Isaac Titsingh in Chinsurato Johan Frederik van Rheede in Deshima, April 30, 1787, in ITPC1, 119–122, 120.

4 德胜利用财富和地位来取得性伴侣，他也很喜欢听朋友们的性冒险故事。从他们的通信中可以清楚地看出，这种性剥削是公开进行的。例如，见 1785 年 6 月，德胜在出岛写给巴达维亚的亨德里克·安德里斯·乌尔普斯（Hendrik Andries Ulps）的信，ITPC1，51 和 53。他们似乎也在寻找非常年轻的性伴侣。例如，见亨德里克·卡斯珀·龙贝格（Hendrik Casper Romberg）在德胜的要求下记录的有关性（和其他）经历的日记，Hendrik Casper Romberg, "Observations journaliers depuis le 30 nov. 1788 jusqu'au 30 1789," in ITPC1, esp. 303, 304, 305, 306, 308, 309。

5 正如他住在孟加拉时所写："尽管我每天都有机会尽享美好生活，但一个人最能自得其乐的地方还是在日本。"引自 Frank Lequin, "Isaac Titsingh's Private Correspondence (1783—1812) as the reflection of an enlightened 'voyageur philosophique,'" *Tokyo Daigaku Shiryo Hensanjo kenkyu kiyo*（东京大学史料编纂所编：《东京大学史料编纂所研究纪要》），17 (3): 1–22, 13。

6 有证据显示，德胜最初和她交往时，她还是个孩子，见 Johan Frederik van Rheede tot de Parkeler in Deshima to Isaac Titsingh in Chinsura, 24 November 1785, in ITPC1, 62。关于她愤怒和醉酒的情节，见 Romberg, "Observations," in ITPC1, 313–314 and 319–320。

7 Letter from Isaac Titsingh in Chinsura to Jan Titsingh in Amsterdam, January 14, 1791, ITPC1, 119–122, 270.

8 Letter from Isaac Titsingh in Batavia to Jan Titsingh in Amsterdam, October 28, 1792, ITPC1, 350.

9 Letter from Isaac Titsingh in Batavia to Jan Titsingh in Amsterdam, February 16, 1794, ITPC1, 389.

10 Letter from Isaac Titsingh in Batavia to Adriaan Boesses in Haarlem, December 10, 1793, ITPC1, 372–376, 374.

11 Titsingh, *Philosophical Discourse*, cited in Lequin, "Isaac Titsingh's Private," 14.

12 出岛，始建于 1634 年，是幕府执行锁国政策时建造的人工岛。1641 年至 1859 年，荷兰人在日本居留时都在此居住。——译者注

13 关于这支烟斗，参见 ITPC1, 122。

14 Letter from Isaac Titsingh in Batavia to Jan Titsingh in Amsterdam, October 28, 1792, ITPC1, 352.

15 ITPC1, 393.

16 这句话在法语中比在英语里更动听：L'homme propose. Dieu dispose。见 Isaac Titsingh in Batavia to Jan Titsingh in Amsterdam, August 13, 1794, ITPC1, 397–400, 397。

17 Kutsuki Masatsuna in Edo to Isaac Titsingh in Chinsura, April 4, 1789, ITPC1, 202.

18 Kutsuki Masatsuna in Edo to Isaac Titsingh in Chinsura, April 4, 1789, ITPC1, 202.

19 George Staunton, *An Authentic Account of an Embassy from the King of Great Britain to the Emperor of China* . . . , vol. 1 (London: W. Bulmer and Co., 1797), 258.

20 甚至巴达维亚的华人居民也在谈论马戛尔尼带到中国的这辆著名马车，见《开吧历代史记》(乾隆五十八年)，载于 *The Chinese Annals of Batavia, the Kai Ba Lidai Shiji and Other Stories*, translated, edited, and annotated by Leonard Blussé and Nie Dening (Leiden: Brill, 2018)。关于英国使团的马车在中国引起的反应，见 Staunton, *Authentic*, vol. 2, 169。

21 小斯当东（1781—1859），英国旅行家、东方文化研究者，曾随其父——马戛尔尼使团副使老斯当东来华。——译者注

22 George Thomas Staunton, 1781—1859, "Childhood travel diary, 1792 Sept. 15—1793 May 16," in George Thomas Staunton Papers Collection, Duke University Libraries, Collection Number RL. 11351, 184–185.

23 Isaac Titsingh, Batavia, to Jan Titsingh, Amsterdam, August 13, 1794, in ITPC1, 398–400, 399.

24 Isaac Titsingh, Guangzhou, to Diedericus Hermanus van Rossum, Amsterdam, November 21, 1794, in ITPC1, 405. 这艘船的船长表达了类似观点：Letter from Captain Gas to Dozy, January 6, 1795, OIC 195: 811。关于船只检查等，见 "Berigt wegens't alhier ter rheede leggende schip Siam gedestineerd over China na Nederland," dated July 22, 1794, in AGR 1790（该条目编号下包括 1794 年 7 月 13 日至 7 月 29 日的决议）: 453–454。

25 评议会也确保船只配备精良的大炮用以御敌。参见 Resolution of Friday, July 25, 1794, before midday, GRB 1132（该条目编号下包括 1794 年 6 月 24 日至 12 月 30 日的决议）: 1030ff。

26 ITPC1, 86.

27 特参考 IIT，无页码。

28 Isaac Titsingh in Batavia to Jan Titsingh in Amsterdam, August 13, 1794, in ITPC1, 398–400, 399.

29 Letter from Isaac Titsingh in Canton, to Jan Titsingh, Amsterdam, November 21, 1794, in ITPC1, 401–405.

第 4 章　三角洲

1 Letter from Isaac Titsingh in Canton to Jan Titsingh in Amsterdam, November 21, 1794, in ITPC1, 401–405, 404.

2 这一年已经批准了许多此类请求。例如，一些中国人在一封未注明日期的信中提出，要求乘坐公司船只前往广州。见 Batavia, undated (July 1794), AGR 1790 (containing resolutions from July 13 to July 29, 1794): 53–54。其他请求也随之而来，参见 folio 159。

3 Isaac Titsingh in Canton to Diedericus Hermanus van Rossum in Amsterdam, November 21, 1794, in ITPC1, 405. 这艘船的船长表达了类似的看法：Letter from Captain Gas to Dozy, January 6, 1795, OIC 195: 811。关于船只检查等，见 "Berigt wegens 't alhier ter rheede leggende schip Siam gedestineerd over China na Nederland," dated July 22, 1794, in AGR 1790 (containing resolutions from July 13, 1794–July 29, 1974): 453–454。

4 德胜说主锚索是被人故意割断的，船长说是破损断裂，这或许是为了逃避承担船只损失的责任。Letter from Captain G. P. Gas aboard the *Siam* in the Whampoa Roadstead to A. E. van Braam Houckgeest in Canton, November 10, 1794, OIC 195: 735. Cf. Isaac Titsingh in Yingtak to Nederberg, November 26, 1794, in ITPC1, 406–424, 407.

5 Isaac Titsingh in Yingtak to Nederberg, November 26, 1794, in ITPC1, 406–424, 407. 船队的其他船只落在后面，因为当局要对华人乘客进行检查。Canton Dagregister, December 1, 1793 to January 12, 1795, OIC 195: 351–485, 416.

6 摘自 Canton Dagregister, September 19, 1794, in letter from Isaac Titsingh, Canton, to Sebastiaan Cornelis Nederburgh, Batavia, December 20, 1795, in ITPC1, 443–444。

7 我根据“Letter from Van Braam in Canton to the Gemagtigdens van de Vergadering van 17 gecommitteerd tot het Bestier van den Directen Vaart en Handel naar China in Amsterdam 1794-02-20,” OIC 194: unfoliated 中的信息，补充了德胜对范罢览这番指责的描述。

8 Isaac Titsingh in Yingtak to Nederberg, November 26, 1794, in ITPC1, 406–424, 408.

9 IIT，无页码。

10 IIT，无页码。

11 Letter from J. P. van Braam in Ittersum bij Zwolle to his son J. A. van Braam in Canton, June 27, 1797, in JAVB, vol. 1, pp. 27–35, p. 28.

12 参见 letter from Isaac Titsingh in London to Johannes Kluppel in Amsterdam, July 3, 1797, in ITPC1, 489–490; and letter from Isaac Titsingh in Canton to Sebastiaan Cornelis Nederburgh in Batavia, December 20, 1795, in ITPC1, 438–440。

13 Letter from Isaac Titsingh in London to Johannes Kluppel in Amsterdam, July 3, 1797, in ITPC1, 489–490.

14 Letter from Isaac Titsingh in London to Johannes Kluppel in Amsterdam, July 3, 1797, in ITPC1, 489–490.

15 Letter from Isaac Titsingh in London to Johannes Kluppel in Amsterdam, July 3, 1797, in ITPC1, 489–490.

16 Canton Dagregister, December 1, 1793–January 12, 1795, OIC 195: 351–485, 418.

17 Canton Dagregister, December 1, 1793–January 12, 1795, OIC 195: 351–485, 418.

18 Canton Dagregister, December 1, 1793–January 12, 1795, OIC 195: 351–485, 418.

19 Canton Dagregister, December 1, 1793–January 12, 1795, OIC 195: 351–485, 417.

20 这句话出于美国水手昌西·菲什（Chauncey Fish）1839 年的一封信，但其他资料也表明，早在这之前，黄埔岛对水手来说就是一个悲惨的地方。Evan Lampe, “‘The Most Miserable Hole in the Whole World:’ Western Sailors and the Whampoa Anchorage, 1770—1850,” *International Journal of Maritime History* 22 (1) (2010): 15–40.

21 感谢范岱克（Paul Van Dyke）提供这条信息。私人交流，2019 年 12 月 4 日。

22 Canton Dagregister, December 1, 1793—January 12, 1795, OIC 195: 351–485, 420–421.

23 关于黄埔岛的信息，资料来源众多，包括：Osmond Tiffany, *The Canton Chinese, or The American's Sojourn in the Celestial Empire* (Boston: James Munroe and Company, 1849), 134ff; Evan Lampe, "Most Miserable Hole"; William Milburn, *Oriental Commerce: Containing a Geographical Description of the Principal Places in the East Indies, China and Japan* (London: Black, Parry & Co., 1813), 464–465。

24 Tiffany, *Canton Chinese*, 134.

25 Peter Osbeck, *A Voyage to China and the East Indies*, vol. 1 (London: Benjamin White, 1771), 194.

26 招待通常由买办来安排，见 Milburn, *Oriental Commerce*, 492。

27 Isaac Titsingh in Yingtak to Nederberg, November 26, 1794, in ITPC1, 406–424, 409–411.

28 Canton Dagregister, December 1, 1793—January 12, 1795, OIC 195: 351–485, 394(?)–400.

29 关于范罢览就梁栋材自北京来信的首次报告，见 Canton Dagregister, December 1, 1793–January 12, 1795, OIC 195: 351–485, 361–363。

30 Jean Joseph de Grammont, cited in BTC, 5–6.

31 DMA, 1793, R. 635，无页码，大约五分之四处。

32 DMA, 1793, R. 635，无页码，大约五分之四处。

33 比如，Harrison, "Qianlong's Letter"。

34 在有关马戛尔尼的奏折中，诸如"强求"之类的描述反复出现。如，皇帝在 9 月 23 日的敕谕中提到马戛尔尼"妄有干请"，两广总督郭世勋在乾隆五十八年九月初八日（1793 年 10 月 12 日）的折子里也仿照乾隆此语，略作变化，称马戛尔尼"妄有渎请"。中国第一历史档案馆编：《英使马戛尔尼访华档案史料汇编》，国际文化出版公司，1996 年，第 409 页。Cf. Alain Peyrefitte and Pierre-Henri Durand, *Un choc de cultures*, tome 1: *La vision des Chinois* (Paris: Fayard, 1992), 341–343, 342.

35 乾隆皇帝敕谕，1793 年 10 月 2 日，摘自广东巡抚郭世勋、粤海关监督苏楞额奏折（乾隆五十八年九月十三日，1793 年 10 月 17 日）。中国第一历史档案馆编：《英使马戛尔尼访华档案史料汇编》，国际文化出版公司，1996 年，第 422 页。Cf. Peyrefitte, *Vision*, 365–369, 366.

36 意为商议串通，私相授受。——译者注

37 “催令按程前进”，摘自李奉翰奏折（乾隆五十八年九月二十日，1793 年 10 月 24 日）。中国第一历史档案馆编：《英使马戛尔尼访华档案史料汇编》，国际文化出版公司，1996 年，第 436 页。Cf. Peyrefitte, *Vision*, 371.

38 乾隆皇帝谕令，乾隆五十八年九月二十三日（1793 年 10 月 27 日），摘自松筠、长麟、吉庆折（乾隆五十八年十月七日，1793 年 11 月 10 日），奏折本身也对此做了讨论。中国第一历史档案馆编：《英使马戛尔尼访华档案史料汇编》，国际文化出版公司，1996 年，第 475–478 页，特别是第 477–478 页。Cf. Peyrefitte, *Vision*, 402–403, p. 402.

39 Letter from Isaac Titsingh in Yingtak to Sebastiaan Cornelis Nederburgh in Batavia, November 26, 1794, in ITVT, 162.

40 Canton Dagregister, December 1, 1793—January 12, 1795, OIC 195: 351–485, 396–397.

41 Canton Dagregister, December 1, 1793—January 12, 1795, OIC 195: 351–485, 394(?)–400.

42 Canton Dagregister, December 1, 1793—January 12, 1795, OIC 195: 351–485, 361–363. 范罢览对马戛尔尼使团的更多看法，参见 Canton Dagregister, December 1, 1793—January 12, 1795, OIC 195: 351–485, 370。

43 Letter from A. E. V. Braam Houckgeest in Canton to the Commissarrissen Generaal over Nederlands Indien in Batavia, January 14, 1794, OIC 195: 837–841, 848–850.

44 Frank Lequin, in ITVT, 161.

45 Letter from Isaac Titsingh in Yingtak to Nederberg, November 26, 1794, in ITPC1, 406–424, 409–411.

46 IIT，无页码。

47 我对此次会见监督的描述主要依据两个资料来源：Letter from Isaac Titsingh in Yingtak to Cornelius Nederberg in Batavia, November 26, 1794, in ITPC1, 406–424; and ITC, 76ff。

48 ITC, 76.

49 *Canton Daily Journal* entry of September 19, 1794, in Canton Dagregister, December 1, 1793—January 12, 1795, National Archives of the Netherlands, OIC 195: 351–485, p. 417. 感谢范岱克提醒我注意这一点。范岱克指出，新任监督

了 10 月 26 日上任，苏楞额则于前一日启程返京。11 月，朝廷对苏楞额任内情况展开调查。（范岱克，私人交流，2019 年 12 月 4 日。）苏楞额的继任者舒玺的奏报表明，苏楞额自乾隆五十八年八月二十七日至乾隆五十九年八月二十五日负责粤海关征收关税的工作。参见舒玺的奏折（乾隆五十九年十月二十二日，1794 年 11 月 14 日），中国第一历史档案馆编：《明清宫藏中西商贸档案》，中国档案出版社，2010 年，第 1422–1423 页。

50 这起事件发生于 1792 年至 1793 年，细节相当复杂。简断截说：范罢览认为监督在评估新到港的荷兰船只“祖德堡号”（*Zuiderburg*）的税费时无视了先例。范罢览立场强硬，监督也毫不退让。船没有卸货，长时间的延误给公司造成了损失，公司认为监督实际上将船扣押了。这一举动在范罢览和外国人群体看来是随意专横的。参见 DMA, January, February, March 1793, R. 635，无页码，大约六分之一处；Bataviasche Missive in dato 30 Nov 1793 (i.e., to Batavia from Canton Raad), OIC 193: unfoliated; and VBHV2, 332–334。英国人也因此人的行为而感到受挫，见 Staunton, *Authentic*, vol. 2, 531。

51 ITC, 75.

52 ITC, 76.

53 DUYVLE, 18. 我将在结语部分讨论其他作者的类似观点。

54 DUYVLE, 27. 同样参见 Banks, “Politics of Practice,” 178。

55 “Extract missive geschreeven door de Hoog Edele Ge.. s.. Commissarissen Generaal over geheel Nederlands India en Cabo de Goede Hoop aan de Hooge Indiasche Regeering, gedateerd Batavia den 9 Julij 1794,” OIC 195: 127–132, 129. “礼节性使团”的表述在德胜的官方指令中也出现了，见 IIT，无页码。

56 但不是所有人都这么看，比如范罢览的侄子雅各布·安德列斯·范罢览就不同意。见 letter from Jacob Andries van Braam in Canton to his father J. P. van Braam in Zwolle, June 15, 1796, in JAVB, vol. 2, pp. 16–27, 17。

57 IIT，无页码。

58 Isaac Titsingh in Yingtak to Nederberg, November 26, 1794, in ITPC1, 406–424, 411–412.

59 ITC, 75.

第5章　广　州

1 Milburn, *Oriental Commerce*, 466.

2 关于玻璃窗，见 VBHV2, 322。

3 改建发生在 1772 年至 1774 年，之后商馆又做了翻新，但 1794 年其外观仍与之前大致相同。见 Christiaan J. A. Jörg, *Porcelain and the Dutch China Trade* (Berlin: Springer Verlag, 1982), 60。

4 Letter from Isaac Titsingh in Canton to Jan Titsingh in Amsterdam, November 21, 1794, in ITPC1, 401–405, 402. 另见 letter from Isaac Titsingh in Yingtak to Nederberg, November 26, 1794, in ITPC1, 406–424, 409–411。

5 Letter from Isaac Titsingh in Canton to Jan Titsingh in Amsterdam, November 21, 1794, in ITPC1, 401–405, 402. 另见 letter from Isaac Titsingh in Yingtak to Nederberg, November 26, 1794, in ITPC1, 406–424, 409–411。

6 William Hickey, *Memoirs: 1745—1809*, vol. 3 (Hurst and Blackett: London, 1925), 285–286, cited in C. R. Boxer, "The Mandarin at Chinsura: Issac Titsingh in Bengal," *Koninklijke Vereeniging Indisch Instituut, Mededeling No. LXXIV, Afdeling Volkenkunde No. 32* (Amsterdam: Indisch Instituut, 1949), 11.

7 ITPC1, 骑大象，见 84；骑在马背上猎野猪，见 87。

8 Letter from Isaac Titsingh in Yingtak to Nederberg, November 26, 1794, in ITPC1, 406–424, 413.

9 Letter from Isaac Titsingh in Yingtak to Nederberg, November 26, 1794, in ITPC1, 406–424, 411–412. 英国人的记录表明他们确实知晓这一事实。Letter from The Committee in Canton to the Honorable the Court of Directors of the United East India Company, January 25, 1795, British Library, Canton Factory Records 1596—1833, G.12 (108) (1794—1795): 173–202.

10 ITC, 77.

11 VBHAA1, 15.

12 比如，DMA, 1794, R. 636, folios 66v–67r。

13 VBHAA1, 16–17; ITC, 78.

14 ITC, 78.

15 Letter from Isaac Titsingh in Yingtak to Nederberg, November 26, 1794, in ITPC1, 406–424, 411–412; VBHAA1, 14.

16 VBHAA1, 18–19; letter from Isaac Titsingh in Yingtak to Nederberg, November 26, 1794, in ITPC1, 406–424, 412–413.

17 Letter from Isaac Titsingh in Yingtak to Nederberg, November 26, 1794, in ITPC1, 406–424, 411–412.

18 VBHAA1, 15–16; letter from Isaac Titsingh in Yingtak to Nederberg, November 26, 1794, in ITPC1, 406–424, 412–413.

19 Letter from Isaac Titsingh in Yingtak to Nederberg, November 26, 1794, in ITPC1, 406–424, 412–413.

20 ITC, 77; and VBHAA1, 15.

21 Jörg, *Porcelain*, p. 338, note 66.

22 Letter from Isaac Titsingh in Yingtak to Nederberg, November 26, 1794, in ITPC1, 406–424, 419. 德胜也曾在其他地方表达过相似的心情：ITC, 79。

23 英国人并没有企图掩盖这一事实。这些机械装置在德意志制造，后由给国王乔治三世制表的钟表大师本杰明・乌里亚米（Benjamin Vulliamy）重新装饰。无论怎样，它们都没有给乾隆皇帝和朝廷留下深刻印象。正如英国人所注意到的，类似的物件早已出现在宫廷藏品中，这令他们感到意外。Henrietta Harrison, "Chinese and British Diplomatic Gifts in the Macartney Embassy of 1793," *English Historical Review* 133 (560) (2018): 65–97, 83.

24 节选自王文诰：《长牧庵制府带同荷兰国贡使诣海幢寺接诏恭纪八首》，载于《韵山堂诗集》。——译者注

英译比较松散，完全精准地传递原诗的内容和神韵是很难的。比如，"oyster shell mirror"（蚝镜）就是字面意思，指的是海平如镜。王文诰：《韵山堂诗集》（卷一，光绪十四年版），转引自蔡鸿生《王文诰荷兰国贡使纪事诗释证》，载蔡鸿生编《澳门史与中西交通研究》，广东高等教育出版社，1998年，第218–219页。

25 王文诰：《韵山堂诗集》（卷一，光绪十四年版），转引自蔡鸿生《王文诰荷兰国贡使纪事诗释证》，载蔡鸿生编《澳门史与中西交通研究》，广东高等教育出版社，1998年，第218–219页。

26 漆成红色的龙和旗帜，出处不是德胜和范罢览，而是其他官方描述，例如 Peter Osbeck, *A Voyage to China and the East Indies*, vol. 1 (London: Benjamin White, 1771), 195。

27 潘有度，西方人称他为 Poankeequa。

28 "Beschaafdheid en wellevendheid," ITC, 79.

29 我推测大使走的是海山门，我将匿名中国画家的作品作为参考，"Vistas de los santuariosy otros edeficios mas remarcables, que comprehende el grande pagode o templo de Canton nombrado Tay-thang-tsu . . . recopilada por Manuel de Agote," c. 1796, Private Collection, Bonhams Auction House, [EB/OL].https://www.bonhams.com/auctions/21882/lot/123/?category=list, 2020-10-19。感谢邦瀚斯拍卖行（Bonhams）的中国艺术专家麦志明（Bruce Maclaren）向我介绍这份奇妙的资料。

30 Macabe Keliher, *The Board of Rites and the Making of Qing China* (Berkeley: University of California Press, 2019), 9.

31 Letter from Isaac Titsingh in Yingtak to Nederberg, November 26, 1794, in ITPC1, 406–424, 414–415.

32 VBHAA1, 21–22.

33 Letter from Isaac Titsingh in Yingtak to Nederberg, November 26, 1794, in ITPC1, 406–424, 413.

34 昭梿:《啸亭杂录》(续录卷三，牧庵相国条)，转引自蔡鸿生《王文诰荷兰国贡使纪事诗释证》，载蔡鸿生编《澳门史与中西交通研究》，广东高等教育出版社，1998 年，第 225 页。

35 Keliher, *The Board of Rites*, 58.

36 范岱克指出，园子最初的所有者陈文扩于 1789 年去世，他的儿子"Locqua"（陈钧华，一说陈远来）接管了商行。据我们所知，范罢览任职期间他还在世。1793 年商行破产，财产被没收待官府处置，园子也荒废了。范岱克，私人交流，2019 年 12 月 4 日。

37 Letter from Isaac Titsingh in Yingtak to Nederberg, November 26, 1794, in ITPC1, 406–424, 414.

38 Letter from Isaac Titsingh in Yingtak to Nederberg, November 26, 1794, in ITPC1, 406–424, 415.

39 长麟奏折（乾隆五十九年九月二十二日，1794 年 10 月 15 日），引自（清）梁廷枏《粤道贡国说》(卷三"荷兰国")，载（清）梁廷枏编《海国四说》(1846 年)。(呢德波即尼德伯格，叭打末即巴达维亚。——编者注)

40 长麟奏折（乾隆五十九年九月二十二日，1794年10月15日），引自（清）梁廷枏《粤道贡国说》（卷三“荷兰国”）。

41 长麟奏折（乾隆五十九年九月二十二日，1794年10月15日），引自（清）梁廷枏《粤道贡国说》（卷三“荷兰国”）。

42 Letter from Isaac Titsingh in Yingtak to Nederberg, November 26, 1794, in ITPC1, 406–424, 415.

43 ITC, 81.

44 Letter from Isaac Titsingh in Yingtak to Nederberg, November 26, 1794, in ITPC1, 406–424, 416.

45 关于范罢览坚称负债且对自己的净资产情况一无所知的说法，请见 Everardus van Braam in Guangzhou to Isaac Titsingh in Canton, November 15, 1794, in ITVT, 181–182。

46 Letter from Isaac Titsingh in Yingtak to Nederberg, November 26, 1794, in ITPC1, 406–424, 416–417.

47 参见 ITVT, 177–178。

48 Letter from Isaac Titsingh in Yingtak to Nederberg, November 26, 1794, in ITPC1, 406–424, 408.

49 见 ITVT, 177–178。

50 DMA, 1794, R. 636, folio 76v.

51 Letter from Henry Browne, chief of English Factory in Canton, to Isaac Titsingh in Canton, November 20, 1794, in ITVT, 175–176. 我将原文中的“tsongtoc”（“总督”的英译）改为“viceroy”。

52 Letter from Henry Browne, chief of English Factory in Canton, to Isaac Titsingh in Canton, November 20, 1794, in ITVT, 175–176.

53 Letter from Isaac Titsingh in Canton to the Commissarissen Generael in Batavia, November 21, 1794, in ITVT, 169–173, quote from p. 170.

54 Letter from Isaac Titsingh in Canton to the Commissarissen Generael in Batavia, November 21, 1794, in ITVT, 169–173, quote from p. 170.

55 他使用了“迦南”（Canaan）一词。

56 Letter from Isaac Titsingh in Canton to Jan Titsingh in Amsterdam, November 21, 1794, in ITPC1, 401–405, 402–403.

57 Letter from Isaac Titsingh in Canton to Jan Titsingh in Amsterdam, November 21, 1794, in ITPC1, 401–405, 402–403.

58 Letter from Isaac Titsingh in Canton to Jan Titsingh in Amsterdam, November 21, 1794, in ITPC1, 401–405, 402–403.

59 Timon Screech, *Japan Extolled and Decried: Carl Peter Thunberg and the Shoguns Realm, 1775—1796* (London: Routledge, 2011), 109.

60 Letter from Isaac Titsingh in Canton to Jan Titsingh in Amsterdam, November 21, 1794, in ITPC1, 401–405, 402–403.

第 6 章　前路茫茫

1 了解军机处，最好的起点是白彬菊（Beatrice Bartlett）引人入胜的作品《君主与大臣：清中期的军机处（1723—1820）》[*Monarchs and Ministers: The Grand Council in Mid-Ch'ing China, 1723—1820* (Berkeley: University of California Press, 1991)]。关于“晚面”（late meetings），参见第 174 页。

2 军机处奏片（乾隆五十九年十月初九，1794 年 11 月 1 日），见 HLGJ, 368。See translation in DUYVSD, 332–333.

3 Letter from Jean-Baptiste-Joseph de Grammont in Beijing to Manuel de Agote in Macau, October 4, 1795, in DMA, December 1795 (R. 637). 无页码，大约五分之四处到结尾。

4 西洋官话。军机处奏片（乾隆五十九年十月初九，1794 年 11 月 1 日），见 HLGJ, 368。译文参见 DUYVSD, 332–333。

5 军机处奏片（乾隆五十九年十月初九，1794 年 11 月 1 日），见 HLGJ, 368。译文参见 DUYVSD, 332–333。

6 这份旨意有不止一个版本，日期是乾隆五十九年十月初九（1794 年 11 月 1 日）。我依据的是《清高宗实录》（乾隆五十九年十月癸亥）。

7 乾隆敕谕（乾隆五十九年十月初九，1794 年 11 月 1 日）。《清高宗实录》（乾隆五十九年十月癸亥）。

8 乾隆敕谕（乾隆五十九年十月初九，1794 年 11 月 1 日）。《清高宗实录》（乾隆五十九年十月癸亥）。

9 DUYVSD, 333, note 1.

10 Letter from Isaac Titsingh in Yingtak to Nederberg, November 26, 1794, in ITPC1,

406–424, 415.

11 ITPC1, 400.

12 VBHAA1, 27–28.

13 法国控制越南北方后，使用“东京”（Tonkin）指代越南北部地区，越南人称“北圻”；“交趾支那”（Cochinchina）指越南南部，越南人称“南圻”。——译者注

14 DMA, 1794, R. 636, folio 66r.

15 Letter from Issac Titsingh in Bengal to Kutsuki Matatsuna in Edo, February 26, 1789, in ITPC1, 182–183.

16 Letter from Isaac Titsingh in Chinsura to Katsuragawa Hoshû in Edo, 1786, ITPC1, 82.

17 ITPC1, 115.

18 ITPC1, 204.

19 关于傅尔蒙和他的语法书，参见 Cecile Leunge, *Etienne Fourmont (1683—1745): Oriental and Chinese Languages in Eighteenth-Century France*, Leuven Chinese Studies 13 (Leuven: Leuven University Press, 2002)。

20 ITPC1, 262. 他在 ITPC1, 271 也提到了这部作品。

21 Letter from Isaac Titsingh in Chinsurato Kutsuki Masatsuna in Edo, March 10, 1790, in ITPC1, 242.

22 DMA, December 1793, R. 635. 无页码，大约五分之四处。

23 Letter from Isaac Titsingh in Amsterdamto William Marsden in London, February 3, 1809, in ITPC1, 533–535, 534; and letter from Isaac Titsingh in Yingtak to Nederberg, November 26, 1794, in ITPC1, 406–424, 417.

24 关于小德经的在华经历，参见 Henri Cordier, “Le consulat de France à Canton au XVIIe siecle”，*T'oung Pao*, series 2, vol. 9 (1908): 47–136；关于法国大革命的消息传到亚洲，见 ITPC1, 367；关于小德经破损的衣物，见 Isaac Titsingh in Yingtak to Nederberg, November 26, 1794, in ITPC1, 406–424, 417。

25 ITC, 82.

26 GVP1, 257.

27 见林发钦：《帝国斜阳：荷兰使臣德胜使华考述》，载《澳门理工学报》，2013 年第 1 期，第 164–174 页。

28 这段对话是从小德经的视角出发的，值得注意的是，德胜并没有提到这次谈话，见 GVP1, 259。德胜和范罢览建议小德经受聘为译员——至少一开始要这样。小德经说他得到了保证，将担任秘书。事实上，他还提到范罢览将他描述成一名纯粹的译员，这令他何等不快。这可能是他最终厌恨范罢览的原因之一。VBHAA1, 32.

29 小德经出版的著述称，这次会面发生在 1794 年 11 月 20 日的饯行宴之后。其他材料则显示它发生在饯行宴之前，如 VBHM1, 22。

30 GVP1, 258–259.

31 GVP1, 258.

32 Letter from Isaac Titsingh in Canton to Jan Titsingh in Amsterdam, November 21, 1794, in ITPC1, 401–405, 404.

33 VBHAA1, 28.

34 Letter from R. Dozy and the Commercial Raad in Canton to Nederburgh, Frykennis, Alting, and Sieberg, the Commissarissen Generael over geheel Neerlands Indien en Cabo de Goede Hoop, etc., etc., etc., January 11, 1795, OIC: 289–293, 291.

35 Letter from Isaac Titsingh in Yingtak to Nederberg, November 26, 1794, in ITPC1, 406–424, 421.

36 Letter from Isaac Titsingh in Yingtak to Nederberg, November 26, 1794, in ITPC1, 406–424, 421.

37 Letter from Issac Titsingh in Canton to the General Commissaries of Batavia, January 30, 1796, OIC 196: unfoliated.

38 Letter from Isaac Titsingh in Yingtak to Nederberg, November 26, 1794, in ITPC1, 406–424, 421. 另见 Isaac Titsingh in Canton to the Commissarissen Generael in Batavia, November 21, 1794, in ITVT, 169–173, quote from p. 171。

39 Letter from Isaac Titsingh in Canton to the Commissarissen Generael in Batavia, November 21, 1794, in ITVT, 169–173, quote from p. 171.

40 Letter from Isaac Titsingh in Yingtak to Nederberg, November 26, 1794, in ITPC1, 406–424, 415.

41 ITPC1, 405.

42 Letter from Isaac Titsingh in Canton to Jan Titsingh in Amsterdam, November 21,

1794, in ITPC1, 401–405, 404.

43 Letter from Isaac Titsingh in Canton to Jan Titsingh in Amsterdam, November 21, 1794, in ITPC1, 401–405, 404.

44 Letter Isaac Titsingh in Yingtak to Nederberg, November 26, 1794, in ITPC1, 406–424, 419–421. 另参见 ITC, 83。

45 有趣的是，德胜在给尼德伯格的信中说，总督对“我们是否有充足的保暖衣物表示担忧”。见 Letter from Isaac Titsingh in Yingtak to Nederberg, November 26, 1794, in ITPC1, 406–424, 420。此外，据称总督本人也为他们提供了御寒的衣物。

46 乾隆敕谕（乾隆五十九年十月初九，1794 年 11 月 1 日），见 HLGJ, 367，也见于《清高宗实录》。我的英语译文与戴闻达译本的不同之处在于，他强调了上对下的语气，这与他将使团的这次出使诠释为一次受屈辱的经历、一个毫无用处的错误是一致的。参见 DUYVLE, 21–25。

47 Letter from Isaac Titsingh in Yingtak to Nederberg, November 26, 1794, in ITPC1, 406–424, 420.

48 VBHAA1, 35.

49 GVP1, 257.

50 Letter from Isaac Titsingh in Yingtak to Nederberg, November 26, 1794, in ITPC1, 406–424, 420; Lequin, *Titsingh in China*, p. 84.

51 Letter from Isaac Titsingh in Yingtak to Nederberg, November 26, 1794, in ITPC1, 406–424.

52 关于范罢览卸职，见 Canton Dagregister, December 1, 1793–January 12, 1795, OIC 195: 351–485, 440。

53 ITC, 85.

54 GVP1, 262.

55 GVP1, 261.

56 Letter from Isaac Titsingh in Yingtak to Nederberg, November 26, 1794, in ITPC1, 406–424, 419–421.

57 西洋人常将“花地”叫作“Fa-tee”。
逛花地，俗称“游花地”或“游花棣”，是旧时流行于广州的民间习俗。清中叶之后，广州著名的花卉产区“花地”先后修建了留香园、醉观园等园林，

节日期间摆设“花局”，供游人观赏。——译者注

58 ITC, 85.

第 7 章 穿越御路：船行南方

1 Nieuhof, *Embassy*, 26. 目前尚不清楚德胜携带的是哪个版本。参见 ITC, 17, note 16。

2 GVP1, 262. 小德经一有机会就要抱怨艄公的号子，见 DMA, November 1794, R. 636, folios 77v–78r。

3 ITC, 85.

4 GVP1, 262.

5 Letter from de Guinges to Agote in Macau, DMA, November 1794, R. 636, folios 77v–78r.

6 VBHAA1, 51–52.

7 ITC, 87.

8 Letter from Isaac Titsingh in Yingtak to Nederberg, November 26, 1794, in ITPC1, 406–424, 423–424.

9 范罢览写道，这里的群山“是世界上任何地方的山都无法超越的”。见 VBHAA1, 51. GVP1, 270。

10 ITC, 86.

11 VBHAA1, 44–45.

12 GVP1, 267。有意思的是，在旅行者的任何一本日记中，包括小德经的日记在内，都没有解释飞来寺名字的由来。见 GAJVP, folio 3v。另见 ACJ, 4。

13 微微发蓝的山，见 GVP1, 268；饮用江水，见 ITC, 86；GAJVP, folio 5r；老虎，见 GVP1, 268; and GAJVP, folios 5r–5v; ITC, 86。

14 ITC, 86.

15 VBHAA1, 47.

16 ITC, 88. Cf. GVP1, 271; and VBHAA1, 50.

17 VBHAA1, 50.

18 Letter from Isaac Titsingh in Canton to Jan Titsingh in Amsterdam, November 21, 1794, in ITPC1, 401–405.

19 Letter from Isaac Titsingh in Yingtak to Nederberg, November 26, 1794, in ITPC1,

406–424.

20 1794年9月，法国军队入侵，尼德兰联省共和国（中文多称荷兰共和国）灭亡。1795年，法国在荷兰共和国的领土上建立了傀儡国家巴达维亚共和国。——译者注

21 Letter from Isaac Titsingh in Canton to Jan Titsingh in Amsterdam, November 21, 1794, in ITPC1, 401–405.

22 Letter from Isaac Titsingh in Canton to Jan Titsingh in Amsterdam, November 21, 1794, in ITPC1, 401–405.

23 Letter from Isaac Titsingh in Canton to Jan Titsingh in Amsterdam, November 21, 1794, in ITPC1, 401–405.

24 Nieuhof, *Embassy*, 26.

25 Letter from Isaac Titsingh in Canton to Jan Titsingh in Amsterdam, November 21, 1794, in ITPC1, 401–405.

26 Nieuhof, *Embassy*, 49.

27 GAJVP, folio 6r. 另见 GVP1, 269–270。

28 Sanshui（三水）。我将原音译改为拼音。VBHAA1, 40–41.

29 VBHAA1, 40–41.

30 GAJVP, folio 4; GVP1, 266.

31 ITC, 87.

32 Nieuhof, *Embassy*, 54.

33 韶州，即今韶关。

34 Staunton, *Authentic*, vol. 2, 512.

35 Staunton, *Authentic*, vol. 2, 512.

36 ITC, 88.

37 GAJVP, folio 8r.

38 ITC, 88; GVP1, 272.

39 小德经发现船更大了，见 GAJVP, folio 8r。德胜不喜欢他的船，见 GVP1, 272。

40 ITC, 88.

41 关于船只数量，见 VBHAA1, 55。

42 GAJVP, folios 8v–9r; GVP1, 273; VBHAA1, 57–58; ITC, 88–89.

43 GVP1, 274–276.

44 透风的窗户，见 ITC, 89；观察士兵当消遣，见 GAJVP, folio 10r；好奇的围观者，见 GVP1, 276；赶回船上，见 GAJVP, folio 11r；被抬着的男人，见 GVP1, 277。

45 ITC, 89.

46 GAJVP, folio 33r.

47 VBHV2, 155–156.

48 见 Jean-Baptiste Du Halde, *The General History of China: Containing a Geographical, Historical, Chronological, Political and Physical Description of the Empire of China, Chinese-Tartary, Corea, and Thibet*, vol. 2 (London: J. Watts, 1741), 95–96。

49 我已将书中的里格换算为英里。Du Halde, *General History*, vol. 2, 96.

50 GAJVP, folio 204r.

51 VBHV2, 154.

52 这是范罢览记录中的说法（VBHJ2, 209–210），但他的书中认为一车可坐六人，这样一半人工作时，另一半人休息，见 VBHAA2, 97。

53 VBHJ2, 209–210.

54 GVP1, 278–279.

55 GVP1, 282.

56 GAJVP, folio 13; GVP1, 282.

57 GVP1, 282.

58 ITC, 91.

59 GAJVP, folio 13.

60 GVP1, 275; GAJVP, folio 13v; GVP1, 275.

61 ITC, 91.

62 VBHM1, p. 37.

63 VBHAA1, 67–68; VBHM1, p. 37.

64 ITC, 91; GVP1, 283.

65 GVP1, 283–284.

66 VBHAA1, 68.

67 ITC, 91.

68 GVP1, 285–286.

69 GAJVP, folio 14v.

70 Du Halde, *General History*, vol. 2, 88.

71 GVP1, 286.

72 船的蛇行前进方式，见 GAJVP, folio 15v; VBHAA1, 77–78。

73 VBHAA1, 74. 甚至小德经也欣赏它们，见 GVP1, 288。

74 VBHAA1, 75.

75 GVP1, 289.

76 VBHAA1, 79–80.

77 有趣的是，在赣州南部还有一个“十八滩”，位于龙南县龙头风景区。

78 引文摘自陈梦雷辑、蒋廷锡校勘重编的《钦定古今图书集成》中的《方舆汇编·山川典》(第二九六卷)。[EB/OL].https://babel.hathitrust.org/cgi/pt?id=nnc1.cu10423605&view=2up&seq=101, 2020-10-19. 目前尚不清楚原作者是谁。

79 Nieuhof, *Embassy*, 66.

80 Nieuhof, *Embassy*, 66.

81 我推测这里的庙是龙王庙，因为小德经写道：“我们经过了一处税关和一座名叫 Long-ouang-miao（音似‘龙王庙’）的塔。船上所有中国人都在这里祭拜，求神灵保佑他们从阻挡河道的山石中间平安通过。我们第二天就要经过这些岩石。”GVP1, 292.

82 几个世纪以来，这些险滩的名字一直在变化，在最新的名称中找出对应的旧名并不容易，尤其是还要考虑到音译的问题。一份作者不明的中文材料给出的音译（可能是小德经翻译的）有可能与晚近的名字相匹配，这就是本文中五处滩名的来源。还有很多名字，我无法一一匹配。参见 ACJ, 9–10。

83 范罢览的日志手稿表明这天天气晴朗（helderen），见 VBHJ1, 29。

84 ACJ, 9–10.

85 VBHAA1, 90.

86 GAJVP, folio 19v.

87 ITC, 95.

第 8 章　步入寒冬

1 GVP1, 20v–21r.

2 GVP1, 20v–21r.

3 Letter from de Guinges to Agote in Macau, DMA, November 1794, R. 636, folios 77v–78r.

4 DMA, November 1794, R. 636, folio 78r.

5 GVP1, 20v–21r.

6 GVP1, 300.

7 GAJVP, folio 22r. 值得玩味的是，在他出版的著作中，他说他与一名跟兵换了马。

8 王仕基的正式官衔为南部连兵备道道员。

9 GAJVP, folio 158r.

10 ITC, 96; VBHAA1, 98–99; GVP1, 301–302.

11 VBHAA1, 98–99.

12 GAJVP, folio 22v.

13 ITC, 97.

14 ITC, 97.

15 GAJVP, folios 24r–24v; and GVP1, 304–305.

16 VBHAA1, 99–100.

17 ITC, 97.

18 ITC, 97.

19 ITC, 97–98.

20 GVP1, 306.

21 VBHAA1, 101–102.

22 GVP1, 307.

23 回龙塔（又称锁江楼塔）经过多次重建和修缮，至今仍在。

24 VBHAA1, 103–104.

25 ITC, 98–99.

26 ITC, 98–99.

27 ITC, 99.

28 ITC, 99.

29 GAJVP, folio 28r.

30 VBHJ1, 49.

31 ITC, 99–100.

32 VBHJ1, 54–55.

33 GVP1, 313–314; VBHJ1, 51.

34 GVP1, 311–312.

35 VBHAA1, 110–112.

36 VBHAA1, 111.

37 VBHAA1, 111. Cf. VBHJ1, 53.

38 VBHAA1, 110.

39 安徽巡抚惠龄。

40 VBHJ1, 57–58. Cf. VBHAA1, 118.

41 VBHJ1, 57–58. Cf. VBHAA1, 118.

42 VBHAA1, 123.

43 ITC, 101–102.

44 VBHAA1, 117–124.

45 ITC, 102.

46 VBHAA1, 131–132.

47 GAJVP, folio 32r; and GVP1, 319.

48 ITC, 102.

49 ITC, 102.

50 ITC, 102.

51 ITC, 102–103.

52 GAJVP, folios 32v–33r.

53 ITC, 103.

54 湖北巡抚陈用敷折，乾隆五十九年十二月，见 DUYVSD, 335–337。陈用敷在安徽巡抚任上待到乾隆五十九年十月，之后调任湖北巡抚。

55 根据范罢览的说法，这位老人是“Fong-yong-fou（凤阳府）知府，该省行政权力的首脑”。戴闻达则认为此人肯定是曾在舒城拜访他们的“Tao-t’ai Tiao Chih-ch’eng”（道台刁至城），见 DUYVSD, 337, note 2。但一份中文资料则显示另有其人。陈用敷在奏折（湖北巡抚陈用敷折，乾隆五十九年十二月）

中称，他收到臬司恩明上报，恩明报称收到庐州府福明上报。这些报告表明，恩明和福明负责照料大使的食物和物资，“在舒城县站赶制好皮衣和犒劳食物”。见 HLGJ, 370–371。

56 VBHJ1, 67.

57 ITC, 104.

58 VBHAA1, 130.

59 湖北巡抚陈用敷折，乾隆五十九年十二月，见 DUYVSD, 335–337。我的翻译与戴闻达的略有不同。

60 ITC, 104.

61 ITC, 104–105.

62 VBHAA1, 132.

63 VBHJ1, 70.

64 VBHJ1, 70.

65 VBHJ1, 71; VBHAA1, 134.

66 VBHAA1, 135.

67 VBHAA1, 134–136.

68 GAJVP, folios 35v–36r. “惊讶”，见 ITC, 105。

69 GVP1, 325–326.

70 VBHAA1, 137; VBHJ1, 73.

71 VBHAA1, 138–139.

72 GVP1, 327.

73 VBHJ1, 74; VBHAA1, 139.

74 GAJVP, folio 37r.

75 600 突阿斯，约 0.75 英里（约 1.2 千米）。GVP1, 328.

76 GAJVP, folio 37v.

77 ITC, 106.

78 GAJVP, folio 38r.

79 VBHAA1, 143.

80 VBHAA1, 145.

81 VBHAA1, 146.

82 我根据下图推测了是哪座山：《黄河下游闸坝图》（乾隆年间，1749 年以后），现藏于 Library of Congress Geography and Map Division (Washington, DC), call number G2307.Y4 H8 1749, [EB/OL].http://hdlloc.gov/loc.gmd/g7822ym.gct00233, 2017-12-20。塔的名字见《六省黄河埽坝河道全图》(制于 1824 年至 1825 年），现藏于 Library of Congress Geography and Map Division (Washington, DC), G7822.Y4N22 1825 .L5, [EB/OL].http://hdl.loc.gov/loc.gmd/g7822ym.gct00258, 2017-12-20。

83 GVP1, 332–333.

84 GVP1, 333–334.

85 GAJVP, folio 40v.

86 GAJVP, folio 41r–41v.

87 小德经估计宽度有 300 ~ 400 突阿斯，1 800~2 400 英尺（540~720 米）。(GVP1, 334.)

88 GAJVP, folio 41r–41v.

89 VBHM1, p. 75.

90 西蒙·斯蒂文（1548/9—1620），荷兰工程学家、数学家。他致力于港口、防御工事的建设，其著作影响了 17 世纪东南亚的城市规划和马六甲海峡的建设。——译者注

91 见 Donald F. Lach, *Asia in the Making of Europe, Volume II: A Century of Wonder* (Chicago: University of Chicago Press, 1977), 401–403。

92 这段话出自法国学者佩雷斯克（Peiresc），引自 Eileen Reeves, *Evening News: Optics, Astronomy, and Journalism in Early Modern Europe* (Philadelphia: University of Pennsylvania Press, 2014), 218。当佩雷斯克驾乘时，拿骚的莫里斯还不是奥兰治亲王，他在 1618 年获得了这一头衔。

93 我随意（且松散）的翻译依据荷兰语对原诗拉丁语精彩的演绎：

Door de winden voortgedragen
Langs de golven, op den grond,
Geef my enkel zulk een wagen,
En ik vaer den aerdbol rond.

引自 Prudens van Duyse, *De Zeilwagen van Simon Stevin,naer de Latijnsche Gedichten van Hugo Grotius* (Gent: C. Annoot-Braekman, 1846), 23。

94 “De Zeilwagen van Stevin,” *De Navorscher*, vol. 13, Nieuwe Reeks, 3e Jaargang

(Amsterdam: C. M. van Gogh, 1863), 109.

95 VBHAA1, 152–153.

96 GAJVP, folios 42v–43r.

97 十二月十九日（1795 年 1 月 9 日）军机处致王仕基等札，HLGJ, 376–377。另见 DUYVSD, 341-342。

98 十二月十九日（1795 年 1 月 9 日）军机处致王仕基等札，HLGJ, 376–377。另见 DUYVSD, 341–342。

99 ITC, 109–110.

100 GAJVP, folio 44r.

101 GVP1, 341.

102 VBHAA1, 155–156.

103 GVP1, 341.

104 VBHAA1, 155–156.

105 ITC, 112.

106 ITC, 113.

107 关于小德经与轿夫之间的麻烦，见 GAJVP, folios 48v–49r; and GVP1, 346–347。

108 GAJVP, folios 49v–50r.

109 严格来说，“直隶”不是一个省，而是直接处于京城控制下的“直辖”区域。

110 ITC, 114.

111 ITC, 114.

112 VBHAA1, 168.

113 GVP1, 350–351.

114 GAJVP, folio 50v–51r.

115 GVP1, 350–351.

116 VBHAA1, 169.

117 ITC, 115.

118 ITC, 14.

119 GVP1, 355.

120 GVP1, 355.

121 ITC, 115.

122 GVP1, 353–354.

123 ITC, 115.

124 ITC, 115–116.

125 引自 James Flath, "Setting Moon and Rising Nationalism: The Lugou Bridge as Monument and Memory," in *Beyond Suffering: Recounting War in Modern China*, edited by James Flath, and Norman Smith (Vancouver: UBC Press, 2011), 242–262, p. 242。

126 VBHAA1, 173–174. 我对译文稍做修改，使用了"proximity"而不是"vicinage"。

127 他们走的是广安门。

128 VBHM1, p. 86. Cf. VBHAA1, 175.

129 VBHAA1, 176–178.

130 ITC, 118.

131 GVP1, 357–358.

132 "Frappe si tu l'oses!" GAJVP, folio 57r.

133 GVP1, 359–360.

134 GAJVP, folio 57r.

135 GVP1, 362–363.

第9章 北 京

1 ITC, 118–119.

2 ITC, 118–119.

3 GAJVP, folio 57v.

4 GVP1, 361.

5 VBHAA1, 179–180.

6 今民丰胡同。

7 多罗贝勒永恩府。我不能完全确定他们从宣武门到玉蛛桥的路线。小德经（已出版）的版本是最清晰的，但他提到右转之前在宣武门大街上过了一座桥，可这座桥在《乾隆京城全图》（北京，1750年）[data set]. Japan National Institute of Informatics Digital Silk Road Project, Toyo Bunko, Tokyo，[EB/OL]. https://doi.org/10.20676/00000211，2020-10-19 中没有出现。小德经的日记和他出版的叙述之间有一些不一致之处。参见本书末尾"关于地名、音译、术语和资料来源的说明”。

8 小德经用崇祯死后清朝给他定的庙号“怀宗”称呼他。

9 小德经在出版的书中，说他们往右转（GVP1, 366）；在日记中，他说他们是向左转（GAJVP, folio 59v）。他们走的街道可能是今天的北长街。

10 指的可能是福佑寺。GVP1, 366.

11 VBHAA1, 180, 181.

12 我将德胜原文中的“kiekkast”翻译为“peepshow”（西洋镜、拉洋片），但它实际上更像“peep-box”（窥视盒），这个词在现代英语中已不再是惯用语了。ITC, 118–119.

13 “奇异”（小德经划掉了“étranger”，改成“singulier”），“强硬冷酷”见GAJVP, folio 59v。“凶狠”见GVP1, 366–367。

14 ITC, 118–119.

15 GVP1, 368.

16 ITC, 119.

17 VBHAA1, 181–183.

18 GAJVP, folio 60r–60v.

19 ITC, 119.

20 GVP1, 368.

21 GVP1, 367–369.

22 VBHAA1, 182–183.

23 VBHAA1, 182–183.

24 VBHAA1, 182–183.

25 乾隆五十九年十二月二十日（1795年1月10日）军机处奏片，其中有王仕基关于荷兰人抵京的报告。HLGJ, 377–378. 戴闻达的译文见DUYVSD, 342–344。

26 同上。

27 GAJVP, folio 61r; GVP1, 369.

28 GVP1, 369–370.

29 GAJVP, folio 61r.

30 VBHAA1, 180–185.

31 ITC, 119.

32 小德经被告知，在中文里，它被称为“tchen-ho-yu”（鲟鳇鱼），是在北京东南约 139 千米的“Pay-ho”（白河）上的城镇“Tien-tsin-cheou”（可能是天津）捕获的。（GVP1, 370–371.）德胜有不同的看法：这条鱼来自辽东，两个月前被捕捞并冷冻起来。作者不明的中文记载指出：“中国人称其为 itschey-po-iu（音似伊春河鱼），将近 8 英尺（约 2.4 米）长，重约 300 磅（约 135 千克）。这种鱼没有鳞片。”（ACJ, 27.）

33 VBHAA1, 185.

34 乾隆：《咏鲟鳇鱼》，《四库全书》（御制诗二集卷五十二）。[EB/OL].https://zh.wikisource.org/zh-hans/御製詩_(四庫全書本)/二集卷052, 2019-10-27.

35 ITC, 120.

36 ITC, 120.

37 GAJVP, folios 61v–62r.

38 VBHAA1, 186–187.

39 VBHAA1, 187.

第 10 章 冰 嬉

1 GVP1, 370–371; GAJVP, folio 61r–61v.

2 Evelyn Rawski, *The Last Emperors: A Social History of Qing Imperial Institutions* (Berkeley: University of California Press, 2001), 53–55; and Wu Hung, “Emperor’s Masquerade: ‘Costume Portraits’ of Yongzheng and Qianlong,” *Orientations* (July/August 1995), 25–41.

3 可能是《乾隆京城全图》（北京，1750 年）中描绘的城门前左侧的官厅。Japan National Institute of Informatics Digital Silk Road Project, Toyo Bunko, Tokyo, [EB/OL]. https://doi.org/10.20676/00000211, 2020-10-19.

4 GAJVP, folios 62r–63r. 可能是多罗郡王；“多罗郡王”是一个封号，不是此人的姓名。据《清实录》，乾隆五十九年十二月乙亥，很多被封为多罗郡王的人都参加了这天的瞻觐，转引自林发钦：《帝国斜阳：荷兰使臣德胜使华考述》，载《澳门理工学报》，2013 年第 1 期，第 172 页。他们得知此人是蒙古使臣，如果是这样，此人的称号不可能是多罗郡王。

此处疑作者论断有误，当日瞻觐者中土尔扈特多罗郡王巴特玛乌巴锡即蒙古人。——译者注

5 ITC, 120–122.

6 ITC, 120–122.

7 沈兴永:《冬至兼谢恩行书状官沈兴永闻见事件》，乾隆六十年二月，收录于《同文汇考》(补编)，使臣别单一 Northeast Asian History Foundation Website, folios 32–33, [EB/OL]. http://contents.nahf.or.kr/item/item.do?levelId=dh.d_0191_0010_0230, 2020-10-19. Print version: Pae Usŏng 배우성 , Ku Pŏmjin 구범진 , and the Tongbuga Yŏksa Chaedan 동북아역사재단(东北亚历史财团), *Kugyŏk "Tongmun hwigo" Kanggye saryo* 국역「同文汇考」疆界史料 (Seoul: Tongbuga Yŏksa Chaedan, 2008)。

8 冬至书状官沈兴永的奏报，见《正祖实录》(卷 43，十九年，清乾隆六十年闰二月二十二日)。[EB/OL].https://ko.wikisource.org/wiki/ 정종문성무열성인장효대왕실록 /19 년 , 2020-10-19.

9 GVP1, 374–375.

10 "Eunuchs" 出自 ACJ, 21。"Feathers" 出自 GAJVP, folios 64v–65r。

11 这段文本中，汉语版使用的是"夷"，满语版使用的是色彩更中性的"人"。感谢卢正恒(Cheng-heng Lu)指出这一点。《荷兰国夷人》,《职贡图》(卷 1), 图 28，Bibliothèque nationale de France, département Estampes et photographie, RESERVE PET FOLB-7, [EB/OL].http://gallica.bnf.fr/ark:/12148/btv1b55010293t/f1.item.r= 職貢圖荷蘭 , 2018-3-10。

12 AF, folios 64v–65r.

13 AF, folio 64v.

14 关于皇帝所提的问题，说法不一，我在这里综合了多种材料。最详细的材料见 ACJ, 20–24；但小德经的日记、出版作品和 VBHV1 中对此都有记载，说法有细微的差异。我很好奇的一件事是，一份佚名的中文记录称，德胜告诉皇帝他四十九岁，但他其实应该已经年满五十岁。(他生于 1745 年 1 月 10 日。)

15 沈兴永:《冬至兼谢恩行书状官沈兴永闻见事件》，乾隆六十年二月，收录于《同文汇考》(补编)，使臣别单一 Northeast Asian History Foundation Website, folios 32–33, [EB/OL]. http://contents.nahf.or.kr/item/item.do?levelId=dh.d_0191_0010_0230, 2020-10-19. Print version: Pae Usŏng 배우성 , Ku Pŏmjin 구범진 , and the Tongbuga Yŏksa Chaedan 동북아역사재단(东北亚历史财团),

Kugyŏk "Tongmun hwigo" Kanggye saryo 국역「同文汇考」疆界史料 (Seoul: Tongbuga Yŏksa Chaedan, 2008)。

16 ACJ, 20–24.

17 VBHAA1, 190–192.

18 VBHAA1, 187–189.

19 匿名的中文日记记载，皇帝并未穿着显示皇家威严的华丽吉服，而是外出阅视娱乐活动。（ACJ，20.）

20 ITC, 121–123.

21 这种雪橇也叫“绳床”，乾隆皇帝十分喜欢，有多首关于它们的御制诗，比如，《腊日观冰嬉因咏冰床》，出自《四库全书》（御制诗五集卷九十二）。

22 ITC, 124.

23 据《乾隆帝起居注》，乾隆幸瀛台，筵宴（QJZ, vol. 42, pp. 351–352）。《清实录》（乾隆五十九年十二月乙亥）中亦有记载，内容有一些有趣的不同之处。转引自林发钦：《帝国斜阳：荷兰使臣德胜使华考述》，载《澳门理工学报》，2013 年第 1 期，第 172 页。

24 VBHAA1, 190–192.

25 "Piependen stem" (GVP1, 378).

26 GVP1, 377–378.

27 ITC, 121–123.

28 乾隆：《御制观冰嬉诗》，《国朝宫史续编》（二十二集五十七卷）。关于此诗及乾隆帝所作其他冰嬉诗，见韩丹：《乾隆〈冰嬉赋〉及其它冰诗解读》，载《哈尔滨体育学院学报》，1999 年第 17 卷 04 期，第 9–18 页；以及韩丹：《乾隆〈冰嬉赋〉及其它冰诗解读（续）》，载《哈尔滨体育学院学报》，2000 年第 18 卷 03 期，第 10–15 页。

29 乾隆：《腊日观冰嬉因咏冰床》，《四库全书》（御制诗五集卷九十二）。

30 关于冰嬉的情景信息来自其他资料，最重要的是吴振棫：《养吉斋丛录》卷十四，文海出版社，1968 年，第 5–6 页。

31 有趣的是，欧洲人在他们的记载中没有提到这时鸣响了火炮。尽管小德经提到稍早时曾鸣炮三响，宣布皇帝在用膳后驾幸冰上。（GVP1, 380.）

32 VBHAA1, 194–195.

33 资八旗度岁之计，见乾隆：《腊日观冰嬉因咏冰床》，《四库全书》（御制诗五集卷九十二），[EB/OL].https://zh.wikisource.org/zh-hans/御製詩_(四庫全書本)/五集卷092, 2020-10-19。

34 GAJVP, folio 67v.

35 吴振棫：《养吉斋丛录》卷十四，文海出版社，1968年，第5–6页。

36 转龙射球队伍次序通常为旗手—射手—射手—幼童或旗手—花样—旗手—花样，无定制，按照阵图盘旋依次滑行。——译者注

37 VBHAA1, 194–195.

38 ITC, 124.

39 GAJVP, folios 68v–69r.

40 ITC, 124.

41 VBHAA1, 196–199.

42 VBHAA1, 196–197.

43 ITC, 124–125.

44 GAJVP, folios 68v–69r.

45 皇帝在仪式上称赞他们这一信息是在一份令人存疑的匿名中文记载中找到的。同样有趣的是，这份记载称，另一位大人"福中堂在首辅大人处遇见他，谈话期间，前述大臣又赞扬了大使，称他出色地完成了所有仪式，赞赏他的文韬武略。大使则谦虚地表示对这样的仪式经验不足，感谢了诸位大臣并对他们的礼貌、优待和关心等表示赞扬，然后他们就离开了"。（ACJ, 23-24）

46 GVP1, 382–383.

47 VBHAA1, 197–198.

48 VBHAA1, 197–198.

49 GVP1, 383.

50 VBHAA1, 197–198.

51 GAJVP, folio 69v.

52 ITC, 125.

53 乾隆十年（1745年），乾隆皇帝钦定冰嬉为"国俗"。——译者注

第11章　备受荣宠的客人

1 德胜说是皇帝赏赐的御膳，范罢览说是"中堂大人"安排的。

2 英国著名骨瓷品牌。——译者注

3 VBHAA1, 203–204.

4 VBHAA1, 201–203.

5 ITC, 126–128; GVP1, 389.

6 ITC, 128.

7 GVP1, 388.

8 ITC, 127.

9 ITC, 125.

10 ITC, 125. 另参见 VBHAA1, 199–200。

11 ITC, 126; GVP1, 387.

12 ITC, 126.

13 ACJ, 24.

14 ITC, 127.

15 ITC, 127.

16 VBHAA1, 208–209.

17 VBHAA1, 210–212.

18 ITC, 126.

19 GVP1, 389.

20 VBHAA1, 206–207.

21 Pak Chong-ak 박 종 악（朴宗岳）, *Sugi: Chŏngjo ŭi murŭm e tap hanŭn Pak Chong-ak ŭi sŏsin* 수기 随记 : 정조 의 물음 에 답 하는 박 종악 의 서신 , 翻译、编辑 Sin Ik-ch'ŏl 신 익철 (Kyŏnggi-do Sŏngnam-si: Han'gukhak Chungang Yŏn'guwŏn Ch'ulp'anbu, 2016), 汉语见 p. 337, 朝鲜语见 p. 244。

22 Gari Ledyard, "Korean Travelers in China over Four Hundred Years, 1488—1887," *Occasional Papers on Korea* 2 (1974): 1–42, p. 20.

23 Pak, *Sugi*, 337（朝鲜语见 p. 244）。

24 VBHAA1, 206–207.

25 ITC, 128.

26 ITC, 128; GAJVP, folios 72v–73r.

27 ITC, 128.

28 Letter from J. A. van Braam in Canton to his father J. P. van Braam in Zwolle, June 15, 1796, in JAVB, vol. 2, pp. 16–27, quote on p. 17.

29 Pak, *Sugi*, 337（朝鲜语见 p. 244）。

30 玛丽・波恩（Mary Bohn）据 Pak, *Sugi*, 244 译出（汉语版见 p.337）。

31 玛丽・波恩据 Pak, *Sugi*, 244 译出（汉语版见 p.337）。

32 ITC, 128.

33 VBHAA1, 212–214.

34 GAJVP, folio 73v; GVP1, 390.

35 VBHAA1, 212–213.

36 “老”和“蓄着灰白胡子”是范罢览之前见到这位绅士时描述的，见 DUYVLE, 332, note 1。

37 GVP1, 389–390.

38 VBHAA1, 213.

39 GAJVP, folios 73v–74r.

40 “心腹”见 GVP1, 391；“大总管”出自 GAJVP, folio 74r。目前我们还不清楚此人究竟是谁，尽管有充分的理由相信指的可能是官员岳谦。

41 “非常友好”见 GAJVP, folio 74r；“和颜悦色”见 ITC, 129。

42 罗广祥（1754—1801），法国人，于清乾隆四十九年（1784 年）自法国抵达广州，五十年（1785 年）四月由遣使会派至北京，接管教务。他精通天文历算，颇受乾隆皇帝赏识。先后授钦天监监副、钦天监监正等职。——译者注

43 GAJVP, folio 74v.

44 GVP1, 392.

45 ITC, 129.

46 ITC, 129.

47 VBHAA1, 216–217.

48 根据他后面的描述，我认为他是走端门到午门广场的。

49 VBHAA1, 219.

50 ITC, 130.

51 HLGJ, 378.

52 这可能是熙和门，但有时候要理解范罢览指的路线并不容易，而且他没有提地名。他只是说，穿过皇宫南门（很可能是午门）后，他就被带到西侧一个大门前，拾级而上，接着他就站在西华门内侧的广场上了。他没有描述水道，也没有提太和殿前广场的任何情况。见 VBHAA1，220。

53 范罢览没有描写这座桥，但很显然他此时走的就是断虹桥。

54 根据 VBHAA1, 222 推断，他指的最有可能是乾清门。

55 人员出入，见 GAJVP, folio 76v。杂事，见 VBHAA1, 222。

56 VBHAA1, 222–223.

57 Pak, *Sugi*, 243（玛丽·波恩对朝鲜语版的翻译）。（此处疑为外版误译，原文此语是指十五子。——编者注）

58 Pak, *Sugi*, 243（玛丽·波恩对朝鲜语版的翻译）。朝鲜语《正祖实录》中也有类似的话，称第十七子“轻佻无威仪”。冬至书状官沈兴永进别单，《正祖实录（卷四十三，十九年，清乾隆六十年闰二月二十二日）。[EB/OL]. https://ko.wikisource.org/wiki/ 정종문성무열성인장효대왕실록 /19 년 , 2020-10-19。

59 冬至书状官沈兴永进别单，《正祖实录》（卷四十三，十九年，清乾隆六十年闰二月二十二日）。[EB/OL].https://ko.wikisource.org/wiki/ 정종문성무열성인장효대왕실록 /19 년 , 2020-10-19。

60 范罢览没有说这处宫殿的名字，但提到它是唱戏的地方，见 HLGJ, 378。

61 “缝隙”和“窗棂纸”，见 GAJVP, folio 75v。

62 洪良浩：《耳溪集》（卷七），载林基中编《燕行录全集》（卷四十一）(Seoul: Tongguk Taehakkyo Ch'ulp'anbu, 2001)。

63 洪良浩：《耳溪集》（卷七）。为了便于英文读者理解用典，我使用了更加通俗的语言来传递诗中的感觉。比如，“golden palaces reach the high heavens”是“金阙九重抗碧霄”，“present precious things”是“献璧瑶”。

64 冬至书状官沈兴永进别单，《正祖实录》（卷四十三，十九年，清乾隆六十年闰二月二十二日）。[EB/OL].https://ko.wikisource.org/wiki/ 정종문성무열성인장효대왕실록 /19 년 , 2020-10-19. 原文详细指出，缅甸也是世界上最遥远的国家之一：“凡诸国之中，缅甸、西洋荷兰，以程道最远。”

65 VBHAA1, 224.

66 VBHAA1, 229.

67 VBHAA1, 228.

68 Pak Saho, 1828, cited in Ledyard, “Korean Travelers,” 16.

69 GVP1, 395. 有趣的是，这句负面评价和其他多处负面评价一样，没有出现在他的日志（GAJVP）中，仅在后来出版的叙述（GVP1）中出现，而出版已经是十多年后的事了。

70 VBHAA1, 230.

第12章 新 年

1 ITC, 130.

2 GAJVP, folio 77r.

3 VBHM1, p. 115.

4 VBHM1, p. 116.

5 ITC, 131–132.

6 VBHAA1, 237.

7 ITC, 131.

8 VBHAA1, 237.

9 VBHM1, p. 115.

10 关于乾隆在服饰上"独出新意"，见苑洪琪：《乾隆时期的宫廷节庆活动》，载《故宫博物院院刊》，1991 年第 3 期，第 82 页。

11 VBHAA1, 238.

12 这可能是扬烈舞的一部分。

13 VBHAA1, 241–242.

14 ITC, 131–132.

15 参见 Siu-Wah Yu, "The Meaning and Cultural Functions of Non-Chinese Musics in the Eighteenth-Century Manchu Court," PhD dissertation, Department of Music, Harvard University, Cambridge, MA, 1996, esp. pp. 42–144。关于清代宴会研究，一个很好的切入点参见 Michael Chang, "Of Feasts and Feudatories: The Politics of Commensal Consumption at the Early Kangxi Court," in Elif Akcetin and Suraiya Faroqhi, eds., *Living the Good Life: Consumption in the Qing and Ottoman Empires of the Eighteenth Century* (Leiden: Brill, 2017), 307–329。

16 Siu-Wah Yu, "The Meaning," esp. pp. 80–82.

17 Siu-Wah Yu, "The Meaning," pp. 129–134.

18 ITC, 131–132.

19 Carol Stepanchuk and Charles Choy Wong, *Mooncakes and Hungry Ghosts: Festivals of China* (San Francisco: China Books & Periodicals, 1991), 24.

20 ITC, 131–132.

21 此次筵宴的花费可能少得多，见 Rawski, *The Last Emperors*, 47–48。

22 VBHAA1, 246–247.

23 GVP1, 396.

24 ITC, 132.

25 ITC, 132; VBHAA1, 148.

26 ITC, 132; VBHAA1, 148.

27 乾隆:《天眷诚独厚幸得乾隆纪六旬》,《四库全书》(御制诗五集卷九十三)。

28 北京附近其他地区也连降大雨，见张德二编:《中国三千年气象记录总集》(全四册)第三册，江苏教育出版社，2013 年，第 2777 页。

29 乾隆:《天眷诚独厚幸得乾隆纪六旬》,《四库全书》(御制诗五集卷九十三)。

30 关于乾隆退位及其意义，学术界有一些争论。这是皇帝因意识到自己年老体衰，为保统治而做出的明智之举吗？见李正中:《乾隆让位》，载《齐鲁学刊》,1983 年第 2 期，第 66 页；另见冯佐哲:《〈乾隆让位〉小议》，载《齐鲁学刊》，1983 年 6 期，第 60 页。还是说皇帝在徒劳地企图将权力攥在手里，时间越长越好？见白新良:《乾隆传位和太上皇生活》，载《紫禁城》，1989 年第 1 期，第 3–5 页。

31 乾隆:《心愿符初六旬岁》,《四库全书》(御制诗五集卷九十三)。北京故宫博物院藏有碧玉质“心愿符初”宝玺一枚。[EB/OL].https://www.dpm.org.cn/collection/seal/233621.html?hl= 心愿符初 , 2020-10-19. 感谢胡一清（音）找到这一信息，并帮助检查我的翻译。

32 Michael Chang, “A Court on Horseback: Constructing Manchu Ethno-Dynastic Rule in China, 1751—1784,” PhD dissertation, University of California, San Diego, 2001, 421.

33 见 Michael Chang’s excellent account in Chang, “Court on Horseback,” 416–422; 另见白新良:《乾隆传位和太上皇生活》，载《紫禁城》，1989 年第 1 期，第 3 页。《清实录》记载了这起事件，见乾隆四十三年九月乙未（1778 年 10 月 28 日），以及乾隆四十三年九月丁未（1778 年 11 月 9 日）。

34 喻大华:《乾隆执政 60 年无奈禅让皇位》，载《报刊荟萃》,2011 年第 6 期，第 46 页。喻大华的叙述依赖于哪些文献还不清楚。

35 《清实录》，乾隆六十年正月庚寅。

36 典礼在正月上辛日举行。这一年的典礼在辛卯日（1795 年 1 月 28 日）举行。

37 “古稀门”设立后，乾隆皇帝共使用 13 次。他退位后，古稀门即关闭，之后的皇帝皆未“寿登古稀”，这道门也就没有再开启使用。——译者注

38 白新良：《乾隆传位和太上皇生活》，载《紫禁城》，1989 年第 1 期，第 3–4 页。

39 ACJ, 25, 明确指出这次祇迎发生在“ou men”（午门）。这是德胜第一次进入紫禁城的这一区域，因此对他来说，感觉就是被领进了“皇宫深处”。(ITC, 133.)

40 ITC, 133.

41 ITC, 133.

42 ITC, 133.

43 VBHAA1, 259.

44 John Webb, *The Antiquity of China: Or an Historical Essay Endeavouring a Probability that the Language of the Empire of China is the Primitive Language Spoken through the Whole World before the Confusion of Babel* (London: Obadiah Blagrave, 1678).

45 ITC, 133.

46 VBHAA1, 261–262.（这些食物应为“胙肉”，祀神所用，按满洲旧制，应在祭祀结束后发给大臣和侍卫分食，但胙肉仅以清水煮熟，肥腻腥臊，加上分发者常将好肉私行偷用，受赐者实际到手的往往是难以下咽的残剩皮骨。——编者注）

47 VBHAA1, 261–262.

48 GVP1, 399.

49 ACJ, 25.

50 VBHAA1, 263.

51 VBHAA1, 263.

52 关于主要庆典活动，参见精彩的论文：Ben Wu, “Ritual Music in the Court and Rulership of the Qing Dynasty (1644—1911),” PhD dissertation, University of Pittsburgh, 1998, pp. 266–271。

第 13 章　紫光阁　考终命　游寺院

1　可能是《乾隆京城全图》中标记为“紫光门”的城门。

2　VBHAA1, 269–270.

3　参见《紫光阁赐宴图卷》,(清)姚文瀚绘，绢本，设色，乾隆二十六年(1761 年)，现藏于故宫博物院。[EB/OL].https://t.shuge.org/zggcyt, 2020-10-19. 此图描绘了乾隆皇帝在二十六年(1761 年)为将士设庆功宴的场景。

4　范罢览说他们从东侧进入，坐在露台上，见 VBHAA1, 271–272。

5　VBHM1, p. 132; VBHAA1, 270–271.

6　引用自《紫光阁赐宴外藩并荷兰国使臣作》，见于《四库全书》(御制诗五集卷九十三)，[EB/OL].https://zh.wikisource.org/wiki/ 御製詩 _(四庫全書本)/ 五集卷 093, 2020-10-19。

7　VBHAA1, 271–272.

8　ITC, 135.

9　范罢览称价值两千两，德胜称价值一千两。

10　GVP1, 401.

11　我不完全确定这首诗是为纪念当天的活动而作，但它看起来的确作于乾隆六十年新正。乾隆:《咏檀玉如意》,《四库全书》(御制诗五集卷九十三)。[EB/OL].https://zh.wikisource.org/wiki/ 御製詩 _(四庫全書本)/ 五集卷 093, 2020-10-19.

12　第一次是辛亥年(乾隆五十六年)，大约四年前。乾隆:《新正重华宫茶宴廷臣及内廷翰林用洪范九五福之五曰考终命联句复成二律》,《四库全书》(御制诗五集卷九十三)。[EB/OL].https://zh.wikisource.org/wiki/ 御製詩 _(四庫全書本)/ 五集卷 093, 2020-10-19.

13　乾隆:《新正重华宫茶宴廷臣及内廷翰林用洪范九五福之五曰考终命联句复成二律》,《四库全书》(御制诗五集卷九十三)。

此二首为《新正重华宫茶宴廷臣及内廷翰林用洪范九五福之五曰考终命联句复成二律》。大意为：祖父八岁即位，我二十五岁掌政。日月绵长，人民安康。六十年来重华宫壁上的诗句都在这里。老夫愧得十全功。虽说惭愧却真诚，现在我放弃王位，不是让给兄弟，而是让给儿子。不似历史前例都是被迫，相反，我们大家一起庆祝吉祥。——译者注

14　乾隆:《新正重华宫茶宴廷臣及内廷翰林用洪范九五福之五曰考终命联句复

成二律》。

15 乾隆:《紫光阁赐宴外藩并荷兰国使臣作》,《四库全书》(御制诗五集卷九十三)。[EB/OL].https://zh.wikisource.org/wiki/御製詩_(四庫全書本)/五集卷093, 2020-10-19.

16 关于朝鲜使臣是唯一获准进入这片区域的外国人,参见李德懋:《入燕记》,载林基中编《燕行录全集》(全一百卷),(Seoul: Tongguk Taehakkyo Ch'ulp'anbu, 2001), vol. 57, 187–344, pp. 307–308。也可见 [EB/OL].https://wenku.baidu.com/view/78de78eb998fcc22bcd10df8.html, 2020-10-19.

17 沈兴永:《冬至兼谢恩行书状官沈兴永闻见事件》,乾隆六十年二月,收录于《同文汇考》(补编),使臣别单一,Northeast Asian History Foundation Website, folios 32–33 (quote on folio 33), available online at http://contents.nahf.or.kr/item/item.do?levelId=dh.d_0191_0010_0230, retrieved October 19, 2020. Print version: Pae Usŏng 배우성, Ku Pŏmjin 구범진, and the Tongbuga Yŏksa Chaedan 동북아역사재단(东北亚历史财团), *Kugyŏk "Tongmun hwigo" Kanggye saryo* 국역「同文汇考」疆界史料 (Seoul: Tongbuga Yŏksa Chaedan, 2008)。

18 关于弥勒佛的富态(zwaarlijfig)见 VBHM1, p. 133,引 VBHAA1, 274–275。

19 VBHAA1, 275–276.

20 VBHM1, p. 133.

21 VBHAA1, 275–276.

22 VBHM1, p. 133, states "den laatsten kijser uit den Chineese stam."

23 关于朝鲜与清朝的关系基于朝鲜使臣的见闻录,参见葛兆光:《想象异域——读李朝朝鲜汉文燕行文献札记》,中华书局,2014年。

24 ITC, 136.

25 此处太素殿原为明朝皇家避暑地。乾隆十一年(1746年),太素殿旧址上改建为阐福寺。——译者注

26 ITC, 136.

27 ITC, 136.

28 ITC, 136–137.

29 我结合了荷兰语手稿(VBHM1, p. 136)的说法与出版的英语版的说法,见 VBHAA1, 282–283。

30 同样,这句引语结合了 VBHM1, p. 136 和 VBHAA1, 283–284 两种说法。

31 这些画现藏于法国国家图书馆：Bibliotheque Nationale of France, département Estampes et photographie, PET FOL-OE-18, [EB/OL].http://gallica.bnf.fr/ark:/12148/btv1b10501744g, 2020-10-19。更多材料，可参见 Paul Pelliot, “Les Conquêtes de l’Empereur de la Chine,” T’oung Pao, second series, vol. 20, no. 3/4 (August 1920–August 1921): 183–275, especially pp. 233ff。

规则式园林，指建筑、花草、树木、水面都平面化、对称化的一类园林。——译者注

32 ITC, 134.

33 ITC, 134.

34 ITC, 134.

第 14 章　圆明园

1 VBHAA1, 284.

2 我想在这种情况下，他会乘暖舆——这是通常的惯例。参见 Wong, *A Paradise Lost: The Imperial Garden Yuanming Yuan* (Honolulu: University of Hawaii Press, 2000), p. 119。

3 GAJVP, folios 80v–81r; GVP1, 402–404.

4 范罢览称之为 “Tsay-on Gate”（西安门，粤语发音近似 sai ngon)。VBHAA1, 285.

5 GAJVP, folio 83r.

6 可以在《乾隆京城全图》（北京，1750 年）上连出这条路线（V-6: 9, 10 and 11）。参见 Japan National Institute of Informatics Digital Silk Road Project, Toyo Bunko, Tokyo, [EB/OL].https://doi .org/10.20676/00000211, 2020-10-19。沿途的牌楼可能有四牌楼（V-6:9）。他们还过了两座有汉白玉栏杆的桥，我推测一座是西安门附近的断魂桥，另一座是马市桥 (V-6: 10)。

7 GVP1, 404–405.

8 VBHAA1, 286–287.

9 Nieuhof, *Embassy*, 83.

10 Pamela Crossley, *Orphan Warriors: Three Manchu Generations and the End of the Qing World* (Princeton, NJ: Princeton University Press, 1990), p. 92.

11 德胜说是西藏来的（ITC, 138）；范罢览说它们是“居于西部边陲的一位大

人”进献的，见 VBHAA1, 286。

12 我认为这是西直门，因为根据 VBHAA1, 285–286 的描述，他们一出御苑西安门就向北沿着一条宽阔的街道走了十五分钟，然后折而向西，又走了十五分钟，才从“Tsai-chec”门出城。在粤语中，“西直门”的发音为“Sai zik mun”，与“Tsai-chec”接近。

13 VBHAA1, 286.

14 ITC, 138.

15 他们在 2 点 40 分抵达住处，路上花了大约两小时。他们一直认为，这里与圆明园还有一段距离，大概六七里（3~3.5 千米）路。据小德经说，这里距离北京有三十里（15 千米）。德胜将这处村镇称为“Hoeylang”（两点半，我们抵达 Hoeylang）；小德经称之为“Louau hou tong”；范罢览叫它“Uoitime”，说它距离圆明园有十里路（5 千米）。

16 我查了海淀的街道名称，但没有受到什么启发。徐征、冯黛虹：《海淀老街巷胡同寻踪》，学苑出版社，2009 年。

17 GVP1, 402–404.

18 ITC, 137–138.

19 ITC, 137–138.

20 VBHAA1, 288.

21 GVP1, 405.

22 VBHAA2, 1–2.

23 乾隆：《圆明园四十景图咏 · 山高水长》，见《圆明园四十景》，（清）唐岱，绢本，设色，现藏于法国国家图书馆：Bibliothèque Nationale de France, Paris, Département Estampes et Photographie, RESERVE FT 6-B-9, [EB/OL].http://gallica.bnf.fr/ark:/12148/btv1b550083280, 2020-10-19。

24 乾隆：《圆明园四十景图咏 · 山高水长》。

25 乾隆：《圆明园四十景图咏 · 山高水长》。

26 ITC, 138–139.

27 VBHAA2, 2–4.

28 VBHM1, p. 139.

29 ITC, 138–139.

30 “禁地”出自 Wong, *Paradise Lost*, p. 30。作者在书中指出，德胜和范罢览获准参观的是“最非凡”的区域（p. 89）。

31 VBHAA2, 4–22.

32 ITC, 140.

33 VBHM1, p. 139.

34 ITC, 140.

35 这是我在其他人译本的基础上翻译的，当然，我以自己的方式来诠释这个故事，关注的重点是认识论，这影响了译文。事实上，此篇译本众多，不同的诠释更多，其中一些认为这段对话根本不是关于认识论的。要了解此文，一个绝佳的切入点是 Roger T. Ames and Nakajima Takahiro, eds., *Zhuangzi and the Happy Fish* (Honolulu: University of Hawaii Press, 2015)，其中收录了 14 位学者的文章，他们各自都提出了不同的解释。

36 乾隆：《圆明园四十景图咏・坦坦荡荡》，见《圆明园四十景》，（清）唐岱、沈源绘，绢本，设色，1744 年，现藏于法国国家图书馆：Bibliothèque Nationale de France, Paris, Département Estampes et Photographie, RESERVE FT 6-B-9, [EB/OL].http://gallica.bnf.fr/ark:/12148/btv1b55008323r, 2020-10-19。这首用典的诗很难译。

37 乾隆：《圆明园四十景图咏・坦坦荡荡》，见《圆明园四十景》，（清）唐岱、沈源绘，绢本，设色，1744 年，现藏于法国国家图书馆：Bibliothèque Nationale de France, Paris, Département Estampes et Photographie, RESERVE FT 6-B-9, [EB/OL].http://gallica.bnf.fr/ark:/12148/btv1b55008323r, 2020-10-19。

38 VBHAA2, 5. 很难知道他们的确切位置，因为两位使节的描述很混乱，但这里显然是主要的寝宫区域。

39 ITC, 140; VBHAA2, 7–8.

40 VBHAA2, 4–22.

41 VBHM1, 141. Cf. VBHAA2, 4–22.

42 同样，很难判断他们的确切位置，不过最有可能的是九州清晏。

43 ITC, 140.

44 VBHAA2, 9.

45 可能是九孔桥，但范罢览数出 17 个拱洞。

46 VBHAA2, 10–11.

47 ITC, 140.

48 参见 Lilian M. Li, “The Garden of Perfect Brightness 1: The Yuanmingyuan as Imperial Paradise,” MIT Visualizing Cultures Project, [EB/OL].https://ocw.mit.edu/ans7870/21f/21f.027/garden_perfect_brightness/ymy1_essay02.html, 2020-10-19.

49 Jean Denis Attiret（王致诚）, “Lettre du frère Attiret de la Compagnie de Jesus, peintre au service de l’empereur de la Chine à M. d’Assaut, a Pékin, le 1 Novembre 1743,” in *Lettres édifiantes et curieuses, écrites des missions étrangères*, vol. 27 (Paris: Frères Guerin, 1749), pp. 1–61. 关于王致诚的更多内容，见 Léo Keller, “‘Un pinceau utile pour le bien de la religion’: Jean Denis Attiret (1702–1768), dit Wang Zhicheng, peintre jésuite à la cour de Chine,” in Edith Flamarion, ed., *La chair et le verbe: les jésuites de France au XVIIIe siècle et l’image* (Paris: Presses Sorbonne Nouvelle, 2008), 47–74。

50 他对中国其他地区的负面看法可能与他旅行的情况有关。他抱怨说，从澳门上京，他一路上都被关在船上和轿子里，只能从窗口向外张望，更不用说漫游了，他把轿子称为“笼子”。见 Attiret, “Lettre du frère,” 1–6。

51 F. (Jean Denis) Attiret, *A Particular Account of the Emperor of China’s Gardens near Pekin*, translated from the French by Sir Harry Beaumont (London: R. Dodsley, 1752), p. 5.

52 Attiret, “Lettre du frère,” 6–7.

53 Joseph-Marie Amiot, “Extrait d’une lettre du 1er mars 1769, de Péking, contenant l’éloge du frère Attiret et le précis d l’état de la painture chez les Chinois,” *Chine ancienne*, [EB/OL]. https://www.chineancienne.fr/17e-18e-s/amiot-eloge-du-frère-attiret/, 2020-10-19.

54 洪大容:《燕记》(1777 年)，转引自祁庆富、金成南《清代朝鲜使臣与圆明园》，载《清史研究》，2005 年第 3 期，第 89 页。

55 1782 年至 1799 年是清朝与朝鲜关系最密切的时期。见祁庆富、金成南:《清代朝鲜使臣与圆明园》，载《清史研究》，2005 年第 3 期，第 89 页。

56 当然，没有证据并不能说明他们不曾造访，但祁庆富和金成南在《清代朝鲜使臣与圆明园》一文中相当全面的阐述表明，朝鲜人没有获邀进入这些最私密的区域。

57 VBHAA2, 12.

58 ITC, 140.

59 ITC, 140.

60 参见 Wong, *Paradise Lost*, 126–127。

61 ITC, 140.

62 VBHAA2, 15–16.

63 VBHAA2, 18.

64 VBHAA2, 23. 德胜的记录中有一段类似的表述，但其中有一处明显的不同："这就是欧洲工艺品的价值至今无人所知——**或假装不知**——的原因：以防遭到调查，不留下蛛丝马迹。" ITC, 140–141，**黑体**是我标记的。

65 VBHAA2, 20–21.

66 VBHAA2, 21–22.

67 GAJVP, folio 84r.

68 VBHAA2, 22–23.

69 VBHAA2, 26–27.

第 15 章　上元节

1 GAJVP, folio 84v.

2 GVP1, 408.

3 据《乾隆帝起居注》，当日的火戏安排在这里。《乾隆帝起居注》，第四十二册，乾隆六十年正月十三。

4 GVP1, 408.

5 根据音译，我认为译员告诉欧洲人，这种丸药叫作"高丽药"。

6 GAJVP, folio 86r.

7 GVP1, 408.

8 GAJVP, folio 86v.

9 GAJVP, folio 86v.

10 俞彦镐：《燕行录》(1788 年)，转引自祁庆富、金成南《清代朝鲜使臣与圆明园》，载《清史研究》，2005 年第 3 期，第 89–97 页。

11 VBHAA2, 27–28.

12 祁庆富、金成南：《清代朝鲜使臣与圆明园》，载《清史研究》，2005 年第 3 期，第 93 页。

13 GVP1, 413–414.

14 GAJVP, folios 87v–88r.

15 一说为乾隆三十六年（1771 年），山高水长上元节火戏期间，乾隆皇帝“因戏伤人不当，命永禁此技”。——译者注

16 祁庆富、金成南：《清代朝鲜使臣与圆明园》，载《清史研究》，2005 年第 3 期，第 93 页。

17 ITC, 142–144.

18 VBHAA2, 28.

19 金正中：《燕行录》（燕行日记，上下卷），转引自祁庆富、金成南《清代朝鲜使臣与圆明园》，载《清史研究》，2005 年第 3 期，第 93 页。

20 GVP1, 416.

21 GVP1, 416.

22 GVP1, 416.

23 GAJVP, folio 89r.

24 “只有孩子感兴趣”，见 GAJVP, folio 89r–89v；“雕虫小技”，见 GVP1, 416。

25 VBHAA2, ends at 29.

26 ITC, 142–144. 绅士们想知道为什么在白天和傍晚天还亮时放烟花。小德经猜测，这是因为皇帝第二天很早就要起来（GAJVP, folio 89r）。范罢览推测，“老君主非常害怕火灾，他永远都不会允许夜间燃放任何（烟花）。哪怕只是放这些（烟花），两辆小型欧式救火车和大量装满水的水缸和大桶也都准备好了，以便燃放结束后立即扑灭燃烧的爆竹纸皮”。见 VBHAA2, 29。

27 GVP1, 416–417.

28 ITC, 143.

29 1795 年 2 月 3 日。

30 Wong, *Paradise Lost*, 27.

31 这里指的是喜起舞，通常由众大臣、贝勒成对而舞。——译者注

32 ITC, 144.

33 GVP1, 418–419.

34 VBHAA2, 38 or so.

35 小德经等人认为它象征月亮。

36 ITC, 146.

37 VBHAA2, ends at 45.

38 祁庆富、金成南:《清代朝鲜使臣与圆明园》，载《清史研究》，2005 年第 3 期，第 96–97 页。

39 GAJVP, folio 94v.

40 ITC, 146.

41 ITC, 146–147.

42 ITC, 146–147.

43 ITC, 147.

44 VBHAA2, 47–48.

45 GVP1, 425–426.

46 VBHAA2, 47–48.

47 GVP1, 427.

48 “藏入靴子”出自 ITC, 147。

49 VBHAA2, 50–52.

50 这次与朝鲜使臣的偶遇让德胜不禁想到他被欺骗了，因为他之前被告知，朝鲜人与荷兰人一样，也离开了圆明园:“这么看来，他们可能并没有像旁人告诉我们的那样离开。” ITC, 148.

51 ITC, 148.

52 ITC, 148.

53 VBHAA2, 54.

54 ITC, 148.

55 ITC, 148.

56 DUYVSD, 352–353.

57 欧洲文献中没有提到“坐石临流”，但《乾隆帝起居注》明确记载，活动在“坐石临流”举行。见《乾隆帝起居注》，第四十二册，乾隆六十年正月十九，第 15–16 页。

58 “很差劲”，见 ITC, 149。

59 ITC, 148–149.

60 乾隆:《紫光阁赐宴外藩并荷兰国使臣作》,《四库全书》(御制诗五集卷九十三)(四库全书本), [EB/OL]. https://zh.wikisource.org/wiki/ 御製詩 _(四庫全書本)/ 五集卷 093, 2017-2-24。没有直接证据表明，这首为紫光阁筵宴而作的诗就是此处吟唱的内容，但从御制诗中来看，它是最符合的。另见

DUYVSD, 346, note 1。

61 洪良浩诗，转引自祁庆富、金成南《清代朝鲜使臣与圆明园》，载《清史研究》，2005 年第 3 期，第 91 页。我认为这首诗是洪良浩 1783 年首次进京时所作，而不是第二次（1794—1795）时所作。祁庆富和金成南的文章称，洪良浩 1783 年为春节而进京；陈尚胜则认为是在 1782 年，当然，为了及时赶到北京，朝鲜人必须在 1782 年阳历年底就启程。陈尚胜：《明清时代的朝鲜使节与中国记闻》，载《海交史研究》，2001 年第 2 期，第 48 页。

62 DUYVSD, 346–347.

63 GVP1, 427.

第 16 章　再见，北京

1 ITC, 149.

2 《乾隆帝起居注》，第四十二册，乾隆六十年正月二十一（1795 年 2 月 10 日），第 18 页。

3 Hevia, *Cherishing*, p. 111; Peyrefitte, *Immobile*, p. 201.

4 小德经的汉语水平足以让他听懂“午”字的发音，但他误解了它的意思。“午”，三声，与“五”同音。于是，他写道：“中国人把这里叫作‘五门’，意思是‘五扇门’。”事实上，“午”字表示方位，因为此门坐落在紫禁城中轴线正南。GAJVP, folio 97r.

5 ITC, 149–150.

6 此人是他们所说的“满人陪同者”，我认为指的是明善（音，Ming Shan）。

7 GAJVP, folio 96r–96v.

8 披领，文武官员多在隆重典礼上穿朝服时佩戴。乾隆皇帝在位时，规定披领须使用石青色。——译者注

9 GVP1, 431.

10 GAJVP, folio 97v.

11 GAJVP, folios 97v–98r.

12 ITC, 149–150.

13 VBHAA2, 59–60. 德胜后来在一封信中提到这次行贿交易，称他故意在官方日志中隐去了细节，以免其他国家的人听说。他也说明了交易的金额：三百两。见 Letter from IT in Canton to Batavia, January 8, 1796, OIC 196: unfoliated。

14 Letter from J. A. van Braam in Canton to his father J. P. van Braam in Zwolle, June 15, 1796, in JAVB, vol. 2, pp. 16–27, 18.

15 此事发生在 2 月 12 日。

16 GVP1, 433.

17 VBHAA2, 62–64.

18 GVP1, 435.

19 ITC, 151.

20 ITC, 125.

21 VBHAA1, 204–205.

22 ITC, 137. And GAJVP, folio 80r–80v.

23 GVP1, 435–436; VBHAA2, 70.

24 结果，大人们最终也没能修好座钟，还是将它运回了广州。GVP1, 434; GVP2, 1; and ITC, 152.

25 他写道："这些人没有这种意识，或者说，他们什么都不懂。" GVP1, 435–436.

26 GAJVP, folio 100r.

27 十二月二十三日（1795 年 1 月 13 日）军机处奏片，根据 DUYVSD, 345 译成英文。

28 ITC, 151.

29 VBHAA2, 64.

30 GVP1, 437–449.

31 GVP1, 437–449.

32 GVP1, 439. 他接着说："但是在中国，他们评价礼物不是看其本身的价值，而是根据送礼者的身份。皇帝认为他自己是天下最重要的人，因此也觉得他所赠之物是无价的。"

33 ITC, 151–152.

34 VBHAA2, 67.

35 VBHAA2, 66–67.

36 ITC, 152.

37 GAJVP, folio 101r.

38 GVP2, 2–4.

第 17 章　取道直隶和山东

1 原文为“北直隶”，清初已改称直隶省，下同。——译者注

2 Letter from Isaac Titsingh in Yingtak to Sebastiaan Cornelis Nederburgh in Batavia, November 24, 1794, in ITVT, 162. 范罢览也提到这次匆忙而不愉快的旅行。Canton Dagregister, December 1, 1793–January 12, 1795, OIC 195: 351–485, 394–400, p. 397.

3 “扬帆而去”，指的是“船从虎门发出”。VBH in Canton Dagregister, December 1, 1793–January 12, 1795, OIC 195: 351–485, 394–400, p. 397.

4 他们回程要走 83 天。马戛尔尼回广州走了 74 天，平均每天行进 23 英里（约 36.8 千米）。

5 GAJVP, folio 101v; GVP2, 2–4.

6 GAJVP, folio 102v.

7 VBHAA2,71–72.

8 GAJVP, folio 105r–105v.

9 ITC, 154–155.

10 ITC, 154; and VBHAA2, 78.

11 ITC, 155.

12 **黑体**为本书作者添加。VBHJ2, 206. 要说明的是，这段话是范罢览就山东德州的下一场筵宴所说的，出于创作需要，我将它移到此处。

13 乾隆敕谕，乾隆五十九年十二月初一（1794 年 12 月 22 日），见 HLGJ, 371–372。戴闻达也翻译了这段话，称这无异于皇帝的道歉，DUYVLE, 87–88。

14 有趣的是，范罢览关于中国人喜欢荷兰人胜于英国人的说法从他的下一稿和出版作品中剔除了，见 VBHM1, p. 174。

15 GAJVP, folio 107r–107v.

16 ITC, 155.

17 GAJVP, folio 108v.

18 GVP2, 12–13.

19 VBHAA2, 90.

20 VBHAA2, 88–90.

21 ITC, 156–157.

22 ITC, 156–157.

23 ITC, 156–157.

24 这段引语的第一句出自 VBHM1, 174；“镀上金光”出自 VBHAA2, 94。

25 ITC, 156; VBHAA2, 97–98.

26 GAJVP, folio 111v.

27 ITC, 157.

28 VBHAA2, 99.

29 VBHAA2, 87–88; GVP2, 11–12.

30 VBHAA2, 103.

31 GAJVP, folio 112r–112v.

32 王晓亭：《乾隆帝六登泰山》，载《故宫博物院院刊》，1983 年第 4 期，第 92–94 页。

33 VBHAA2, 102; ITC, 158.

34 GAJVP, folios 112r–113v.

35 VBHAA2, 100–104.

36 ITC, 158.

37 GAJVP, folio 116v.

38 GAJVP, folio 117.

39 GVP2, 23–24.

40 德胜称之为“公共棚屋”(ITC, 159)，范罢览说是“简陋的客栈”(VBHAA2, 109)。

41 ITC, 159. 祊河的水流量年际变化很大。尚清：《祊河概况》，琅琊新闻网，2017-8-9，[EB/OL].http://www.langya.cn/lyzt/lyhzz/hlgk/201708/t20170811_488436.html, 2020-10-19.

42 比如，在红化铺，街上挤满了想看看欧洲人的居民。使团众人离开时，看到之前盯着他们的一些人正往回走，回到田里。

43 VBHAA2, 116–117.

44 GVP2, 28.

45 GVP2, 28–29.

46 GAJVP, folio 121v.

47 ITC, 161.

48 ITC, 161.

49 GAJVP, folio 123r–123v.

50 小德经估计黄河在这个点位的宽度为 500 ~ 600 突阿斯，也就是说大约一英里的三分之二（约 1 千米）。

51 GAJVP, folio 122.

52 GAJVP, folio 122v.

53 VBHAA2, 122.

54 GAJVP, folio 123r–123v.

55 ITC, 162.

第 18 章　航向春天：走运河，下江南

1 Baoying（宝应），Fanshui（氾水），Gaoyou（高邮）。

2 范罢览将这个地方称为“Bening Temple”（天宁寺）或“Fau-si”（佛寺）。

3 GVP2, 36.

4 GVP2, 36–38.

5 VBHAA2, 137.

6 ITC, 165.

7 Yuping Ni, *Customs Duties in the Qing Dynasty, ca. 1644—1911* (Leiden: Brill, 2016), especially chapter 4, pp. 67–69.

8 小德经说塔高五层（GVP2, 37），德胜说七层（ITC, 165）。看来德胜是正确的。

9 GAJVP, folio 127r–127v.

10 我认为可能是塔湾行宫，但他们称之为“欧园”或“翁园”（Ou-yuan 或 Ong-uun，见 VBHAA2, 138）。我起初认为这里可能是福缘寺（尽管“福缘”在粤语中的发音类似“fuk-jyun”），但位置不对。最有可能是康熙年间修建的高旻寺行宫。至于为什么游客叫它“欧园”或“翁园”，目前尚不清楚。此外，小德经说它建于 190 年前，也就是 1605 年前后（GVP2, 138–139）。

11 GVP2, 138.

12 GVP2, 138–139.

13 William Chambers, *Designs of Chinese Buildings, Furniture, Dresses, Machines, and Utensils* (London: Published for the Author and sold by him next door to Tom’s Coffee-house, 1757), quote from p. 1.

14 Chambers, *Designs*, pp. 15 and 19.

15 GVP2, 41–42.

16 VBHAA2, 138–140.

17 GAJVP, folios 127v–129v.

18 GVP2, 41–42.

19 GVP2, 42–43.

20 VBHAA2, 146.

21 当地人说这是金山寺里山。

22 VBHAA2, 148–151.

23 GVP2, 45. 我不确定是哪座山。起初，他们沿着江边走了一会儿，朝山顶有塔的一座山走去（可能是甘露寺所在的北固山），希望上山看一看。但前路被水道阻挡，他们只得返回，爬上附近的一座山，山顶也有一座小塔。可能不是象山，去象山要经过北固山。镇江地区长江右岸还有其他几座山。

24 GAJVP, folios 130r–133v; GVP2, 43–48.

25 GAJVP, folio 132r.

26 GVP2, 46–47.

27 关于老旧的城墙，见 GAJVP, folio 132v；关于桥梁，见 GAJVP, folios 130r–133v。

28 VBHAA2, 155.

29 VBHAA2, 154.

30 GAJVP, folio 137v；另参见 folio 145v。

31 GAJVP, folios 130r–133v.

32 VBHAA2, 172.

33 VBHAA2, 171–173.

34 GAJVP, folio 137v.

35 "fall hat"（包头帽）指的是荷兰语中的"valhoed"。ITC, 168–169.

36 GVP2, 50.

37 GAJVP, folio 136v.

38 此事发生在杭州，他们途经镇江一周之后。VBHV2, 51–52.

39 根据他的描述，女孩的脚不是完全缠起来的。关于缠足，参见 Dorothy Ko, *Cinderella's Sisters: A Revisionist History of Footbinding* (Berkeley: University of California Press, 2005), and Dorothy Ko, *Every Step a Lotus: Shoes for Bound*

Feet (Berkeley: University of California Press, 2001)。

40 Matteo Ricci, cited in Michael Marme, *Suzhou: Where the Goods of All Provinces Converge* (Palo Alto, CA: Stanford University Press, 2005), p. 20.

41 VBHAA2, 168–175.

42 VBHAA2, 173.

43 VBHAA2, 176.

44 ITC, 170–171.

45 VBHJ2, 258.

46 VBHAA2, 175.

47 ITC, 170–171.

48 VBHAA2, 177–178.

49 VBHAA2, 178.

50 VBHAA2, 177–178.

51 ITC, 171–172.

52 ITC, 171–172.

53 VBHAA2, 182.

54 GAJVP, folios 141r–142v. (Folios 141v and 142r are blank.)

55 VBHAA2, 194–195. 范罢览惊讶地发现，这种桑树和欧洲（包括栽种在荷兰庭院内）的桑树是一样的，这表明没有必要像法国和意大利的种植者所断言的那样，寻找更稀有的野生桑树来喂养蚕宝宝。

56 VBHAA2, 190.

57 GAJVP, folio 146r.

58 VBHV1, p. 360.

59 范罢览将他描述的地方叫作“Quon-con-can”，在当时的地图上，这个地方标记为旺冈泾（粤语发音近似“Wong-gong-qing”），位置在平望镇和嘉兴府之间。参见“四省运河”图，VBHAA2, 192–193。

60 VBHAA2, 186–187.

61 VBHAA2, 205–206.

62 Marco Polo, *The Travels*, translated by Nigel Cliff (London: Penguin Classics, 2015), 无页码。

63 Marco Polo, *The Travels of Marco Polo*, edited by Hugh Murray (Edinburgh:

Oliver & Boyd, 1845), 188.

64 Polo, *Travels* (Murray edition), 198.

65 Polo, *Travels* (Murray edition), 188.

66 Polo, *Travels* (Murray edition), 193.

67 杜赫德（Jean-Baptise du Halde, 1674—1743），法国耶稣会士，历史学家。他收集整理各国耶稣会士从中国寄回的书籍和信件，并据此出版了影响深远的著作《中华帝国全志》。——译者注

68 Jean-Baptiste Du Halde, *The General History of China: Containing a Geographical, Historical, Chronological, Political, and Physical Description of the Empire of China, Chinese-Tartary, Corea, and Thibet* (London: J. Watts, 1741 [third edition]), vol. 1, 193.

69 GVP2, 67; ITC, 175.

70 VBHAA2, 212–213. 这句话很可能是范罢览在筵宴后离开这座城市时说的。

71 这是小德经的翻译，他还抄录了铭文。GVP2, 68.

72 GVP2, 67.

73 GVP2, 67–68.

74 Une figure prévenante. GVP2, 68.

75 关于吉庆和他任总督之事，参见：Robert Antony, *Unruly People: Crime, Community, and State in Late Imperial China* (Hong Kong: Hong Kong University Press, 2016), 200–201; Wensheng Wang, *White Lotus Rebels and South China Pirates: Crisis and Reform in the Qing Empire* (Cambridge, MA: Harvard University Press, 2014), 95–99; and R. Kent Guy, *Qing Governors and Their Provinces: The Evolution of Territorial Administration in China, 1644—1796* (Seattle: University of Washington Press, 2013), 138。关于吉庆之死，鼻烟壶背后另有内情，参见朱诚如：《嘉庆朝两广总督吉庆自戕案的背后》，载国家清史编撰委员会编《清史镜鉴：部级领导干部清史读本》（第五辑），国家图书馆出版社，2012年，第117–222页。

76 ITC, 175.

77 ITC, 175.

78 Polo, *Travels* (Murray edition), 188. 我对译文略做了修改。

79 Polo, *Travels* (Murray edition), 195.

80 Du Halde, *General History*, vol. 1 (1741), 195.

81 ITC, 175.

82 GVP2, 70.

83 他们没提到岳飞的名字，只提到这是一名遭到不公正处决、后获平反的官员。他们对岳飞一案的了解似乎只有这么多，尽管他们在 3 月 19 日快到苏州时经过了诬告者（秦桧）的旧宅。

84 ITC, 175–176. 另见 GVP2, 70–71。

85 GVP2, 71.

86 VBHAA2, 220–221.

87 GVP2, 73.

88 GVP2, 73.

89 VBHAA2, 223.

90 GVP2, 74.

91 GVP2, 74. 关于这口井，还有另一个同样精彩的传说。从前，济公要帮助建造这座寺庙，所以他募化木材，让木头顺着长江漂到下游，再漂到钱塘江上游。可是，就在他到达西湖之前，关卡拦住了他，要抽税。济公笑着说："如果木头沉入水下，而不是浮在水上，你还要征税吗？""它若是沉了，那就不是木头。"关卡的官员说。于是，济公在木排上跺了跺脚，它就沉下去了。那人没有抽税。三天后，入水的木头一根根从寺庙的井里冒出来。僧侣和建造寺庙的人一根接一根地把木头捞出来，建造了这座寺庙。

92 小德经以为，塔名的意思是"雷（和）风（之）塔"。"峰"与"风"同音。

93 还有其他写法，如雷峰西照。

94 GVP2, 75.

95 GVP2, 75.

96 GAJVP, folios 153v, 154r.

97 VBHAA2, 220.

98 VBHAA2, 221–222.

99 VBHAA2, 222.

100 ITC, 178.

101 GAJVP, folio 154r

102 GVP2, 79–80.

第 19 章　浙江和江西

1 ITC, 178–179.

2 ITC, 179.

3 VBHAA2, 235.

4 GVP2, 77.

5 北宋诗人范仲淹（989—1052）。

6 当天并没有大潮。德胜写道：“这不是春潮，但也很汹涌。不过，它不像恒河（的潮汐）声音那么大，因为它不会拍打到岸上。”ITC, 179.

7 VBHAA2, 234.

8 VBHAA2, 235.

9 GAJVP, folio 158r.

10 ITC, 179.

11 VBHAA2, 236.

12 GVP2, 79–80.

13 GVP2, 89–91.

14 VBHAA2, 246; VBHAA2, 237–238.

15 我认为，范罢览写的“Tan-tcha-coo”指的就是这个地方。

16 VBHAA2, 242.

17 严州，今梅城镇。

18 VBHAA2, 257.

19 ITC, 181.

20 VBHAA2, 266.

21 VBHAA2, 266.

22 Jean-Baptiste Du Halde, *Description of the Empire of China and ChineseTartary*, vol. 1 (London: T. Gardner, 1738), p. 273.

23 Du Halde, *Description*, vol. 1 (1738), p. 275.

24 例子可参见：Susan Richter, “Der Monarch am Pflug: Von der Erweiterung des Herrschaftsverständnisses als erstem Diner zum ersten Landwirt des Staates,” *Das achtzehnte Jahrhundert* 34(1) (2010): 40–64; Henry Higgs, *The Physiocrats: Six Lectures on the French Économistes of the 18th Century* (London: Macmillan and

Co, 1897), 140; John Shovlin, *The Political Economy of Virtue: Luxury, Patriotism, and the French Revolution* (Ithaca, NY: Cornell University Press, 2007), 90. On the Austrian example, Shovlin cites Paul H. Johnstone, “The Rural Socrates,” *Journal of the History of Ideas* 5.2 (1944): 151–175, p. 164。

25 VBHAA2, 267.

26 VBHAA2, 269.

27 VBHAA2, 282–283.

28 ITC, 184.

29 ITC, 183.

30 GAJVP, folios 168v–169r.

31 VBHV2, 3.

32 VBHV2, 4.

33 VBHV2, 6.

34 GAJVP, folio 170r.

35 VBHV2, 8.

36 GAJVP, folio 171r.

37 GVP2, 97–98.

38 VBHV2, 8.

39 ITC, 184–185.

40 GVP2, 98.

41 ITC, 184–185.

42 GAJVP, folio 170r.

43 VBHV2, 31.

44 GVP2, 174.

45 VBHV2, 28. “Ouang-kia-pou” 可能是黄邱铺。现代的地图上似乎没有标记这处地方，但 1864 年的江西地图上有，位置在贵溪以西。见《江西全图》,《大清一统舆地全图》，官书局（湖北），1864 年。Library of Congress Geography and Map Division, Washington, DC, [EB/OL].https://www.loc.gov/item/gm71005118, 2020-10-19.

46 GVP2, 101–102.

47 小德经说是向西看；范罢览说是向南，但这与现代的地图不符。

48 VBHV2, 39.

49 VBHV2, 45.

50 GAJVP, folio 179r.

51 实际上，瓷器是他第二天买的。VBHAA2, 46.

52 VBHV2, 46.

53 陈淮生平，见中国历代人物传记资料库，哈佛大学、北京大学、“中央研究院”，[EB/OL].http://archive.ihp.sinica.edu.tw/ttscgi/ttsquery?0:0:mctauac:NO%3DNO2086, 2020-10-19.

54 何炎泉：《陈淮的书画收藏与嘉庆皇帝的〈秘殿珠林·石渠宝笈〉三编》，载《故宫学术季刊》，2015 年第三十二卷第三期，第 139–179 页。

55 ITC, 188.

56 ITC, 188; VBHV2, 48.

57 ITC, 192.

58 范罢览的描述与几天之后（4 月 28 日）的观察有所不同，VBHV2, 122。关于这一天的见闻，见 GVP2, 113–114。

59 VBHV2, 82.

60 ITC, 192.

61 关于尸体，见 GVP2, 113–114; GAJVP, folios 192v–193v；关于狗啃食尸体，见 GVP2, 114。

62 VBHV2, 87; GAJVP, folio 189r; ITC, 193.

63 GVP2, 120.

64 VBHV2, 117.

65 GVP2, 121.

66 VBHV2, 130.

67 VBHV2, 130.

68 VBHV2, 130–132.

69 VBHV2, 130–132.

70 VBHV2, 133.

71 ITC, 195–196.

72 Nieuhof, *Gezandtschap*, 125.

73 VBHV2, 119–210. Cf. GAJVP, folio 213r.

74 ITC, 197.

75 VBHV2, 145.

76 VBHV2, 151.

77 ITC, 197.

78 ITC, 199–200.

79 VBHV2, 155.

80 GAJVP, folio 202r.

81 GAJVP, folio 202v.

82 ITC, 200.

83 VBHV2, 161.

84 也叫布袋和尚。范罢览说这是中国的“欲望之神”。

85 ITC, 200.

86 GAJVP, folio 204v.

87 ITC, 201.

88 ITC, 201.

89 GVP2, 129.

90 GAJVP, folio 203v; GVP2, 129.

91 ITC, 201.

92 VBHV2, 170–171.

93 VBHV2, 169.

94 VBHV2, 175. 他谈到了“Tan-tchi-ki 令人恐惧的群山，山脉多由岩石组成”。

95 GAJVP, folio 210v.

96 VBHV2, 177.

97 ACJ, 5R.

98 ITC, 203.

99 ACJ, 5R.

100 VBHV2, 179.

101 VBHV2, 179.

102 一幅受范罢览速写的灵感启发或以其为基础的画：Vue du Pagode de Coenyam dans la crevisse d'un roc, 6 mai（广东英德附近的观音岩），中国画家绘，据推测根据范罢览的速写创作，现藏于 Biblioteca Nazionale Centrale, Florence,

Italy, Album of Chinese drawings and documents. No title. BR 350, no. 38。范罢览委托绘制的是《英德观音岩》，水彩，现藏于 Album of Chinese landscapes in the region of Canton, from Van Braam Collection, British Museum, 1928, 0323, 0.44。遗憾的是，我未能将这两幅画收录在本书中。小德经也画了一张草图，并收在他出版的书中。这张图也完全不同，见“观音岩，英德附近”，GVP4, no. 80。尼霍夫的图“观音岩，近英德”，见 Nieuhof, *Gezandtschap*, p. 63。

103 小德经在日记中说，男孩的名字叫让·斯佩里（Jean Sperie），见 GAJVP, folio 215r；范罢览将他的名字音译为“Jean Spierjee”，见 VBHV2, 192。

104 GAJVP, folio 215v.

105 范罢览说十四岁（VBHV2, 192），小德经说十六岁（GAJVP, folio 215r）。

106 VBHV2, 192.

107 VBHV2, 193.

108 参见 Du Halde, *General History*, vol. 1, p. 240。

109 在韶州，其他船都换成了更笨重的广州船，但德胜对新船不满意，坚持要留下他原来的船。他的船老大正巧有一路航行到广州的经验，所以这是行得通的。ITC, 202.

110 VBHV2, 200.

111 小德经认为这是夸大其词。他估计，佛山的长度仅有约 4 千米，远远达不到范罢览估计的长度。他写道：“关于此地，传教士们谈了很多。我认为，他们严重夸大了这里的人口数量。”GVP2, 140.

112 GVP2, 140.

113 VBHV2, 202–203.

114 VBHV2, 203.

115 ITC, 206–208.

116 VBHV2, 204.

117 Canton Dagregister, December 1, 1793–January 12, 1795; OIC 195: 351–485, 471–472.

118 DMA, 1795, R. 637，无页码，大约五分之一处。

119 Letter from Alexander Murray, of the ship *Middlesex*, Canton, to undisclosed Dutch leaders in Canton, 日期不详，有可能是 1794 年 12 月 20 日；OIC 195: 781。

120 Letter from Dozy, Rabinel, Steijn, Zeeman, and Bergman in Macao to the Hoog Edele Groot Achtbare Heeren bewinthebberen en gemagtigde uijt de illustre vergadering van zeeventhienden tot de secrete zaken der generale nederlandsche oost indische compagnie residerende in The Hague, April 29, 1795, OIC 196: unfoliated; Letter/declaration from Gregorio Chan in Canton, January 28, 1795, in Portuguese, followed by a Dutch translation, OIC 196, unfoliated; Letter from C Adriaansz. and J. H. van Noten to R. J. Dozy, January 24, 1795, OIC 196, unfoliated.

121 VBHV2, 205.

122 ITC, 206–208.

第20章　前途未卜

1 ITC, 208.

2 VBHJ2, 479.

3 VBHV2, 206–207.

4 VBHV2, 207; ITC, 208; VBHM2, 410.

5 GAJVP, folio 221r.

6 GVP2, 141–143.

7 VBHJ2, 479; VBHM2, 410.

8 Letter from Isaac Titsingh in Canton to Wouter en Mevr. van Tintelaar in Amsterdam, May 12, 1795, in ITPC1, 426.

9 Letter from Isaac Titsingh in Canton to broer en zuster (D. H. van Rossum & Anna Maria Elisabeth) in Amsterdam, May 12, 1795, in ITPC1, 428ff.

10 Letter from Isaac Titsingh in Canton to broer en zuster (D. H. van Rossum & Anna Maria Elisabeth) in Amsterdam, May 12, 1795, in ITPC1, 428ff.

11 Letter from Isaac Titsingh in Canton to broer en zuster (D. H. van Rossum & Anna Maria Elisabeth) in Amsterdam, May 12, 1795, in ITPC1, 429.

12 Letter from Isaac Titsingh in Canton to Maria Cornelia Matthes in Amsterdam, May 12, 1795, in ITPC1, 427.

13 Letter from Isaac Titsingh in Canton to to the Hoog Edele Gestrenge Heeren Commissarissen Generaal over s'comps bezittingen in India en Cabo de Goede

Hoop in Batavia, May 26, 1795, OIC 196: unfoliated.

14 Letter from Isaac Titsingh in Canton to to the Hoog Edele Gestrenge Heeren Commissarissen Generaal over s'comps bezittingen in India en Cabo de Goede Hoop in Batavia, May 26, 1795, OIC 196: unfoliated.

15 Letter from J. C. Nederburgh and Commissioners General in Batavia, to Isaac Titsingh in China, August 22, 1795, in RAB 262, Bijlagen tot de resolutiën van Commissarissen Generaal, 1795 juli 11–1795 september 12, nos. 866–960, unpaginated, but this is item number 920, about 4/5 of the way through.

16 Letter from J. C. Nederburgh and Commissioners General in Batavia, to Isaac Titsingh in China, August 22, 1795, in RAB 262, Bijlagen tot de resolutiën van Commissarissen Generaal, 1795 juli 11–1795 september 12, nos. 866–960, unpaginated, but this is item number 920, about four-fifths of the way through.

17 Consultations Entry for May 10, 1795, in East India Company Canton Factory Records 1596–1833, G.12 (108) (1794), p. 284.

18 A declaration of the Commercial Council about the geregtigheid, March 15, 1796, OIC 196: unfoliated. 另见 letter from Isaac Titsingh in Canton to to the Hoog Edele Gestrenge Heeren Commissarissen Generaal over s'comps bezittingen in India en Cabo de Goede Hoop in Batavia, May 26, 1795, OIC 196: unfoliated。参见 letter from Isaac Titsingh in Canton to Sebastiaan Cornelis Nederburgh in Batavia, January 6, 1796, ITPC1, 445–446。

19 我将"stadhouderlijke" house 译为"royal house"（皇室）。Letter from R. Dozy, J. H. Rabinel, Chris Bergman, J. Bletterman, Zeeman, and J. A. van Braam in Canton to the Hoog Edele Groot Achtbare Heeren Gecommitteerde Beviwindhebberen en Gevolmagtigden uit de Illustre Vergadering van Zeventienen tot den Directen Vaart en Handel der Edele Generale Nederlandsche Geoctroijeerde Oost Indische Compagnie op China, residerende te Amsterdam, January 6, 1796, OIC 196, 13 pp., p.3.

20 DMA, February 1795, R. 637. 无页码。

21 见署理两江总督朱桂折，乾隆六十年六月二十一日。中国第一历史档案馆编：《明清宫藏中西商贸档案》，中国档案出版社，2010 年，第 2435–2443 页。

22 DMA, June 1795, R. 637. 无页码，中间偏下处。这幅景象也画在日记上，因此可以在线查看。图还配了路易斯·德·贡戈拉（Luis de Góngora）的诗句，见 Kenneth Muir, "Algunos problemas en torno a la traducción del teatro del Siglo de Oro," *Cuadernos de teatro clásico* 4 (1989): 87–93, p. 90。

23 H. B. Morse, *The Chronicles of the East India Company, Trading to China 1635—1834*, vol. 2 (Oxford: Clarendon Press, 1927), 271.

24 Morse, *Chronicles*, 272.

25 Jörg, *Porcelain*.

26 关于中国行商的债务和财富，更多内容可参见 Paul Van Dyke, *Merchants of Canton and Macao: Politics and Strategies in Eighteenth Century Chinese Trade* (Hong Kong: Hong Kong University Press, 2011); Paul Van Dyke, *Merchants of Canton and Macao: Success and Failure in Eighteenth-Century Chinese Trade* (Hong Kong: Hong Kong University Press, 2016); Frederic Delano Grant, Jr., *The Chinese Cornerstone of Modern Banking: The Canton Guaranty System and the Origins of Bank Deposit Insurance 1780—1933* (The Hague: Martinus Nijhoff Publishers, 2014); Ch'en Kuo-tung Anthony（陈国栋），*The Insolvency of the Chinese Hong Merchants, 1760—1843*, 2 vols.（中国台北："中央研究院"，1990）。

27 荷兰人基本上不与石中和做生意，因为他们不信任他。

28 Letter from Isaac Titsingh in London to Guillelmus Titsingh in Amsterdam, March 30, 1797, in ITPC1, 501.

29 Letter from R. Dozy, J. H. Rabinel, Chris Bergman, J. Bletterman, Zeeman, J. A. van Braam in Canton to the Hoog Edele Groot Achtbare Heeren Gecommitteerde Beviwindhebberen en Gevolmagtigden uit de Illustre Vergadering van Zeventienen tot den Directen Vaart en Handel der Edele Generale Nederlandsche Geoctroijeerde Oost Indische Compagnie op China, residerende te Amsterdam, January 6, 1796, OIC 196, 13 pages, info from p. 11.

30 丹麦人直到 1806 年才彻底放弃广州贸易，但 1795 年中国已经没有丹麦船只了。

31 法国大革命战争时期对各种联盟而言都是一个令人困惑的时期。1793 年 5 月，英国与西班牙签订协议，同年 9 月又与葡萄牙立约。1795 年 7 月，西班牙与法国达成和约，但这个消息几个月后才传到中国。关于法国大革命战争期间条约的列表，参见 Charles Knight, *The Popular History of England*, vol. 7

(London: Bradbury and Evans, 1861), 412–413。

32 DMA, 1795, R. 637. 无页码，大约五分之三处。

33 Letter from Isaac Titsingh in Canton to Sebastiaan Cornelis Nederburgh in Batavia, December 20, 1795, in ITPC1, 436.

34 34. Letter from J. A. van Braam in Canton to his father J. P. van Braam in Zwolle, June 15, 1796, in JAVB, vol. 2, pp. 16–27, 17.

35 IIT, 无页码。

36 Letter from J. A. van Braam in Canton to his father J. P. van Braam in Zwolle, June 15, 1796, in JAVB, vol. 2, pp. 16–27, 20.

37 Letter from J. A. van Braam in Canton to his father J. P. van Braam in Zwolle, May 11, 1795, in JAVB, vol. 2, pp. 1–3, 2.

38 Letter from J. A. van Braam in Canton to his father J. P. van Braam in Zwolle, November 25, 1795, in JAVB, vol. 2, pp. 4–8, 5.

39 On Jacob Andries's temper, see letter from J. A. van Braam in Canton to his father J. P. van Braam in Zwolle, November 2, 1797, in JAVB, vol. 2, pp. 49–55, 51.

40 Letter from J. A. van Braam in Canton to his father J. P. van Braam in Zwolle, November 25, 1795, in JAVB, vol. 2, pp. 4–8, 6.

41 Jacob Andries van Braam, "Extract Missive Gezonden aan den HEG J. P. van Braam, dato 25 November 1795," in JAVB, vol. 2, pp. 27–31, 29–30. 注意，这份“摘录”包含了 1795 年 11 月 25 日原信手稿（pp. 4–8）中不包含的材料。

42 Jacob Andries van Braam, "Extract Missive Gezonden aan den HEG J. P. van Braam, dato 25 November 1795," in JAVB, vol. 2, pp. 27–31, 29–30.

43 Jacob Andries van Braam, "Extract Missive Gezonden aan den HEG J. P. van Braam, dato 25 November 1795," in JAVB, vol. 2, pp. 27–31, 30.

44 Letter from J. A. van Braam in Canton to his father J. P. van Braam in Zwolle June 15, 1796, in JAVB, vol. 2, pp. 16–27, 25–26.

45 Letter from J. A. van Braam in Canton to his father J. P. van Braam in Zwolle November 25, 1795, in JAVB, vol. 2, pp. 4–8, 5.

46 Letter from J. A. van Braam in Canton to his father J. P. van Braam in Zwolle June 15, 1796, in JAVB, vol. 2, pp. 16–27, 19.

47 Letter from Isaac Titsingh in Canton to Sebastiaan Cornelis Nederburgh in Batavia,

December 20, 1795, ITPC1, 437–440, 437.“揭露真面目”事件发生在更早的时候——还在旅程途中，但德胜指出他没有在早前的信中讨论过这件事。

48 关于蔡文官和他的商行，见 Paul Van Dyke, *Merchants*, vol. 2 (2016), especially pp. 39–60。

49 Letter from Isaac Titsingh in Canton to Sebastiaan Cornelis Nederburgh in Batavia, December 20, 1795, ITPC1, 437–440, 439–440.

50 Letter from Isaac Titsingh in Canton to Sebastiaan Cornelis Nederburgh in Batavia, December 20, 1795, ITPC1, 437–440, 440. 雅各布·安德列斯·范罢览对此事有不同的看法，他支持叔叔，并指责多载误导了德胜。参见 J. A. van Braam in Canton to his father J. P. van Braam in Zwolle, November 2, 1797, in JAVB, vol. 2, pp. 49–55, 54。

51 DMA, November 1795, R. 637. 无页码，大约五分之三处。

52 他得到了商务理事会的许可，并说服其成员相信“其必要性甚至可以超越最强大的规则”。Letter from A. E. van Braam Houckgeest in Canton to Isaac Titsingh and the other members forming the Commercial Council of the Dutch Direction of Canton in China, October 13, 1795, OIC 196, 无页码。理事会对批准这种做法有顾虑，但还是同意了他的请求。Resolution of Commercial Council of Canton, October 30, 1795, National Archives of the Netherlands, OIC 196, unfoliated.

53 Letter from Isaac Titsingh in Canton to Sebastiaan Cornelis Nederburgh in Batavia, December 20, 1795, ITPC1, 437–440, 438.

54 Letter from Everardus van Braam Houckgeest in Canton to the CCGG in Batavia, November 15, 1794, in Bijlagen to the “Verslag der verrichtingen van commissarissen-generaal over 1 januari 1795 tot 30 april 1795, met alphabetisch register der marginalia en register der bijlagen en bijlagen,” dated April 20, 1795, RAB, no. 322, bijlage no. 303 (unpaginated). https://www.nationaalarchief.nl/onderzoeken/archief/2.01.27.02/invnr/322/file/NL-HaNA_2.01.27.02_322_0302, 2020-10-19.

55 Letter from Isaac Titsingh in Canton to Sebastiaan Cornelis Nederburgh in Batavia, December 20, 1795, ITPC1, 437–440, 440.

56 Letter from Isaac Titsingh in Canton to Sebastiaan Cornelis Nederburgh in Batavia,

December 20, 1795, ITPC1, 440–441.

57 Letter from J. A. van Braam in Canton to his father J. P. van Braam in Zwolle, November 25, 1795, in JAVB, vol. 2, pp. 4–8, 6.

58 Letter from Isaac Titsingh in Canton to Wouter en Mevr. van Tintelaar in Amsterdam, May 12, 1795, in ITPC1, 426.

59 Letter from J. A. van Braam in Canton to his father J. P. van Braam in Zwolle, January 24, 1796, in JAVB, vol. 2, pp. 8–11, 10.

60 Letter from J. A. van Braam in Canton to his father J. P. van Braam in Zwolle, March 10, 1796, in JAVB, vol. 2, pp. 11–16, p. 16.

61 Letter from J. A. van Braam in Canton to his father J. P. van Braam in Zwolle, January 24, 1796, in JAVB, vol. 2, pp. 8–11, 10.

62 Letter from B. Zeeman and J. A. van Braam in Canton "aan den eersten supercarga des E E Heere R. I Dozij ende de verdure heeren lieden van den commercie Raad des E Nederland Oost Ind Comp., in Bedenkinge omtrent de Resolutie genoomen in den Commercie raad Canton in China," January 20, 1796, including some excerpts of letters, OIC 196. OIC 196, 无页码，但该文献来源资料集有页码，共 19 页。

63 他指出，就在不久前，老范罢览得到了出使期间的餐费补偿，当时雅各布・安德列斯和其他人并没有提出反对。德胜反对补偿，因为范罢览通常在公司的餐桌上吃饭。Letter from Isaac Titsingh in Canton to Sebastiaan Cornelis Nederburgh in Batavia, March 15, 1796, in ITPC1, 454–455.

64 Protest "van de Assistenten J. H. Bletterman, B. Zeeman, and J. A. van Braam, gedaan in de extraordinaire Vergadering van de 20 Januarij 1796," OIC 196 (196 无页码 , 但包含该信件的 "Bedenkingen" 有页码，这次 "抗议" 在第 17 页).

65 Letter from Rabinel, Bletterman, Zeeman, Van Braam, van Schoor, Bosma, and H. Bergman in Canton to the Hoog Edele Groot Acthbare Heeren Gecommitteerde Bewindhebbberen en gevolmagtigden uit de Vergadering van xvii tot den directen Vaart en Handel der Edele Nederlandsche geoctroijeerde Oost-Indische Compagnie op China residerende te Amsterdam, OIC 196, unfoliated (3 pp.).

66 Letter from Issac Titsingh in Canton to the General Commissaries in Batavia, January 30, 1796, OIC 196: 无页码。

67 在这场“充满仇恨的战争”中，他如何证明乘坐英国船只是正当的？办法就是指出他毕竟是在为公司省钱，公司必须每月支付他六百皮阿斯特，直到他回国。“凭良心说，我不能要求公司继续每月在一个毫无用处、白吃白喝的人身上浪费六百皮阿斯特。再说，还留在这里会要了我的命。”Letter from Isaac Titsingh in Canton to Sebastiaan Cornelis Nederburgh in Batavia, March 15, 1796, in ITPC1, 454.（“充满仇恨的战争”出自 Issac Titsingh to Batavia, March 20, 1796, OIC 196: unfoliated。）以防万一，他要求商务理事会签署一份文件，声明“除了前往欧洲的英国公司船只，没有其他可乘的船只……”Jacob Andries van Braam, “Extract Missive Gezonden aan J. P. van Braam, dato 25 November 1795,” in JAVB, vol. 2, pp. 27–32, 31. 雅各布指出：“我们本可以拒绝签署这份声明，回敬他（对我们）的所作所为，尤其是因为我们并不相信声明的真实性。”但他就是想让德胜离开。关于德胜装船的物品，参阅 letter from Isaac Titsingh written aboard the British ship *Cirencester* to Dirk Herman van Rossum, Abraham Everardus de Wit, Pieter Cornelis Heidweiler, and Johannes Kluppel in Amsterdam, March 22, 1796, in ITPC1, 462–463。

68 Timon Screech and Isaac Titsingh, *Secret Memoirs of the Shoguns: Isaac Titsingh and Japan, 1779—1822* (London: Routledge, 2009), 60.

69 Letter from Isaac Titsingh in Canton to Sebastiaan Cornelis Nederburgh in Batavia, March 15, 1796, in ITPC1, 454.

70 Letter from J. A. van Braam in Canton to his father J. P. van Braam in Zwolle, March 10, 1796, in JAVB, vol. 2, pp. 11–16, 12.

71 为清晰起见，我略微修改了措辞，并改正了一处印刷错误。“Britsingh”这个名字是故意这样拼写的。德胜在欧洲的部分作品就是用这个错误的名字出版的。见 Jacob Andries van Braam, “Extract Missive Gezonden aan J. P. van Braam, dato 25 November 1795,” in JAVB, vol. 2, pp. 27–32, 30。

72 Letter from Isaac Titsingh in London to Cornelis van Citters in Chinsura, January 6, 1797, in ITPC1, 464.

73 Letter from Isaac Titsingh in London to Henrietta Maria Dozy (born Blondeel) in the Cape of Good Hope, March 5, 1797, in ITPC1, 484–486; Letter from Isaac Titsingh in London to Dirk Herman van Rossum, Abraham Everardus de Wit, Pieter Cornelis Heidweiler, and Johannes Kluppel in Amsterdam, December 16,

1796, in ITPC1, 464.

74 Letter from Isaac Titsingh in London to John Jervis in London, March 12, 1797, in ITPC1, 497–498. 注意，斯格里奇（Screech）错误地认为德胜拿走了“荷兰国王”的一半礼物。（见 Screech，*Secret Memoirs*，60。）这些礼物实际上留在了广州。几年后，乾隆的继任者嘉庆皇帝试图送还这些礼物，文件表明，送给荷兰“国王”的礼物自 1795 年以来一直放在广州。参见瑚图礼：《两广总督题报恩赏荷兰国王各物并贡使回国日期》，嘉庆七年十二月二十一日（1803 年 1 月 14 日），载于明清档案（A3-025），中国台北：“中央研究院”历史语言研究所藏，内阁大库档案。另见 Issac Titsingh to Batavia, March 20, 1796, OIC 196: unfoliated; and letter from Bagman and Zeeman in Canton to Dozy in Canton, February 28, 1796, OIC 196, unfoliated。至于他个人得到的赏赐，他请求并得到了尼德伯格的许可，将赏赐保留下来，还抱怨说范罢览没有等到批准就拿走了他的赏赐。见 Letter from Isaac Titsingh in Canton to Sebastiaan Cornelis Nederburgh in Batavia, January 6, 1796, ITPC1, 445–446。

75 Isaac Titsingh in London to Henrietta Maria Dozy-Blondeel in the Cape of Good Hope, March 5, 1797, in ITPC1, 484–486, 485. 德胜确实设法讨回了部分钱款，雅各布说他用了不光彩的手段。参见 Letter from J. A. van Braam in Canton to his father J. P. van Braam in Zwolle, November 2, 1797, in JAVB, vol. 2, pp. 49–55, 54。

76 Letter from Isaac Titsingh in London to Johannes Kluppel in Amsterdam, March 30, 1797, in ITPC1, 500–501.

77 Letter from Isaac Titsingh in Bath to Johannes Kluppel in Amsterdam. Bath, February 23, 1797, ITPC1, 475.

78 关于愚笨的男仆，见 ITPC1, 480；关于找不到抄写员，见 ITPC1, 488；关于“心满意足”，见 ITPC1, 479–480。

79 Letter from Isaac Titsingh in London to Jan Pieter Baumgardt in Cape of Good Hope, January 20, 1797, in ITPC1, 466–467. 弗朗西丝·威尔顿是伟大的法学教授罗伯特·钱伯斯爵士（Sir Robert Chambers）的妻子，钱伯斯女爵，德胜在孟加拉与她相识。

80 Screech, *Secret Memoirs*, 61.

81 Frank Lequin, *Isaac Titsingh (1745—1812): Een passie voor Japan: Leven en*

werk van de grondlegger van de Europese Japanologie (Alphen aan den Rijn: Canaletto, 2002), p. 184.

82 Letter from Isaac Titsingh in London to Henrietta Maria Dozy-Blondeel in Cape of Good Hope, April 2, 1797, in ITPC1, 484–486, 485; Letter from Isaac Titsingh in London to Abraham Everardus de Wit in Amsterdam, March 12, 1797, in ITPC1, 502–504, 503.

83 Isaac Titsingh in London to Guilelmus Titsingh, Amsterdam, March 30, 1797, in ITPC1, 501.

84 Poem by Petrus van Rossum (1778—1856), in Lequin, *Passie*, 251–252.

85 Santje is Susana Jacoba Kluppel. Lequin, *Passie,* p. 189.

86 Lequin, *Passie,* p. 189.

87 Letter from Isaac Titsingh in Amsterdam to William Marsden, London, February 3, 1809, in ITPC1, 533.

88 Letter from Isaac Titsingh in Paris to Nicolaus Engelhard in Batavia, November 27, 1810, in ITPC1, 540.

89 Letter from Isaac Titsingh in Paris to William Marsden in London, January 29, 1807, in ITPC1, 526.

90 我修改了标点符号和拼写。Letter from Isaac Titsingh in Paris to William Marsden in London, June 15, 1810, in ITPC1, 537.

91 "Voilà où la fraternité nous a réduite." Cited in Lequin, *Passie*, p. 208.
"自由、平等、博爱"是法国大革命时期的口号，这里是德胜对革命造成的影响的批评。——译者注

92 Letter from Isaac Titsingh in Paris to William Marsden in London, December 5, 1811, in ITPC1, 543–544. 关于德胜的出版困境及其部分作品的译文，见 Screech, *Secret Memoirs*。

93 我将原文中的"borstwaterzucht"翻译为英文中的"pleurisy"（胸膜炎）。M. Nepveu, "Advertisement Respecting the Manuscripts of M. Titsingh," in M. Titsingh, *Illustrations of Japan* (London: R. Ackerman, 1822), vii.

94 Lequin, *Passie*, p. 217.

95 Letter from Isaac Titsingh in Paris to Nicolaus Engelhard in Batavia, November 27, 1810, in ITPC1, 539–543, 541.

96 Lequin, *Passie*, p. 220.

97 Falck, cited in Lequin, *Passie*, 219.

98 Lequin, *Passie*, 255ff.

99 Letter from Isaac Titsingh in Canton to Sebastiaan Cornelis Nederburgh in Batavia, December 20, 1795, ITPC1, 437–440, 440.

100 FVBH1, 143, 140.

101 J. P. W. A. van Braam Houckgeest, "Leven en bedrijf van Andreas Everardus van Braam Houckgeest (1739—1801)," *Bulletin van het Rijksmuseum* 35 (1) (1987): 22–31, 25.

102 FVBH1, 140.

103 FVBH1, 146–147.

104 范罢览可能是从本杰明・富兰克林 1776 年设计的一枚硬币中提取了这一元素。Amy Hudson Henderson, "Furnishing the Republican Court: Building and Decorating Philadelphia Homes, 1790—1800," PhD dissertation, University of Delaware, 2008, 422–425. 包乐史（Leonard Blussé）指出，上面的拉丁语铭文可能是一个以牺牲英国人为代价的笑话，见 Blussé, *Visible Cities*, 90。

105 关于船桨和白衣仆人，见威廉・拉塞尔・伯奇（William Russell Birch）的自传，引自 FVBH1, 245。

106 Moreau, in VBHV1, xiii (English: VBHAA1, xiii).

107 Julian Niemcewicz, *Under Their Vine and Fig Tree: Travels through America in 1797—1805. With some Further Account of Life in New Jersey*, published as vol. 14 in *Collections of New Jersey Historical Society of Newark* (Elizabeth, NJ: Grossman Publishing, 1965), p. 62.

108 Niemcewicz, Under Their Vine, 63.

109 Moreau de Saint Mery, cited in FVBH1, 154.

110 William Russell Birch, cited in FVBH1, 154.

111 现藏于大英博物馆："Compleat Geographij of the whole Empire of China, with addition of the Tartar Regions under the Dominion of the Chinese Monarch," British Library, Shelfmark: Cartographic Items 118.d.30。

112 "Notice of a Collection of Chinese Drawings, in the Possession of M. Van Braam," in VBHAA2, 306.

113 这些画是范罢览从广州行商潘有度处所借原件的复制品，潘曾向他保证，画中描绘的建筑都是真实存在的。但潘有度和范罢览闹翻了，范罢览不确定对潘能有几成信任，也不确定对欧洲制作类似版画的法国传教士能有几成信任。考虑到他亲眼所见的圆明园部分空间的大小，他很难相信还有另一个如此巨大而华丽的园区是他没有见过的。FVBH1, 157.

114 所有注解都是范罢览本人做的吗？很难确定，因为聂姆策维奇也提出了同样多的建议。Niemcewicz, *Under Their Vine*, 63.

115 "La chine il avance beaucoup." Letter from Cazenove to Moreau de SaintMéry, in Moreau de Saint-Méry, *Voyage aux États-Unis de l'Amérique, 1793—1798* (New Haven, CT: Yale University Press, 1913), 228.

116 Cited in FVBH1, 194.

117 C. F. Volney, *A New Translation of Volney's Ruins: or Meditations on the Revolution of Empires*, translated by Thomas Jefferson and Joel Barlow (Paris: Levrault, 1802), 138–139.

118 Niemcewicz, *Under Their Vine*, 64.

119 显然，这种奢侈程度并非史无前例。1800 年，一家待售农场的广告上就称其乳品间“设计优良，铺了大理石”。*The American and Daily Advertiser*, April 17, 1800, p. 1, cited in Elinor F. Oakes, "A Ticklish Business: Dairying in New England and Pennsylvania, 1750—1812," *Pennsylvania History: A Journal of Mid-Atlantic Studies*, 47 (3) (1980): 195–212, p. 197.

120 Niemcewicz, *Under Their Vine*, 63.

121 Niemcewicz, *Under Their Vine*, 63.

122 FVBH1, 198–200.

123 FVBH1, 200.

124 Niemcewicz, *Under Their Vine*, 62–63.

125 Niemcewicz, *Under Their Vine*, 62–63.

126 Letter from Talleyrand in Paris to Saint Méry in Philadelphia, February 17, 1797, cited in FVBH2, 325.

127 FVBH2, 324–325.

128 范罢览的哥哥觉得这本书很没意思，比刚刚出版的马戛尔尼使团见闻更是差得远。Letter from J. P. van Braam in Ittersum bij Zwolle to his son J. A. van

Braam in Canton, July 17, 1798, in JAVB, vol. 1, pp. 57–63, 61.

129 VBHAA1, xv.

130 VBHAA1, xix.

131 André Everard van-Braam Houckgeest (Andreas Everardus van Braam Houckgeest), *Voyage de l'ambassade de la Compagnie des Indes Orientales hollandaises, vers l'empereur de la Chine, en 1794 et 1795, où se trouve la description de plusieurs parties de cet empire inconnues aux Européens; tiré du journal d'André Everard van-Braam Houckgeest*, 2 vols. (Paris: Chex Garnery, 1798 [an 6 de la republique].)

132 André Everard van Braam Houckgeest, *Reise Der Gesandtschaft Der Holländisch-Ostindischen Gesellschaft an Den Kaiser Von China, in Den Jahren 1794 Und 1795*, 2 vols. (Leipzig: J. S. Heinsius, 1798—1799); Andreas Everard van Braam Houckgeest, *Reize van het gezantschap der Hollandsche Oostindische Compagnie naar den Keizer van China in den jaare 1794 en 1795*, 2 vols. (Haarlem: François Bohn, 1804—1806); Everard van Braam Houckgeest, *Gesandtskabsrejse til Kejseren af Kina i Aarene 1794 og 1795, foranstaltet af det hollandsk-ostindiske Selskab, og indeholdende en Beskrivelse over adskillige for Europæerne hidindtil ubekjendte Dele af China*, 3 vols. (Copenhagen: A Goldins Forlag, 1799); VBHAA1; VBHAA2.

133 Blussé, *Visible Cities*, 89; J. P. W. A. van Braam Houckgeest, "Leven en bedrijf van Andreas Everardus van Braam Houckgeest (1739—1801)," *Bulletin van het Rijksmuseum* 35 (1) (1987): 22–31, 25. 小德经对这份“礼物”的意义和诚意表示怀疑，并指出范罢览很轻视法国，曾说法国“很快就从大国名单中被剔除”。GVP1, 255.

134 见 Stewart Mims, "Introduction," in Moreau de Saint-Méry, *Voyage aux États-Unis de l'Amérique*, xxvi–xxvii。

135 FVBH1, 198.

136 FVBH1, 247–248.

137 Cited in FVBH1, 247.

138 FVBH1, 256–261.

139 关于这一过程，令人惊艳的概述见：Alexander Statman, "The Tarot of Yu the

Great: The Search for Civilization's Origins between France and China in the Age of Enlightenment," in Paula Findlen, ed., *Empires of Knowledge: Scientific Networks in the Early Modern World* (London: Routledge, 2019), 246–268; Alexander Statman, "Fusang: The Enlightenment Story of the Chinese Discovery of America," *Isis* 107 (1) (2016): 1–25; and Alexander Statman, "A Forgotten Friendship: How a French Missionary and a Manchu Prince Studied Electricity and Ballooning in Late Eighteenth Century Beijing," *East Asian Science, Technology, and Medicine* 46 (2017): 89–118。

140 英国的第三次直接谈判尝试，即律劳卑事件（Napier Affair），并不是以马戛尔尼使团和阿美士德使团为范本的正式使团，但它也很有启发性，以甚至更引人注目的失败告终。

结语　备受争议的使团与中西方关系史

1 "Verslag der verrichtingen van commissarissen-generaal over 1 september 1796 tot 30 april 1797. Met alphabetisch register der marginalia en register der bijlagen," dated April 30, 1797, Dutch National Archives, The Hague, Raad der Aziatische Bezittingen (2.01.27.02) no. 330, § 228–229, pp. 335–337.

2 Letter from Jean-Baptiste-Joseph de Grammont in Beijing to Manuel de Agote in Macau, October 4, 1795, in DMA, December 1795, R. 637. 无页码，约页面五分之四处。

3 Anonymous 1 (in Canton), letter to Agote in Macau, May 17, 1795, DMA, 1795, R. 637（无页码）; Anonymous 2 (in Canton), letter to Agote in Macau, May 17, 1795（这两封信都是匿名的，但并非同一人所写），DMA, 1795, R. 637, 无页码。

4 Anonymous 2 (in Canton), letter to Agote in Macau, May 17, 1795, DMA, 1795, R. 637, 无页码。

5 DMA, May 1795, R. 637, 无页码。

6 DMA, May 1795, R. 637, 无页码。阿戈特可能有偏见。他不喜欢德胜，觉得德胜有意躲着他和其他西班牙人；但他喜欢马戛尔尼，马戛尔尼对他很好，还借了西班牙语的书。德胜和阿戈特起初相处得很好，但有证据表明，后来西班牙人觉得被德胜羞辱了，开始反感他。

7 BTC.

8 梁栋材的信经过多次抄录和转载，广为流传。例如，BTC, 5–6; and DMA, December 1793, R. 635, no pagination, 无页码，约页面五分之四处。

9 BTC, 6–7.

10 BTC, 347–348.

11 John Barrow, *An Auto-Biographical Memoir of Sir John Barrow, Bart., Late of the Admiralty; Including Reflection, Observation, and Reminiscences at Home and Abroad, from Early Life to Advanced Age* (London: John Murray, Albemarle Street, 1847), 98.

12 BTC, footnote, 347–348.

13 例如，他写到“荷兰使团隆冬时间**上京和离京**的方式”，称“他们在旅途中受到了不可估量的折磨”。**黑体**为本书作者所标。BTC, 9.“马厩”见 BTC, 7。

14 J. L. Cranmer-Byng, *An Embassy to China: Being the Journal Kept by Lord Macartney during His Embassy to the Emperor Ch'ien-Lung* (London: Longmans, 1962), 158.

15 BTC, 144.

16 BTC, 9.

17 VBHAA1, 238.

18 BTC, 14–15.

19 Guignes, *Observations*, 13. 小德经自己也因犯了错误招来批评，见 M. Montucci, "Audi alteram partem, ou Réponse de M. Montucci à la Lettre de M. de Guignes insérée dans les *Annales des Voyages*" (Berlin: Impr. de J. F. Starcke, 1810)。该文实际上是在回应先前小德经对 Montucci 的书所作的评论：Chrétien-Louis-Joseph de Guignes, "Lettre sur les remarques faites par M. Montucci sur le Voyage a Péking, de M. de Guignes, Paris, ce 15 janvier 1810," *Bulletin des voyages, de la géographie et de l'histoire*, no. 29 (1810), 229–248。

20 Guignes, *Observations*, 8 and 3.

21 Guignes, *Observations*, 6–7.

22 GVP1, 254.

23 Guignes, *Observations*, 6–7.

24 其中最重要的人之一是美国学者、外交官柔克义（William Rockhill），他发表了关于中国外交史的长篇研究，称荷兰人“被当成天生的怪胎，被人盯着看，供人群消遣”，见 Rockhill, *Diplomatic*, 33。和吧龙一样，柔克义诋毁荷兰人自有其政治原因。他自己制定了一项协议，意图用新的外交程序取缔中国朝廷的召见，他认为这是西方在长达数百年的尊严之战中最后的胜利。

25 Osterhammel, *Unfabling*, 146. 与吧龙和柔克义一样，奥斯特哈默只讲述了消极的经验，尽管他确实简要地提到，荷兰人在回广州途中过得很愉快，但他并没有提供他们回程的细节，也没有提到荷兰人在北京和圆明园受到的前所未有的热情款待。他的总体描述是负面的，有失公正，他还将使团称为“灾难性的荷兰使团”（p.180）。

26 Alain Peyrefitte, *Immobile*, 496–498.

27 比如，J. L. Cranmer-Byng, “Lord Macartney’s Embassy to Peking in 1793,” *Journal of Oriental Studies* 4 (1, 2) (1957—1958): 117–187, 177. Keevak, *Embassies*, 68; David Banks, “The Politics of Practice: Diplomacy and Legitimacy in International Society,” PhD dissertation, George Washington University, Washington, DC, 2015, 178。

28 DUYVLE; DUYVSD; J. J. L. Duyvendak, “The Last Dutch Embassy in the ‘Veritable Records,’” *T’oung Pao*, second series, vol. 34 (1938): 223–227; Boxer, “Isaac Titsingh’s Embassy,” 28.

29 DUYVLE, 53.

30 GAJVP. T. 这份手稿曾多次被张冠李戴，但其中的证据——包括第一人称单数代词的使用，以及它与小德经出版图书的高度相似——表明小德经就是作者。见本书“关于地名、音译、术语和资料来源的说明”部分。戴闻达承认，他没有仔细阅读法文文本，但还是相信这本匿名日记是德胜报告的法文译本（DUYVLE，12）。勒坎猛烈抨击戴闻达的这一错误和其他错误，说戴闻达“把不正确的证据和解释搞得一团糟”（ITC，52）。他也曾在别处批评戴闻达“忙着进行他博学的文献来源批评，却没有时间（或兴趣？）读一读最基本的入门材料”（Frank Lequin, in ITVT, 161）。博克塞也没有仔细读日记。

31 原句如下：

Nous voila délivré de tous les mandarins

favente deo

illi rohur et aes triplex

circa pectus erat

qui le premier dans ces pais sauvages

eut le desir de voir de stupides visages.

除了第一行（“上帝保佑”），拉丁语部分出自贺拉斯的《颂歌集》，英译如下：

A brass-clad heart of oak had he

Who was the first to launch a frail

Craft upon the crafty sea

Undaunted by a Southerly gale.

—(Translation by Robert Bly, ed., *Horace, The Odes: New Translations by Contemporary Poets*, Princeton, NJ: Princeton University Press, 2002, I.3, p. 23. I changed "brass-bound" to "brassclad.")

但手稿中只用了第一行，后面两行是法语。整段英译本如下：

By the Grace of God,

A brass-clad heart of oak had he

Who, the first one in savage lands,

Had the desire to see stupid faces.

32 Boxer, "Isaac Titsingh's Embassy," 28.

33 DUYVLE, 18.

34 "Extract missive geschreeven door de Hoog Edele Ge.. s.. Commissarissen Generaal over geheel Nederlands India en Cabo de Goede Hoop aan de Hooge Indiasche Regeering, gedateerd Batavia den 9 Julij 1794"；OIC 195: 127–132, 129.“礼节性使团”一词也出现在德胜的官方指令中，见 IIT, 无页码。

35 "Extract missive geschreeven door de Hoog Edele Ge.. s.. Commissarissen Generaal over geheel Nederlands India en Cabo de Goede Hoop aan de Hooge Indiasche Regeering, gedateerd Batavia den 9 Julij 1794"；OIC 195: 127– 132, 128.

36 IIT, 无页码。

37 不是只有他们这么认为。就连范罢览的侄子、全程参加出访的雅各布·安德列斯·范罢览也写道：“议员们派遣这个使团的唯一目的是在皇帝登基六十周年之际赞颂他。” Letter from Jacob Andries van Braam in Canton to his father J.

P. van Braam in Zwolle, June 15, 1796, in JAVB, vol. 2, pp. 16–27, 17. 当然，他不可能看到上司们的通信，也不可能看到他们给德胜的指示。

38 DUYVLE, 27. 另参见 Banks, "Politics of Practice," 178。

39 张玉芬：《论嘉庆初年的"咸与维新"》，载《清史研究》，1992 年第 4 期，第 49–54 页；Daniel McMahon, "Dynastic Decline, Heshen, and the Ideology of the Xianyu Reforms," *Tsingh Hua Journal of Chinese Studies*, new series, 38 (2008): 231–255; William T. Rowe, "The Significance of the Qianlong-Jiaqing Transition in Qing History," *Late Imperial China*, 32 (2) (2011): 74–88, 78。

40 David Kang, *East Asia before the West: Five Centuries of Trade and Tribute* (New York: Columbia University Press, 2010); David Kang, "Hierarchy and Legitimacy in International Systems: The Tribute System in Early Modern East Asia," *Security Studies* 19 (2010): 591–622. 从历史学家的角度对康灿雄的研究提出的精彩评论，见 Joshua Van Lieu, "The Tributary System and the Persistence of Late Victorian Knowledge," *Harvard Journal of Asiatic Studies* 77 (2017): 73–92。关于我本人对康灿雄计算东亚战争次数方式的疑问，见 Tonio Andrade, *The Gunpowder Age: China, Military Innovation, and the Rise of the West in World History, 900—1900* (Princeton, NJ: Princeton University Press, 2016), 377–378, note 4。

41 Brantly Womack, "Recognition, Deference, and Respect: Generalizing the Lessons of an Asymmetric Asian Order," *Journal of American-East Asian Relations* 16 (1–2) (2009): 105–118, 109.

42 Daniel A. Bell, "Realizing Tianxia: Traditional Values and China's Foreign Policy," in Ban Wang, ed., *Chinese Visions of World Order: Tianxia, Culture, and World Politics* (Durham, NC: Duke University Press, 2017), 129–148, 129. 部分中国学者也提出了相似的看法，其中最突出的是赵汀阳，见赵汀阳：《天下体系：世界制度哲学导论》，江苏教育出版社，2005 年; Zhao Tingyang, "All-under-Heaven and Methodological Relationism: An Old Story and New World Peace," In Fred Dallmayr and Zhao Tingyang, eds., *Contemporary Chinese Political Thought: Debates and Perspectives* (Lexington: University Press of Kentucky, 2012); Zhao Tingyang, "Rethinking Empire from a Chinese Concept 'All-under-Heaven' (Tian-xia, 天下)," *Social Identities* 12 (1) (January 2006): 29–41。其他拥护天下式思想的中国学者还有阎学通、王斑、秦亚

青，见 Yan Xuetong, Daniel Bell, Zhe Sun, and Edmund Ryden, *Ancient Chinese Thought, Modern Chinese Power* (Princeton, NJ: Princeton University Press, 2013); and Ban Wang, *Chinese Visions of World Order: Tianxia, Culture, and World Politics* (Durham, NC: Duke University Press, 2017)。批评者的观点参见 William A. Callahan, "Chinese Visions of World Order: Post-Hegemonic or a New Hegemony?" *International Studies Review* 10 (4) (2008): 749–761, 749。对天下思想的其他批评是，它与民主并不相融。赵汀阳也干脆地承认了这一点。他认为民主的糟糕之处在于，"民众总是通过被误导的民主为自己作出错误的选择"。Zhao Tingyang, "Rethinking Empire from a Chinese Concept 'Allunder-Heaven' (Tian-xia, 天下)," *Social Identities* 12 (1) (2006): 29–41, 31.

43 John K. Fairbank and Ssu-yu Teng, "On the Ch'ing Tributary System," *Harvard Journal of Asiatic Studies* 6 (1941): 135–246; John K. Fairbank, "A Preliminary Framework," in John K. Fairbank, ed., *The Chinese World Order: Traditional China's Foreign Relations* (Cambridge, MA: Harvard University Press, 1968); John K. Fairbank, "Introduction: The Old Order," in John K. Fairbank (ed.), *The Cambridge History of China, Vol 10: Late Ch'ing 1800—1911, Part 1* (Cambridge: Cambridge University Press, 1978), 1–34, esp. 29–34.

44 John K. Fairbank, "Tributary Trade and China's Relations with the West," *The Far Eastern Quarterly* 1 (2) (1942): 129–149, esp. 148–149.

45 正如何伟亚所说："费正清不加批判地接受了强调中国'排他性'的英国殖民主义话语的前提，并将其重新定义为朝贡体系的关键组成部分——'中国中心主义'(sinocentrism)。" James L. Hevia, "Tribute, Asymmetry, and Imperial Formations: Rethinking Relations of Power in East Asia," *Journal of American-East Asian Relations* 16 (1–2) (Spring–Summer 2009): 69–83, 70, note 4. 温骏和(Joshua Van Lieu)也有类似的看法(Van Lieu, "The Tributary System")。

46 卫思韩的小传，见 Tonio Andrade, "John E. Wills, Jr., 1936–2017: An Appreciation," *H-Asia, Humanities and Social Sciences Online*, February 2017, [EB/OL]. https://networks.h-net.org/node/22055/pages/168428/john-e-wills-jr-1936%E2%80%932017-appreciation-tonio-andrade, 2020-10-19。另参见 Tonio Andrade and Kenneth M. Swope, eds., *Early Modern East Asia: War, Commerce, and Cultural Exchange—Essays in Honor of John E. Wills, Jr.* (New York:

Routledge, 2017)。

47 Wills, *Pepper*, and Wills, *Embassies*.

48 Wills, *Embassies*, 179.

49 即使在坚持这个概念时，他也明确表示它并不总能适用。比如，他发现，有时清政府官员似乎很清楚欧洲人和其他人并非自视为朝贡国，他们有时也会采取现实且灵活的外交方式，摆脱"朝贡体系"的限制。同样，欧洲人，特别是荷兰人，通常也理解并接受清廷希望将荷兰人参加宾礼当作纳贡。他们只是不为此而困扰罢了；比如，参见 Wills, *Embassies*, 3。

50 1999 年前后，他开始明确地表达这一观点，见 John E. Wills, Jr., "Did China Have a Tribute System?" *Asian Studies Newsletter* 44 (1999): 12。在新千年的头十年里，他开始全盘否定朝贡体系，见 Hevia, "Tribute," 69。 值得注意的是，他仍然认为"朝贡体系"的框架适用于明朝初期，也就是大约 1425 年至约 1550 年。正如沃马克在其作品中所强调的，卫思韩开始接受一种"非对称权力"的模式，见 Brantly Womack, *China and Vietnam: The Politics of Asymmetry* (New York: Cambridge University Press, 2006)；另见 Brantly Womack, "Recognition, Deference, and Respect: Generalizing the Lessons of an Asymmetric Asian Order," *Journal of American-East Asian Relations* 16 (1–2) (2009): 105–118。

51 他的主张是，英国对清朝礼仪优越性的抵制导致英国学者（然后是西方其他地方的学者）认为，清朝外交是原始和非理性的，与欧洲外交对立，欧洲外交应该是现代的、理性的，重点参见 Hevia, *Cherishing*。

52 何伟亚使用了截然不同的术语，来讨论宾礼在"构成一个帝国的组成部分"中发挥作用的方式。例如，他写道，《大清通礼》等书所述的一切活动并非仅是装点门面，也并非仅是我们为了继续研究现实政治或朝贡体系的经济功能就能丢在一旁的事情。事实上，像《大清通礼》这样的文本是结成复杂媒介关系的指南，因为只有通过这些媒介，世界才能形成和改进；在清朝的构成形势下，才能与宇宙（天）联系起来。Hevia, "Tribute," 81.

53 "清朝特别令人感兴趣的一点是，"他写道，"他们运用这些不同的权力形式，而不是试图消灭它们；认识到重叠的部分，并接受它们。"

54 Hevia, "Tribute," 82.

55 关于这些观点，重点参见 Joanna Waley-Cohen, "The New Qing History," *Radical*

History Review 88 (2004): 193–206; Evelyn S. Rawski, "Reenvisioning the Qing: The Significance of the Qing Period in Chinese History," *Journal of Asian Studies* 55 (4) (1996): 829–850; Ho Ping-ti, "In Defense of Sinicization: A Rebuttal of Evelyn Rawski's 'Reenvisioning the Qing,'" *Journal of Asian Studies* 57 (1) (1998): 123–155; Pamela K. Crossley, *A Translucent Mirror: History and Identity in Qing Imperial Ideology* (Berkeley: University of California Press, 1999); Mark C. Elliott, *The Manchu Way: The Eight Banners and Ethnic Identity in Late Imperial China* (Stanford, CA: Stanford University Press, 2001); James A. Millward, Ruth W. Dunnell, Mark C. Elliott, and Philippe Forêt, eds., *New Qing Imperial History: The Making of Inner Asian Empire at Qing Chengde* (London: Routledge, 2004); and Rawski, *The Last Emperors*。关于这些视角下的朝贡体系，可参见 Peter Perdue, "A Frontier View of Chineseness," in Giovanni Arrighi, Takeshi Hamashita, and Mark Selden, eds., *The Resurgence of East Asia, 500, 150 and 50 Year Perspectives* (London and New York: Routledge, 2003), 51–77。张峰对中国的国际关系提出了一种引人入胜的观点，他指出，中国的国际关系有过各种不同的模式。有时，它非常明确地聚焦于现实政治，在这种情况下，中国政府是灵活的，反应迅速，经常将其他国家视为盟友、令人尊敬的对手，甚至是平等的。有时，它则加倍强调以中国为中心的表述。这是因为中国的国际关系有两个动机：合法性和安全性。想要和平？想要无忧无虑？那就专注于合法性的一面。担心安全？那就多关注现实政治。参见 Zhang Feng, "Rethinking the 'Tribute System': Broadening the Conceptional Horizon of Historical East Asian Politics," *Chinese Journal of International Politics* 2 (2009): 597–626; Zhang Feng, *Chinese Hegemony: Grand Strategy and International Institutions in East Asian History* (Stanford, CA: Stanford University Press, 2015)。

56 宋念申拒绝使用"朝贡"一词，而是使用"宗藩关系"一词，以表明清朝在不同时期对待不同国家的方式极为灵活，并称"宗藩关系往往是模糊和富有弹性的"。Song Nianshen, "'Tributary' from a Multilateral and Multilayered Perspective," *Chinese Journal of International Politics* 5 (2012): 155–182, 177.

57 Hevia, "Tribute," 82–83.

58 濮德培写道："就像'洋泾浜'或所有多元文化接触区的贸易语言一样，朝贡话语使广泛的商业交流成为可能，用正式的表达掩盖了参与者不同的自我概念，但允许各方在不同程度上享有一定的自主权。” Peter Perdue, “A Frontier View of Chineseness,” in Arrighi et al., eds., *The Resurgence of East Asia*, 51–77, 67. 关于“语言游戏”，见 Prasenjit Duara, “The Chinese World Order as a Language Game,” *Harvard Journal of Asiatic Studies* 77 (1) (2017): 123–129。朴世英（Saeyoung Park）认为，传统定义下的“朝贡体系”是一种“现代主义产物”，朝贡体系主要是一套灵活的实践和话语，侧重于内部合法性。卫思韩想必会赞同这个观点。Saeyoung Park, “Me, Myself, and My Hegemony: The Work of Making the Chinese World Order a Reality,” *Harvard Journal of Asiatic Studies* 77 (2017): 47–72.

59 Takeshi Hamashita, “The Tribute System and Modern Asia,” *Memoirs of the Research Department of the Toyo Bunko* 46 (1988): 7–25, esp. 13.

60 Song, “‘Tributary.’” 宋念申更倾向于使用“宗藩关系”而不是“朝贡体系”(see p. 156 of the paper)。

61 重点参见孙来臣精彩的论文：Sun Laichen, “Suzerain and Vassal, or Elder and Younger Brothers: The Nature of the Burmo-Chinese Historical Relationship,” Paper delivered at the Association for Asian Studies 49th Meeting, Chicago, March 13–16, 1997。

62 缅甸就是一个很好的例子，见 Sun Laichen, “Imperial Ideal Compromised: Northern and Southern Courts across the New Frontier in the Early Yuan Era,” In James A. Anderson and John K. Whitmore, eds., *China's Encounters on the South and Southwest: Reforging the Fiery Frontier over Two Millennia* (Leiden, the Netherlands: Brill, 2014), 194–231。

63 关于 1752 年葡萄牙使团的更多内容，参见本书“序言”注释 5。

64 Mark Ravina, *To Stand with the Nations of the World: Japan's Meiji Restoration in World History* (New York: Oxford University Press, 2017), 33–37.

65 即“参觐交代”。

66 Wills, “Functional,” 477.

67 Brantly Womack, “Recognition, Deference, and Respect: Generalizing the Lessons of an Asymmetric Asian Order,” *Journal of American-East Asian Relations* 16 (1–2) (2009): 105–118, 109.

68 Cited in FVBH1, 78.

69 例如，参见 Christian Windler, “From Social Status to Sovereignty: Practices of Foreign Relations from the Renaissance to the *Sattelzeit*,” in Tracey Sowerby and Jan Hennings, eds., *Practices of Diplomacy in the Early Modern World, c. 1410—1800* (London: Routledge, 2017), 255–265。这个关键的 19 世纪“鞍形期”一定程度上受到莱因哈特·科泽勒克（Reinhart Koselleck）作品的影响。

70 Christian Windler, *La diplomatie comme experience de l'autre: consuls français au Maghreb, 1700—1840* (Geneva: Librairie Droz, 2002).

71 Patricia Owens O'Neill, “Missed Opportunities: Late 18th Century Chinese Relations with England and the Netherlands,” PhD dissertation, University of Washington, 1995, p. 505.

72 注意，这是东亚外交的理想，在实践中，情况可能大为不同。有时，使臣确实会磋商条约，各国间的关系看起来更像西方式主权国家之间的关系。

73 “Extract missive geschreeven door de Hoog Edele Ge.. s.. Commissarissen Generaal over geheel Nederlands India en Cabo de Goede Hoop aan de Hooge Indiasche Regeering, gedateerd Batavia den 9 Julij 1794”；OIC 195: 127–132, 129.“礼节性使团”也出现在德胜的官方指示中：IIT, unpaginated。

74 这句话出自 1792 年 4 月 25 日东印度公司董事长和副董事长写给广州亨利·波朗等人的信，见 Earl Pritchard, “The Instructions of the East India Company to Lord Macartney on His Embassy to China and His Reports to the Company, 1792—4, Part I: Instructions from the Company,” *Journal of the Royal Asiatic Society of Great Britain and Ireland* 70 (2)。

75 重点参见 Henry Dundas, “Instructions to Lord Macartney,” September 8, 1792, In H. B. Morse, *Chronicles of The East India Company Trading to China, 1635—1834*, vol. 2 (Oxford: Clarendon Press, 1926), 232–242; and Pritchard, “Instructions”。

76 见 Hevia, *Cherishing*, 58–59, 109–110。

77 Bronislaw Malinowski, “The Problem of Meaning in Primitive Languages,” in Charles K. Ogden and Ian A. Richards, eds., *The Meaning of Meaning* (London: Kegan Paul, Trench and Trubner, 1923), 296–336, 315.

78 例如，可参见 Brian Vick, *The Congress of Vienna: Power and Politics after Napoleon* (Cambridge, MA: Harvard University Press, 2014), esp. 327–332。

79 Wills, “Functional,” 477.

80 卫思韩一度指出，皇帝的优待并不一定是为了显示宫廷的偏好：“皇帝个人的品味和好奇心与任何出于政治动机而流露出的恩宠一样重要。” Wills, *Embassies*, 176.

致 谢

1 要登入 ANRI 的数字档案系统，请访问：https://sejarah-nusantara.anri.go.id, 2020-10-18。

2 Andreas Everardus van Braam Houckgeest, *Per palankijn naar Peking, De reis van Andreas Everardus van Braam Houckgeest naar Keizer Qianlong van China in 1794/5*, edited by Nanet van Braam Houckgeest. In preparation, expected 2022.

3 Brian E. Vick, *The Congress of Vienna: Power and Politics after Napoleon* (Cambridge, MA: Harvard University Press, 2014).

4 Winnie Wong, *Van Gogh on Demand: China and the Readymade* (Chicago: University of Chicago Press, 2014); Winnie Wong, “After the Copy: Creativity, Originality and the Labor of Appropriation, Dafen Village, Shenzhen, China (1989—2010),” PhD dissertation, Massachusetts Institute of Technology, 2010.

关于地名、音译、术语和资料来源的说明

1 《康熙皇舆全览图》（北京，1721 年）, at the Library of Congress Geography and Map Division, Washington, DC, under the title *Der JesuitenAtlas der Kanghsi-Zeit: China und die Aussenlaender* republished by Walter Fuchs (Peking: Katholischen Universität, 1941), [EB/OL].https://lccn.loc.gov/74650033, 2020-10-19；《大清一统舆地全图》，官书局（湖北），1864 年，Library of Congress Geography and Map Division, Washington, DC, http://hdl.loc.gov/loc.gmd/g7823g.ct003391, retrieved October 19, 2020；《乾隆京城全图》（北京，1750 年）[data set]. Japan National Institute of Informatics Digital Silk Road Project, Toyo Bunko, Tokyo, http://dsr.nii.ac.jp/toyobunko/II-11-D-802/V-1/, 2020-10-17。

2 Tonio Andrade, “Titsingh Mission Route Points,” Google Map Project, https://www.google.com/maps/d/edit?mid=1lrwA59U1nNvS1H6hX4ZhRmM5kVs&usp

=sharing, 2020-10-19.

3 “Tribute,” Merriam-Webster Dictionary, https://www.merriam-webster.com/dictionary/tribute, 2020-6-3.

4 Harrison, “Chinese and British Diplomatic Gifts,” 76–79.

5 中国第一历史档案馆编:《乾隆帝起居注》(全42册)，广西师范大学出版社，2002年；中国第一历史档案馆编:《乾隆朝上谕档》(全18册)，中国档案出版社，1991年。

6 故宫博物院编:《荷兰国交聘案始末》,《文献丛编》(第五辑),(1930年7月)，见故宫博物院编《文献丛编》全编（全十二册)，北京图书馆出版社，2008年，第三册，第367–386页。关于马戛尔尼使团，类似的材料则丰富得多，见中国第一历史档案馆编:《英使马戛尔尼访华档案史料汇编》，国际文化出版公司，1996年。

7 “强求”这样的描述反复出现。如，皇帝在9月23日的敕谕中提到马戛尔尼“妄有干请”，两广总督郭世勋在乾隆五十八年九月初八（1793年10月12日)的折子里也仿照乾隆此语，略作变化，称马戛尔尼“妄有亵请”。中国第一历史档案馆编:《英使马戛尔尼访华档案史料汇编》，国际文化出版公司，1996年，第409页。Cf. Peyrefitte, *Vision*, 341–343, 342.

8 我向范罢览的后人娜内特·范罢览（Nanet van Braam Houckgeest)提供了日记副本，她正在誊写整理以供出版。

9 Anonymous (Guignes), “‘Journal d’un voyage a Peking’ . . . 22 Nov. 1794 to 11 May 1795.” British Library: Western Manuscripts, Add MS 18102.

10 我一直没找到雅各布的旅行日志，这肯定是一份迷人的资料。我本希望去欧洲的大量档案馆寻找，但新冠疫情阻挡了行程。我知道这份资料的存在是因为他写给父亲的信: Letter from J. A. van Braam in Canton to his father J. P. van Braam in Zwolle, March 10, 1796, in “Briefwisseling tussen de Schout bij nacht J. P. van Braam, wonende te Zwolle, en diens zoon J. A. van Braam, assistent carga van de directe Chinese handel te Canton, 1795–1798,” Scheepvaartmuseum, Amsterdam, the Netherlands, inventory number S. 3641, in typescript vol. 2, pp. 11–16; Letter from J. A. van Braam in Canton to his father J. P. van Braam in Zwolle, November 1, 1795, in “Briefwisseling tussen de Schout bij nacht J. P. van Braam, wonende te Zwolle, en diens zoon J. A. van Braam, assistent carga van de

directe Chinese handel te Canton, 1795—1798," Scheepvaartmuseum, Amsterdam, the Netherlands, inventory number S.3641, in typescript vol. 2, pp. 3–4。此外，他在通信中还多次提到这本日志。

11 "Guignes (Chrétien-Louis-Joseph de)," *Biographie des hommes vivants*, vol. 3 (Paris: Michaud, 1817), 338–339, p. 339.

12 Diarios de Manuel de Agote, Primary Representative in China of the Real Compañia de Filipinas, Untzi Naval Museum (UM), San Sebastián, Spain, Fond Manuel de Agote [Manuel de Agote Collection], 19 vols., inventory numbers R-633 (1779) to R-641 (1797), [EB/OL].https://itsasmuseoa.eus/es/coleccion/tipologia/fondo-manuel-de-agote, 2020-10-19.

13 艺术史学家道恩·奥德尔（Dawn Odell）正在写一本关于范罢览及其收藏的著作，题目是"Chinese Art and the Global Eighteenth Century: The 'Lost' Collection of Van Braam Houckgeest and Early American Cosmopolitanism"。